JN084963

ペーパー・ライオン

ジョージ・プリンプトン　著

松﨑仁紀　訳

Paper Lion

by George Plimpton

Japanese translation rights arranged with
The Lyons Press, Guilford, Connecticut
through Tattle-Mori Agency, Inc., Tokyo

謝　辞

本書の出版に当たって、多くの方に感謝申し上げます——デトロイトのフットボール経営陣に連絡を取ってくれたウィリアム・G・カラン、チームのオーナー、ウィリアム・フォードとゼネラルマネジャーのエドウィン・アンダーソン。ジョージ・ウィルソンと彼のコーチングスタッフ。そして特に、僕の参加を困惑しながらも気持ちよく受け入れてくれたデトロイト・ライオンズの選手たちに。

「ニューヨーク」誌と「ハーパーズマガジン」誌の編集長には、やや異なった体裁で上記の雑誌に掲載された小品を本書の二つの章で掲載する許可をいただいたことに感謝申し上げます。また「スポーツ・イラストレーテッド」誌の編集長、アンドレ・ラゲールにはデトロイトへの取材旅行を認め、常軌を逸した僕の逸話を出版してくれたことに特に感謝の意を表したいと思います。彼のスタッフ、特にエドウィン・シレークは役に立つ体験談と逸話を提供してくれました。また、執筆中、励まし続けてくれた人々、特にF・エスピーに御礼申し上げます。

1993年版への序

まだ学生で、作家になりたいと漠然と考えていたころ、僕は学習室で将来、読者に押し付けたいと思う作品の題名を——1度に10以上も——書き留めるのを楽しみにしていた。題名だけで、粗筋はもちろん、ほんの概要すら書かずに。それらの題名を正確に思い出すことはできないが、ある程度呼び起こしたり連想したりすることはできる。「汽笛；短編集」——といったものだ。

妙なことに、本を書き始めたころ、題名をつけるのが非常に苦手だった。特に「ペーパー・ライオン」の場合は。当然、編集長に原稿を渡す時、その第1ページは悲惨なものになる。「題未定」。まるで役立たずだ。ハーパー・アンド・ロー社の発行人で奥ゆかしく、元気のよい紳士、カス・カンフィールドが候補を挙げてくれるまで、まったく思いつかないのだ。彼にすれば、そうするのは当然だ。ゲラは修正され、印刷予定まで1日かそこらしか残っていないのだ。担当編集者のバズ・ワイエスが電話をかけてくる。

「カスがよい題を思いついた」

「素晴らしい」。当時、僕は出版界のお偉方に絶大な信頼を置いていた。受話器を耳に押し当てる。

「『ディンク・ストーバーはどこに』はどうだと言っている」

僕は理解しようと努めた。バズは「いい題だろ」と言う。

そのころはしばらく、長ったらしい題が流行っていた——最たるものがアーサー・コピットの「ああ父よ、哀れな父、母が父を押し入れに吊るしたので僕はとても悲しい」だ。

「いいと思う」と僕は素直に応じた。しかし、完全には納得しなかった。ディンク・ストーバーが何者かは知っていた——「ローレンスビルのストーバー」や「イェール大学のストーバー」などなどオーエン・ジョンソン社の少年向け物語に登場するスポーツ万能のヒーローで、僕の父の時代は大人気だった——が、(その長さにもかかわらず)「売れる題名」に当てはまるとは思えなかった。
「アイビーリーグにひどく偏っていると思われないか？　バズ」と僕は尋ねた。「ディンク・ストーバーは例えばポートランドやオレゴンでは流行っているのかい？」
「ああ、そう思うよ」とバズは言った。彼は疑い深い僕を信用していないようだ。
２〜３日後、ほとんどヤケになった僕は中心街に近いアスレティククラブで順番を待つ間、電話ボックスの中でノートをにらみながら、思いついたたくさんの言葉をブツブツつぶやいていた。その時、まるで神が導いてくれたかのように、鉛筆がノートに「ペーパー・ライオン」と書いたのだ。単純で覚えやすく、巧みな引喩も含んでいて——「ペーパー・タイガー（張り子の虎)」といったような——どんぴしゃりだと思った。ハーパー社のワイエスに電話した。
「バズ、分かったよ！」
ちょっと間を置いて、彼が言った。「と言うことは『ディンク・ストーバーはどこに』は気に入らないってこと？」
ディンク・ストーバーの題でどれほどこの本が成功したかは分からない。しかし「ペーパー・ライオン」は当たった。プロフットボールへの関心がかなり高まってきた、ちょうどよい時期に出版された。また、人に焦点を当てたジャーナリズム、トム・ウルフが「新ジャーナリズム」と呼んだものの人気にも乗った。さらに、ライオンズというチームの寛容さ、性格、抗し難い滑稽さと記述のしやすさ——これらすべてのお陰で本書は版を重ね、その冬を通してずっとベストセラーを続けた。
「ペーパー・ライオン」の長年の反響で最もうれしかったのは、高校や中学の教師たちが文学を読むように勧めてもほとんど関心を示さなかった生徒たちが、読書に興味を持つようになったと聞いたことだ。「ペーパー・ライオン」が出版されて、本はもはやその機能を果たせなくなったという事実を嘆く教師たちから多くの手紙が寄せられた。彼らは生徒たちが教室での勉強以外に最も好きなこと――例えばフットボール――とそれについてスポーツ雑誌や新聞以外のものを読むこととの間には強い関係があると断言する。

読者の反響で好きなものは次のようなものだ。最近、テキサス州ラボック行きのローカル航空に乗るために利用したダラスからフォートワース空港へのシャトルバスでのこと。バスの後部座席でカウボーイハットをかぶった若者が本を読み続けていた。最後にこう言った。「1冊、読み終えたよ。『ペーパー・ライオン』だ」

少したって、僕が尋ねた。「初めて全部読み通したのかい？」

彼ははっきりと言った。「そうだよ」

僕は彼の仕事を知りたくなった。

「俺はトラクターを売ってるんだ。トラクターを売る本なんか、読んだことないだろ？」

「マニュアルだけ」

「そうだろ」

「他の本を読もうと思ったことはあるかい？」

「他にも本を書いているのかい？」。熱心に聞いてきたので、これほど褒められたことはかつてなかったと思うほどだった。このような言葉をもらった後は、題名が何だろうと違いはないのかも……！

ジョージ・プリンプトン

1993年8月

2003年版への序

ライアン社が「ペーパー・ライオン」の新版と私の他の著作を出版してくれたのは大変うれしいことです。本が絶版になるのは作者にとって悲しいことです。家に何冊かあっても、いつかはなくなってしまいます。「署名して１冊くれないか……いや、私にではなく８歳になってフットボールを始めたトミーに」などと言う客が時々いるからです。

そこで世間に贈り物をする際、嘆かずに済むよう何冊か仕入れて蓄えておくことができるようになりました。

もし、この１冊を再び進呈する機会を得たなら、私がいた当時、デトロイト・ライオンズのヘッドコーチだったジョージ・ウィルソンにまず贈るでしょう。最初の“教室”のためにチームが並んで部屋に入る時、彼はプレーブックを配りました。私が彼の前に立つと、机の向こうで首を振り「だめだめ、君は入っちゃだめ」と言ったのです。がっかりした私は彼をにらんで言いました。「でもコーチ、私が何をしたいのか分からないのですか？」。彼は永遠かと思うほど長い間、心の中で考え直すと……チームの一員となる象徴のようにプレーブックを渡してくれました。ウィルソンが受け入れてくれなければ、私はサイドラインに追いやられ——記者席に座っている記者よりも実際のプレーに近づくことはおろか、希望したことはわずかしかできなかったでしょう。さらにウィルソンが私を拒絶しても不思議ではありません。後に、ビンス・ロンバルディは自分だったら即座に拒否すると言いました……なぜって、記者をチームに入れるなんて、ニワトリ小屋にキツネを放つようなもんじゃないか！　記者というのは有害なことを掘り出さずにはいられないか、少なくともグリーンベイが目的を達成するための熱意になじまないというのが彼の考えだったのです。

もちろん私は行儀よく振る舞いました。他人の家に招待されたと思って、衣装ダンスをのぞいたり、ソファに足を乗せたりしないようにしました。私に自分のことを書かれて漠然と心を乱したデトロイト・ライオンズの唯一のメンバーはハーリー・スーエルでした。ポンティアックでお粗末なクォーターバックぶりを見せた翌朝、私を慰めようと彼が示した親切を振り返った箇所……家族と一緒に朝食に誘ってくれた云々のくだりに彼はこう言いました。「無理に起こすつもりはなかった」。どうやら書かれたことで、私の健康への気遣いが選手たちの間に広まり、スクリメージラインの時、相手のディフェンシブタックル（スーエルはオフェンシブラインマン）が文句をつけ、彼を軟弱とかそれ以下とか言ったらしいのです。

本当かどうか分かりませんが、もしそうでしたらひたすらおわびします。彼は他の人たちと同じように、フットボールについての素晴らしい教師でした。彼らのお陰でこの本をベストセラーにすることができたのです。

人気が出て一番よかったことは「ペーパー・ライオン」のお陰で読書に関心を持つようになったと人から言われることです。学校で「読書嫌い」（と自称する）生徒でもフットボールには興味があるので、「ペーパー・ライオン」を手に取るという。この話をする人は、ずっと以前のことだからしばしば題名を誤ります（ペーパー・タイガーと）が、本書が読書への関心をかき立てたと言うのです。

今年（2003 年）は本書が生まれて 40 年になります。デトロイトでレンタカーを借り、当時ライオンズがキャンプを張っていたクランブルック高校にドライブしてから信じられない歳月が経過しました。これを祝う集いが計画されました——フォードフィールドでの再結集です。多くの人が参加を約束してくれました。ハーリー・スーエルもその１人です！　チームと一緒にいたことの最良の点は——友情が何年も続くことです。アレックス・カラスとジョン・ゴーディは私の結婚式の付き添い役を務めてくれました。

フォードフィールドで最も会いたかった１人が、1978 年に死去したジョージ・ウィルソンです。彼が私をチームに受け入れてくれたことで、その後、同じようにスポーツチームに加わって――ボストン・セルティクスやボストン・ブルーインズ、ボクシング界、ゴルフ界など――練習する試みが大いにしやすくなりました。皆で彼に乾杯しましょう。私の人生にとって、彼がどれほど大きな意味を持つかを考えると、私は彼の名誉のために他の人たちより少し高く杯を掲げることになるでしょう……。

この版の最後に最新の選手名簿とともに伝記的補遺を載せてくれたビル・ダウに深く感謝します。

ジョージ・プリンプトン
2003年6月15日

ペーパー・ライオン

目　次

ペーパー・ライオン

ジョージ・プリンプトン

「其は生ける犬は死せる獅子に愈(まさ)ればなり」

（旧約聖書「伝道之書」9.4）

1

最後にフットボールを詰めることにした。少ししか使っていないスポルディング*[1]のボールで、説明書に「３本糸でしっかり縫製」と印刷された高級品だ。推薦者の元フィラデルフィア・イーグルズのクォーターバック、ノーマン・バン・ブロックリン*[2]の署名がある。少し空気が抜けている感じだったが、シャツの間に押し込み、キャンバス地の旅行鞄のファスナーを締めた。荷物の中で一番かさばっていて膨らみが分かるほどだ。上下の運動着２着と靴、靴下数足、高校のコーチが書いたフットボールのフォーメーションの本、スポーツコートとズボン数本、その他が詰めてある。

トレーニングキャンプで何が必要なのか、よく分からなかった。子供のキャンプのように、枕カバーやマットレスの敷布、懐中電灯、洗濯物を入れる袋といった、持参するものの一覧表をデトロイト・ライオンズの職員は送ってくれなかった。足りなければ近くの町で買えるだろう。鞄を持って表に出、デトロイト行きの飛行機に乗るためケネディ空港に行った。デトロイトからは車で北に約１時間、ブルームフィールド・ヒルズに近くにある男子私立学校のクランブルックに行く。デトロイト・ライオンズはそこの体育施設を使って、シーズン前のトレーニングをするのだ。友人が言うライオンズの“３軍クォーターバック”として素人がチームに加わり、プロ選手の生活を直接経験し、できれば本にしたいと考えている。

似たような本を私はすでに１冊書いている。ヤンキースタジアムで行われたシーズン後の大リーグ・オールスター戦で騒動を引き起こした経験を書いた話だ。題名は『アウト・オブ・マイ・リーグ』といい、無理矢理マウンドに上がった無鉄砲な男が何を行い、どうなったかが書かれている。背景にある考えは、多くの人が夢見る空想――ウィンブルドンのセンターコートに立つとか、USオープンで長いパットを沈めるとか、グリーンベイ・パッカーズの守備陣を切り裂いて走るといった――を演じることだった。試合の主催者とは手はずが整っていた。アーネスト・ヘミングウェーはおもしろい実験だが突飛すぎると考え、私の試みの難しさを「ウォルター・ミティ*3の月の裏側」と形容した。友人たちはもっと辛辣だった。「どうしてそんなに恥をかきたいんだ。メチャクチャだ。よっぽど不満があるのか、さもなければ気が狂っているのか」

「いや、プロのスポーツ選手についてじかに知りたいんだ。ある程度までプロ選手の1人になりたいんだ。チームメートになって」

「そうだろうとも、チームメートね。まぁ、いいだろう。で、次に何をするんだ？」

「デトロイト・ライオンズがトレーニングキャンプを経験させてくれると言ってきたんだ」。キャンプを経験してから言うこともできたが、言ってしまった。

「何試合か、出場させてくれるらしい」

友人は信用しなかった。「そうかい、そうかい」

7月上旬から、僕はスポルディングのボールで熱心に練習した。ニューヨークでは平日、友人たちは勤めに出ているから、ボールを投げる相手を見つけるのは難しい。だが、運動着を着てボールを持ちセントラルパークに行き、散歩道を小走りしながら膝を高く上げたり、時々ダッシュしたり、あるいはタックラーを想像して腕を前に突き出してかわしたりしているうちに、子供たちが凧を揚げているのを年寄りが手助けしている開けた草地に出る。僕はそこで足を止め、ボールを投げる。ボールは山なりに飛んで地面にはずみ、草を揺らしながら不意に止まる。拾ってまた投げる。1人だけでボールを投げる練習は物悲しかった――公園の草むらに向かって投げ、歩き、また投げる――退屈でうんざりしながらだったから、もし誰かが見るか、年寄りの1人が凧から僕に目を移したなら、タッチフットボールをするために、交通渋滞で遅れている友だちの到着を待つより他にすることのない男と思っただろう。時々、ボールを蹴ってみた。一度、足の変なところで蹴ったため、ボールが野球の内野に入ってしまった。黒いシャツを着た選手たちは「こら！　こら！」と叫び、大きな虫が落ちてきたかのように腕を振った。セントラルパークの7月はまだフットボールを持って行く季節ではなく、僕もしょっちゅうは行かなかった。ボールを投げるのはアパートの近くの仕事場で、20フィートか25フィート離れた安楽椅子が目標だった。でも、それは機会を見つけてボールの感触に慣れるためだった。

デトロイトに着いた日は暑かった。到着便を出迎えた人たちのほとんどはショートパンツとサングラス姿で、フォードの社章を付けカウボーイハットをかぶった人もいた。彼らは新しくて広い空港の通路を曲がりくねって歩き、紫色の小さな台の上で回転しながら自動車部品を展示しているガラスケースを通り過ぎる。地下に降りて赤い幌付きの車を借り、「電報道路」と呼ばれている有料道路をブルームフィールドに向かって北に出発した。土地は平坦で、野原には建築用のクレーンが並び、交差する道路は市の中心からの距離を示す名前——7マイル道路、8マイル道路、15マイル道路——が付いている。1時間ほど行くと、標識に地域の道路名が現れ、大地は大きな蔭を作っている木々の中へとうねっていく。ブルームフィールド・ヒルズへの横道を入ると、砕石を敷いた道は深くて高い森の中へと進み、葉の間から時々池がちらっと見えた。

駐車場に乗り入れて車を降り、鞄を持つと、時々現れる矢印に従って校庭を抜け、管理棟を目指した。レンガの歩道を歩くのは静かで、心が和んだ。校舎は蔦（つた）で覆われ、あちこちにあるスプリンクラーが前後に首を振って芝と花壇に水を撒いていた。

管理棟に人の気配はなかった。廊下の奥からタイプライターを打つ音が聞こえたので、鞄を持ち事務室に沿って歩いて行った。小部屋で誰かがタイプを打っていた。ノックして入ると、くるっと椅子を回転させた女性が鼻めがねを取り外そうと、盛んに目をパチクリさせた。やっと外れて落ちたが、首から下げたビロードの紐に結ばれていた。

じろっと見ると「あなた……お国はどこ？」と聞いた。

鞄を下ろした。彼女の横のテーブルには会議で胸に付けるタイプ打ちの名札が並んでいた。ちょっと斜めだったが名前が読み取れ、その下にブロック体の活字でガーナとあった。もう1枚にはイラク、さらにコートジボワールと読めた。

「ご用は？」。私を見続けながら言った。

「いや、僕はニューヨークから来たんだ」。手のひらを広げて心細そうに言った。

彼女はいぶかしげに見つめていたが「会議に……司教会議に来たの？」と聞いた。

「司教？」

彼女は少し顔を赤らめた。「あらまぁ、勘違いしていたわ。監督教会派の司教様が60人と、他の教会からも人が集まって会議を開くの……世界中からよ。あなたはどこの……」

「……フットボール選手なんだ」と言った。

「分かったわ」。素早く気を取り直すと、つんとすまして言った。「フットボール選手はページ記念寮よ」。そこに行けば誰かが面倒を見てくれるでしょうと、ライオンズ広報室への行き方を教えながら、彼女はもっとよく僕を見ようと鼻めがねをかけた。

礼を言うと鞄を持ち上げ、興味深げな彼女の視線を急いで逃れた。ページ記念寮は庭を通ってすぐにあり、広報室もすぐ見つかった。ライオンズのゼネラルマネジャー補佐のバド・エリクソンがいた。人当たりがよく、ゆっくりしゃべる男で、ボート選手のように髪を刈り込んでいるため、大学を出て間もない年齢に見える。用具マネジャーのフライデー・マックレムもいた。彼は年配でやせ形、やや灰色がかった金髪で、興味深そうな目をしており、コメディアンのようなダブダブのズボンをはいていた。彼は前任者から「フライデー坊や」と呼ばれていたが、それがニックネームに定着した。彼を紹介するとき、エリクソンは「この人は……あー……ユーモアがあって用具やユニフォームや、あー……ヘルメットだけでなく、チームの士気も担当してるんだ」と言った。

「当然ながら」とフライデーは言った。口ぶりは辛辣だ。「あんたの意欲にはちょっと戸惑ったよ」。だが、突然ニヤリと笑った。「バドから聞いたよ。作家なのにフットボール選手になりたいんだってな。あんたがプレーしてくれて——何かドカッと盛り返してほしいよ」

「そうですね」と僕。

彼は首を振った。「いいかい、俺はデトロイトに27年いて、ずっとユニフォームを洗濯しているが、身の程知らずにチームの一員になりたいと思ったら、生きてこんな話はしていないだろうよ、決して」

「保険には入ったのかい？」とエリクソン。1週間前に電話で話したことだ。

「一種の安全確保はね。簡単じゃないんだ。保険会社はロンドンのロイド社と契約させたがったが、ロイド社が尻込みしてね。どういうことか訳が分からないんだが」

「どんな保険かい？」とエリクソンが尋ねた。

「死ぬか不具になるか、視力を失った場合は2万5000ドルを補償する。掛け金は75ドルで、保険の有効期間は30日間——ということだ。保険会社の人は僕の勝ち目はあと数週間と見ているわけだ」

「思うに、彼らはあんたに何か言いたかったのだろうよ」とフライデー。

2人とも大笑いした。

「選手には僕の正体を明かさないでほしいんだ。新人の1人にすぎない変な奴くらいに思われたいが、作家だからといって特別扱いはされたくない。体験したことを書くのが目的なんだ」

エリクソンはニューヨークからは楽に来られたかと聞いた。

「ここに着くまではね。学校の事務室で監督教会派の司教と間違われた。順調な出発とは言えないな」

「それが最悪の出来事であってほしいもんだ」とフライデー。

間もなくエリクソンは僕の部屋の番号を教えてくれ、フライデーが案内してくれることになった。長くて暗い学生寮の廊下を進む。突き当たりの壁に掛かった時計、いくつも並んだ掲示板。ドアが開きっ放しの番号付きの部屋がいくつも。のぞくと小さな部屋で、牛革のような明るい黄緑色のシーツのかかった小さなベッドと、安っぽいチーク材の書き物机、木製の丸い釘が付いたタンスの上には鏡、そしてインク壷をさすための丸い穴のあるワニス塗りの机、床には大きな緑色の金属製ゴミかごがあった。寮の匂いはなじみ深い――かすかな防腐剤と、たぶんシーツや枕カバーでいっぱいの洗濯物入れ、廊下の床に敷かれて足元でキーキー鳴る湿ったリノリウムが混じった匂いだ。どれも空室のようだった。ベテラン選手はまだほとんど来ていないとフライデーは言った。コーチたちはもちろん、ベテランはきっとゴルフに出かけているのだろう。15人ほどの新人は全員到着していて、ほとんどが2階に泊まっているとのことだ。

部屋は1階の122号だった。鞄をベッドに置く。硬いがスプリングが利いていて、鞄が弾んだ。フライデーが取っ手を回して格子窓を開けると、巻き髭のような蔦を通して午後のそよ風が吹き込んだ。軒下で鳩が鳴いている。とてもよい気分だ。

「ともかく、あんたは個室だ。ほとんどは2人部屋だよ。ここは子供の学校だから、すべてが小ぶりだ。300ポンドもあるやつと相部屋だったら、あふれちゃうよ」とフライデーは言った。

どれも小ぶりなのは確かだ。ドアの隅に取りつけられている油圧装置には、選手が頭をぶつけないように厚い詰め物で覆われていた。屈まないとドアの取っ手に届かない。椅子は小さく、座ると軋る。洗面台の流しは普通より2～3インチ低い。鏡も低く取りつけられているので、選手たちが髭を剃るために並び、体をほとんど二つに折って鏡に見入る姿は、実物以上に巨大なガルガンチュアに見えた。

フライデーは6時半の夕食までにまた来て――まだ時間があった――食堂に案内すると言って部屋を出て行った。鞄を開け、中のものを取り出す。フットボール。ベッドの一方に枕を置き、閉まったドアまで後退して枕をめがけて投げた。だが、あまりにも近すぎて練習にならない――たった6フィートしかないのだ。

他のものも取り出した。底にタイムズスクエアの陸海軍用品販売店で買ったフットボールシューズがあった。はいていた靴を脱ぎ、フットボールシューズを手のひらで何回かこすると、ぐっと引いて履いた。

買ったときはきつく、セントラルパークで履いていると、水ぶくれがいくつもできて痛かった。革を軟らかくするため履き続けているうちに、足の皮も硬くなった。立ち上がって歩き回ると、茶色のリノリウム床に丸い鋲の跡がついた。そこで、ごわごわしたベッドカバーに腰を下ろした。

基本的なフォーメーションについて高校コーチが書いた本を読むつもりだったが、旅の疲れが出て眠ってしまった。

＊1　スポルディング　アルバート・スポルディング（1850～1915年）が設立したスポーツ用品会社。スポルディングはボストン・レッドストッキングス、シカゴ・ホワイトストッキングスの投手。7年間で252勝65敗。ナショナル・リーグ設立に尽力し、ホワイトストッキングス球団社長。1888～89年に初の世界一周ツアーを実施。公式野球ガイドを発行して、野球の普及に努めた。1939年、野球の名誉の殿堂入り。

＊2　ノーマン・バン・ブロックリン　1926～83年。ロサンゼルス・ラムズ、フィラデルフィア・イーグルズのクォーターバック。プロボウル（オールスター戦）出場9回。ミネソタ・バイキングス、アトランタ・ファルコンズのヘッドコーチを務めた。71年プロフットボール名誉の殿堂入り。

＊3　ウォルター・ミティ　アメリカの作家・風刺漫画家、ジェームズ・サーバー（1894～1961年）の短編 The Secret Life of Walter Mitty（1939）の主人公で、空想に耽って自分をとてつもない英雄に仕立てる小心者。

2

クランブルックに来たことで、プロフットボール・チームに参加するという、これまで４年間、途切れ途切れに試みてきた夢が実際に近づいた。『アウト・オブ・マイ・リーグ』に結実した野球試合への出場は比較的簡単だった。だが、フットボールは難しかった――思うに、投げさせてほしいと頼んだときほど、自らを奮い立たせ、自信を持ってオーナーたちに働きかけなかったためだろう。野球はかなりやったが、フットボールは僅かな経験しかなかった。ニューヨークで通った学校は校風がイギリス風で、秋はフットボールよりサッカーだった。学内集会で力強く歌う“フットボールの歌”は次のようなものだった。

僕らはへっちゃらだ
冬の風なんて
蒸し暑い夏だって泣かないさ
寒くたって暑くたって
へっちゃらだ
フットボールがありさえすれば

サッカーをしているため、他の学校からは弱虫と見られていた。しかし、週末になると、何人かは他校生と１日中、すさまじいタックル試合をして傷だらけになり、へとへとになった。僕はエンドだった。ラインの真ん中でごちゃごちゃしたり、ぶつかり合ったりするのは好きじゃなかったし、棒のようにとても細く、ひょろ長だったので肉弾戦には向いていなかった。

高校ではしばらくエンドをしていたが、大学ではフットボール部はもちろん、2部チームにさえ入るだけの熱意もないし、うまくもなかった。大学では他のことをしており、最後にタックル試合をしたのはそれぞれの出版サークルから30～40人が出場し、2チームに分かれてプレーする恒例のハーバード・ランプーン対ハーバード・クレムゾン戦だった。フィールドの周りにビールを入れた大きな紙コップがわざと置いてあり、試合の最中に1匹か2匹のナメクジが消化されるのだった。

フットボール選手としての信頼度は高くなかった。しかし、プロフットボールに参加する目的は上手な選手の代表としてではなく、並の素人選手としてだと考え続けていた。

最初の試みは壮大だった。1月中旬にロサンゼルスに行き、東西カンファランス*[1]の名選手たちが戦う公式戦終了後の見もの、プロボウルに潜り込もうとした。その年、西カンファランス・オールスターズのヘッドコーチだったレッド・ヒッキーは皆から最も理解のあるコーチだと言われていた。僕の参加を本当に認めてくれるかもしれない——おもしろがって——と言われた。

紹介状を手に、ロサンゼルスの繁華街と山の手の間にあったホテル最上階のスイートルームを訪ねた。

「いいとも、何をしたらいいんだ？」

僕はクォーターバックとしてちょっとだけチームと練習したいこと、もちろん迷惑はかけないし、周囲にいるだけで何とか格好になればいいこと、そしてコロシアムでの試合に出場してほんの1シリーズでいいから3～4プレーをコールしたいこと、さらにその体験を書いてプロの試合で本物のクォーターバックになれると夢見ている連中の目を開かせたいことを——いささかたどたどしく、話をしている間に我ながら奇妙な申し出であることに気づきながら——説明した。

「本気かね」。ヒッキーは尋ねた。

「君——経験のない君が練習してプレーする、プロボウルで」。信じられない様子だった。

「そうです。決してお邪魔には……」

「こんな話は聞いたことがない。誰に入れ知恵されたんだ」
「エー、僕は雑誌に記事を書いていまして……スポーツ・イラストレーテッド*[2]です」
「彼らはよく分かっているはずだが」。ちょっと僕を見つめた。「私の言うことを聞かないなら、ばか者だ」
「無理でしょうか、プレーは」
「これっぽちもない」。いらいらしたように言った。
僕もちょっとムッとして言った。「はるばるニューヨークから来たんです」
「のどが渇いた。何か飲まないか」
午後3時ごろだった。
「バック・ショーに頼むべきでしょうか」
バック・ショーは東カンファランスのヘッドコーチだった。
「そうだ、そうだ、それがいい。バック・ショーに頼んでみな。妙案だ」
会話は終わった。ヒッキーはとても親切だった。ベンチに入れる許可証を僕にくれたので、練習を見に行き、何人かの選手に会ったり、隣に坐ったりした。
ホテルのロビーで出くわすたびに、ヒッキーは挨拶を返し、一度などは「よう、我が最後のクォーターバック」と呼んだ。
「はい、コーチ」と答えて、お気持ちが変わったら、いつでもユニフォーム姿になる用意がありますと告げた。
「そうか、そうか」と言って、彼は離れていった。本当にいらつかせてしまった。
バック・ショーには話をしなかった。彼はハイイロギツネと呼ばれ、短気で薄情な男だし、僕の企てに賛成しないだろうと選手たちから聞かされた。彼の評判は最低で――選手らに言わせると――ショーもヒッキーも僕を出場させることはないだろうという。選手たちは素晴らしい企画だと言ってくれたのだが。
僕は粘った。その春にはニューヨーク・ジャイアンツに手紙を書いた。僕は生まれながらのニューヨークっ子で、チームを応援している。僕が望んでいる概要——新人クォーターバックとして一緒に練習する旨——を書いた。しばらくして球団から手紙が届き、企画をコーチたちに計って結論を出すとあった。コーチたちは興味を示すかもしれないとも書いてあった。希望が出てきたので、7月末と8月はジャイアンツがキャンプを張るコネティカット州フェアフィールドに行けるよう、日程を空けておいた。時々、球団の広報担当者に電話をすると、彼は「はい、関心を持っています——本当です」と言って、僕を納得させた。

しかし、返事は来なかった。夏が近づくにつれて不安になった。また電話した。

「コーチ会議で検討しました」と広報担当者。「皆、おもしろい考えだと一致しました。熱心な意見も多かったのですが、お分かりください、ご提案は却下されました」

「あー、それじゃ、熱心な賛成はどうしたの？」

「実を申しますと、クォーターバックは4人おりまして、5人目を雇うのは——誰がなるにしても——コーチにとって負担が多すぎて。5人もクォーターバックを抱えると、心臓発作を起こしかねないので」

「分かりました」。僕は素直に言って、続けた。「聞いてください。クォーターバックでなくても構いません、実は。フランカーだっていいんです。その方が混乱を招かないかも。でなかったらタイトエンド」。タイトエンドがどんなポジションなのかよく知らなかったが、とにかくぶつけてみた。

「よろしいですか」。広報担当者の声にちょっと刺を感じた。「あなたのために最善を尽くしています。プロフットボールが厳しい職業であることをご理解ください」

ジャイアンツに断られたので、ニューヨークのもう一つのチーム——設立2年目、アメリカン・フットボール・リーグ*3のタイタンズ——に頼もうと思った。チームは観客動員も成績もうまくいっていなかった。事情通の友人は、もし、トレーニングキャンプでパスを2～3本成功させるなど才能を感じさせるプレーをしたら、コーチたちが放っておかないだろうと忠告した。「すぐ何本か続けてグラウンドにたたきつけ、彼らの思いつきを打ち消すんだ。君だってずっとあの連中といたいわけじゃないだろう？」

僕はタイタンズを設立した金持ちのスポーツキャスターで、チームを維持するために無一文になったハリー・ウィズマーを訪ねた。彼自身の計算によると、球団が破綻するまでに結局115万ドルを使ったという。球団は事業家のソニー・ワーブリンが買い取り、ニューヨーク・ジェッツに生まれ変わって経営は好転した。ウィズマーは最初から苦労し続けだったが、相変わらず機嫌よく僕を迎え、事務室に招き入れた。そこには彼が市長やスポーツ選手や自治区長と笑顔で握手している額縁入りの写真——フラッシュをたいたので平板で深みがなく、ボール紙を切り抜いたような——が何枚も掲げられていた。彼は椅子に座るように促した。オレンジに近いと思うほど派手なブレザーを着ていた。外は激しい雷雨だったが、事務室の照明はぼんやりと薄暗かった。彼は僕の思いを辛抱強く聞いた。説明しているうちに、いつものように非常識な企画だと思えてきた。時々、雷が光り、激しい雨が窓ガラスをたたくと、一層そんな気持ちになった。だが、話を聞いた彼は熱心になった。「おもしろいじゃないか。要するに、最後のクォーターバックを必要としているチームはどこかってことだろう？　クォーターバックはあまり経験がないんだね、君」

「はい」

「では、キャンプでこの道最高の相手から、もちろんそれは……」。彼が「ボー」と言おうとしたとき、雷が落ちた。だが、彼の声は十分耳に届いた。「ボー！」

「はい」と僕は大声を上げた。「サミー・ボー*4ですね。大変な特別扱いですね」

「特別扱いを約束するよ。もっとも偉大なクォーターバックだ」

「とても幸運です」

「さて」と彼は言った。雷が遠のいている。掌で机をたたくと、満面の笑みを浮かべた。用件は終ったという合図だ。翌日、ボーと打ち合わせをする、君は何も心配しないでよい、すべて整えると言った。「来てくれてうれしいよ」。ニューヨーク・タイタンズと印刷されたボールペンをくれた。僕は別れを告げてエレベーターで下りた。レーンコートを来てこなかったので、パークアベニューをゆっくり走る車を眺めながら、玄関で雨の上がるのを待った。雨樋から水があふれていた。嵐が去ると気温が下がり、熱気の後は爽やかで快かった。時間はかかったが、企画が実現しそうな喜びと興奮を味わっていた。後ろでエレベーターがため息をつくように開く音がした。振り返ると、レーンコートを着たハリー・ウィズマーが傘の留め金を外しながら元気よく出てきた。

「お出かけですか、ウィズマーさん」。僕は手を上げてほほ笑んだ。彼は僕を見ても表情を変えず、外に出て行った。何か考え事をしていたのだろうと思った。変わった人だ。彼は会う人ごとに、よく「おめでとう」と言った。人は誇りに思うことを何かしら持っているだろうからというのが理由だった。

ウィズマーに会ったり話をしたりしたのはそれっきりだが、彼の秘書とは電話でよく知ることができた。彼女はローズマリーといった。進捗状況を聞こうと電話して「ウィズマーさんと話をしたいのですが」と言う。

彼女は僕の声と知って「こんにちは」と言い、ウィズマーさんは何処どこに外出中ですが、僕のことは気に掛けていて、サミー・ボーにあったらすぐこの企画を話し、調整するはずですと釈明する。「戻りましたら、すぐお電話します」とローズマリーは言う。

「ありがとう」と僕。

だが、彼が電話をくれたことはない。そこで1日か2日おきにまた電話する。しばらくすると、ローズマリーが電話に出るなり、僕は「まただよ。こちらは強肩クォーターバックです」と言うようになった。

彼女は電話口でおかしそうに笑い、ハリーは食事に出たとかトレーニングキャンプに行ったとか、銀行かそのあたりに行ったとか教えてくれる。僕は強肩ぶりを発揮する時がいつになるのか知りたいんだと言う。

「うまくいくと思いますよ」と彼女は言う。

ある日、電話していつものように告げた。「強肩クォーターバックです」
「もう一度どうぞ」
「強肩クォーターバックです、強～肩！　ボーの頭痛の種の」
間があって、おずおずした声がした。「こちらはニューヨーク・タイタンズです」
「ローズマリーさん？」
「いいえ、ヒューロンです」
「失礼」。僕は謝って名前を告げ、ウィズマーさんから伝言はないか尋ねた。
彼女は注意深く「お求めの件はどのようなことでしょうか」と言った。
「僕は最後のクォーターバックに予定されているんです。いつキャンプに行けばよいか知りたいんです」
「少々、お待ちください」
小声のささやきが聞こえる。誰かが「なんだって……最後のクォーターバック？」と言う。
彼女がまた言う。「うっかりしました……お名前を、つづりをおっしゃっていただけませんか」
「いや……結構」と言って、電話を切った。電話がかかってくるまで待つ決心をする。絶対にないだろうが。
その冬のひと時、ボルティモア・コルツでプレーすることを考えた。ロバート・F・ケネディ一家がワシントン近くのチェビーチェースの照明付き屋外スケートリンクで開いたスケートパーティーで、コルツのオーナー、キャロル・ローゼンブルーム*5を紹介されたのだ。冷たい霧雨にもかかわらず、小さなビーチボールをパックにしたすさまじいホッケー試合がちょうど行われていた。約20人ずつの両チームには7カ月の妊婦だったエセル・ケネディも箒を持って加わっていた。僕はちょっとの間、氷から上がった。足首をけがしていて、痛かった。肩をまっすぐにして滑っているだけのときを除くと、足首の骨が氷からずれてしまうのだ。スケート靴を脱いでベンチに座り、足をもんで爪先を楽にした。リンク上ではすでに風船のバトンを運ぶリレー競走が始まっていた。僕は決まった距離を滑って、黒いバブーシュカをかぶった女の子に風船を渡すと、囲い板にぶつかって倒れた。彼女は氷を蹴って滑り出した。抜いたり抜かれたり。付き従う風船が背中で揺れたり跳ねたりする。ところがリンクを半周したあたりで手袋から糸がはずれ、ヘリウムガスを詰めたカボチャほどの風船は靄の中へとゆっくり上がっていった。女の子は立ち止まって頭をもたげ、風船を見つめた。最後に長い手袋をはめた手を上に伸ばすと、たぶん1インチくらいだろうがピョンと跳び上がった。彼女の思いが――そのとき、もう40フィートくらいに上昇し、穏やかな風に乗って凍ったテニスコートの方へと横に流れていく――風船を取り戻すだけ持ち上げてくれるとでもいうように。パーティーに参加した女の子たちは皆、負けず嫌いだった。時々、息も絶え絶えになってホッケーのリンクから出てくるとベンチに座り、箒の柄で額を支えてひと休みする。話をしながら息を整えると、スカーフを固く結び、箒を体の前で油断なく構えて選手たちが群がっているビーチボールを目指して滑り出すのだ。

突然、プレーが止まった。誰かが倒れ、人々が集まる――司法長官の報道官、エド・グスマンで、倒れ方が悪く、鎖骨を折ったのだと分かった。まったくグスマンは奇妙なほど、生まれつき災難に遭いやすい。彼の鼻は低くて平べったい三角形で、プロボクサーそっくりなのだが、何年か前、投手に何か叫ぼうとしてキャッチャーズマスクを外した瞬間、飛んできたボールがガツンと鼻を直撃した。彼はいつも何かにぶつかったり、どこからか落ちたり倒れたりする。バランスを崩して肩から転倒する際、彼は少し腰をくねらせた。骨が折れた時、「またやった」と思うだけの間があって、次の瞬間、痛みを覚えた。しばらくたって手を借りて立ち上がると、ゆっくり氷から離れた。痛さで顔が引きつっている。寄り添って司法長官が滑る。「大丈夫だ」。ベンチに近づくと長官が叫んだ。「エドを励まそう」。みんなが立ち上がる。濡れた手袋からくぐもった音の拍手が送られ、報道官は支えられながらベンチを通り過ぎ、クラブハウスへと姿を消した。

リンクでは雨の中、再びホッケー試合が始まった。僕もスケート靴を履いた。大きなガラス窓を通してグスマンがクラブハウスに腰掛け、病院に搬送されるのを待っているのが見えた。腕組みし、上体を伸ばして痛みを抑えるようにじっとしていた。その時、パーティーに遅れたローゼンブルームがクラブハウスに急いで入ってきた。僕の隣に座っていた友人が窓越しに気づいた。「彼がコルツのローゼンブルームだよ。君の企画のよい相手かもしれない」。貸靴のカウンターで靴を受け取ると、ローゼンブルームはグスマンを心配そうに見つめた。屋外に出ると、僕たちのベンチに腰を下ろした。互いに紹介しあうと、僕にちょっと笑顔を向け、目を細めてリンクを見た。「カーリングをやっているんじゃないのか。あの箒は何だい?」
「ホッケーですよ」
「そうか。ケネディ家のカーリングっていうのはこういうことか」。彼は体を乗り出した。箒合戦はリンクの反対側で行われていた。「あの人だかりにいるのはエセルだな。何てこった」。体を起こすと、クラブハウスの窓に顔を向けた。「あそこに座っている人はどうしたんだ」「エド・グスマンです。鎖骨を折ったようです」「慣れるまで時間がかかるな。ジョージタウンの夕食会から来たんだが——例によってカクテルと愉快で肩の凝らない会話、ロウソクの灯、小部屋に区切られた別室でのブランデー。それが今は……」。ローゼンブルームは大げさな身振りで言った。「……まったくここは。おまけに雨だ」。彼は靴を脱ぐとベンチの下にそろえて置いた。
「ジョージ、君がコルツでプレーしたいと打ち明ける絶好の機会だよ、たぶん」と友人が言った。
　ローゼンブルームは僕をじろっと見た。
「私は酔っぱらった。君は本気じゃあるまい」
　僕は本気ですと言い、彼がスケート靴を履くために紐を緩めている間に、もう一度、したいと思っていることを説明した。彼はスケート靴に手こずりながらじっと聞いた。履き終えると、僕たち２人はリンクに向かって踏み板を慎重に歩いた。「どうすればいいか分からんな……ここを生き残ればだが」。ごちゃごちゃの大騒ぎに近づきながら身振りで示した。「箒がないと、あの混乱に飛び込んでも意味がないな」。彼はそれを望んでいるようだった。僕のを貸そうかと思ったが、きっと断られるだろうと考えた。

そんな訳で、しばらくの間、僕はボルティモアの熱烈なファンになった。選手たちについて学び、彼らと一緒にプレーするんだと言いふらし、春が近づくとフットボールを買い、アパートの周りで安楽椅子めがけて投げたり、時々、友人とキャッチボールしたりした。帰宅すると夜、膝を高く上げて駆け足をし、またある時はのんびりとこれからどうなるのかと考えていると気持ちが高ぶってくるので、外出して画廊や映画館に行き、心を落ち着かせた。

ところが、後で分かったことだが、コルツの関係者はハリー・ウィズマーとタイタンズ同様、どう収めたらよいか苦労していた。その上、誰も何も分かっていないことを知るためにかけるボルティモアへの電話代は高くついた。ローゼンブルームは常に"旅行中"とみえ、僕はついに何回か手紙を出した。するとある日、ローゼンブルームの署名のある手紙が届いた。彼はこの企画を１年間、先送りにすると書いてきた。ボルティモアはドン・シュラ*6を筆頭とする新しいコーチ陣を雇い、彼らはちょっと前にデトロイトから着いたばかり。そこで物事をできるだけ単純な状態にしておきたいという。納得した？　もちろん。僕は来たるべきシーズンの幸運を祈った。僕はアパートの周りでボールを投げることや、夜、通りでタックラーをかわしながら走る練習をやめた。もう１年待とうと思っていた。

ところがほどなく、デトロイト・ライオンズの部長の１人に会った。彼は球団幹部に僕のことを口添えするから、ヘッドコーチのジョージ・ウィルソン*7に手紙を出して、どんな返事が返ってくるか待つように勧めてくれた。力づけられた。彼はリーグには二つのタイプのチームがあると言う――どちらもヘッドコーチの気質を反映している。一つは元来、まじめで統制に厳しく、堅苦しい組織で、僕の企画には全く向いていない。もう一つは、比較的少ないが、興味を持ってくれそうな――"ずぼら"という言葉が当たっている――チームだ。

ライオンズというチームは荒くれ者集団という昔のフットボールチームの評判を依然として残している。節操がないというわけではないが、クォーターバックのボビー・レーン[*8]のような“飲んだくれ”たちで作られた――品行に難のある連中が集まった――選手主導のチームだった。実際にその前年、そうした態度が不祥事に発展してしまった。ライオンズの６選手がコミッショナー事務局から厳しく罰せられ、何人かは賭博をしたとして2000ドルを科せられた。実は彼らは自分たちのプレーオフの試合にではなく、グリーンベイ対ニューヨークの優勝決定戦に賭けたのだが、いずれにせよリーグは賭けを禁じており、コミッショナーは罰金を科した。シーズン中、何回も少額の金を賭けたとして、卓越したディフェンシブタックルのアレックス・カラス[*9]が無期限の出場停止になった。こうした違反はウィルソンのコーチ信条と関係ないと、デトロイトの友人はあわてて付け足した。グリーンベイのスーパースター、ポール・ホーニング[*10]もカラスと一緒に出場停止になったが、あのチームは厳格で独裁的なビンス・ロンバルディ[*11]が指揮を執っているんだぜ。

僕はどんな結果になるか知りたくて、ジョージ・ウィルソンに手紙を書いた。ほかのクラブに送ったのとほとんど同じ内容で、みんなの周りにぶら下がっているだけで誰にも迷惑をかけないこと、一般大衆とは隔たりがあるが、彼らが知りたがっている雰囲気を感じるために参加したいだけであることを記した。

驚いたことに、ジョージ・ウィルソンは返事をくれて、おもしろい企画だと言い、７月に３週間行われるトレーニングキャンプに招待してくれた。８月初旬にはポンティアック[*12]でナイターの紅白戦があるだろうから、僕を出場させられるかもしれないと言う。エキシビションの第１戦はその１週間後のクリーブランド・ブラウンズだそうだ。手紙は短かった。体調を整えるようにと結んであった。

僕はしばらく手紙を見つめた。その日、僕はまたスポルディングのボールを部屋で投げてから、堅い革のフットボールシューズを買うために外出した。

＊1　東西カンファランス　当時、ナショナル・フットボール・リーグ（NFL）は14チームで構成され、7チームずつ東西カンファランスに分かれて公式戦14試合を戦い、両カンファランスの1位同士が優勝決定戦で対戦した。

＊2　スポーツ・イラストレーテッド　1954年創刊されたアメリカの総合スポーツ週刊誌。発行部数230万部。

＊3　アメリカン・フットボール・リーグ（AFL）　NFLに対抗して1960年に8チームで結成された。70年、NFLと合併した。

＊4　サミー・ボー　1914～2008年。1937～52年の16シーズン、ワシントン・レッドスキンズのクォーターバック。パスを得意とし、ランニングプレー中心のフットボールを変革した。プロボウル6回。63年殿堂入り。ニューヨーク・タイタンズ、ヒューストン・オイラーズ（いずれもAFL）のヘッドコーチを務めた。

＊5　キャロル・ローゼンブルーム　1907～79年。デニムの上下つなぎの作業服製造で財を築き、53年、ボルティモア・コルツのオーナーに。72年、ロサンゼルス・ラムズのオーナー、ロバート・アーゼイとチームを交換した。フロリダ州ゴールデンビーチで遊泳中、溺死した。

＊6　ドン・シュラ　1930年生まれ。選手引退後、63年、33歳でデトロイト・ライオンズのアシスタントコーチからボルティモア・コルツのヘッドコーチに就任し68年、NFL優勝（スーパーボウル敗退）。70～95年マイアミ・ドルフィンズのヘッドコーチ。スーパーボウル優勝2回。通算328勝156敗6分け（歴代1位）。97年名誉の殿堂入り。

＊7　ジョージ・ウィルソン　1914～78年。シカゴ・ベアーズでの選手生活を経て、57～64年、デトロイト・ライオンズのヘッドコーチ。57年NFL優勝。

＊8　ボビー・レーン　1926～86年。クォーターバック。デトロイト・ライオンズ、ピッツバーグ・スティーラーズなどで通算15シーズン活躍。プロボウル6回。67年名誉の殿堂入り。

＊9　アレックス・カラス　1935～2012年。ディフェンシブタックル。58年、ドラフト1位でデトロイト・ライオンズ入団。プロボウル4回。70年に引退後、俳優としてテレビ、映画で活躍した。2020年名誉の殿堂入り。

＊10　ポール・ホーニング　1935～2020年。ハーフバック。ノートルダム大学4年生の時、学生の最優秀選手に与えられるハイズマン賞を受賞。57年、ドラフト1位でグリーンベイ・パッカーズ入団。63年、カラスとともに賭博容疑で出場停止処分（1年間）を受けたが、66年までの9シーズン

で４回のリーグ優勝に貢献した。86年名誉の殿堂入り。

＊11　ビンス・ロンバルディ　1913～70年。59年、グリーンベイ・パッカーズのヘッドコーチに就任、61年から67年までの７年間でNFL優勝３回、スーパーボウル優勝２回。71年名誉の殿堂入り。

＊12　ポンティアック　デトロイト市に隣接する市で、自動車産業の中心。当時、ライオンズの本拠メトロポリタン・スタジアムがあった。

3

フライデーは6時半にやってきて、僕を起こした。脚を振ってベッドから起き、立った。フットボールシューズの鋲がリノリウムの床をへこませた。

「靴を履いたまま寝ちゃった」。寝ぼけ声でつぶやくと、座って普段ばきに履き替えた。

ページ寮のテラスを横切って食堂に向かった。ここはセルフサービスで、調理室で蒸気によって温められたビュッフェ方式のテーブルを歩きながら料理を皿に盛り、食堂に行く。イギリスの貴族の邸宅のように高い丸天井で、中央に通路があり、両側に長いテーブルがある。監督教会派の司教たちが奥に並んでいるのが、貴族の館の雰囲気を高めている。彼らのほとんどが聖職者の服装で、話し声がざわざわと遠くから響いてくる。真ん中の椅子とテーブルは空いていて、聖職者たちとライオンズとを隔てていた。調理室に近い側にTシャツ姿の選手が何人か思い思いに腰かけ、プラスチックのトレーにたくましい肩を覆いかぶせるようにしてガツガツ食べていた。

「新人諸君」とフライデーが言った。「君たちは通路の右側に座れ。左側はベテランの席だ。別々だ。コーチはどこに座ってもよい」

グレーの背広を着た大男が一緒に座ろうと誘った。

「ギル・メインズだ」とフライデー。「素晴らしいディフェンシブタックルだったが、サンフランシスコとの試合でけがをした。今はこの地域で保険外交員をしている――それで寄ってくれたのだろう。昨年は100万ドル以上も契約を稼いだそうだ」

僕を挟んで3人が座った。紹介しあってしばらく話をするうち、メインズが身を乗り出して尋ねた。「フライデー、今年の新人はどうだい？」
「そうだな」。目を輝かせたので、話が長くなりそうな気配だった。「今までになく最高の豊作だよ——オールアメリカンぞろいだ」
「そりゃ、すごい。何人がレギュラーになりそうだい？」
「いないだろうな、もちろん。だが、それでもこれまでにない豊作だ——みんなオールアメリカンだ。うちのスカウトが毎年こうやってくれたら、どんなことになるやら。なぁ」と僕に合図してフライデーは言った。
「この人はポンティアックでの最初の紅白試合と、8月10日のクリーブランド・ブラウンズ戦に出場するため、これから数週間、練習するんだ」
「まさか。何をするんだ」。メインズが僕を見た。
「そうです。フィールドに立つんです。何をすると思いますか？」
「ヘッドラインズマン（審判の一人）」とメインズ。
「残念でした」
「分からんな……たぶん興行関係の、司会者か何か」
「ばか言うな」
「どうでもいいや」。メインズはいらだってきた。
「たぶんハーフタイムに楽隊を指揮するんだろう。フィールドに立つって、本当の意味でか？」
「その通り」とフライデー。
「レフェリーだ」
「違う。この人はクォーターバックだ、我がチームの。新人で大学を出たばかり。ナスバウマーはじめうちのスカウトたちが素晴らしい仕事をしてくれた……」。フライデーは喜びのあまり、プラスチックのトレーをフォークで叩いた。
　メインズは僕を見つめた。
「ある意味では本当です」と僕は説明した。「口外しないでください。僕はニューファウンドランド・ニューフスというセミプロチームから来ました。おかしな名前ですが。僕のことは黙っていてください」
「ギル、君の脚を見せてやれよ。どんなことが起きるか、見せてやってくれ」とフライデー。

メインズは体を曲げ、ズボンをたくり上げると、やりにくそうに椅子を引き、脚を伸ばして僕に見せた。

「これを見てくれ」

半月形の長い手術跡が、もはや膝小僧の形をとどめない膝の両側を走り、不恰好な長い脚には２〜３足分の靴下が縫い込まれているかのようだった。

「これはこれは」

彼は鉛筆を取り出すと、何が起きたのかをナプキンに書いた——軟骨を取り去るのはそれほど大変ではなかったが、膝の両側の靭帯が裂けていた（サンフランシスコ戦のキックオフで、後ろからブロックされたのだ）。靭帯は再生も回復もしないため、複雑な移植手術を受けた。２度と正常に歩けない。彼の膝を見るのはつらかった。いわんや、何が起きたのかが描かれたナプキンは。

「たぶん、ギルは君に何か言いたいんだろう」とフライデー。

「分かります」と僕。

「鋲が食い込んだんだ」とメインズ。

「たぶん、スニーカーを履くべきでしょう。町に行って買ってきます」

「それは規則違反だ。明日、体育館に来れば用意しておく」

メインズはけがについて語った。彼はサンフランシスコとは相性が悪かった。それ以外のチームとの試合ではけがなどまったくしなかったのに、フォーティナイナーズ戦ではあごや腕、右脚を骨折し、ついにはキックオフで左脚の膝を引き裂かれ、永久にフットボールができなくなった。

「フットボールができなくなるというのは、つらいよ。機会を見つけては、ライオンズを訪ねてくるんだ」

周りでは、食堂が埋まり始めてきた。ベテラン選手の一団が入ってきた。ライオンズの記録集にあった写真を覚えていたので、何人かは識別できた。活発に話をしている。関心は通路の反対側の新人たちに集中しているようだ。牛の頭を見るように指をさす。新人たちはじろじろ見られることを意識して、むっつりと体を曲げて食べている。突然、ベテランの１人が通路を越えて叫んだ。
「新人は起立。歌え！」
「どうしたんだ」とフライデーに尋ねた。
「見てろよ。新人たちに校歌を歌えって言ってるんだ」
真っ青になった新人の１人が口をもぐもぐさせながら、苦労して椅子に上がった。片手を胸に当て、下手な一本調子の低音で歌いだした。

我らレイザーバックス　アーカンソーの誇り
任務は怠らず　戦意は満々
我らは勝者　見よ、輝くスクールカラーを
永遠の……あー、……この上なき赤と白

拍手なし。椅子から下りると、歌っている間、左手に握っていたスプーンをアップルパイの深皿に突き立てた。
こうしたいじめ――ほとんどは校歌を歌わせる――は50年代のライオンズのクォーターバックでチームリーダーだったボビー・レーンが最初に扇動したしきたりだとフライデーは説明した。食事時の食堂は彼の独擅場だった。新人たちは彼が来る前に食堂を出ようと、食事をかき込んだ。もし、彼が既に席に付いていたら、トレーを持って調理室から遅れて入ってきた者はドアの隙間からのぞき、レーンの食事がどの段階かを見極めようとした――今始まったばかりなら、席に付いて大急ぎでかき込むが、食べ終えて背もたれに体を預け、腹をなでながら何か面白いことを探していたらどうするか。その場合は、料理――ステーキ、ジャガイモ、パン、一切れのパイなどすべて――を紙袋に流し込み、外に出て森の中で食べた。森の中で食べるのは、レーンが食後しばしば渡り廊下に出てきて、ページ記念寮の前の四角い芝の庭で開くコンサートへと新人を追い立てるからだ。「歌うんだ」。大声で命令したという。
新人はさまざまな妙技や雑事をこなさなければならない。レーンが話題になっているのをテーブルの向こうから小耳に挟んだ大柄なラインバッカー、ウェイン・ウォーカー*[1]が身を乗り出して、彼が新人の年のトレーニングキャンプで夜中に廊下でレーンに呼び止められた話をした。パジャマ姿で、歯を磨こうと洗面所に歩いているところだったウォーカーに、レーンはピザパイを持ってこいと命じた。「ピザパイが食べたいんだ、坊や。熱いのを早くな」。ウォーカーの胸を指でつついてせき立てた。ウォーカーはその前日キャンプに着いたばかりで、まだ慣れていなかった。一番近い町がどこにあるのか、どうやって行けるのか、ピザ屋がどこにあるのかも知らなかった。だが、言われるままに従った。
「あの人のためなら、バファローのステーキだって見つけましたよ」。彼は言った。
　テーブルに付いた数人のベテランが叫んだ。「フライデー、フライデー」
　アイスクリームを食べていたフライデーが顔を上げた。
「隣にいるのは新人だろ？」
　フライデーは僕を見て叫び返した。「新人かって？　その通り。君たちはチームの１位ドラフト選手を知らないのか？」
「椅子に上がれよ、新人」
「そこに上がれ」とフライデーがささやいた。
「やれやれ」。僕は小声でつぶやいた。「大学の校歌なんて覚えていないよ。何年も歌ってないもの」
「何かわめけばいいんだ。誰も分からないさ」
「何でもいいから歌え」。メインズが僕を見てにっこり笑った。
　僕は椅子に上がった。かなり高くてバランスを取りにくい。食堂の奥に群がっていた司教たちの１人か２人が首を回してこちらを見た。手を胸に当てて歌った。

　勝利に輝く　えんじ色
　最後の白線越えるまで
　えーと……我らハーバードの名のために戦う

最後は声がかすれた。すべてでたらめだったから。椅子から下り、プラスチックのトレーを見つめた。
「これまでで一番短い歌だな」とフライデー。
「急に言われたんで驚いたよ」
それ以上、困らせる者はいなかった。みんな食事に集中していたが、それでも大学名を出した時、プロフットボールではほとんどなじみのない大学だから１人か２人の頭が上がった。フォークを置いて聞く者はいなかった。歌は二の次で、新人の尊厳を損なうためなのは明らかだった。恥をかかせることで、厳格な階級制度を心にしっかり植えつけるのだ。僕の不器用な振る舞いの後、ブロンクス出身で300ポンドの黒人新人、ルシアン・リーバーグが椅子に上がるよう命じられた。彼は恥じらいもなく、母校——ハムデン大学*2だった——の校歌をとても楽しそうに、高音のテナーを巨体から振り絞って「汝」とか「そなた」とか「あぁ優しき母よ」などという歌詞をためらいもなく歌い上げた。だが、彼がうれしそうに腰を下ろしても、プラスチックのトレーをナイフやフォークで静かに叩く音がしただけで、食堂の奥の司教たちの１人か２人がちょっと腰を浮かして耳を傾けた以外、称賛の声は皆無だった。
次に立ったのは、テーブルの隅の壁際に座っていた背が高くひょろ長い男だった。ゆっくり椅子に上がったが、困っているのは明らかだった。顔を引き締めてさっと集中したと思ったら力を抜き、不機嫌そうに奥の司教たちをのぞき込む。時折、手を持ち上げて胸に当てようとするのだが、すぐ垂れ下がる。歌詞を思い出せないのだ。次の瞬間、大きな笑顔が広がったと思ったら、たちまち消え、暗い顔を上げて丸天井の窓をのぞき込む。「ああ」とつぶやくと足を動かし「チェッ」と舌打ちしてするりと椅子から下り座った。だが、ベテランたちは彼の記憶喪失に文句を言わなかった。立ち上がったことだけで、この制度における義務を果たしたのだ。フライデーが彼の名はジェーク・グリアだと教えてくれた。南西部の小さな大学出身だった。

校歌を思い出せなかったり歌えなかったりした新人に対して、その昔のボビー・レーンはもっと厳しかったと、フライデーは語った。「とっちめられたよ、きっと」。彼だったらグリアを軽蔑したことだろう。「今はみんな、おとなしくなった。校歌を覚えようともしない新人も出てくるだろう」

あるいは、レーンはこう言ったかもしれない。「そうか、校歌を知らないのなら、応援団のエールを聞かせろ……エールだ、さぁやれ」

新人が言う。「つまり……チアリーダーの……？」

「そうだ」

新人は椅子からもぞもぞと体を動かすと、おずおずと「ラー！」と叫ぶ。「ラー、ラー、ラー……ラー、ラー」。悲しそうな顔で一点を見つめたまま、あたかも見えない人形使いによって丸天井から糸で操られているかのように、両手を変な格好で突き上げる。

「待て、それは何だ」。レーンはタイムをかける。

「機関車のエールです……レーンさん」

「何っ？」

「そう呼んでるんです……機関……」

「何回“ラー”をやるんだ？」

新人は天井を見上げた。「終わりになるにつれて速くなるから、全部で50はあるでしょう」

「50！」

「ざっとですが」

「他にエールは知ってるか」

「エー、一つだけ」――新人はとても照れくさそうに言う。「こんなやつです」

いかす野郎は１人もいない
いかす野郎は１人もいない
１人か２人いるかもしれぬが
俺たちほどいかす野郎は他にない

「よくできたエールもあった。レーンに感謝しなきゃ。俺が覚えているのはインディアナ州ゲーリーのローズベルト高校のだ。椅子に上がったときは大したことないと思ったが、そいつが叫んだ」

起てば起つ
座れば座る
ローズベルトに歯向かえば
お前たちがひっくり返る
あぁ、栄光のローズベルト！

レーンがピッツバーグ・スティーラーズにトレードされてライオンズを去った後も、厳しさはややなくなったが、新人いびりは残った。アレックス・カラスは入団１年目はほとんど口を利かなかったが、２年目からいじめ役を買って出た。しかし、彼は食堂をいびりの場としてより、彼自身の芝居っ気を示す場として使った。水の入ったカップをドンとテーブルに叩きつけてみなを黙らせ、演説とも漫談ともつかない一人芝居を繰り広げた。アイスクリームにかけるチョコレートシロップが欲しいとき、そばを通ったウェートレスに指を上げさえすれば応じてくれるのに、格好をつけるのだ。コップを盛んに叩いて食堂の寮母に合図する。「ページさ〜ん」と叫ぶ。「ページさ〜ん、サラダがなくなりました。あなたが作った小エビ入りのサラダをお願いしてよろしいでしょうか。勇気あるアメリカ人にして有権者、妻を家に残し、犬は暖炉端に眠り、インコはかごの中にいます。アイスクリームにかける一杯のチョコレートシロップをお願いしてよろしいでしょうか。ページさ〜ん、我々にチョコレートシロップか、もしくは死を与えたまえ！」
「彼がいないのは大損失だ」。フライデーは続ける。「クランブルックのこの食堂に彼がいないなんて、考えられないよ――おかしな芝居なんかして」。悲しそうに頭を振った。「なぁ、ウェーノ」
反対側にいたウェイン・ウォーカーが言った。「あんな人はいないよ」
15人ほどの新人全員が次々に立ち上がり、手を胸に当てて歌い終わるまで披露はだらだら続いた。皆、歌詞を覚えていたが、ジェーク・グリアだけはとうとう思い出せなかった。

夕食後、グリアは食堂の外側のテラスに出て、先だけを口から出して爪楊枝を使っていた。僕が近づくと向きを変えて校庭を眺めた。僕はニコッと笑い「歌にはちょっと苦労したようだね」と同情して言った。

彼はビクッと振り返って僕を見ると、体を硬くして歌い出した。明らかに母校の校歌を思い出したのだ。僕をベテラン選手と思い違いして。とても高い優しい声で、歌について言うと「汝」や「優しき母」と言った歌詞が多かったが、終わりまで行かなかった。驚いた僕が近づいて「いいんだ、僕のために歌わなくてもいいんだ」と言ったからだ。

歌を止めて早口で言った。「歌詞が出てこなかったんだ。うまくいきそうで、そこまで出かかっていたのに、でてこなかった」と腹立たしそうに頭を振った。

「校歌は覚えているんだ——クソッ——勝ったときはいつもフィールドで歌っていたし、昨シーズンは１敗しかしなかったのに」

大いに悩んでいたので、僕は言った。「まぁ、僕も上手じゃなかったし」。彼の悩みに、意識かで敬意を払う言葉遣いで「めちゃめちゃだったよ」と言った。

「歌った？」。驚いたように彼が言った。「まさか」。爪楊枝が動き出した。「そこまで出かかっていたんだ」。自分の悩みをまた思いだしたようだ。「ただ、出てこなかった」。また頭を振った。爪楊枝がせわしく動いた。

＊1　ウェイン・ウォーカー　1936～2017年。アウトサイドラインバッカー。58年デトロイト・ライオンズ入団。15シーズンプレーした。プロボウル３回。

＊2　ハムデン大学　バージニア州の私立大学。1776年創立。しかし、ライオンズのホームページなどによると、リーバーグの出身大学は同州のハンプトン大学（私立、1868年創立）となっている。

4

トレーニングキャンプ第１日の夜の教室は午後８時に予定されていた。30分前にコーチたちに会った。フライデーが２階の休憩室に連れていってくれた——狭い部屋で、隅に大きな冷蔵庫があり、いくつかの肘掛け椅子と開いたままのカードが乗ったトランプ用のテーブルがあった。ジョージ・ウィルソンが「ようこそ、ライオンズに」と言った。肩幅の広い、黒髪のよく日に焼けた男で、声の響きが変わっていた——選手たちは長い鉄管を通して聞こえてくる感じだと言った。彼とコーチたちはゴルフをしてきたところだった。皆、２本のクラブを前で交差させた記章を付けたゴルフ帽をかぶっていた。プレーを図解したノートを小脇に抱えて、夜の教室に行こうと立っていたコーチもいたが、ウィルソンは引き留めて僕を紹介した。バックフィールドコーチのスクーター・マクレーンは南ボストンの訛りがあり、穏やかだが心配そうな顔をして針金のように細い。彼はウィルソンが現役時代、シカゴ・ベアーズの機敏なランナーだったが、グリーンベイ・パッカーズのヘッドコーチとしては成功しなかった。次にアルド・フォルテ。愛想のよい大柄なラインコーチで、彼もまたベアーズでプレーした。口調が柔らかで、色あせた髪を短く刈ったドン・ドールはその年、ライオンズに来たばかりで、ほんの数年前までこのチームのディフェンシブバックのスターだった。アシスタントコーチとしてたいそう評判がよかったため、ヘッドコーチでボルティモア・コルツに移ったドン・シュラの後任だ。オフェンシブエンドとフランカー担当のボブ・ナスバウマーは猛禽類のような容貌と傲然としていて素早い身のこなしから“ホーク”の愛称で呼ばれている。最後は大柄なディフェンシブラインマンを担当しているレス・ビンガマン。彼自身も大男で、紫の不格好なズボンをはき、丸くて大きな肩が青い目の丸々太った童顔とよくとかした薄茶色の髪を支えている。僕は皆と握手した。

「ともかく、我々と一緒に楽しんでくれ。できる限りの手伝いはさせてもらうよ」とウィルソン。

しかし、すぐさま問題が生じた。僕は最初の教室に出席するため、中庭を横切って向かった。真ん中に泉がある中庭に面したその部屋のドア前に立っている僕を見て、ウィルソンが近づいてきた。

「ちょっと待ってくれ。君は入ってはいけない。記者は立ち入り禁止だ」

僕は理解できずに彼を見た。

「何だね？」。彼が尋ねた。

「えぇ、僕はこうしたいのです。ずっと新人たちと一緒にいたいのです。夜の教室もスクリメージもすべて……僕も彼らの一員であるように」

早口で訴えた。再びプロフットボールから締め出されるのではないかと思った。だが、ウィルソンはその時、僕がしたいことを正確に理解した——彼が初めて腹をくくったように思えた。彼が方針を変えてくれそうな気がした——僕の行動がどれほど彼の目的と裏腹であろうとも。コーチたちがドアのそばに集まった。

「分かった」。ウィルソンはぶっきらぼうに言った。「だが、誰かが気になると言ったら、帰ってもらうぞ」

僕は分かりましたと言った。部屋の後ろの席に座った。ドアの前での混乱に気がついた選手は多くなかった。プレーブックはすでに配られていて、皆それを見ていた。

出欠をとった。最後にアルド・フォルテが呼ばれなかった者はいるかと聞いた。僕は黙っていたが、部屋の横に立っていたジョージ・ウィルソンはニヤッと笑い、プレーブックを２冊取ると僕に渡した。

「ちゃんとやるつもりなら、あった方がよい」と彼は言った。

プレーブックは重く、ルーズリーフを硬い表紙でとじたノートブックだった——１冊はオフェンス用、もう１冊はディフェンス用。どちらもスクリーン、ゴールライン、ダブルウィングといった項目別に索引ラベルが付いていて、後ろはプレーを書き込むため空白になっている。プレーは黒板に書くか、プロジェクターでスクリーンに映し出され、選手はそれを書き写す——選手自身が自分のプレーブックに書き写すことで、それぞれのプレーの分担をよりしっかりと覚え込ませるという理屈だ。

確認するプレーを取り上げ、説明するアルド・フォルテとスクーター・マクレーンの話に耳を半分傾けながら、僕はプレーブックを少し読んだ。オフェンス用のプレーブックは、重要な順に項目が編集されている。1ページは「2分」という見出しで始まり、最初の項目はこうだ。「試合で最も重要なのは、前後半終了前の2分間だろう。残り時間がどのくらいか、時計が動き始めるのはスナップが合図なのか、レフェリーの笛が合図なのかを知っておくことは、主将だけでなく1人1人の選手にとって絶対に必要である。この時間帯はタイムアウトを節約しなければならない。この時間帯を混乱や失敗なしに対応できるチームこそ、チャンピオンになるだろう」

「2分」に続いて、覚えるべき重要点の続きは——「4回のタイムアウト*1を取り切ったら、時計はレフェリーの笛で動き出す」

ページをめくると、次の重要点は「第3ダウン」だった。プレーブックはこう始まる。「(オフェンスもディフェンスも)第3ダウンで成功するチーム力が勝利の鍵だ。……今日のNFLで優れたチームとは、第3ダウンの場面で相手に勝るチームである」

3番目に重要なことは「重大なペナルティーとその避け方」の見出しで書かれている。一覧表の最初は「キッカーへの突っ込み」。こう警告する。「キッカーに触れただけでも取られる反則。このペナルティーは許されない」。さらに表の上部にあるのが「第4ダウンでのキック時のオフサイドとホールディング」。プレーブックは冷たく注釈する。「この反則に言い訳はない」

「基本用語」の索引のほかは、オフェンスのプレーブックにそれ以上の記載はない。残りのページは空白で、プレーの図解を書けるようになっている。若いフットボールファンがこのプレーブックを偶然見つけたとしたら、失望することだろう――すべての高校選手に強く印象づけられた訓戒が多少あるだけで、ほかにたいしてないからだ。明らかにこの本は選手が自分のプレーを書き込むことで、中身も価値も増すようになっている。夜の教室ごとに3～4プレーずつ教わったから、キャンプが終るまでには100近いプレーがこの本に書かれるだろう。当然ながら、プレーブックを紛失した罪は重い――罰金300ドルというチームもある。選手はプレーブックを肌身離さず持ち歩き、暇があれば目を通して、プレーごとに自分の分担だけでなくチームメートの任務も学ぶよう促される。それによって、プレー全体がよりはっきり頭に入るのからだ。プレーブックはレギュラー選手が着るチームブレザーに付いているライオンのロゴと同じように、球団のシンボルだ。選手が解雇されると、コーチは彼のプレーブックを回収する。

ディフェンス用のプレーブックはもっと面白い。罰則や第3ダウンの重要性、そして前後半最後の2分間で相手を圧倒することなど、例のお説教は別にして、こっちには記録やグラフ、図、そして特定のオフェンシブプレーに対して個々の選手がどう対応するかを示す長い章が次から次へと記されている。若いフットボールファンにはほとんど理解できないかもしれないが、プロフットボールが複雑で頭脳的な職業だという確信は深まるだろう。さらに、オフェンスの本には書かれていない事柄がうれしそうに書かれている――恐らく、強力ディフェンスというデトロイトの伝統を示しているのだ。ディフェンスは常にデトロイトファンの称賛を受けてきた――レス・ビンガマンの時代、「クリス組」(ラインバッカーのジョン・クリスチャンセンが率いた)の名で知られた50年代時初めのディフェンシブバック陣、そして60年代に入ってロジャー・ブラウン*[2]、アレックス・カラス、ナイトトレイン・レーン*[3]、イェール・ラリー*[4]その他に支えられたジョー・シュミット*[5]の時代。トビン・ロート*[6]が素晴らしいパスでチャンピオンをもたらした1956年*[7]でさえ、ファンに愛されたのはディフェンスだった。ファンはフィールドに群がり、ジョー・シュミットらディフェンスの主力選手を肩に担いで退場した。2～3人がロートに駆け寄ったが人数が足りず、ロートは彼らの肩の上で不格好に傾いていた。

しばらくの間、用語の章に目を通して時を過ごし、フィールドに出たり教室で聞いたりしているうちに次第に分かってきた。「ブラウン」（フルバックがウイークサイドをブロックするという意味のオフェンス用語)、「スロットバック」（スプリットエンドの内側に位置するバック)、「クラックバック」（フランカーがラインバッカーを背後からブロックすること)、「スロー」（パスプレーで、ボールが来ない側のエンドがブロックすること）――これらの用語はすべてオフェンスで使われる。ディフェンス用語で気に入ったのは「ポート」と「スター」の二つ。ディフェンス側から見て左と右を意味するが、この用語は不思議にも、明らかに船員用語の左舷（port）と右舷（starboard）に由来している。

主なディフェンスはレッド（パスレシーバーにマンツーマンで対応する）とブルー（これはゾーン・ディフェンス)、４－２、４－３、それにグリーン５－１＊[8]という呼び名で一覧表になっている。ほかにもあるが、これがディフェンスの基本だ――ディフェンス選手にとってすべてが別々の責任を伴う。例えば、ブルーの守りの時、左ラインバッカーの動きをプレーブックはこう記す。「エンドの飛び出しを遅らせろ――君の近くにフレアパス＊[9]が投げられない限り、内側を走らせるな。ストロングサイドのターンゾーン＊[10]も君の責任だ。10～12ヤード後ろの持ち場に素早く行け。クォーターバックの目をよく見ること」

ミドルラインバッカーの責任は次の通りだ。「ストロングサイドのフックゾーン＊[11]。近くに投げられたフレアパスやＴフレアパス＊[12]はすべて。ストロングサイドのエンドが横切ってくるのに注意しながら、横に流れてウイークサイドを援護する。ロールアウト＊[13]やランパス＊[14]に対しては、ストロングサイドのラインバッカーと分担を交代する。パッサーに突進する“レッドドッグ”＊[15]をする時は「ジャンボ！」と叫び、味方のタックルに君が突っ込むことを知らせれば、彼は相手を押し込んで中央に圧力を加えるだろう」

わずかしか理解できなかったが、読んでちょっと気分が悪くなった――数日のうちに、ラインバッカーたちがラインマンの後ろで飛び上がって、僕の目の動きを追ってプレーを探ることになるだろう。「中央に圧力を加える」という言葉遣いや、ラインバッカーがレッドドッグに出て、クォーターバックめがけて突進することをはっきり知らせるために「ジャンボ！」と叫ぶことも心をかき乱した。

「どうかね」。ジョージ・ウィルソンが椅子の後ろからのぞき込んでいた。

「すごいですね」。他人事のように言った。「まったく感心しました」。僕はラインバッカーにクォーターバックの目を見るように教える記述を指さした。「僕の目を見ても、何も分からないと思いますよ。目をつぶってますから」

ウィルソンはニッコリ笑った。

「今からチームをグループ分けする」とウィルソンは言った。

「発表し終わったら、君は好きなグループに付いていってよい——ディフェンスがよければ食堂の向こうだ。オフェンスと一緒にいたいのなら、君のプレーブックに皆と同じようにプレーをいくつか書いてやろう。フィールドに出た時、君が一番できるプレーをみんなが練習するためだ。ポンティアックでは本格的なスクリメージをする予定だから、準備しておいてくれ」

それ以来、僕はほとんどの時間をナスバウマー、フォルテ、そしてマクレーンが教えるオフェンスとともに過ごしたが、時々はドン・ドールがディフェンシブバックたちを相手に、緻密でまったく正確な図を黒板に描くディフェンスの部屋にちょっとの間、顔を出した。ドールの後ろには熱心なおせっかい屋のナイトトレイン・レーンがいて、体を前に乗り出して手を挙げ、感想を述べる。「コーチ、コーチ……それだと、アー、角度が……」。食堂から数部屋先ではレス・ビンガマンがチョークを折りながら円や矢印の図を手早く殴り書きしていた。学生用の椅子から尻の半分をはみ出させながら、大柄なラインマンたちはプレーブックにかがみ込んで書き込んでいる。外では噴水の水音が聞こえ、ほとんど夢の世界のような夏の夜、チョークと鉛筆の走る音がする教室と、スプリンクラーが刻むチャッチャッという音との間の、また、スプリンクラーの水と黒板に書かれた符牒が実際に現すこととの間の奇妙な均衡に、僕はどうしても順応できなかった――優しそうに見える黒板上の二つの円の間を走る矢印はハーフバックが走る方向を指しており、実は体重300ポンドのラインマンたちが動く間をハーフバックが体をひねりながら死にものぐるいで突進することを意味した。

オフェンスチームの最初の会合で、アルド・フォルテはオフェンスプレーの数字と符牒の役割について、概略を簡潔に説明したいと言った。「我々が使っている方法はとても単純だ」と言って、フォルテは黒板に七つの円を横に並べて書いた。「これがフロントラインだ。ラインマンの間の穴には左エンドの外側から順に８、６、４、２と番号が付けられ、センターの１を挟んで右に３、５、７、そして右エンドの外側は９となっている。バックスは１、２、３、４番だ」。センターを意味する丸印のすぐ後ろに位置するＴフォーメーション*[16]のクォーターバックの丸に１と書いた。クォーターバックの斜め後ろに離れて二つの丸を描き、２と４とした。「３番バックはフランカーだ。フランカーは左に付けば８番の穴の外側、右なら９番の外側に位置する。ハドル*[17]でクォーターバックが発する最初の数字は３人のバックスがどこに位置するかを示す。『３番左』と言ったらフランカーは左へ、クォーターバックが『３番右』と言ったら右だ。分かったか？」

フォルテは質問しながら講義するやり方で、選手が理解したかどうか確かめる。「いいか？」。１人ずつ顔を見て尋ね、確認すると「よし」と言って黒板に向かう。

「さて、次にクォーターバックがハドルで告げる数字は誰がボールを受け取り、どのコースを走るのかを示す。もし彼が『23』と言ったら」。彼は黒板に23と書いた。「２番バックがハンドオフを受け、センターのすぐ右の３番の穴に真っすぐ走るという意味だ」。彼はチョークでその場所を叩いた。「真っすぐのパワープレーだ」。２番バックが走る方向に矢印を書いた。「こうだ。フットボールで最も古いプレーの一つだ。繰り返すぞ。ハドルでクォーターバックが指示する。『３番右』（フランカーの位置）、『23』（誰がボールを持ち、どこを走るのか）、クォーター

Tフォーメーションのポジション名

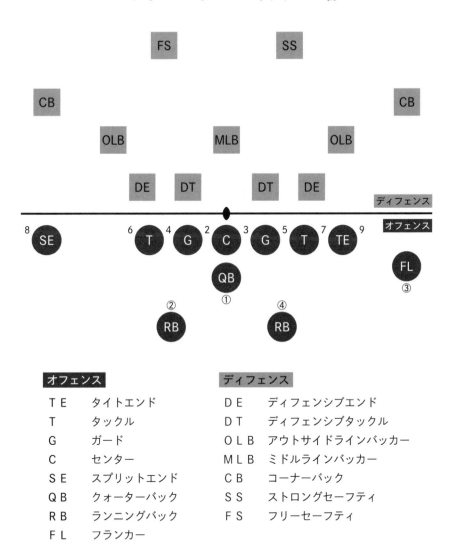

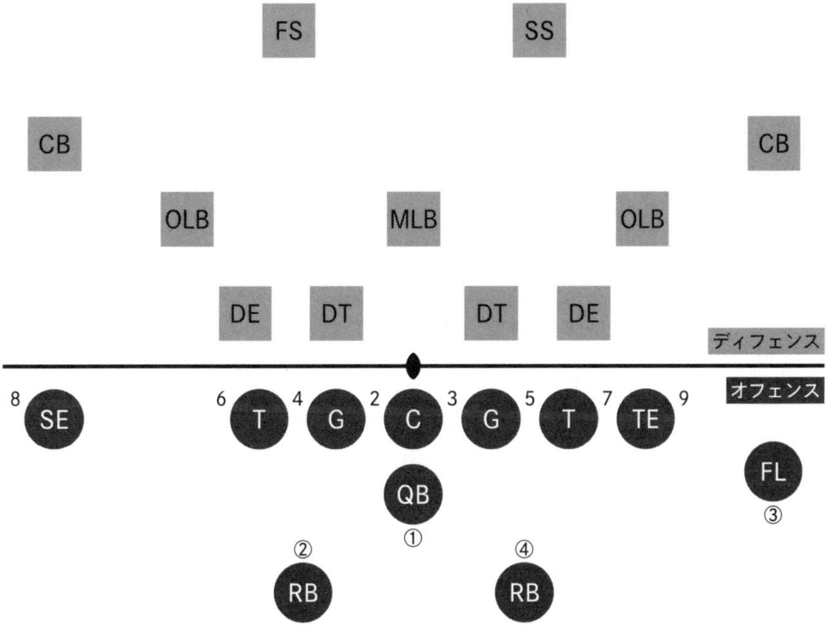

オフェンス	
ＴＥ	タイトエンド
Ｔ	タックル
Ｇ	ガード
Ｃ	センター
ＳＥ	スプリットエンド
ＱＢ	クォーターバック
ＲＢ	ランニングバック
ＦＬ	フランカー

ディフェンス	
ＤＥ	ディフェンシブエンド
ＤＴ	ディフェンシブタックル
ＯＬＢ	アウトサイドラインバッカー
ＭＬＢ	ミドルラインバッカー
ＣＢ	コーナーバック
ＳＳ	ストロングセーフティ
ＦＳ	フリーセーフティ

オフェンスとディフェンスがボールを挟んで向き合うことを「スクリメージを組む」と言い、両者の間の架空の線をスクリメージラインと呼ぶ。オフェンスの選手のうちスクリメージラインに接して位置する７人をラインマン、さらにエンドを除いた５人をインテリアラインマンと呼ぶ。タイトエンドが位置する側をストロングサイド、反対側をウイークサイドと言う。

バックはボールを動かすタイミングを言う。例えば『2で』と。そして『別れ！』と叫ぶ。デトロイトでは選手たちは1回——同時に——手を叩いて素早くスクリメージラインに向かう」

フォルテは続ける。「さて、クォーターバックの指示には時々、ラインマンが誰をブロックするかの情報が含まれている。例えば、右サイドのオフタックルへのランプレーは次のように指示される。『3番右、47、ニア・オー・ピンチ』。最後の3語はこういう意味だ。オフェンシブタックルとエンドは2人1組になってディフェンシブエンドをブロックし、きれいに開いた7番の穴を4番バックが走り抜ける——」

「次に、パスプレーについて——すべてのパスプレーはグリーンという言葉で示される。クォーターバックがこう言う。『3番右（または左）』——フランカーに対してだ——それからグリーンと言い、第1目標のレシーバーに彼の行動を、例えば『9番ターン』と指示する。これは右のエンドが9番の穴を直進し、振り返る……ボタン掛けのように。分かったか？　よし」

「これはとても大雑把に言うぞ。とても大雑把にだ。その方が分かりやすいからだ。いいか、よし。スクリメージラインでクォーターバックがどのようにサインを指示するかだ。最初に三つの数字を続けて言う。意味のない数字だ—— 88、21、66でもよい。この数字には意味がない。ただし」——フォルテはチョークで我々を指した。「ハドルで指示したプレーに対するディフェンスの態勢が気に入らなかった場合、クォーターバックはプレーを変える決断をする。これをオーディブルと呼ぶ。そのためにクォーターバックはハドルで指示したのと同じ番号を使う。例えば『23ロール』というプレーを変更する場合は、最初に『23』と叫ぶ。プレー変更の合図だ。プレーは白紙に戻り、全員が了解する……フランカーまで全員だ。次にクォーターバックが叫ぶ数字が新しいプレーになる。例えば『42』と言ったら、ボールはセンターの反対側を通るわけだ。クォーターバックはもう一つ数字を告げる。それには意味がない。どんな数字でもよい。それからカウントを始める。デトロイトではリズム方式を採用している。ハット1、ハット2、ハット3、ハット

4——きびきびと。もし、ボールを動かすタイミングが3なら、3の直前のハットと同時に飛び出す——ドン！」。フォルテは拳を一方の掌にぶつけた。「ダッシュと押しにちょっとばかり弾みがつくんだ」

チームごとにサインは異なる。ポール・ブラウン*18時代のクリーブランドでは、クォーターバックは「用意、構え、よし、1、2、3……」だった。僕がデトロイトにいた翌年、ライオンズはカウントの仕方を“時間差方式”に変えた——リーグ全体に人気のある新方式だ。「ゴー」は適切な言葉だ。仮にクォーターバックがハドルで「4で」と言ったら、センターは四つ目の「ゴー」でボールを動かす。クォーターバックはリズミカルに叫ぶ必要はない。「ゴー」と言って数秒置いて「ゴー、ゴー」と言ってもよい——その時思い浮かんだディスコの名前を読み上げるように。で、よしと思うまで待って四つ目の「ゴー」を言えば、掌にボールがパンと返ってくる。時間差方式の利点は、クォーターバックの一番都合のよいときにボールを動かせることだ。もし、相手がオフサイドを犯したら、彼がスクリメージラインの後ろに戻る前に、急いで「ゴー」と叫んで反則を取ることができる。同様に、もし相手がしきりに位置を変えるディフェンスをとった場合、クォーターバックはよしと思える配置になるまで待って、最も都合のよい瞬間に「ゴー」と叫び、プレーを始めることができる。逆に短所は、ボールが何番目のハットで動くかが正確に分かっていて、掛け声とともに飛び出すことのできるリズム方式とは反対に、時間差方式ではラインマンとバックスは動く瞬間を知ることができないことだ。時間差方式をとるオフェンスはクォーターバックを除いて、いつディフェンスに突進するか、暗闇にいるのと同じ状態だ。

ジョージ・ウィルソンがまた近づいてきた。

「どうだい。プレーをのみ込んだかい？」

「簡単じゃないですね。オーディブルは避けたいと思います」

「フィールドに出れば、もっとはっきりするよ。着るものはあるのかい？」

「スエットシャツを持ってます。ソックスも」

「フライデーがあす朝、用意してくれるだろう。早めに体育館に行けば、彼がそろえてくれる」とウィルソンが言った。

夜の教室が終わった後、ジョージがフライデーに合図して何か話し、僕を見てうなずいた。僕はチームの一員になりつつあると感じた。

だが、一番うれしかったのは、教室の始めに出欠をとる時、僕の名前が呼ばれたことだった。僕の名前は大きなフルバック*19のニック・ピエトロサンテ*20の次に追加された。

コーチが名前を呼ぶと、ニックは「よっ」と応え、次に僕の名前が読み上げられる。

「はい」。僕はまさに事務的に、まったく申し分のない返事をする。ここにいるのが当然であるかのように。

＊1　4回のタイムアウト　現行ルールではタイムアウトは前後半でそれぞれ30秒ずつ、3回取ることができる。

＊2　ロジャー・ブラウン　1937年生まれ。ディフェンシブタックル。60～66年デトロイト・ライオンズ、67～69年ロサンゼルス・ラムズで10シーズンプレー。プロボウル6回。

＊3　ナイトトレイン・レーン　本名リチャード。1929～2002年。コーナーバック。ライオンズなどで14シーズンプレー。プロボウル7回。74年名誉の殿堂入り。

＊4　イェール・ラリー　1930～2017年。セーフティ兼パンター。52～64年の11シーズン（54、55年を除く）プレー。プロボウル9回。79年名誉の殿堂入り。

＊5　ジョー・シュミット　1932年生まれ。ミドルラインバッカー。53～65年の13シーズンプレー。プロボウル10回。67～72年ライオンズのヘッドコーチ。73年名誉の殿堂入り。

＊6　トビン・ロート　1928～2000年。57年、ライオンズがリーグ優勝した時のクォーターバック。

＊7　1957年の誤り。ブラウンズを59－14で破り、優勝した。

＊8　4－2、4－3……　「4－2」は最前列に4人のラインマン、第2列に2人のラインバッカーを置く隊形。「4－3」「5－1」もそれぞれの人数を示す。

＊9　フレアパス　サイドライン方向に出たランニングバックに投げる短いパス。

＊10　ターンゾーン　直進したレシーバーが振り返りざまにパスを捕る地域。

＊11　フックゾーン　直進したレシーバーが釣り針形に戻ってパスを捕る地域。

＊12　Ｔフレアパス　サイドライン方向に出たタイトエンドへの短いパス。

＊13　ロールアウト　クォーターバックが横に走るプレー、または走りながらパスを投げるプレー。

＊14　ランパス　ランニングバックが横に走りながら投げるパス。

＊15　レッドドッグ　ラインバッカーまたはディフェンシブバックが行うパスラッシュ。現在はブリッツと呼ぶことが一般的。

＊16　Ｔフォーメーション　センターのすぐ後ろにクォーターバック、その後方にランニングバックが位置するオフェンスの隊形。Ｔの字を逆さにした形から。

＊17　ハドル　プレーを開始する前に、確認のため選手が集まること。

＊18　ポール・ブラウン　1908～91年。46～62年クリーブランド・ブラウンズ、68～75年シンシナティ・ベンガルズを率いたヘッドコーチ。46～49年、４年連続でNFLとは別組織のアールアメリカン・フットボール・リーグ（AAFC）優勝、NFLに合併後の50、54、55年の３回優勝。ブラウンズというチーム名は彼の名にちなむ。数々の戦術の改革に貢献した。67年名誉の殿堂入り。

＊19　フルバック　バックスのうち比較的体が大きく力強い選手をフルバック、俊敏で素早い選手をハーフバックというが、現在は合わせてランニングバックと呼ぶのが一般的。

＊20　ニック・ピエトロサンテ　1937～88年。フルバック。59～67年ライオンズなどでプレーした。

5

翌朝、朝食が終わると、僕は用具をそろえるため体育館に行った。練習は10時からと言われていた。更衣室にフライデーがいて、早速作業に着手した。僕は必要時に備えて用意していた用具を持って行った——陸海軍士官学校の運動具店で買った靴、スエットスーツ、靴下、その他——だが、フライデーは一目見るなり言った。「まァ、そいつはどこかに捨てちゃいな。ついて来いや」

廊下を歩いてバスケットボールコートに向かう途中、陸軍士官学校のハーフバックで、ローズ奨学生となってオックスフォード大学でラグビーをしたピート・ドーキンズ*[1]の等身大のカラー写真を収めた額縁の下を通った。彼はクランブルックで一番傑出した卒業生だが、写真は色あせ、表面はひどく傷つき、顔はサーカスのピエロのようにまだらになっていた。

フライデーは体育館の床に、それぞれの用具をまとめて山のように積んでいた——ショルダーパッド、ニーパッド、サイパッド、ベルト、ヘルメット、靴ひも、などなど。一山ずつ歩きながら、フライデーは『たのしい川べ』のモグラ*[2]のように面倒見よく用具一式をそろえてくれた。品数は12以上になった。「さて、このショルダーパッドはドーク・ウォーカー*[3]が着けていた型だ。ちょっと着けてみてくれ」

「ええ」

「腕を上げてみて。ボールを投げるように」

パッドはラインマン用より小さくて軽いが、少し、いや実はかなり動きが制約される。だが、フライデーは満足そうだった。「もちろん、もっと君の役に立つものはここにはない。本当に必要なのは鎧だからな。そんな物はないよ」
「もちろんだ」と僕。
彼は「尻を守るために、腰の周りに巻くんだ」と言って、伸縮性のあるパッドを渡した。僕はどう身に着けてよいのか分からず、じっと見つめた。
「用具の使い方が分からなくても気にすることはない」と言って、フライデーは話した。「何年か前のことだが、デトロイトのばか者が息子をライオンズに入団させようとして、ここに送り込んできたことがあった。どう工作したのやら。哀れな息子は力不足で、学校を出て10か12も仕事を変えたが、どれもうまくいかない。そこで父親はフットボールをさせようと考えた。いやはや。息子をトップに就かせるために、ここでプロと親しくなるのがよいと誰かが言ったのかもしれない。そこでこの哀れなデブは――そいつは300ポンドもあった――何も分からず、ボールは捕れないし、投げるのもダメ。体重だってどう使ってよいか分からない。コーチたちは彼をローラーのようにこき使ったよ」
「最初のスクリメージの時、君のと同じ腰に巻くタイプのパッドを着けていたんだが、尾骨を守るこの後ろの部分――フライデーはパッドの補強された箇所を指した――を何たることか、“息子”を守るためと思ったんだ。それで、パッドを前後逆に着けちゃったんだ、まったく。フィールドに出て、さぞ痛かっただろうな、ぶざまなサルみたいな格好で動いていたよ」
フライデーが話してくれたことに感謝した。僕もそのパッドに戸惑って、300ポンドの若者と同じように着けたかもしれなかった。彼はそれを察知したのだろう。
「彼はどうなったの？　フライデー」と尋ねた。
「ひどく小突かれていた。もちろんクビだ。おろおろした大男だった。フットボールを嫌いになって、もうする気にならないだろう。家に帰って『ねェ、父ちゃん、ダメだったよ。また失敗しちゃった』なんて言ってんじゃないかな。親父は息子をじっと見つめて、息子にやらせたい仕事を列記したばかげた一覧表の『フットボール』にバツ印を付けたことだろうよ」
　用具の支度が終わった。フライデーは更衣室に戻るよう言ったが、用具一式が両腕にずっしりと重く、銀の地に青いライオンのロゴを貼った硬いヘルメットを一番上に乗せると、前はほとんど見えなかった。
　ヘルメットをかぶるのは最初から手こずった。筋力トレーニングをしていれば、耳穴に親指を入れ、頭がすっぽり入るように持ち上げて、ちょっと横に広げるだけで簡単にかぶれるはずだが、僕は耳に触れないようにするだけの腕力がないため、かぶるたびにヘルメットの中で耳が二つに折れてしまうのだ。指をヘルメットに差し込んで耳を元に戻すのだが、痛い上、体をねじったり不平を言ったりするたびに、ヘルメットという硬い密閉状態の殻は鋭くやかましい音を立てる。かぶり終えると耳鳴りは和らぎ、ヘルメットの中は静かになり、戦車の砲塔に入ったように安心する。それから僕はまだ涙でかすんでいる眼でフェースマスク——選手たちは"鳥かご"と呼ぶ——のバー越しに周囲を見る。ヘルメットを脱ぐのはもっと大変だ。ヘルメットは頭をしっかり守るために心地よくぴったりするようになっているのだが、フライデー・マックレムが最初にくれたヘルメットは小さすぎて、ロッカーの前でかぶろうとした時、耳が入ったところで大声を上げてしまった。たまたま大きなラインバッカーのウェイン・ウォーカーとおしゃべりしていた。彼は僕が素人であることを知っている数少ない選手だった。僕の野球の本を読んでいて、名前を覚えていた。
「どんな具合かい？」
「いいよ、ぴったりだ。かぶってしまえばね」と応え、脱ごうとした。耳穴に親指を突っ込み、ヘルメットを広げようとした。
「広がらないよ」。平静を装って言った。
　ウォーカーが笑い出した。彼は更衣室の通路をのぞいて、この窮地をともに楽しむ仲間がいないか探した。幸い近くに誰もいなかった。
「畜生！　広がらない」
「じきに慣れるよ」とウォーカー。
「クソッ！」。僕は力を振り絞って脱ごうとした。

「君は本当にプロフットボールと結婚したんだ。しばらくしたら、かぶっているのが気にならなくなるよ」とウォーカー。

ヘルメットがようやく外れた。両耳は赤く腫れてすりむけ、頭の横にしわができた。「やめたくなったよ」とつぶやいた。

1日目、ぶつかり合う練習はなかった。僕は青のショートパンツ、Tシャツ、白い靴下を身に着け、フライデーがくれたぴったりして快い靴を履いた。他の選手たちの後について、体育館の裏から練習フィールドに行った——小さな松の木立を抜け、テニスコートを通りすぎた。こんなに朝早いのに、ショートパンツをはいた可愛い女の子がバックボードに向かってボールを打っていた。彼女はちょっとの間、動きを止めて、僕たちが松の間を歩いて行くのを見ていた。

練習フィールドは広く、間をあけて一列に植えられた高い木によって4面か5面に分けられていた。ずっと遠くに野球のバックネットが2面あった。広々した緑の広がりを邪魔する塁間の走路が見えないから、ソフトボール用かもしれない。スプリンクラーがいくつか離れ離れに動いていて、回転するたびに長く巨大な水の曲線を吐き出していた。

僕たちは早く着いた。芝に寝転んでいる選手もいた。ほとんどが新人だがベテランも何人かいて、おしゃべりを楽しんでいた。穏やかな光景だ。大地は夜露を含んで、まだ冷たい。選手たちは名前を身長や体重と関連づけ（ローガン・フォックスというこの男、そうだな196センチで106キロはあるだろう。ボストン・カレッジ戦では活躍した。彼は……)、足の速さと結びつけてうわさ話をしたり（……100ヤードを9秒03で走る)、コーチがどれほど厳しいかを話題にしたり、あるいはあと30分かそこらで始まる柔軟体操についてデトロイトのやり方はどんなふうかを知りたがった。網の目状に張った紐を避けて、膝を上げて走る練習はすべてのキャンプで取り入れられているが、シカゴではとても楽なんだと1人が言った。巨漢のダグ・アトキンズ*4が紐を踏んづけて1インチも土に埋めてしまうと、そのままで元に戻らない。あの人が踏んだ後は弾力がなくなってるんだ、とその選手は聞いたことを語った。

「体重はどのくらいあるのかい？」。誰かが聞いた。
「アトキンズかい？　122キロくらいで、203センチ。車庫6個分くらいのデカさだ」
ボールが到着した。センターの1人が青い袋に入れて運んできたのを芝の上にばらまいた。何人かが立ち上がって、軽快にキャッチボールを始めた。大きなラインマンは投げるのが下手なことが分かった。肩の後ろの盛り上がった筋肉に、太い枝のように取り付けられている腕が強張っているのだ。彼らは手投げ弾を投げるように、ボールを高く投げる。捕るのも格別に上手ではない。僕は気分がよくなった。捕り損ねたボールが転がる。彼らの手は巨大だ。片手で拾い上げると、手のひらにすっぽり収まるようだ。
クォーターバックやハーフバックがボールを投げ始めると、ことは一変する——ボールは一直線に遠くまで飛ぶ。僕は2番手のクォーターバック、アール・モラル*5と並んだ。彼は短髪で優しい顔をしていて、陽気にしゃべり続ける。2人いるライオンズのクォーターバックの1人で、1番手のミルト・プラム*6の“強力な控え”という評判だ。プラムは15ヤードほど離れた向こう側にいる。長身で、風雨にさらされたことのない、白く珍しいほど色つやのよい顔の上に黒髪がきれいにとかされている。彼の隣にいるのはガードのジョン・ゴンザーガで、対照的に白髪交じりだ。ベテランの彼に僕は今朝、自己紹介した。彼のロッカーは僕の隣だ。離れていても、プラムと並んだ彼の上腕の入れ墨が見える。漫画に出てくる大きく、問いかけるような顔のアヒルで、その下に濃紺の文字で「俺は誰？」と彫ってあった。
ヤンキースタジアムで野球をした時、肩慣らしする相手の見つけるのが大変だった。バットボーイと思ったのだろうか、僕は相手にされず、横に並んで待ち構えたり、思わせぶりにグラブを叩いたりしても、ボールを投げてくれなかった。だから僕はバットボーイを捕まえてウオームアップをした。フットボール選手はそんなためらいはしない。チームの練習着を着ている僕を見て、チームの一員だと思うのだろう。プラムはすぐ僕にボールを投げた——近づくにつれかすかな音がして、完璧な回転のため空気を切り裂くような感じで、受け取ろうと反応する間もなく届く。危うく指を通り抜けて胸に当たりそうだった。それでいて、上から一直線に投げる彼の動作は平然としたもので、まるで通りの向こう側の誰かに手を振っているようだった。

プロのクォーターバックの投球に投げ損ないはない——近づいてくるものはボールというより砲弾のように感じる。まねしようにも、ほとんど不可能だと悟った。握り方もさまざまで、ぶれない完璧な回転を生む標準的な持ち方はない。クリーブランドの偉大なクォーターバック、オットー・グラハム*7は縫い目に親指をかけて投げた。プラムはモラルよりもボールの端を持つ。別のトレーニングの時、2人が握り方と投げる時の腕の振り方を見せてくれたが、両人とも自分に合ったやり方を練習すべきだと同様に語った。目的はレシーバーにボールを捕らせることだ。絵に描いたようなパスを投げなくても、大選手になったクォーターバックはいる。ボビー・レーンのパスは常にふらついていたし、フォーティナイナーズのクォーターバック、フランキー・アルバートはよく縦に回転するボールをレシーバーに投げたことで知られる。それにしても、正確に投げられないのは腹立たしい。ボールが指先から飛び出し——正しい投げ方だ——受け手が「よし」とうなずくこともあったが、次に投げるとどこかが悪く、ふらふらと上がったボールを見た選手が「クワッ、クワッ、クワッ」と叫んで、注意を促した。

プラムが僕に投げた時、新人として初めての誤りをした——練習に加わってまだ2分もたたない時だ。ボールを捕り、プラムの隣にいるゴンザーガを見て投げようとした時、誰かに名前を呼ばれて彼が後ろを向いた。そこで僕はプラムに投げ返した。かなり強く。プラムは驚いたようだったが受け取った。並んでいたモラルが注意した。「ここではクォーターバックにそんなふうに投げてはいけない。クォーターバック以外の選手に投げること。彼がクォーターバックに渡す。もし、クォーターバックに投げる場合は下手からトスするように」

まったくの親切心で言ってくれた。最初の教訓を学んだ。突き指など、クォーターバックに不祥事が起きないための用心だ。クォーターバックは犯すべからざる存在だ――大切に扱うべき装備品で、トレーニング時の運動着とはわけが違う。スクリメージでクォーターバックが倒されたら、コーチは「優しく扱え、優しく」と叫ぶだろう。クラーク・ショーフネッシー*8がスタンフォード大学に初めてTフォーメーションを導入した時、練習でフランキー・アルバートをけがで失うことを恐れるあまり、スクリメージが始まる直前に思わず笛を吹いてしまったという。

柔軟体操のためコーチが笛を吹くまでの約15分、体をほぐしている間にキッキングチームが練習を始める――ウェイン・ウォーカーとジム・マーチンが交代でフィールドゴール*9を蹴る。25ヤードラインから始め、5ヤードずつゴールポストから離れて50ヤードまで。最後は自陣から55ヤードも遠くから蹴った。

サイドラインの向こうでは、イェール・ラリーとパット・スタッドスティルがパント*10の練習をしている。僕は近寄って眺めた。挑戦はしなかった――彼らから離れて立ち、フィールドを区切るニレとスズカケノキの高い梢と同じ高さにボールが弧を描くのを眺めた。キッカーの脚によって生命を吹き込まれたボールは勢いよく舞い上がり、頂点に達して性質を変えるようだ――大空に上がった、おもちゃか羽のように軽い野球のボール大の物体がはるか上空の軌道の頂きで動きを止めて、引っかかっているように。僕はパントリターンするトミー・ワトキンズとともに60ヤードほど先でボールを待ち受けた。「よし、君が捕れ」と彼が言った。ほとんど真上を見上げると、ボールはその性質を回復したようで――落下点に走るにつれ、垂直に落ちながら急速に大きくなり、回転する縫い目がかすかにヒューヒューヒューと音を立てて、まるで死んだガチョウほどの大きさと重さになって僕を目がけてくる。だから、胸で受け止めた時、思わずゲップが出た。

ワトキンズは遊撃手がやさしいフライを捕るように、楽々とやってのける。しかし、ニレの木の高さから落ちてくるボールを眺めながら、彼にとって捕球するのは簡単なのかもしれないが、この芸当は走ってくる大きなラインマンに捕まるかもしれないと考えることで鍛えられたのだろうと思うと、僕には無理だと首を横に振ってしまった。「試合になったら……」とつぶやいて。

ワトキンズが語ったことがある。「まず、ボールを捕ることを考える。君に向かってフィールドを走ってくる者については、その次だ。順番を間違うとファンブルし、確実にやられる」

時々、イェール・ラリーの横に立って、彼がボールを蹴り、遠くまで飛ばすのを眺めた。彼の利き足に特別なものはない。ラリーは欧州のサッカー選手のようにやせている。少しは重いかもしれないが82キロだ。とても足が速く、キックに加えてディフェンスのセーフティをしている。体の大きさはキックの能力とほとんど関係ないようだ。前のシーズン、ラリーの良きライバルだったカーディナルズのキッカー、ボビー・グリーンはたった68キロだった。ラリーの技術は天賦のものだ。11歳の中学生で誰よりも遠くに蹴った——力は常に変わらず、調子を整えるだけの問題だった。脚の速さやクォーターバックの肩の強さと同じと彼は言った。生まれつきのものだが、ある程度は上達する。彼は家の外の通りで練習した。街灯がつくと、暗闇に向かってボールを蹴る。飛ぶ。40から50ヤード先の通りの街灯の光の中に驚くほど白く、突然、ボールが現れる。砕石を敷いた道路の上を不規則に弾んで止まる。彼は進歩の具合を確かめるため、歩測しながら通りを歩き、ボールを拾うと、家の門目がけて夜空にボールを蹴り返した。

彼は練習でボールをとことん使った。はみ出した内側の袋を詰め込んで継ぎはぎしたが、しまいには破れた。長い間、レモン色のボールを持っていたことを覚えている。2シーズンはもった。最初にほころぶのはボールの先端で、完璧に蹴られたボールは砲弾と同じ軌道を描く——最高点まで高く上がると先端を真下に向けて垂直に急降下し、地面にぶつかると車輪のように急回転して転がり、距離を稼ぐのだ。ラリーはシーズン中、平均46～47ヤード飛ばす（もちろんキックの距離はスクリメージラインから測る）が、たいていリーグで最長だ。レッドスキンズのサミー・ボーが51ヤードという記録を持っているが、彼はしばしばテールバック*11からクイックキックを見せた。ディフェンスがラインに近寄っているため、ボールは捕られずに転がることが多い。彼がキックの記録を作った年はこうした場面がいくつもあった。ラリーの最長キックは1953年、クリーブランド戦での74ヤードだ。捨て鉢になったことで、このパントは12ヤードかそこら伸びたかもしれない――センターからのスナップが彼の前で弾むほど悪く、走りながら対応しなければならなかった。突進してくるラインマンの指先をかすめて、辛うじてボールを蹴り上げたのだ。

ラリーの脚からボールが空中に舞いあがるのを見た後、自分でやってみるのだが、いつも不満が残った――突然、ボールに鉛の芯が差し込まれ、それまでの命と入れ替わったようだ。例えて言えば、死んだ大きな鳥を蹴っているみたいだ。キッカーの技がうらやましい。見た目は簡単そうだが。ミルト・プラムがクリーブランドにいた時、練習に現れた、伝説の怪力きこり、バニヤン*[12]のような男の話をしてくれた。その男はとても若くてひょろ長く、気楽な高校生のような顔をしてチューインガムをせわしく噛んでいた。後になっても、スカウトが送り込んだのか、あるいは見物人の中から現れたのか、誰もはっきり覚えていなかった。柔軟体操が始まる前、選手たちはフィールドに散らばってボールを投げ合い、フィールドゴールの組が練習していた。ボールがその男のそばに転がった。拾い上げると思わせぶりに縫い目を確かめるためかちょっと回した。その顔は子供が何かに集中しているように見えた。そして足を踏み出すと、高く長いパントを蹴った。完璧なキックで、ボールは回転しながら先端を垂直に70ヤードの向こうに落ちてきた。キッカーの脚から正しく飛び出したボールは大きく鋭い音を発し、ヒョウタンが鳴るような音が一帯に響く。近くに立っていてその音を聞いた選手たちが振り返って、舞い上がるボールを目で追った。ボールは空中高く上がって一瞬固まるように止まった後、先端を下に垂直の軌道をとった。

「スゲェ」。誰かが言った。

もう一つ、誰かがボールをトスした。その男は今まで見たことのない物を調べるように、クルクル回した。せわしくガムを噛むと、無造作にボールを蹴り上げた。最初のとまったく同じように――ボンと響く音がして大空に浮かび、先端を下に向けると真っすぐに落ちた。コーチたちが男の周りを囲んだ。
「へぇ、それからどうした？」と尋ねた。
「あんなキックは見たことがない。彼がキック用の靴を履いていたかどうか覚えていないが、だぶんスニーカーだったと思う。何を履いていようが関係ない。60ヤード以下のパントは蹴らなかったな」
「契約したのかい？　その後どうなったの？」
「僕が見たのはその時だけだ。何か特別なことがあったんだろう。大学生でプロ資格がないとか。彼が大学の単位を取ったらチームに入ってくれることを祈って、コーチたちは目を離さなかったに違いない。だが、単位を取れなかったのかもしれないし——ちょっと変わった奴だった——その後、軍に徴兵されたのかもしれない。あるいはフットボールを蹴るのが退屈になったのかもしれない。まァ、キック力はあったよ」。プラムはその夏の昼下がりを思い出して、首を振りながら語った。

コーチたちは10時に、まとまって、ほとんどがクリップボードを持ってやって来た。選手全員——約60人——が集合し、“タカ”ことナスバウマーが出欠をとった。彼は遅刻した者には罰金を科すと言い渡した。次に選手を五つのグループに分けた——ディフェンシブラインマン、ディフェンシブバック、オフェンシブライン、フランカーとエンド、そしてクォーターバックとバックスだ。センターは最後のグループ——クォーターバックとバックス——に入る。僕もだ。

コーチたちは最初、同時にそれぞれの組をフィールドの倍の距離走らせてから柔軟体操に移った——小走りで200ヤードはどうってことない。僕も苦にしない。たいていの選手は走りながらおしゃべりしている——前の晩に到着したベテランたちはキャンプで話題になっていることを聞いている。

次にナスバウマーを囲んで柔軟体操。思ったより楽だ。簡単なストレッチから始まった——腰に両手を当て、左右に10回倒す。次につま先に10回ほど触れると、ふくらはぎの筋肉を伸ばす運動。終わると、仰向きに寝てストレッチが続く。まず、片足ずつ、次に両足の膝をあごまで引き上げる。自転車をこぐように足を回転させると、今度は頭の後ろの地面に片足ずつつま先を付ける、さらにつらい運動。これをするには肩で逆立ちしなければならない。これは簡単じゃない。次もそうだ。腹這いになって弓なりになり、頭から足までをロッキングチェアの脚のように曲げて上下に揺する——腹筋を鍛えるためだろう。この運動は大男には簡単だ。セイウチのように膨らんだ太鼓腹を揺すればよい。だが、より細いレシーバーやディフェンシブバックはうめき声を上げ、ブツブツ不平を言いながらやっている。サイドラインにはすでに見物人が集まり、ポカンと見とれたり指さしたりしている。ナスバウマーが腕立て伏せを命じたその次は、全員が立ち上がって足を開いたり閉じたりしながら素早く跳躍し、両手を頭の上で合わせる。これが最後の運動だから、みんなホッとして、拍子をそろえて掛け声をかける。

選手たちは次に“紐”——地表から約1フィート上に、紐を升目上に長く張った一画で、さっきアトキンズがその紐を踏んづけた話をしていた練習——に向かった。コーチたちにせかされて、何度も走らされた。素早く小さな跳躍をずっと繰り返しながら体を持ち上げるのだから、ロジャー・ブラウンやルシアン・リーバーグのような300ポンドもある重量選手にはつらい時間だ。地面に沿って——つまり障害物がなく普通に——走る時、彼らは恐ろしいほど速いが、四角い升目は体を起こし、脚を上げて跳ばなくてはならないから彼らには厄介で、スピードも遅くなる。

升目跳びはコンディショニング練習——全部でたった20分ほど——の最後だった。選手はそれぞれの専門別に分かれた。オフェンシブバックとクォーターバックはスクーター・マクレーンと一緒に残り、ディフェンシブバックはドン・ドールについて隣のフィールドに移った。オフェンシブラインマンはアルド・フォルテとともにブロッキングマシンに行き、ディフェンシブラインマンはすぐにぶつかり合い——“クルミ割り”と呼ぶ——を始めるためにその区画に向かった。間もなく彼らがぶつかり合うゴツンという音が遠くから聞こえてきた。

時間がたつにつれて、いろいろな組が一緒になっていく。フランカーとエンドたちが“ホーク”とともに走ってきてクォーターバックとバックスに加わり、プレーごとに決められたパターンに従って走る。間もなくオフェンシブラインマンが現れ、オフェンシブチームがそろった。隣のフィールドでも同じようにディフェンシブチームができ上がり、各要素がまとまってしばらく練習すると、大きな一団となって走ってくる。それを見たオフェンスは彼らの体重を称賛してかあざけってか、牛の鳴き声をまねてモーッと声を上げた。全チームが集まった。

そのころになると、日は高い。11時半ごろだ。選手たちは白い半透明のプラスチック製容器を回しあって水を飲み、見物人たちは大きな木陰に隠れて立っている。最後の組が合流すると、スクリメージに1時間半ほどが費やされる。最初の数日はぶつかり合う練習はしないのが通常だが、その場合でも、オフェンスもディフェンスも選手を交代しながら、プレー——前夜、教室で学んだ——を通しで練習する。午前の練習は正午に終わった。午後の練習はきっちり同じ手順、時間割りで2時半から始まり、2時間続く。

練習の間、僕はほとんどスクーター・マクレーンやオフェンシブバックフィールドと一緒にいて、2人のクォーターバックの後ろに密着していた。マクレーンは「さて、君たちクォーターバックは……ここを確かめたいんだ……」と言って、プレーの形を両手ではっきり、手早く描く。僕は後ろからにじり寄る。僕と2人のクォーターバックの距離は、教会の結婚式での花婿と付添役くらい——控えめな間隔だが、指示を聞き逃さないためには十分に近かった。

＊1　ピート・ドーキンズ　1938年生まれ。ハーフバック。58年、陸軍士官学校在学時に最優秀選手に贈られるハイズマン賞を受賞。職業軍人の道をたどり、83年准将で退役した。ローズ奨学生は英国の植民地政治家、セシル・ローズ（1853～1902年）の遺志により、オックスフォード大学で学ぶ英連邦、アメリカ、ドイツの学力優秀な留学生を対象に設けられた奨学金制度の対象者。

＊2　「たのしい川べ」のモグラ　イギリスの児童文学作家ケネス・グラーアム（1859～1932年）の作品。人里離れた静かな川辺で暮らすヒキガエル、

アナグマ、モグラなどの動物たちの物語。

＊3　ドーク・ウォーカー　1927～98年。ハーフバック。サザンメソディスト大学でハイズマン賞受賞。50～55年ライオンズでプレー。プロボウル5回。86年名誉の殿堂入り。

＊4　ダグ・アトキンズ　1930～2015年。ディフェンシブエンド。53～69年、シカゴ・ベアーズなどでプレー。プロボウル8回。82年名誉の殿堂入り。

＊5　アール・モラル　1934～2014年。クォーターバック。56～76年の21シーズン、ライオンズ、ボルティモア・コルツ、マイアミ・ドルフィンズなどでプレーした。68年リーグ最高殊勲選手賞、72年カムバック賞を受賞。

＊6　ミルト・プラム　1935年生まれ。クォーターバック。57～69年、ライオンズなどでプレー。

＊7　オットー・グラハム　1921～2003年。クォーターバック。46～55年クリーブランド・ブラウンズでプレーし、4年連続オールアメリカン・フットボールカンファランス優勝、50年のNFL優勝に貢献。プロボウル5回。65年名誉の殿堂入り。

＊8　クラーク・ショーフネッシー　1892～1970年。シカゴ大学、スタンフォード大学など5大学で24シーズン、ヘッドコーチを務めた。シカゴ大時代の1930年代にTフォーメーションを改良した。

＊9　フィールドゴール　キックしたボールがゴールポストの間を通ると3点が与えられる。他の得点は、ランまたはパスでボールを相手エンドゾーンに持ち込むとタッチダウンで6点。トライフォーポイントをランまたはパスで成功すると2点、キックなら1点が追加される。ボールを持ったオフェンス選手が自陣のエンドゾーン内でタックルされると、ディフェンスにセーフティ（ポジション名とは別）の2点が与えられる。

＊10　パント　手から落としたボールがグラウンドに着く前に蹴るキック。地域を挽回するために用いる。

＊11　テールバック　バックス陣の一番後方に位置する選手の呼称。

＊12　ポール・バニヤン　伝説上の巨人で、とてつもない力持ちのきこり。身長8メートル、毎日50頭分の牛乳を飲むという。

6

僕は匿名のまま１人の新人として扱われたいと漠然と願ってクランブルックに来た。その仮面はいずれ剝がれるだろうと思っていたが、どこでプレーしていたのか尋ねられた時に備えて、当初、ぼんやりした作り話を用意していた。へんぴな東カナダのセミプロリーグのニューファウンドランド・ニューフスというチームで何年間かプレーしていたと言うつもりだった。チームは常にどん尻だったが、そこで10年間のプレー経験があると。クランブルックでひどい失敗――転んだり、逆方向に走ったり、きれいな螺旋形でなく縦回転にボールを投げたり、頭越しに後ろに蹴ったり――をしたら、大声で「やれやれ、ニューファウンドランド・ニューフスではこうやっていたんだがなァ」と叫べばいいと思いついたのだ。

実際は違うのに、そのように装うほど僕は厚かましくない。事実はすぐにチームに広がった。ウェイン・ウォーカーは僕の野球の本を読んでいて、みんなに話したのだろう。ハーバード大学の歌も不審を招いたかもしれない。話し方も彼らの耳に障った――東部海岸地域の上品なアクセントを彼らは“イギリス風”と考える。彼らは僕がクォーターバックとして叫ぶシグナルコールを真似て喜んだ。練習後、シャワーを浴びながら彼らが数字を叫ぶのが聞こえる。「よぅんじゅうーよぅん、よぅんじゅうーにぃ」。ののしる時の言葉も彼らには気になった。僕には無意識のうちに気楽に罰当たりな言葉を使う習慣がなかった。我が家での悪言は「おやおや」「こらっ」、そして時に母が言う「何ということ」といった穏やかな表現に限られていた。学校とその後の軍隊でも、僕は巧みに使いこなすことを覚えなかった。差し迫った時にはそうした言葉をしゃべるが、慣れないことをするとしばしばひどい結果になるように、場違いになりがちだ。さらに、上手な使い手はののしり言葉を必ずしも苦痛や侮辱に対する反応としてではなく、話の合間に句読点のように挟む。パプリカをふりかけて味を良くするように。トレーニングキャンプで誰かが罪のない要求──「町まで行ってビールとピザを買ってこい」といった──を口にする時、その中に六つか七つの罰当たりな言葉を滑り込ませる。もしそこに多音節語があれば、音節と音節の間にいくつかの効果的な単語を挟むことだろう。時々、特にキャンプが終わりに近づくと、選手たちはこの習慣を家庭や人前でうっかり口走らないように、言葉を慎むようになり、それを和らげるための代用語を作り出す。一時期「いかれた」という言葉がはやった。

「いかれちゃったぜ、ばか野郎」

キャンプの間、僕のののしり言葉は貧しいままだった。パスを捕りに走り、ボールが指の間を通り抜けると「ダメだーっ!」と叫ぶ。

選手たちが振り返る。「おい、あいつはボールを落としたのが本当に辛いらしいぜ、あの感じじゃ」

僕はからかわれているようだった。その晩の夕食の席で、ある選手がチームメートに体を寄せて、わざと僕に聞こえるように言った。「台風が物置の屋根を吹き飛ばしたら、何て言う?」

「ダメだーっ!」

「家に帰ったら、お前の女房が牛乳配達の男とくっついていたら?」

「そんなことでダメだって言うもんか、ダメだー!」

「じゃあ、お前の犬のスポットが玄関から飛び出してきて、お前の足に噛みついたら何て言う?」

「ダメだ! スポット、何すんだ、ダメだー!」

2人は僕を見てニヤリと笑った。で、僕は言った。「あそこに司教たちがいなければ、噛みついてやるんだが」

「マジかよ?」。1人が言った。

僕もその言い方をよく使う。フライデーが機嫌を直してくれた。その昔、有名なセンター大学(ケンタッキー州)プレイングコロネルズの選手で、デトロイトの前ヘッドコーチ、ボー・マクミランは強調する時、一つの言葉しか叫ばなかった。「くたばれ！」

しかし、クォーターバックをやっていたという作り話の足を引っ張ったのは、もっぱら練習での僕自身の行動だった。僕はたいてい小さなメモ帳を持ち歩いた——見たことを書くために。プレーするため呼ばれると、メモ帳を下に置いて選手たちの中に入り、プレーが終わると拾い上げる。時に、走り書きするのに飽きると、ヘルメットをかぶっていなければ、忘れないようにその中にメモ帳を入れて、選手たちと芝に寝っ転がった。でも、たいていは持ち歩いた。主将の１人、テリー・バーがキャンプに来た初日、僕がメモしているのを見て呆れたように口をあんぐり開けた。物覚えの悪い新人だと思ったのだ。

後で打ち明けてくれたのだが、その日の昼食の時、彼はレギュラーの１人に「なぁ、あの新人たち、大したもんだぜ。メモ帳を持った奴を見なかったか？」と聞いた。

「いや」

「メモ帳を持ち歩いている新人がいるんだ。何か走り書きしていた。なぜだって聞かれたら、こう言わなくちゃいけない。奴は何も覚えられないんだ、と。ほかに考えられるか？」。そう言って首を振った。「一体、あんな新人をどこから引っ張ってきたんだろう」

「そいつは確かに新人なのか？」

「ちゃんと練習着を着てたぜ。それにコーチたちは奴に関心を持っているみたいだ。ドン・ドールがパスのパターンを走らせているのを見た。フランカーをやらせたいらしい。まァ、ドールの声を聞いたら奴は飛び上がって、メモ帳を置く場所を探してちっちゃなウサギみたいにそこらを駆け回った。置いてあったヘルメットの中にメモ帳を入れたんだが、ヘルメットをかぶるように言われて——ディフェンスがついていたからな——奴はメモ帳と鉛筆を放り出して、やっとこさヘルメットをかぶったよ。へっ、ヘルメットをかぶるのにあんなに苦労する奴は見たことがない……死にそうだったよ」

「パスは捕ったのか？」

「へっ、知らないよ。チラっと見た限り、キリンみたいな走り方だった。俺は我慢できずに芝の上にあったメモ帳を見ようとそっと近づいてのぞくと、大きく力強い手書きの字でこうあった。“ジェーク・グリアはパスパターンを走る時も、爪楊枝を噛んでいる”」
「何のことだ？」
「何だろう。何かの符牒だと思わないか？」
「俺に聞くなよ」
僕に対する疑問は初日、ジョージ・ウィルソンがクォーターバックとしてプレーさせてくれたことで一掃された。練習初日、どのポジションをやりたいか尋ねられた。
「えー、クォーターバックです。フットボールの中核でしょ？」
「フランカーかスプリットエンドはどうかい？　ボールを捕るまでは難しいポジションじゃない」
他の選手も同じ意見だった。プロボウルでプレーしようとカリフォルニアに旅したとき、ボルティモアの偉大なエンド、レイモンド・ベリー*[1]にスクリメージで生き残るための方法を尋ねた。「私のポジション――フランカー――なら大丈夫だろう。“地獄”には近づかないことだ」と答えた。“地獄”――と彼は言った――とは、スクリメージライン沿いの約10ヤード幅の地域で、ボールのスナップと同時に270ポンド（122キロ）から280～290ポンド（127～131キロ）の大きなラインマンたちがネアンデルタール人のように戦いを繰り広げる場だ。戦いは比較的限られた範囲で行われるから、避けることができる。そう言いながら、ベリーは現役時代を通して“地獄”に巻き込まれたことが3回だけあった――ボタンフック*[2]のパスパターンの時、パスが短かったので戻ろうとして――と明かした。それぞれの経験を彼は大きな交通事故の様子を思い出すように語った。詳細はまったく鮮明に記憶に残っている――あれはあの年、あの市での、どことの試合の、どのクォーターで、クォーターバックの誰々がレッドドッグしてきたラインバッカーに腕を押されたのでパスが短かった。そこでベリーは決められたコースを外れてスクリメージの方向に何ヤードか戻って捕ったが、もつれ合った“地獄”から腕を伸ばした290ポンドの誰々に捕まった。ボールを落とすか、捕ってアウト・オブ・バウンズに出るかしない限り——と言ってベリーは笑った——ヒットされることは避けられないが、ダウンフィールド*3ならそうひどくはない。当たられても、俊足と敏捷性が要求される比較的軽量のセーフティか深く守るディフェンシブバックだから。だが、“地獄”から出てきた300ポンド（136キロ）もある連中に捕まると話は別だ。
「当たられた時、覚えておくことは」とベリーはテキサス訛りの穏やかな声で教えてくれた。「胎児の姿勢で倒れること。ボールを腹にあてがって丸くなり、手足を伸ばさないことだ。というのは、“地獄”から出てきた別の選手が、君が逃げないかどうか確かめようとして伸ばした腕の上に落ちてくるかもしれない。腕はポキッだ」
「はい」
「だから、あの地帯には近づかないのが一番だ」
「まったく」。僕は正直に答えた。
　従って、僕はウィルソンにレイモンド・ベリーがフランカーかエンドをプレーするよう真剣に忠告してくれたことを話した。ベリーの“地獄”についての考えも話した。
　彼は笑った。「それは結構。ではどうするんだ。君次第だ」
「それでもクォーターバックをやりたいんです。誰もが知りたいと思っているポジションですから」
「君は地獄の淵に立つんだぞ——まさに瀬戸際だ」と笑いながらウィルソン。
「すぐ後ろに下がります。突っ込むことはしません。本物の恐怖から逃げるのはクォーターバックだけ——とはバン・ブロックリンの至言でしょ？」
　ウィルソンは僕が心変わりする暇を与えなかった。4日目か5日目の練習——バック陣がディフェンスと接触しないでプレーパターン通り走る——でウィルソンが突然宣告した。「よし、ジョージ、これで行こう。23ロールだ。プレーブックに書き留めておけ。どうやるかは分かっているだろ」

僕はメモすることをやめた。

どうするかは前の晩の教室で分かっていた――つまり、どう遂行するかは知っていた――が、センターの後ろに立ってボールを受ける時、手をどう動かすのかは全く考えていなかった。センターの後ろに立ち、Tフォーメーションのクォーターバックの奇妙な連結姿勢で尻の下に手を伸ばして探りを入れたことなどなかった。

もし、ニューファウンドランド・ニューフスに関する作り話を守り通していたら、そのチームの攻撃はシングルウィング・フォーメーション*4で、コーチはTフォーメーションを新しすぎると考えて採用しなかったと釈明して、己の無知を言い訳することもできただろうが。もちろん、そんなことは言わなかった。僕はどぎまぎした。どんなに自分のことで手一杯の新人だって、仲間に詐欺師――センターからスナップをどう受けてよいか分からないクォーターバック――がいるのを知るだろう。

ボールをまたいでじっと待っているセンターのボブ・ウィットローにおずおずと近づいて、出し抜けに口走った。「エー、その一、コーチ、手をどこに置くのか分からないんです……どこに置けば……」

コーチ全員が集まってきて一緒に教えてくれ、乳を搾られる牛のように不安そうに振り返るウィットローに取り組んだ。

やって見せてくれたのは、右手を上にして、ボールの上にかがみ込んだセンターの尻――医学的に言うと、尾骨のすぐ下の会陰部と骨盤底――にあてがい、センターが正確に手の位置を知ることができるよう、ちょっと力を上に加える。するとセンターはそこを目がけて力一杯ボールを振り出す。クォーターバックの左手は付け根と親指を右手に合わせて蝶つがいの形にし、角度はボールがパシっと当たるように十分広げる。すると、ボールの縫い目は自動的に指の真下に来て、ボールを確保するために左手を添えると、すぐ投げられる態勢になる。左手を上にして、位置を逆にするクォーターバックもいる。ブラウンズのオットー・グラハムはその代表で、センターからのスナップをそのように受けた。その習慣は左手でボールを受け、右手でしっかり止める少年時代の野球から引き継いだと彼は考えていた。

シグナルでセンターはできる限りの力を込めて、ボールを後ろに振り出す。その動きで尻は跳ね上がり、ボールは練習フィールドの向こうからでも聞こえるパンという音を立ててクォーターバックの手のひらにぶつかる。ノートルダム大学で聞いた話では、コーチがセンターに専念させているのはクォーターバックの手を血染めにすることだという——「クォーターバックの手を真っ赤にしろ」とコーチは叫ぶ。もしできたら、スーツを買ってくれるという噂だった。

みんなが楽しそうに見守る中、ウィットローのスナップを受けようと何回も練習した。初めての時、左手を差し込んだが十分に開いていなかったため突き指をしてしまい、キャッと叫ぶと痛みが和らぐまで小さな円を描くようにピョンピョン飛び跳ねた。それからは両手の角度を広くし、センター役を引き受けてくれる選手となら誰とも練習して、スナップを受けることに慣れていった。

しかし、匿名に関してはセンターとの下手な接し方のため、その日で終った。パスパターンを軽やかに走っていれば正体を明かさずにすんだのだが、クォーターバックのポジションではそうはいかない。ベテランたちはその晩、食堂を見渡すとふざけ出した。「エー、そのー、コーチ、手をどこに置くのか分からないんです……どこに置けば……」

言い返す言葉はなかった。彼らは腹を抱えて笑った。

＊1　レイモンド・ベリー　1933年生まれ。エンド。55～67年、ボルティモア・コルツでプレー。プロボウル6回。84～89年ニューイングランド・ペイトリオッツのヘッドコーチ。73年名誉の殿堂入り。

＊2　ボタンフック　レシーバーが直進し、突然U字形にターンして捕球するパス。

＊3　ダウンフィールド　オフェンス側が進もうとする前方の地域。反対側の自陣をバックフィールドと言う。

＊4　シングルウィング・フォーメーション　クォーターバックがセンターの後ろに付かず、ボールキャリア（ボールを持って走る選手）がセンターから直接ボールを受け取る隊形。

7

１日か２日、フィールドにいると、他と区別のつかない暗号のような選手たちにも個性がにじみ出てくる。はっきりしているのもいる。細く、やつれているのではないかと思うほど筋肉質のディフェンシブバックやフランカーから、太鼓腹が目立ちキャベツそっくりにグラウンドすれすれに構える砦のように重いラインマンまで、フットボール選手の体格が――他のどのチームスポーツより――奇妙に不釣り合いなことに人は感動する。その幅はジャイアンツのフランカーで、ひょろ長く胃潰瘍で顔色が悪く、激しい一夜の公演を終えたサクソフォン奏者のように見えると形容されたデル・ショフナー*[1]から、ライオンズの300ポンドのブラウン――彼の太腿があまりにも太いため、更衣室やシャワー室から出る時の彼は、誰だかすぐわかるよちよち歩きで、それを見た選手たちは小言を言ったり歩き方を真似たりする――までさまざまだ。

練習後、ブラウンや他の大男たちは１ポンドでも減量しようと、いつまでもフィールドを走る――木々を背景に人影が遠くに見えるまで。だから、巨体でも敏捷に動けるのだ。

体格の特徴によって、走り方は多様だ。小柄なテキサス人のスキャットバック*[2]、ディック・コンプトンはボールを持つと――走りに力を加えられると感じて高校で体得した習慣なのか――まるでピストンの運動のようにハーハーハーと短く息を吐きながら走る。その声はフィールドの向こう側からも聞こえる。彼を「吹かし屋」と呼ぶ者もいるが、出身州の砂漠を素早く走る鳥にちなんで「ミチバシリ」と愛称がついた。ジェーク・グリアの走り方も特徴がある――バーに向かって助走する走り高跳びの選手さながら、きゃしゃな体を跳ね上げ、膝を高く弾むように疾走し、ディフェンシブバックに接近すると小さな頭を振り、時には楊枝の先を動かしながらフェイントをかける。次に相手を抜いて真っすぐ走ったり、曲がったりするなり両手を広げ、飛んでくるボールの軌道に神経を集中させながら後ろを見るが捕り損なう——トレーニングキャンプの早い時期は、動きはよいが手が追いつかないものだ、と彼らはよく言う——と、大きな叱声が飛ぶ。「しっかりつかめよ、坊や」「手だ、君、手！」。屈んで捕ろうとした瞬間、ボールに裏切られたと言うようにグリアがしょんぼり戻ってくる。顔は面長く憂鬱そうなままだ。再び彼の出番が来た時、スクーター・マクレーンが叫ぶ。「やりたそうだな。お前が行け」

グリアは小さな大学——プレーリービュー大学、グランブリング大学、ミシシッピ実業大学など——でつくるニグロ南西カンファランスの出身だが、みな強いチームだ。母校のジャクソン州立大学を卒業した年、彼のチームメートのうち６人がプロになった。

フィールドでのコーチは難なく識別できる——ジョージ・ウィルソン以外はみなクリップボードを持ち、ゴルフ帽をかぶって紐のついた笛を首に下げ、体重が釣り合っているレス・ビンガマンのほかはみな大き過ぎるように見えるでかいゴム底の靴を履いている。ビンガマンはそれでも減量した。食事制限をして 70 ポンド軽くなってキャンプに来た。ある年など、トレーニング室の体重計では測れない重さだった。イプシランティ*3の飼料穀物店の 1000 ポンド測れる重量計に乗って 350 ポンドに８オンス足りなかった。その夏、彼は「北ミシガンで最も重い２人の１人」だった。パスや、より機動性のあるオフェンスに重点が置かれる現在では時代遅れになったが、彼はデトロイトでミドルガード*4を守った。当時、ライオンズのコーチだったバディ・パーカーはビンガマンが素晴らしすぎるので、彼の後ろにラインバッカーを置いたことはないと語った。それほどの大男なのにとてつもなく俊足だった。８ヤードか９ヤードなら、チームで最も速いとパーカーはよく言った。ラインで彼の隣の選手は、デトロイトが常に言われる強力ディフェンスをまさに象徴していた。ガードのサーマン・マグローで、ある時、コロラドの牧場で馬の蹄鉄を打った時、後ろ足を高く持ち上げすぎたため、馬がひっくり返ったほどの怪力だった。ビンガマンが教えてくれた話だ。みなは彼を「ビンゴ」と呼ぶ。フィールドに出ると、ラインマンに教えながら「さぁ、行こう」と言う声が「サーコー、サーコー、サーコー」といつまでも繰り返す鳥に似た奇妙な叫びに聞こえる。

ジョージ・ウィルソンを見つけるのは簡単だ。普段はフィールドの真ん中にだいたい1人でいて、きちんとプレスの利いた膝までの紫の半ズボンに、ふくらはぎの半分までのソックスを履いている。時折、報道陣やコーチたちに囲まれて話をする。練習の予定表も時間割もすべて決まっているから、彼に残されているのは何が起きているかに気を配ることだけのようだ。頭を下げ、足を踏み出す前に地面を調べ、思案の末に一歩進む。気がつかなかったかのように選手の間をこれという順序もなくゆっくり歩く。思うに彼は胸中に戦略を温め、次の試合で敵の度肝を抜く大構想を練っているのだろう。時折、顔を上げてきらめくパスを見つめて何か叫ぶが、だいたいはそこで向きを変え、再び思いに沈んでいく。他のことを考えているのかもしれない。心の中で銀行の預金残高を計算しているとか、家族の車に息子が乗せていた娘とか、あるいは庭の芝を荒らすメヒシバの悩みとか。

彼は同僚のほとんどとシカゴ・ベアーズ時代から一緒で、めったに彼らの仕事に介入しない。皆、彼の考えていることをわきまえている。コーチたちの一日は朝食後、9時15分の打ち合わせで始まる。ウィルソンが進行役となり、その日にやるべきことの予定を立てる。昼食のちょっと前、午前中の練習を振り返るため15分くらいの短い打ち合わせをし、新人たちのさまざまなプレーを評価する。午後2時過ぎ、また集まって午後の練習について話し合う。5時15分、午後の練習について話し合い、翌日の予定を立てるため再び打ち合わせる。最後は7時10分に開かれ、8時からの選手ともミーティングで話す事柄を決める。つまり彼らは1日5回定例の打ち合わせと1回の選手ミーティングを開く。そして、5時15分の打ち合わせを終えると、ポンティアック料金所近くのバーでくつろいでポーカーを楽しむ。夜のミーティングが終わると、学生寮の２階の部屋でピノクルというトランプを始め、しばしば夜中まで続く。彼らはいつも一緒で、集団としての仲間意識が強く、お互いに協力し合う。指揮を執るのはウィルソンだが、権限はコーチたちに委ねられている。夜のミーティングはコーチたちが仕切る。前置きの発言をした後、ウィルソンは教室の後ろにぶらぶらと下がる。このやり方は、リーグでは一般的ではない。細かいことに何でも介入するヘッドコーチも多い。カーディナルズのポップ・アイビーは毎朝、練習に出る選手に防具を手渡し、一日の終わりのチームのミーティングでは映写機を操作したと聞いた。

ウィルソンのあだ名は“松”で、得意とする歌にちなむそうだが、僕はまだ聞いたことがない。ほとんどの選手は彼をジョージと呼ぶが、もちろん新人は「コーチ」と言う。

選手たちのあだ名は多彩で、ほとんどは体の特徴に基づいて簡単に識別するために付けられる。背が高く恥ずかしがり屋で、髪に１インチ幅の白い筋のあるダリル・サンダーズがキャンプに着いた時、他の選手たちはその特徴をどうあだ名にするか、一日考えあぐねた。「白ちゃん」はありふれていると迷っていると、ウェイン・ウォーカーが廊下を大慌てで走ってきて“縮み”という名を思いついた。かわいそうに、それがしばらくサンダーズのあだ名になった。

300ポンドの偉大なタックル、ロジャー・ブラウンは“サイの足”というあだ名だが、“干し草”とも呼ばれる。出場停止処分を受けたアレックス・カラスはしばしば“ブーちゃん”と呼ばれるが、それはバスの中でふざけている時、チームメートが突発的に“シンシナティの踊る豚”と言ったのが始まりだった。オールプロのオフェンシブガード、ジョン・ゴーディ*5は体毛が黒く濃いため“クマ”と呼ばれているが、ジョー・シュミットはファーストネームから特に“手洗い”と言う。シュミットがドアから顔をのぞかせて「“手洗い”はどこにいる？」と聞くと、僕は「“手洗い”はさっきピノクルをしていたよ」と答える。

「じゃあ、“手洗い”を見たら伝えてくれ。“サル”の部屋に来いって」

「分かりました」と僕は言う。

“サル”というのはパット・スタッドスティルのことで、シシリアの修行僧と見まがう黒く短く刈った硬い髪とやつれた小さな顔に濃い髭を蓄えているさまがオマキザルに似ていることによる。彼は無口で感情を表わさず、口を閉じ、気持ちが高まると突然、ボサノバの歌い出しを吐き出す。「フライ・ミー・トゥー・ザ・ムーン」。山国なまりの高音で「ムーン」を長く伸ばし、しばらく声を張り上げるとピタッと止めてしまう。それしか覚えていないのか、お気に入りはその歌のその箇所だけなのか、少し間を置くとまた歌う。特に、シャワー室にいる時はタイルの壁に反響して、美声に聞こえる。

カール・ブレットシュナイダーはフィールドでのけんか腰の態度から“アナグマ”と呼ばれる。夏の暑い日差しの下でも焼けない白い大きな顔をしている。ふざけるのが好きな元気者で、フィールドの外ではよき友だ。ところが、プレーとなると、殺し屋の評判をとる気まぐれ屋で、時々退場を命じられる。ある時、フィラデルフィアのダン・バローズの腹を蹴って退場させられた。「何てこった。彼はパントのように蹴ったんだ。バローズが回転しながら空に舞い上がらなかったのが不思議なくらいだ」と誰かが話してくれた。

他のあだ名はその選手の癖から付けられる。広報担当のバド・エリクソンはたどたどしい話し方から選手たちに「アーアー」で知られる。ゼネラルマネジャーのエドウィン・アンダーソンと話す時、彼の朗々とした話し方を真似して、選手たちは妙なゲップのような音を出す。ディフェンシブバック担当のドン・ドールはたばこも酒もやらず、罰当たりなことも言わないことがキャンプに入ってすぐ、皆の知るところとなった。で、あだ名はゲーリー・クーパーにちなんで“クープ”。「今日、クープが“畜生”と言ったぞ」とウェイン・ウォーカーが話したが、選手たちはまさかというふうに手を振って「嘘だ、嘘だ」と言った。

ナイトトレイン・レーンのその有名なあだ名はもちろんキャンプで付けられた。ロサンゼルス・ラムズにいたころで、彼が好きなレコードに由来する。

ユーティリティー・プレーヤーにしてフィールドゴールの専門家、控えのセンターでもあるジム・マーチンのあだ名は“海兵隊”だ。青銅星章を受けた古参兵であるばかりでなく、ライオンズでも注目すべき実績の持ち主だ―― 1959年にチームの最高殊勲選手、1961年にはユーティリティー・プレーヤーとしては珍しくプロボウルに選出された。フィールドで常にハッパを掛けるまったくの熱血漢で、チームリーダーの1人だ。角刈りの金髪、あごの張った力強い顔、背筋を伸ばした姿勢、そして盛り上がった胸はあだ名どおり、漫画の看板になる。シャワー室で冷たい水を勢いよく浴びながら拳で胸を叩き、ホエザルのような声を上げる。上腕には錨と「不名誉より死」という海兵隊のモットーを彫った入れ墨。ある暑い夜、芝の野外でクランブルック高校の教師が開いたカクテルパーティーの話を聞いた。ある婦人がマーチンに近づき「今晩は。お名前は？」と話しかけた。打ち解けるうち、彼女は「これを見て」と彼の腕の入れ墨に触れた。「まぁまぁ、“不名誉より死”ですって」。彼女はフルーツポンチをキュッとすすると、腕に押し付けた。「マーチンさん、もしもですが……」と見上げながら言った。「私を辱めて下さらない？」。マーチンは彼女を見て礼儀正しく答えた。「奥さん、その前に死にます」。本気なのか冗談なのか分からなかった彼女はフルーツポンチを投げ掛けた。しかし、グラスは空っぽで、残っていたイチゴだけが肩に掛かった。

尊称を持つ選手が2人いる。ウェイン・ウォーカーは“キング”と呼ばれる――もっともそれは地位を示すというより、上品な服装によるものだ。夜の町に繰り出すため、大柄な体格に合わせて仕立てた淡い青色のスーツを着て部屋を出て気取って歩くと、廊下のあちこちからフーッとヤジが飛ぶ。ジョー・シュミットも尊称を持っている――チームリーダーとしての彼の地位に敬意を表して“長老”と呼ばれる。正式にはライオンズには4人の主将がいる。オフェンスから2人――フランカーのテリー・バーとタイトエンドのジム・ギボンズ――ディフェンスから2人――自分の守備位置に関する奇妙な合い言葉で主将としての統率力を示すナイトトレイン・レーンと、もちろんジョー・シュミットだ。これほど多くの主将がいるチームは他にない。試合前、フィールドの中央で行われる相手チームの主将との挨拶のため4人が並んで進むと、別の儀式——たぶん国旗掲揚の儀式に備え、複雑な行動を披露するため大股で歩くフットボールの身支度をした軍隊の密集教練のように見える。

シュミットはボビー・レーン時代のライオンズに典型的だった、お山の大将的リーダーではない。しかし、同じように競争心に燃えている。フィールドでは他の選手が体育館に行ってもクォーターバックたちと行動を共にし、数分間、1人でカニの横走り——素早くスタートしてフィールドを縦横に曲がったり、ラインバッカーがオフェンスの動きを上回ったりするのに必要な練習——をする。敗戦やだらしない試合ほど彼を落胆させるものはない。1952年、ノートルダム大学との試合前、並のチームだったピッツバーグ大学のコーチ、レッド・ドーソンは主将だったシュミットに気合をかけるように命じ、彼が話やすいよう更衣室を出た。シュミットはチームメートに簡潔に言った。「ノートルダムを打ちのめせ。そうしなかったら、俺がお前たちを打ちのめす、必ずな」。チームは22対19でノートルダムを破る番狂わせを演じた。試合後、あるピッツバーグの選手は言った。「アイリッシュ*6よりシュミットがもっと怖い」

フィールドを出た彼はもの静かで、内気でさえある。顔は長く幅広で、青い目に明るく薄い金髪。外出着に着替えてデトロイトに行くような時は、えりの細いシャツの前をタイピンで留める。たぶん少しでも首を長く見せようとする着こなし上のトリックだろう。彼の首回りはサイズ18とライオンズの資料にあるが、長さは大したことない。頭は岸壁に彫られたアステカ人のように直接、肩に乗っているようだ。シュミット自身、それを冗談の種にする。ライオンズに入団した時は、6フィート3インチ（191センチ）で、白鳥の首とは言わないまでも十分に長かったのだが、ブロッカーの間を潜ったり押し合ったりして年月を過ごすうちに、大きなハンマーで殴られる漫画の登場人物のように体に数インチめり込んでしまい、6フィート（183センチ）ちょうどになったよ。これはさらに進行すると感じているらしい——現役生活をあと何年か続けたら、頭はめり込んで首は完全になくなり、あごは鎖骨の間に、やがて

（グリーンベイとの試合の後は）口の中にしまい込まれ、食事の時は何か別の方法で食べさせなくてはならなくなり、鼻もなくなって、ついには流砂に巻き込まれた男のように両目が胴体からのぞくようになってようやく引退を表明し、選手年金の給付を申請するだろうよ。

選手の短い首に関する冗談には辛辣なものが多い。「あいつを見ろ」と誰かが言う。「シャツのボタンを外さないと、鼻もかめないぜ」

シュミットの体重のほとんどは上半身にあるようだ。脚は驚くほど華奢だ。ピッツバーグ大学のヘッドコーチは、よいフットボール選手は必ずふくらはぎが太いという信念の持ち主だった、と彼は話した。春のキャンプの初め、彼は入部希望者をポジションごとに並べ、後ろから眺めながら脚の太さと力強さを基準に、何番目のチームに入れるかを決めた。きまりの悪いことにシュミットは第３軍だった。彼は主将だったのだ。コーチもきまり悪かったと見えて、すぐその理論を修正した。シュミットは平然と言う。「だから、問題を自分で解決するようにさせないとね」

真のリーダーであるシュミットはライオンズの“大将”だ——僕がいたころ、チームのはやり言葉だった。リーグにも“大将”がいる。当時、多く見積もって３人——シュミット、ジム・ブラウン*7、ジョン・ユナイタス*8だ。ある年のプロボウルの後のダンスパーティーで、横にユナイタスがいたのを覚えている。シーズン中から続いた膝のけがのためプレーしなかったが、ロサンゼルスに来ていた。自分のチームでは完全にスターで“大将”と呼ばれてもよい選手が通りかかり、ユナイタスが壁にもたれているのを見ると、ちょっと立ち止まり「やぁ大将。お元気？」とか何か、差し障りのないことを言い、ご機嫌を伺って去って行く。それは10代の若者以外には誰に対しても「さん」付で呼ぶユナイタスの謙虚さと礼儀正しさにもかかわらず、誰が第一人者なのかを認めているからだ。呼び方は変わる——神、リーダー、強者、長老、親分——肩書きが何であれ敬意の証しだ。

もちろん、大将に敬意を払うことを知らない者もいる。変人で、リーグの何人ものコーチが肝をつぶした問題児のジョー・ドン・ルーニー*[9]がデトロイトに入団して練習をさぼった時、説得に手を焼いたコーチたちはジョー・シュミットを送り込んだ。ルーニーはインド製の大きな毛布を頭からかぶり、ハイファイセットを最大の音量で響かせ、自室のベッドに脚を組んで腰かけていた。

シュミットが音を絞ると、ルーニーは毛布の下からチラっと見た。

シュミットは気楽に声をかけた。「ジョー・ドン、フットボール選手には責任があるんだ。練習もその一つだ。練習に出ない選手はチームにいないも同然だ。分かるか？　俺は13年間、一度も練習を休んだり遅れたりしたことはないぞ……」

「13年も！」。ルーニーが叫んだ。

シュミットは彼が感動したと思った。

「あんた、休みが必要だよ。午後は休んだ方がいい。ホントだよ」

シュミットにとって失敗はあまりにも腹立たしいことで、その反動がチーム全体の努力を損うほどだったと考える者もいる。大柄なセンターのボブ・ショルツは、このチームの性格はある意味で、1962年のグリーンベイとの試合で作られたと話してくれた。残り時間1分46秒、ライオンズが7対6でリードしていた。この大接戦を制すればリーグ優勝だった。自陣の49ヤードラインでボールを保持し、第3ダウン、残り8ヤードだった。そこに至る前のシリーズで、ライオンズのディフェンスがフィールドを交代する時、シュミットはクォーターバックのミルト・プラムにできるだけランニングプレーをして、時間を使うよう伝えた。仮にパントを蹴る状況になっても、ライオンズの強力ディフェンスならパッカーズの最後の攻勢に耐えられると考えたからだ。大切なのは、プラムがディフェンスを信頼すること。そうすれば、パスに賭けて自陣でボールを失う可能性はなくなるはずだった。22ヤードラインから攻撃を開始したプラムには彼自身の考えがあった。ランニングプレーを織り交ぜて、彼は3回パスを投げ、2回成功した。一つは第3ダウンのプレーで、34ヤードラインでファーストダウンを獲得した。2本目も第3ダウンで、47ヤードでファーストダウンを得た。3本目は場外に投げた。賢明なプラムが窮地に立たされたのはもちろんパスを投げたためだが、この段階でボールを確保することは危険を冒す価値があったのは確かだ。グリーンベイが勝つにはフィールドゴールに成功しさえすればよく、それを試みるにはデトロイトの40ヤードライン付近に進めばよい。

ボールは49ヤードライン、残り時間は1分46秒。プラムの頭はなおボールを保持することで占められていた。第3ダウンでランニングプレーを選び、時計を進めることもできた。ファーストダウンにならなくても、リーグ最高のパンター、イェール・ラリーがパッカーズ陣の深くにパントを蹴ったことだろう。グリーンベイがフィールドゴールの範囲内に前進するまで、残されている時間は1分足らずで、タイムアウトはあと1回。責任はシュミットとディフェンスに懸かる。もう一つファーストダウンを取ろうとプラムが再びパスを決断したからといって、その結果を誰が知りえただろうか。グリーンベイの左コーナーバック、ハーブ・アダリー*10がインターセプトし、攻撃態勢にあったデトロイト選手は突然、パッカーズ側から湧き上がった「ビンゴ！　ビンゴ！　ビンゴ！」という叫びを聞いた。その声は視野に入ったライオンズのジャージーをブロックしろという合図だ。アダリーはパッカーズのベンチ前のサイドラインで足を滑らせた。パッカーズの全員がホッピングのように狂わんばかりに跳び上がり、防寒用のマントが羽のようにうねった。デトロイト陣22ヤードラインから戦いが再開した。パッカーズは時計を進めるためランニングプレーを2、3回し、残り36秒でポール・ホーニングがフィールドゴールを蹴り、試合に勝った。

この敗戦を乗り越えるのに、シュミットは長い時間を要した。あるいは、まだ乗り越えていないのかもしれない。その後、何試合も、ディフェンスチームがフィールドを出て、オフェンスチームが入るためすれ違う際、シュミットは軽蔑するようにプラムに「ミルト、3回パスしたらパントしろ」と言うのだった。

「それは……あー……主将にふさわしい資質を表しているとは言えないのでは……つまり、プラムの自信を削ぐことになって……」

「シュミットのリーダーとしての資質は、正直そのものという点にあるんだ」とボブ・ショルツは言った。「みんなそれを知っている。ジョニー・ユナイタスも同じだ。あの人は自分が信じていないことは決して言わない。シュミットはパッカーズ戦のプレーを大馬鹿だと思っただけで、こすれば消えるなんてことは彼の本には書いてないんだ。彼の反応は確かにチームを微妙に傷つけたかもしれない。このチームでは、オフェンスとディフェンスのバランスがとれたことはない。チームというのはシマウマみたいな動物の群のように用心深くて、適切でない言葉や判断に腹を立て、修復できないこともある。それはヘッドコーチが考えることになっている。だが多分、すべてを正常に戻し、勝つこと以外に心を煩わす必要のない真の調和を実現するなんてことは、ウィルソンにもできないだろう。だからまたコーチを代えて、お手並みを拝見するのさ」

「ボビー・レーンはどうだい？」と聞いた。

「うん、実は俺もそう思うが、シュミットの立場が辛くなるだろう」と誰かが言った。

彼は続けて、レーンはシュミットとは違うリーダーだったと言った——威厳より厚かましさ、率直さより横柄。レーンは当時ヘッドコーチだったバディ・パーカーと特に仲良くはなかったが、互いに認め合っていた。しばしば冷酷だったが、レーンのやり方は多くの選手とうまく合った。ベテランからが称賛されたし、新人からは畏敬された。彼にボロクソに言われて腹を立て、くさった奴は成績もだんだん落ちた。

オハイオ州立大学でかなりの評判を取ったホパロン・キャサディ*11が新人で来た時、彼は自主性をはっきり主張してレーンに逆らったため、ひどい目に合った。キャンプ早々のスクリメージで、プレーについて言い訳したキャサディをレーンは怒鳴りつけ、彼をつかむと、まるで品行を悪い生徒を校長の前へと引きずる教師のようにパーカーのところに連れて行き、こいつの顔はフィールドでもその外でも二度と見たくないとわめいた。パーカーは一言も言わずに聞いていた。キャサディは放出されなかった（高額の新人だった）が、パーカーの沈黙には驚いたに違いない。ライオンズの指揮官が誰か——最高司令官ではないにしても

——を如実に示していたから。
しかし、キャサディはなぜか萎縮しなかった。それから間もない練習中、ランニングプレーで倒されると、ブロッキングがクズ同然だ、オハイオ州立大学のブロッカーの方がずっとマシだと大声で宣告した。あからさまな挑発だった。立ち上がった選手たちは肩にぴったり収まるようパッドを揺すると彼を睨みつけた。ハドルに向かいながら、レーンはスクリメージの向こう側のディフェンスチームに合図を送り——ディフェンスの主将にうなずくとか何か——ハドルではキャサディにボールを持たせるプレーをコールし、あらかじめ決められた合図で他の選手には“クラブラッシュ”を指示した。クラブラッシュはディフェンスが抵抗を受けずに襲いかかるのをオフェンシブラインが許すように作られた懲罰的なプレーで、ブロッカーが脇によけるからボールキャリアは無防備になる。後は単純な問題で、全速力で突進するラインマンの誰が最初にボールキャリアを捕まえ、次に何人がその上に折り重なるか、だ。クラブラッシュがコールされると、コーチたちはそっぽを向き、内輪揉めとはっきり分からないことを願いながら、並木や見物人の方を見る。見物人たちは乱暴な行為に目を丸くし、口をあんぐりさせるが、１人か２人がブロックの相手を間違えたための失敗にすぎないと思ってしまう。コーチたちは犠牲になった選手の無事を願い、振り返る時は、しかめっ面をして指の間からそっとのぞきたい誘惑に駆られるのだ。高価な花瓶が落ちたのをあえて見るまでもないかのように。
「そりゃ、ひどく薄情な。僕はキャサディに同情するよ、絶対！」
「これで終わりじゃないんだ」と相手は言った。「みんなはキャサディが不平を言い過ぎる——オウムのように——と受け止め、夜、クラッカーといったものをベッドに入れた。困らせようとして」
「まったく子供っぽいな」
その選手はうなずいた。「まったくだ。だが、覚えてなければいけないのは、レーンは新人たちを荒馬乗りのように操ったことだ。君は彼のやり方は気に入らないだろうが、チームをまとめたし、選手たちは彼のために何でもした。ジョー・シュミットでもジョン・ゴードンでも聞いてみるとよい。２人ともあの人が怖かった。他の連中は好きだった。いずれにしろ、彼のためによい試合をした。彼のために何でもした。彼はデトロイト一番の人気者だった、間違いなく。酒酔い運転の疑いで警官に捕まったことがあった。大問題だ。シーズンを棒に振らなきゃならないかもしれない。ファンが大騒ぎした。逮捕した警官が法に執着したら、リンチされたかもしれない。そこで彼は逮捕した時、レーンのテキサス訛りを酔ってどもっていると勘違いしたのかもしれないと認めた。レーンは釈放され、その年の寄宿舎ではある合い言葉が定着した。『俺は酔ってない、テキサスから来ただけだ』。彼は映画から飛び出してきたようだった。君は彼のプレーを見たことがあるかい？」

「ピッツバーグ・スティーラーズで最後の年に」

「じゃ、覚えてるだろう。試合で彼みたいな選手は見たことがない。ハドルを解くと、太鼓腹だからアヒルそっくりに気取って歩く。顔を見たかい？　彼はフェースバーを付けないのに１本も歯が欠けてない。そして、大昔のレッド・グレインジ*12の頭からくすねてきたような、しょぼくさい古ヘルメットをかぶっていた。それを半かぶりするから彼と分かるんだ。ナンバーを探したり、プログラムで誰かを知ろうとしたりする必要もない。見分けやすい顔だしね。それに彼の肩パッドはボール紙よりも薄くて小さいし、他のパッドについても彼は構わなかったから、フィールドに出ても普通の人みたいだった。隣にいるのは皆、肩パッドに耳まで埋まり、腕や太腿はパッドで膨らみ、ヘルメットにはバーが２本という男たちだから、その内側にいるのが人間だとはとても思えず、宇宙飛行士の群のように見えたよ」

「それに、あの男の自信だ。期待に応えなくちゃいけない残り２分で、彼は最高のクォーターバックだった。その状況になれば、ガールスカウトのチームでプレーしてもボールを進めただろう。選手たちがレーンについて語ることはうまく表現されているし、正確だ」

「どういうこと？」

「彼は負けたことがない、ホントに――時間がほんのちょっと足りなかっただけだ。リーダーとして仰ぐには悪い人じゃなかったよ」

「まったく異論ないよ」と僕は言った。

＊1　デル・ショフナー　1934～2020年。エンド。191センチ、84キロ。57～67年、ニューヨーク・ジャイアンツなどでプレー。プロボウル5回。

＊2　スキャットバック　タックルをうまくかわす俊敏なバックスの呼称。

＊3　イプシランティ　ミシガン州南部の市。

＊4　ミドルガード　センターの正面に位置するディフェンシブタックルの呼称。ノーズタックルとも言う。

＊5　ジョン・ゴーディ　1935～2009年。ガード。57～67年（58年を除く）ライオンズでプレー。プロボウル3回。「ジョン」には便所の意味がある。

＊6　アイリッシュ　ノートルダム大学の愛称はファイティング・アイリッシュ（闘うアイルランド人）。

＊7　ジム・ブラウン　1936年生まれ。フルバック。57～65年クリーブランド・ブラウンズでプレー。9シーズンでラッシュタイトル8回。プロボウル9回。リーグ最高殊勲選手賞3回。71年名誉の殿堂入り。「史上最高のランニングバック」と言われる。

＊8　ジョン（ジョニー）・ユナイタス　1933～2002年。クォーターバック。56～73年ボルティモア・コルツなどでプレー。プロボウル10回。リーグMVP 3回。79年名誉の殿堂入り。「史上最高のクォーターバック」と言われる。

＊9　ジョー・ドン・ルーニー　1942～88年。ランニングバック。64年、ドラフト1位指名でニューヨーク・ジャイアンツに入団したが問題行動が多く、5年間で5チームを渡り歩いた。

＊10　ハーブ・アダリー　1939～2020年。コーナーバック。61～72年グリーンベイ・パッカーズなどでプレー。プロボウル5回。80年名誉の殿堂入り。

＊11　ホパロン・キャサディ　本名ハワード。1934～2019年。ハーフバック。ハイズマン賞を受賞し56年、ドラフト1巡（全体の3番目）でライオンズ入団、7シーズン在籍した。愛称は米国の作家、クラレンス・マルフォード（1883～1956年）の西部小説に登場するカウボーイから。

＊12　レッド・グレインジ　本名ハロルド。1903～91年。ハーフバック。25～34年（26年を除く）ベアーズなどでプレー。“走る幻”と呼ばれた華麗なランでプロフットボールの人気を高めた。63年名誉の殿堂入り。

8

教室やフィールドで学んだことを、僕は機会を見つけて練習した。学校のグラウンドや見ている人のいない湖のほとりを歩きながら、パスプレーでセンターからボールを受け、素早く7歩下がる練習をした。部屋では手首をつけて両手を広げ、センターの尻にあてがったつもりで衣装たんすの引き出しの底に押し当ててカウントを数えた。朝起きるや否や、衣装部屋からスポルディングのボールを取り出し、部屋の中でカウントを叫び、突進してくるフルバックを思い描きながら回転し、腕をぐっと突き出すハンドオフの練習をした。

ある時、ドアが開くなりモップを持った清掃婦のバーサが入ってきて、見られてしまった。

「お邪魔するつもりはありませんよ。続けてくださいな」と彼女は言った。

僕はベッドの端に腰かけて「内緒で練習してたんだ」と言った。

彼女はモップをあちこち滑らせた。彼女は地元紙に詩を掲載していた――決まって花の詩を。僕は仕事のことを書き留めるよう説いた。クランブルックの部屋で顔をそむけたゴミの山――生徒たちのゴミと、プロフットボール選手の部屋を片付けることを比べるとか。読者は興味を持つだろうと思うよ。

「散らかし方の違いねぇ」と彼女は思案した。もちろん少しは違うわ。フットボール選手の部屋で片付けるのは、たいていタバコの吸いさし、葉巻、それに食べ残した果物ね。生徒たちはベッドの周りではきちんとしているし、モモの種を飛ばしたりしない。でも、生徒たちがペットを持ち込んだらモモの種よりたちが悪いわ。

「バーサ、ペットを持ち込んだフットボール選手はこれまでいたのかい？」
彼女は驚いて１歩下がった。「そんなこと考えられないわ。飼ったり餌をやったりするなんて、想像もできないわ」
「よい題材だけど」と、詩のことを思っていった。
「よしてよ」。目を細めて彼女は言った。しかし、彼女はデトロイトの選手たちが好きで、掃除をしながら熱心に彼らの話をした。彼女を最も怒らせたのは、膝を破壊された大柄なタックルのギル・メインズだった。「彼はいなくなったけど、あの人は……あら、やだ！」。思い出して彼女は顔を赤くした。「私は臆病なのよ」。朝、仕事に取りかかる時、彼が廊下に立っていて「バーの掃除から始めれば、もっとうまくできるぞ」って叫ぶのよ。どうして？　私はお酒を飲んだことないの、一滴だって。なのに、あの人は叫ぶの。「大酒飲みのバーサ、窓を開けろ、臭いぞ」って騒ぎ立てるのよ。50マイルの向こうからでも聞こえるわ。学校当局の偉いさんが聞いたらどう思うか、考えてもみてよ。ああ、まったく人でなしよ。そして近づいてきて、私を天井まで持ち上げて運ぶのよ、分かる？　まったく頭に来たわ。今は何をやっているんだか知らないけど。足元にかんしゃく玉を投げられた時は、びっくりして死にそうだったわ。
「そうね、詩に書くべきかもしれないわね」。僕を元気づけるようにクスクス笑って言った。「ソネットか何か――メインズさんのことを」
「書くべきだよ」と僕。
掃除が済んだ。「見て」。エプロンを探ると「新しい作品よ」と切り抜きを取り出した。

水仙はバターの黄色
風が吹く……

「とてもいいね」と僕。
彼女が行ってしまうと、僕はまた練習に戻る。その必要があるのだ。

プラムやモラルと交代でクォーターバックの練習をすることはめったにない。フィールドに出ると、僕はサイドラインかゴールポストの後ろで、フライデー・マックレムやトレーナーのミラード・ケリーの助手たち——4〜5人の少年たちで、年上の子は高校や大学での小遣い稼ぎにわずかな報酬で夏休みでも働いている——が暇な時、一緒に練習する。元気のよい一団なのと、同じ練習着を着ている僕とフィールドにいる本物のライオンズ選手との区別がつかないので、時々見物人たちがいぶかしげに振り返る。だが、なぜ学びたてのパスパターンを真剣に走る少年たちと僕が練習しているのかを理解するのは難しい。「あれはけがしてるんだ」。誰かが言うのが聞こえる。「格好わるいね」

サイドライン軍で一番若いのはアーティ・モランティで、もうじき10歳になる。クランブルック校女子部の校長の息子で、2年前から通っている。7月の終わりが一番好きだよ。運動場を歩き、女子ホッケーのフィールドを横切り、人の気配のなかった練習フィールドから声がするのを聞き、境界の並木の間を抜けると、学生チーム用フィールドのブロック練習機具や、鎖につながれた海賊が鉄棒から首を吊られているようにぶら下がっているタックル用のダミーが見える。あちこちでボールが空中を飛び交い、芝の上を転がったり弾んだりしているのを選手が小走りに追う。みんなのんびりした調子だ。すると誰かが見つけて声をかけてくるんだ。「やぁ、アーティ坊や。誰かと思ったら君じゃないか。体重はどのくらいになった？　アーティ」「71ポンドだよ」

練習中、アーティはフライデー・マックレムのそばを離れずに彼を手伝う。軟らかいプラスティック製の容器に水を入れ、休憩が宣告されると運んでいき、選手たちが頭を反らせ、容器を押して細い注ぎ口からぬるい塩気のある水を口の上あごに流し込んでは、芝に吐き出すのを見つめる。水を運んだり、選手たちが首の後ろに当てるため氷を入れて結んだタオルを持っていったり、みんなのやっていることに参加できるのは、彼にとってすごいことだ。フィールドゴールの一団が練習を始めると、彼はゴールポストの下に行き、エンドゾーンを越えたボールを追う。見物人の中に立っている子供にはわざとそっけない態度をとるのが適切だ。練習のため、僕が我が軍団のメンバーに合図してゴールポストの後ろに向かうと、アーティは喜ぶ。「23 ロールをやろうよ」と声高に言う。ハドルを組み、ぐっと屈んでプレーを伝える。彼は２番バックの位置につき、胸にボールを抱えて３番の穴を目がけて脚をばたつかせる。

僕たち全員にとって一番よいのは練習後、クォーターバックがまだ残っている時だ。エンドやフランカー相手のパス練習が終ると、彼らはパターンを走る者なら誰にでもパスを投げてくれる。10 人から 12 人の子供たちはサイドラインに沿って並び、順番を待つ。待ち時間は長い。最初、センターがしばらくスナップバックの練習をし、終わるとクォーターバックは手の平でボールを叩いて、レシーバーに走れと合図を送る。ちょうど７歩下がり、体勢を立て直すため半歩踏み出して止まると、目標に向かって一直線にボールを投げる。やがてレシーバーたち――バー、コグディル、ギボンズ、スタッドスティルなど――は体育館へと去っていく。クォーターバックたちはまだ投げ足りらしい。時々、お互いにパスを投げるが、それはボールを追って走る練習にもなる。時折僕にプレーの仕方を教えてくれるドン・ドールが「見たかい。クォーターバックは決してクォーターバックのパスを捕らないだろう」と言った。モラルがプラムに長いパスを投げた。確かにプラムは捕らない。「ボールが木陰から出てきたんだ。見えなかったよ、アール」と言い訳した。

「もちろん、意識的にだ。指を大切にして、突き指をしないように。普通の人のように、指に自信を持ってないんだ」とドール。

モラルがプラムのパスを落とした。愉快そうに、不謹慎な言葉を口にする。「目標にピシャリだ、ミルト。だけど、僕には水気が多すぎる」

「僕もさほど手には自信ありませんよ。訳を知ってよかった」とドールに言った。

「クォーターバックはしばしば気まぐれでね、野球の投手のように。クリーブランドのクォーターバックのフランク・ライアン*1 は調子が悪いと言って、ダーツの矢を手に取って板を探すんだ。周りの人は逃げ出すよ」

「いろいろ言い訳を教えてくれてありがとう」と僕。
センターのボブ・ウィットローともよくスナップを受け、パスを投げる練習をした。コグディルでもバーでも、ボールが近くに行けば捕ってくれた。網に向かって投げるようだ。
最後まで残っているのはいつもアール・モラルだ。残って子供たちにチャンスを与える。アーティ・モランティに想像上のスクリメージラインのフランカーの位置につくよう合図する。「分岐点で外に走れ、アーティ坊や……よく捕った、坊や」と励ます。今度は両手でボールを叩き、スナップの合図をすると風船のように高く上げる。アーティは落下点を目指してバタバタと走り、窓から投げ出された旅行鞄を受け取るように引っ張り込む。体の４分の１ほどの獲物を胸にしっかり抱えてフィールドをちょこちょこ走り続けて成功の味を噛みしめると、向きを変えて早足で戻ってくる。
モラルはレシーバーが誰であれ飽きないようだ。彼は先発の地位をプラムと競り合っている。選手たちは「彼は最高のパスを投げる」と言う。その年の春先、彼は電動芝刈り機で足の親指の先を切り落としたことで（体重を減らしたかったんだと彼は冗談を言うが、それにしては乱暴な方法だ）みんなにからかわれたが、面白いことに、結果としてパスがよくなったのだ——恐らく、パスを投げようと構えた時、けがを気遣って足の位置が少し変わったためだろう。ボールの軌道が直線的になり、飛ぶボールに必ず見られる揺れがなくなった。多分ボールを放すのが早くなったか遅くなったかだろうと彼は考えているが、詳細にフォームを分析する気はないから、どっちでも問題はない。彼はただボールを投げ、新しく発見した技を楽しみたいだけだ。
その最初のパスがサイドラインに一列に並んでいる少年たちへの合図だった。目を見開いておずおずと大きなクォーターバックに近寄ってきた子供たちはモラルが指示するのを待つ。「やせっぽち君、始めよう」とモラル。「フレアパスをやろう」と言い、手で弧を描いて走るコースを示す。
少年たちは決心するとともに、プロのクォーターバックに投げてもらうことを恐れながら指示に従う。レシーバーたちはピンからキリまでだ。ひときわ背の高い僕も混じって順番を待ち、楽しむ。フライデーの助手の１人は度の強い眼鏡をかけていて、カットをしたり、ボールを見るために振り向いたりすると時々、外れてしまう。眼鏡が飛ぶと、彼は頭を守ろうと両手を上げ、ボールが蜂の大群であるかのようによろめいて、しゃがんでしまう。別の少年はさっと靴を脱いで芝に置き、もう一方の靴をカットする位置に置いて、風変わりだがきっぱりと仕事に取りかかった。

こんなこともあった。薄いジャケットを着て、色のついたバンドを巻いた麦わら帽子をかぶった大人が子供たちの列に寄ってきて、しばらく並んでいた。一度列から離れたが、決心するとまた近づいてきた。きまり悪そうな笑みを浮かべ、コートと帽子のままパスのコースを走り、捕球した。芝の上を弾むような素早い足運びだったが帽子は脱げず、きまり悪そうだった笑みは、してやったりのそれに変わった。ボールを見つめながらモラルの方に戻ってきた表情は、自分の大胆さに笑いを抑えきれないようで、ボールをポンと返すと相変わらず首を振りながらサイドラインへと歩いて行った。

ある日、黒い木綿のパンツをはいた背の高い少年がレシーバーの列に並んだ。俊足で、最初に捕ったのは真っすぐ走ってちょっと引き返し、捕球すると外側に弧を描く短いパスだった。確実に捕球すると、本物のプロ選手のように下手からモラルにボールを返した。こうした練習後の集まりでモラルに群がる遊び半分の連中とは一線を画しているようだった。レシーバーの靴が脱げたり、眼鏡が外れて、突然見えなくなったボールを避けようとしゃがんだりすると、並んでいた彼が小さな声で「しっかりしろ、頑張れ」とつぶやくのが聞こえた。モラルは彼にはいつもの励ましの言葉をかけなかった。強いボールを投げて鼻を明かしてやろうと思ったようだが、その少年はパスを捕り続け、戻ってくると下手から短いトスをモラルに返すのだった。17歳くらいだろう。学校のチームではスターに違いない。

また彼の番になった時、「ねえ、長いのを投げてください」と言った。

モラルは7ヤード下がり2歩ステップすると、レシーバーがずっと遠くまで走るのを待ち、伸び切ったと思った最後に、低いがパントのように完璧に大きな弧を描いて回転する60～70ヤードのボールを投げた。綿パンの少年は短距離走者のように勢いよく腕を振って走り、手を上げるとその中にボールが収まるのが見えた。少年は走り続ける。膝を高く上下させ、フィールドの端の低い生け垣を通り抜け、まるでイタチが藪に逃げ込むように消えた。まだほんの少ししかすり切れていない22ドルの公式ボール、デュークとともに。

みんなきまり悪かった。捕まえるのは無理だ。彼が走り去った驚きから立ち直った時は100ヤードも差がついていたし、彼のスピードにかなう者はいなかった。フライデーの助手は眼鏡の奥で目をパチクリさせた。青い袋の中のボールが一つ足りない理由を説明しなくてはいけないかもしれない。だが、みんなの気掛かりはモラルだった――彼は何と言うだろう。子供たちは心配そうに彼を見つめた――黒い綿パンの少年が彼らの責任であるかのように。パスを投げるために今まで残ってくれた親切への裏切り――侮辱――と思わないだろうか。モラルが屈んで芝をむしり、まじめくさった顔で――あのレシーバーが消えた遠くの生け垣を睨みながら――噛むのを子供たちは見つめた。モラルが肩をすくめた。

「すごいキャッチだ。あいつは早く走りすぎたんで、スピードを落とせなかったんだろう」。感心するように頭を振った。「見事な腕前だ。そう言っておこう。さぁ、アーティ坊や。どこにいるんだ？」。彼は別のボールを拾うと強く叩いた。「フレアだ、アーティ坊や。カウント3。いいところを見せろ」。シグナルを叫び始めた。「ハットワン……ハットツー……ハットスリー」。アーティが飛び出すと、他の子供たちは争って列を作る。盗っ人のことは忘れられ、ホッとしたため息が聞こえるようだ。

ようやくモラルが言った。「みんな、ここまでだ。グラウンドを6周して家に帰ろう」。どっと不満の声。

「月が出るまでいるからね――その光でプレーするんだから」。体育館に向かってフィールドを歩きながらモラルは言った。肩越しに振り返った。「それに僕自身、まだ続けたい気分なんだ。時間を潰すのに、これよりいい方法はそうないよ」

＊1　フランク・ライアン　1936年生まれ。クォーターバック。58～70年、クリーブランド・ブラウンズなどでプレー。プロボウル3回。シーズンオフに母校のテキサス州ライス大学で数学を学び65年、博士号獲得。77年からイェール大学体育局長兼数学講師を10年間務めた。

9

脚や足首をけがしている者以外は皆、完全武装で練習に臨むぶつかり合い初日の朝、柔軟体操の後、ジョージ・ウィルソンが僕を呼び止めた。
「今日はスクリメージだ。足首にテープはしたか？」
「はい」
「よし、今日は君を血だるまにしてやる」
「……今日？」
「ヘルメットをかぶるのを忘れるな。スクーターがどのプレーをコールするか教えてくれる」。そう言うと背中を向けた。「ヘルメットを忘れるな」。振り向いて言った。
「今すぐかぶります」
スクリメージが始まった11時ちょっと過ぎ、僕はちゃんとヘルメットをかぶって、他の選手と一緒にサイドラインで待機した――ガサガサと両耳をこすり、頭の両脇を圧迫するため顔を歪めてヘルメットをかぶる時のあの苦痛に縁を切りたいと願いながら。僕は真っすぐに立ち、指を動かしてかぶった。内側は静かだが、目の前のフィールドでのスクリメージから聞こえる音は鋭く強烈だ――オフェンスとディフェンスの双方がぶつかる時の、誰かがブラインドの袋を揺すったような奇妙な衝撃音だ。サイドラインの見物人は間近で見る荒っぽいぶつかり合いに息を飲む。ヘルメットの内側で僕のあごがちょっと下がり、目が大きく開くのを感じた。
「見物人が何か言ってるよ」。隣にいたロジャー・ブラウンが言った。「衝撃を受けたかな。後ろに下がったよ」
振り返ると、サイドラインでピクニック用の敷物に腰を下ろしていた女の子たちがハンドバッグを持って立ち上がるのが見えた。

基本的なランニングプレーばかり――モラルとプラムが交代で、ラインに突っ込むバックスにハンドオフする――を10本ほどこなすと、ジョージ・ウィルソンが腕を振ってサイドラインに合図した。

「誰を探してるんだ？」とレギュラーの１人が言った。

よく見えるようにと僕が前に出ると、ウィルソンがさらに手招きした。

「見てろよ」。僕はつぶやいて駆け寄った。

いつまでも忘れられないことが始まった。後ろのサイドラインにいたレギュラーたちが早口で言葉を交わすと、コーチに命じられていないのに、僕をしっかり守ろうと思ったのか後を付いてきたのだ。ハドルを組んだ新人たちに向かって走っていた僕は、後ろから10人のレギュラーがいるのに気がつかなかった。ハドルは急に20人になり、新人たちは交代するよう押されたり、口で言われたりした。「……よし、新人は出た、出た」。ジョージ・ウィルソンの声が聞こえた。「何をしているんだ」

やっと収まると、クリップボードを持って脇に立つスクーター・マクレーンが僕にささやいたプレーをハドルで指示する。

「26ニア・オー・ピンチ。カウント２、別れ！」――体を回転させて２番バックにボールを渡すと、彼は６番の穴目指して斜めに突っ込むプレーだ。

センターのウィットローの後ろからスクリメージラインに近づくうちに突然、レイモンド・ベリーの“地獄”という言葉が意識に上がった。広く大きな背中のラインマンが地面から湧いたかのように、うずくまっている。その向こうには、地獄と境を接してラインバッカーたちが「ジャンボ！　ジャンボ！　ジャンボ！」と叫んでいる。耳障りな叫びだ――レッドドッグに出ることを示す暗号なのは知っている。僕に突進してくるのだろう。

ディフェンスの暗号はさまざまだ。元ライオンズのクォーターバック、ジム・ニノースキがクリーブランドに移籍した年、両チームが対戦する試合では当然、彼が知っているディフェンスのシグナルを変えないといけなかった。色から女性の名前に変えた——その一つがニノースキの新妻の名前で、確かジュディだった。そこで彼がハドルでプレーを指示し、センターの後ろに付くと、ラインバッカーたちがライン越しに「ジュディ！　ジュディ！　ジュディ！」と吠える。ライオンズはそれが彼を動揺させるかもしれないと期待したのだろう。だが、僕はそういう暗号の意味は漠然としか知らないし、その情報を逆手に取って有利になるように利用することもできなかった。と言うのは、オーディブルをした場合、新しいプレーは何かを知らなかったから。

僕は咳払いして、シグナルを言い始めた。カウントは意味のない３種の数字で始まる。決められたプレーと同じ数字を言わないように気をつけなければならない。それを言ったらプレーは解消され、オーディブルに切り替わるのだ。「16、17、99！」と叫ぶ。次に抑揚をつけ、ラインの向こう側の「ジャンボ」の合唱を上回る金切り声で「ハットワン、ハットツー」。その「ツー」でボールが勢いよくスナップされた。上がってしまって、しっかりとボールを握らないまま回転したためファンブルした。グラウンドに落ち、２回弾む間、ポカンと口を開けて見とれた。一旦逃げたボールは次に戻り、無邪気に足元を行ったり来たりした。僕はその上に身を踊らせた。意識下で「赤ちゃん、赤ちゃん」と叫ぶ声。地獄で大きなラインマンたちに囲まれた時のレイモンド・ベリーの忠告を思い出し、僕はびっくりした南京虫のように体を丸めた。防具がぶつかる鋭くいやな音、うめき声、そして突然、急激な重圧。体の中から空気が音を立てて出て行く。

デーブ・ロイドという250ポンドのディフェンス選手がラインを抜け、僕が立ち上がって走り出さないよう襲いかかったのだ。笛が鳴り、彼を押しのけてやっと立ち上がった時、ロイドがヘルメットの奥でニヤリと笑った。最初に感じた、生きていたという驚きの意識は、うまくいかなかったという湧き上がる怒りに取って代わった。僕は自分のふがいなさを大声でなじり、狂ったように跳び上がり、ボールをグラウンドに叩きつけそうになった。ハドルを組んでもう一度プレーを指示し、再挑戦したかった。選手たちはみんな立ち上がり、大きく顔をほころばせてヘルメットを脱ぐ者もいた。誰かが叫んだ。「よーし、よーし」。ジョン・ゴーディだったかもしれない。と言うのは、彼は「よーし、お見事。まったく見事だ」が口癖だからだ――その時、ジョージ・ウィルソンが望んだ血の洗礼という通過儀礼が終ったのを感じた。ロイドは「プロフットボールにようこそ」と言った――ファンブルした時、突然感じた恐怖についてだけでなく、彼らの一員となる何かをわずかとはいえ達成できたことを祝う意味合いがその言葉に込められていた。僕が感慨にふけるのを彼らはしばらくフィールドに立って見ていた。

だが問題は、血の洗礼を受けて得た自信が長続きしないことだ。もう一度呼んでほしいと願うあまり、身震いしながらサイドラインで片膝をついて待つ10分の間に自信はしぼみ始め、午後の時間が過ぎる。残った自信はじりじりと後退し、仕事に取りかかろうとする空き巣狙いなら分かり切ったことだが、挫折と不安を辛うじてやり過ごすだけだった。

終わっても僕は興奮覚めやらず、話しかけたくて、サイドラインのジョー・シュミットに言った。「何か感じをつかめたよ。もう終わりかと思ったけど……屈辱というか……だが、逆に自信もついた」

彼はうなずいた。

「何か特別な感じだよ」

「その通りだ」とシュミット。

「一番よかったのは、レギュラーが全員入ってくれたことだ」

彼は笑った。「ボールを持っていたら、ディフェンスは君を殺したかもしれないぞ。君はボールを遠くに投げられない。ディフェンスに捕まえる機会を与えたんだ」

あと２人の先発ラインバッカー、ウォーカーとブレッツシュナイダーもシュミットと並んで立っていた。２人ともうなずいて笑った。彼らはいつも一緒にいる。まるでラインバッカーの守備の技である共同作業が、フィールドの外でも３人を一つに結びつけているかのようだ。スクリメージが再開された。選手たちの関心はさっと切り替わる。彼らは自分の控えになる新人たちを観察する。「あれはダメだ」。控えを評価して１人が言う。「あれを見ろよ！」。関心はすっかり移った。彼は新人の行動のあれこれを指摘するが、僕には微妙すぎて分からない。
「直してやらないのかい——彼が間違っているなら」
「冗談じゃない。彼らは俺たちの仕事を狙ってるんだぜ、君」とブレッツシュナイダー。
「だけど、彼らはチームメートだろ——協力し合う」。ためらいがちに言った僕は驚いた。
「バカ言うな」と１人が言ったのだ。
　ウェイン・ウォーカーが彼のポジションを狙っている新人を指さした。「クラークの構えを見ろ。ラインバッカーとして間違っている。構えた時、両手を下げているだろ。ラインマンが突進してきたら、食い止めるため両手を上げなきゃならない。その分、半秒かそこいら動きを損する。両手をもっと上げて構えなきゃ——すべて自分の身を守るために……」
「だが、彼には言わないんだね」
「当たり前だ。すぐに学ぶさ。痛い目に遭って学ぶんだ」とシュミット。
「驚いたよ」
　シュミットと目が合った。僕の幻滅を察したのだろう。特にレギュラーたちが僕を助けにスクリメージに入ってきてくれた後だったから。
「聞いてくれ。俺が1953年に入団した時、チームは前年のリーグ優勝で熱気があった。だが、年齢が高くなりつつあったので、パーカーはレギュラーの何人かをトレードに出し、新人や若手を入れようとした。ミドルラインバッカーのフラニガンをトレードした時、レギュラーの多くが実際に泣き崩れたほどだ。俺が彼のポジションを引き継いだ時、彼らは俺に責任があるかのように八つ当たりした。俺を一切、仲間に入れてくれないんだ。レギュラーになってリーグ戦の６試合、誰も俺に話しかけない。試合をし、着替え、アパートの自室に戻り、壁ばかり見ていた」
「ベテランは新人を嫌う。単純なことだ」と彼は続けた。「君は普段、新聞を読んで、ある古株選手が『お前、そうじゃないよ。ここじゃ、こうやるんだ』と手本を見せてくれなかったら、僕はやってこられませんでしたなんて、若造が言うのを真に受けているんだろう。フン、くだらん、まったく。レギュラー、特に古手は自分のポジションを守るために、殺人とは言わないが何でもやる。ビッグダディ・リプスコム*[1]がロサンゼルスにいたころ、トレーニングキャンプですさまじいけんかを引き起こし、新人たちを殺さんばかりにさんざん殴りつけたそうだ。みんなは『おい、今年のビッグダディは気が立っている』と言った。そのうち、コーチが注意していると、彼はひどく冷静に、自分のポジションを狙っている選手を殴っているのに気がついた。だから最後は、ビッグダディ以外にそのポジションの選手がいなくなる訳だ」

「オフェンスのレギュラーがなぜ僕を助けにきてくれたのか、考えていたんだ」

　黙って聞いてうなずいていたブレッツシュナイダーが言った。「君を“強敵！”と見ていないからさ。でも、君が最初からパスを成功させたり、ボールをしっかり保持したりと、何か目覚ましいことをしたら、プラムもモラルも手の平を返すような態度に出るだろう。彼らの仕事を脅かしたら、スープに時限爆弾を入れられた気分にさせられるかもしれない。そうなったら、君はすごいフットボール選手というわけだ」

「まぁ、ありえないよ」と考えて言った。

　ベテランが新人に抱くのが軽蔑と疑念だとすると、お返しに新人が持つのは常に畏れだ。シュミットたちベテランがスクリメージに向かって走っていくと、サイドラインに立つ新人たちは黙って見つめることに集中し、それぞれが大事なことを吸収しているようだ。ベテランに対してプレーする場合も、偶像だった選手や有名な選手を、肉体を持つ１人の人間に縮小して考えるのは難しいようだ。オフェンシブガードのジョン・ゴーディが最初の公式戦でコルツと対戦した時の話をしてくれた。前半のほとんどの間、デトロイトのバックフィールドを荒らしまくったコルツのタックル、アート・ドノバン*[2]を止めるため、後半の初めから投入されたのだ。「更衣室の隅にいた俺をコーチたちが見つけた。アルド・フォルテが『ゴーディ！　ゴーディ！』と呼び続け、俺も応えたんだが、声が小さすぎて隣の奴にも聞こえないほどだった」

「フィルムでドノバンを見ていたから、彼のことはすべて知っていた。

対戦するなんて、常軌を逸しているとしか思えなかった。後半から投入され、何かしようとはしたが——それしか言えないよ。一度、俺がホールディングしていると感じると、すぐ言った。『もう一度そんな真似をしたら、お前の首を胴体から引きちぎるぞ。分かったか？』。はい、先輩！　と答えたよ」

大選手への敬意の表し方だ。例えフィールドで強く当たられても、それを感じるんだ。同じ新人の年に、ジェシー・リチャードソン*3と対戦した。コーチたちは彼は小学校３年の時からディフェンシブタックルをやっているから、プレーはまともだと言う。だから、彼をいらつかせてはいけない、お前もまともにプレーしろと言われた。彼は仕事をよく知っているから、お前が変な手を使っても逆手に取られるだけだ。怒らせて、逆にやられるだけだとコーチたちは言うんだ。だから俺はそのつもりで試合に臨んだんだが、そいつはホールディングはするは、目に指は突っ込むは、蹴とばすは、何だこれは、どうしたんだ、なぜ殴られて飛ばされたヘルメットをそいつがつかむなり俺に振り回すのか、訳が分からなかった。後で試合のフィルムを見たら、ヘルメットが舞い上がるとそいつが手を伸ばしてつかみ、ストラップを持って俺を殴るんだ。フィルムを見ていた者はみんな大笑いさ。まったくそいつはやりたい放題だった。で、俺はフォルテに言った。「アルド、あのリチャードソンて奴は本当に３年生の時からプレーしてるんですか？」。するとアルドはリチャードソンはラインの反対側に変わったと言うんだ。俺が対戦したのは新人だった。コーチはそれを言うのを忘れてたんだ。

練習フィールドで気後れしない唯一の新人は、食堂でのいじめでも少しも恥じることなく大声で校歌を歌った300ポンドの大柄な黒人、ルシアン・リーバーグだ。彼はベテランの特権ではないかと感じる、練習前の気合づけで——みんなを駆り立てる元気のよい高音で——よくしゃべるただ１人の新人だ。彼は注目の的で、ベテランの神経に障る。僕は彼が——新人にしかるべき立場を教えるために、ボビー・レーンがホパロン・キャサディに見舞った——クラブラッシュに遭うほど生意気でなければいいがと案じた。練習の２日目か３日目、軽いぶつかり練習の時、リーバーグが２年目のタイトエンド、ラリー・バーゴに、想定された強さよりも激しく当たった。「気をつけろ、デブ。ソニー・リストン[*4]のつもりか？」とバーゴが文句を言った。

リーバーグが見返し、２人は笑いながらも顔は少しこわばっていた。

「やるならカシアス・クレイ[*5]みたいに、ビシビシやるよ。俺は殴られたくないから」とリーバーグ。

僕は２人が重量級ボクサーを真似てふざけているのだと思い、笑いながら近寄った。

「ひどい目に遭うぞ、デブ」。バーゴはそう言って、リーバーグを見ながら周りを歩き出した。他のベテランたちも取り囲んで歩く。「こんな馬鹿なデブは見たことない」と誰かが言った。彼らはベテランのバーゴに恥をかかせないように用意しているのだ。僕はまだ笑みを浮かべながら、馬鹿みたいにその場にいた。誰かが脇をすり抜けた。リーバーグは「殴られるのは嫌だ……誰からも」と言って、ベテラン選手の輪を見た。

「デブで太い唇だ」とまた誰かが言う。

トレーナーのミラード・ケリーが割って入り、リーバーグの腕にすがって叫んだ。「馬鹿者！　馬鹿者！」

「俺が強く押したって言うんだ」。子供が運動場で揉めて不満を訴えるような高い声でリーバーグが言う。自然の声なのか、バーゴをからかっているのか区別が付けにくい。

「落ち着け」とケリーが声を振り絞る。「次の練習は２人とも見ていろ」

みんなの気分が鎮まった。ベテランたちはリーバーグをじっと見ていたが、周りを歩くのは止めた。奇妙なことに、反動がケリーに最も強く現れた。静かな機械のように、口を開いたまま押し黙っている。感情が高ぶって震えている。たぶん、無我夢中で２人の大男の間に無鉄砲にも割り込んだためだろう。

「馬鹿者！　馬鹿者！」。彼はつぶやき続けた。「しょうがないガキたちだ――みんなも銃の引き金をもてあそぶみたいに」

練習が終わると、リーバーグはバーゴと仲直りしようとした。体育館へと寄り添って歩きながら、高い声で、一生懸命やっただけで悪気はないことを釈明する。バーゴは新人にまとわりつかれて、ばつが悪そうだ。後ろから来るベテランたちが笑っているからだ。「分かった、分かった」と言って、足がだんだん速くなる。だが、リーバーグもぴったりくっついて、またしゃべる。走るたびに体が弾む。後ろから行く選手たちは手を叩いて笑った。

＊1　ビッグダディ・リプスコム　本名ユージン。1931 ～ 63 年。ディフェンシブタックル。53 ～ 62 年、ボルティモア・コルツ、ピッツバーグ・スティーラーズなどでプレー。プロボウル３回。198 センチ、129 キロの巨体からあだ名がついた。薬物乱用のため死去した。

＊2　アート・ドノバン　1925 ～ 2013 年。ディフェンシブタックル。50 ～ 61 年ボルティモア・コルツなどでプレー。プロボウル５回。68 年名誉の殿堂入り。

＊3　ジェシー・リチャードソン　1930 ～ 75 年。フィラデルフィア・イーグルズなどで 11 年プレーした。

＊4　ソニー・リストン　1932～70年。ヘビー級プロボクサー。62年、フロイド・パターソンにKO勝ちしてチャンピオン。64年カシアス・クレイに敗れる。薬物乱用のため死去。

＊5　カシアス・クレイ　モハメド・アリの旧名。1942 ～ 2016 年。64 年世界ヘビー級チャンピオン。67 年、兵役拒否のため王座剥奪。74 年ジョージ・フォアマンを破り王座奪回。パーキンソン病と闘いながら、1996 年のアトランタ五輪開会式で聖火台の点火者を務めるなど、アメリカスポーツ界の象徴的存在だった。

10

その日、午後の練習が終わると、ジョージ・ウィルソンが部屋に来て、コーチたちと一緒に４〜５マイル先の店にまで一杯やりに行こうと誘ってくれた。「財布を持って」と言った。１ドル札でポーカーの一種「嘘つきポーカー」をするのだ。午後の練習後の習慣で――選手もコーチもシャワーを浴びて髭を剃ると、夕食前の１時間前後を国道22号沿いのバーや居酒屋に車で繰り出す。各グループ、つまり徒党はそれぞれなじみの店を持ち、お互いに神聖な場所と心得て気をつけている。アール・モラルを先頭に何人かがまったく偶然に、コーチたちの隠れ家に入りかけたことがあった。気がついたモラルは女性の寝室にうっかり入ったように振り向くと、仲間を駆り立てて出て行った。新人たちはと言うと、彼らはめったにキャンプから出ない。寮の談話室に行って、そのシーズンはそれが当たり前になったデトロイト・タイガーズの負け試合をテレビで見ながら夕食を待つ。

コーチたちのバーは暗く、涼しく、楽しい。隅のテーブルが予約してあり、座るなりウエートレスと陽気な冗談を交わすのが常だ。注文する飲み物はウィスキーサワー、マンハッタン、オレンジブロッサムと、僕にとっては驚くほど風変わりだ。スクーター・マクレーンはオレンジブロッサムを飲む。ビンガマンはアルコールを断っているので、ウエートレスは彼の前に特製のガラスコップを置く。１リットル近い水だ。

「嘘つきポーカー」はすぐ始まった。わりと単純なゲームだ。それぞれが１ドル札を掛け金として差し出す。次に他の人が出した紙幣を取る。それが“勝負”の札になる。この“札”の価値は紙幣番号、具体的には同じ数字がいくつあるかによって決まる。お互いに同じ数字をいくつ持っているかを推理するのが、このゲームの要点だ。何回か競りをして、一番高値を付けた者が勝者となる。最も強力な札は９が八つ並んだもの（紙幣番号は常に８桁）で、最も価値がないのは同じ数字が一つもない札だ。１から８まで順に並んだ番号の札は「嘘つきポーカー」では“ぶた”だ。

各人が番号を確認すると、競りが始まる。お気に入りの飲み物をひとすすりしたジョージ・ウィルソンが目を細めて１ドル札を見ると「冗談抜きだ。３が六つに賭けた」と言う。

その付け値にはほとんど意味がない。手の内に３があるかもしれないし、ないかもしれない。テーブルのあちこちから一斉に疑いと遠慮のない意見が起こる。それが収まると左隣の、例えばスクーター・マクレーンが入れ札する。彼は下りてもよいし、入札を続けてもよい——必ず前の人より価値の高い数字でないといけない——つまり、ウィルソンも他の相手も必要な数の３を集められないと思ったら挑戦する。全部の札を考慮して「３が六つ」を上回る組み合わせがありそうだったら、マクレーンは文句なしに続けるだろう。「８が六つだ」と言うかもしれない。

次のレス・ビンガマンは札を見て顔をしかめ、モグモグ言って下りる。テーブルを一巡すると、最後の入札者が挑戦者になる。

隣のアルド・フォルテはたぶん３が四つだったのだろう。「３が六つ」が本当かどうかを疑って、ウィルソンを見つめる。もしウィルソンが本当なら、彼は付け値をもっと高くして、掛け金をごっそり頂戴できる——ウィルソンから少なくとも３が三つ、それに彼自身の３が四つで合計７。他の相手からも四つか五つ獲得できるはずだ。

「３が 11 だ！」

「すごい」とスクーター・マクレーンが言うと、テーブルの四隅から声が上がり、あざけりと称賛の野次はまるで子供たちがスラップジャック*[1]かゴーフィッシュ*[2]で熱くなるのと変わりない。大げさに反応するのが、このゲームの大事な要素だ。ビンガマンは大ジョッキをテーブルに叩きつけ、不機嫌そうにゆっくり席を立つ。マクレーンは不平たらたら、ドールとナスバウマーは辛辣で、ウィルソンは上機嫌だ。「素直で正直なアルドの顔を見ていると、あいつにそんな狡さがあるとは思えんな」
騒ぎがやっと静まり、入札が続けられる。僕の番だが、初めてなので慎重を期して下りた。次はホークことナスバウマーだが、熟慮の末、彼も下りた。ウィルソンの友人でコーチたちとも親しく、仲間の１人であるシカゴの洋服屋、ラリー・ガーシュもパスした。そうなると、アルドの「３が11」の付け値が最高だ。
さて、ハラハラドキドキの勝負結果だが、その前に一杯飲もう。
「３はいくつあった？」とアルドが僕に聞く。
札をテーブルに置き、見せた。
「ないよ、アルド」
「ホークは？」
「二つだ」
「ラリー？」
「全然ない」
ドン・ドールは二つ。
「それで四つ。ジョージは？」
ウィルソンは自分の札をのぞいて言った。「さて、アルド、スカウトの名人。もう一度、見させてくれ——たくさん３があったはずだ……」。喜びを噛みしめながら宣言した。「おかしいな、おれの手には一つもないぞ。大事な３が一つもない」
札を見せられたアルドはのぞき込み、信じられないように肩を落とした。再び、口々におしゃべりが湧き上がり、論評やら同情やらワイワイと騒がしい。マクレーンとビンガマンに一つずつ３があり、自分自身の４と合計してアルドの「３」は10個。入れ札に一つ及ばなかった。ということはアルドの負けで、渋々ながら賭け金と同じ額と、我々全員に１ドルずつを支払った。もし、11以上の「３」があって彼が勝っていたら、残り全員が彼に払うところだった。１回の勝負は僕が書いたのより時間がかかる。夕食のためクランブルックに戻るまでの１時間で、３〜４回の勝負が終わる。それほど必死だったわけではないし、反応が大げさだったこともあるが、彼らの行動を見ていると性格診断ができそうだ。スクーター・マクレーンは小さく舌打ちしたり、メンドリのように頭を振ったりと、ほとんど女性的と言ってよいほど移り気で、負けると神経質そうに気落ちする。彼が負けると、普段なら悪気なく冷やかすところだが同情したくなる。ホークのやり方は計算づくで厳密だ。長い目でみれば、勝つのは彼だろうと思う。細心の注意力と判断力を毎回、口に出して詳細に繰り返す。ちょっと疑い深すぎるほどだ。彼は全員が嘘をついていると考えている。負けると、慎重な筋書き通りにいかなかったのは、このゲーム自体が間違っているからだと言わんばかりに苛立つ。

ドン・ドールはホークにやや似ている——注意深く、完璧で真剣そのものだが、もう少し慎重だ。コーチ陣に加わって1年目だから、恐らく控えめになっているのだろう。洋服屋のラリー・ガーシュはつかみどころのない、支離滅裂なゲームをする。ゲームの複雑さにせかされるためか、時々短い叫び声を上げて怒りを発散させる。みんなからからかいの的にされ、道化役を演じているようだ。

アルド・フォルテのゲームぶりは全く違う——冷静で堅実だ。彼は他の人より、数字をごまかさないのではないだろうか。それに、人の入れ札を疑わないようだ。ビンガマンは野心的で大胆なゲームをする。広くて丸い肩、傍らのガラスの大ジョッキ、1ドル札を隠す大きな手など彼の体つきを見ると、他のことは考えられない。選手のころ俊足だったと言うが、かつて吃音だったのを一息でしゃべることで克服したかのように、ポンポンと早口で言葉を発する。

ジョージ・ウィルソンのやり方から多くを探るのは難しい。まるで8月の午後の練習で火照った体を友人や仲間とくつろぎながら、涼しいバーで冷やすのが愉快で仕方ないかのようだ。賭けでは手強い性格だ。腹が立つこともあるだろうが、彼らが仲良しなのは明らかだ。ウィルソンを確かなリーダーに、固く結ばれた——リーダーという言葉が示すような服従ではなく、微妙だが明らかに尊敬の念による——グループだ。

バーからキャンプへは、チーム専属洋服屋のラリー・ガーシュと一緒に帰った。彼はウィルソンの前任者、バディ・パーカーの時代からライオンズに関わってきた。パーカーが「親衛隊」と呼んだグループの１人で、その中にはハリウッドの花屋、ジョン・フランシス・バークや70歳の賭け屋で、オフシーズンは靴磨きの露店を経営しており、年齢を問われると「まだ子供だよ、成長期だよ」とわめくウォーレス“ブーツ”ルイスもいた。パーカーが突然チームを去った後、ヘッドコーチになったジョージ・ウィルソンとも親しくしているのは、３人の中でガーシュだけだ。キャンプではみんなに好かれている。常にコーチたちと一緒にいてカード遊びの常連だし、ベテラン選手からは彼が作るスーツの出来についてしょっちゅうからかわれる。「ラリー、こんなのはどうだ？——このコートの腰にいかすファスナーを付けたら……」といった具合だ。

バディ・パーカーの取り巻きのころ、ガーシュは洋服屋として大変な重要人物だった。パーカーは臆病なまでに迷信深かった。チームが負けるたびに、逆上して服を投げ捨てるのだ。ガーシュにとっては大いにありがたかったが。ブラウンズに敗れて戻る時、クリーブランド駅構内を列車が出るなり、着ているものすべてを脱ぎ捨てようとしたプルマン客車での出来事を話してくれた。パーカーはベルを鳴らして客室係を呼んだ。

「窓を開けるから手を貸せ。クソッ、動かないじゃないか」

「お客様、外は寒いですよ、氷点下です」

「手を貸せ」

「新鮮な空気をお望みでしたら、すぐ換気いたしますが」

パーカーは１人で窓を開けようと格闘していたが、ついに開けた。細かい粉雪がどっと客室に吹き込んだ。「下がれ」と言って、パーカーは茶色のフェルト帽を脱ぐと、暗闇に飛ばした。ネクタイをむしり取ると、これも放り投げた。「オーバーをよこせ」

「お客様」

「そのオーバーだ——木釘に掛かっている」

客室係はオーバーを取ったが、用心深く腕に巻き付けた。

「お客様、ご不満でございましょうが、処分は私に任せていただけませんか」
「捨ててこい」とパーカー。
　客室係は廊下に出ると、たちまち姿を消した。オーバーをどこかに保管するために。パーカーは上着を脱ごうと躍起になっていたが、急に激情が冷めると座ってこめかみを手で押さえた。客室係が少し息を弾ませて戻ってきた。ガーシュによると、彼は上着とズボンの寸法を採るような、魂胆ありそうな目付きでパーカーを見た。２人はほとんど同じ体格だった。
「他にできることはございますか、お客様」
　ガーシュが口を挟んだ。「窓を閉めるのを手伝ってくれ」
　２人で窓を閉めた。雪片が少しパーカーの肩と頭できらめいたが、すぐに溶けた。パーカーは震え出した。12月の敗戦は健康によくない。敗れての帰路、誰もが厚地のコートを着込み、マフラーを風になびかせているのに、パーカーは帽子もかぶらずワイシャツ姿で、場合によっては片足は裸足で飛行機から降りたり、駅のプラットホームに立ったりしたとガーシュは話した。
「信じられないな」と僕。
「ライオンズが負けると、何もかもが悩みの種になるんだ。パッカーズに負けた後、グリーンベイのホテルの94号室を割り振ったと言って、バド・エリクソンを解雇――もちろん一時的だったが――したことがあった。９と４を足すと13になるという理由だ。チームが飛行機に乗ろうとしている時に、タラップの上からわめくんだ。まったく気恥ずかしかったよ」
「勝った時はどうなの？」
「そりゃ、上機嫌さ。運が落ちると言って洗濯せず、いつも同じ服を着ていた。もちろん私にとっては困ったことだったよ。迷信というのはデトロイト特有のおかしな現象だ」とガーシュは続けた。「ボー・マクミランがヘッドコーチだったころ、ひどいことにヘアピンの組み合わせやデザインに凝ったことがあった。誰も邪魔できなかった。いつかジョージ・ウィルソンにもそんなことがそっと忍び寄るんじゃないかと思うんだ。プレッシャーがそうさせるんだ」。クランブルックの駐車場に車を着けると、僕たちは夕食のため歩いて中に入った。

新人たちはガーシュを畏れている。ある意味で彼は成功——ライオンズの一員になれそうだという——の前触れだ。コーチたちの会話に加わっているため新人の評価に詳しく、誰の評価が高く、チームに残れそうか承知している。それに、部屋にやって来てライオンズのチームブレザー用に寸法を採らせてくれと言うかもしれない。そんなことをするほど彼は軽率ではないと思うが、新人は歓声を上げて跳び上がり、狂喜のあまり寸法を採り終えるまでに、さらに２～３着注文しかねないだろう。「ホークが部屋に来たら死も同然だ。巻き尺を持ったガーシュなら命あった」と新人たちは言う。ある晩、ガーシュがマイアミ大学出身のフルバック、レッド・ライダーのブレザーの寸法を採りに部屋に行くと、ライダーは興奮して立てないほどだった。しかし、同じマイアミ大学出身の大柄な新人エンド、ジム・サイモンがじっと見ていた。ガーシュはサイモンに気づかなかったように装ってライダーの寸法を採った。サイモンはベッドに寝たまま、悲しそうに洋服屋を見ていた。仕事を終えたガーシュは、もう用済みだと覚悟しているサイモンに一言も言わず、部屋を出た。サイモンは最終的にはチームに残ったが、トレーニングキャンプで最悪だったのはあの晩だったと語った。もし、ガーシュが顔を向けて「さて、君のサイズは42インチくらいかな。さぁ、立って測ってみよう」と言ってくれたら、1000ドルやるところだったのに。

新人たちは自分の状況について、他にも兆候を探す。取るに足りないことかもしれないが、些細なことも悩みの種で、廊下を当てもなくうろつく。広報用の写真撮影を通知する掲示板に注意する。名前がなかったら——写真を必要とされていなかったら——厄介なことになる。

もっと有益な示唆はコーチたちの注目度だ。もし、急に怒鳴られなくなったり、注意してくれなくなったりしたら、すべて順調——注目されないことをよい意味で受け止めたいが——とは言えず、コーチはもはや自分に関心を持たなくなったのかもしれない。

それは絶えず彼らの心を苦しめる。大柄なタックルのルシアン・リーバーグさえ、僕に何かの兆候を求めた。

部屋に入ってくると椅子にかけて尋ねる。「今日の僕のプレーはどうだった？」

「おいおい、ルシアン、僕には分からないよ」

リーバーグはあたりを見て「この紙の山は一体何だい」と聞いた。

「原稿だよ。僕は編集者なんだ——クォーターバックをしていない時は。『パリス・レビュー』という文芸雑誌のね。いわば掛け持ち編集者なんだ。こういう雑誌ではよくある形だけど——鞄に入れてどこにでも持ち運んで——もっともフットボールのトレーニングキャンプで編集されたことはないと思うけど」と僕は説明した。

リーバーグは短編を手に取ると、ちょっと目を通し、机の上に投げ戻した。

「これを見てくれ」と言って手紙を見せた。牧師のアルバート・リード師からで、彼はアーカンソー・ガゼット紙でルシアンの写真を見て、この体形は天性のプロボクサーだと感じたと書いていた。手紙には「私はすぐに君に会いたくなりました。私の忠告を真剣に考えてもらうためと、数百万ドルを稼ぐ機会だと決心してもらうためです。私は貴君は将来、重量級チャンピオンボクサーになると信じています」とあった。

「まぁ、こんな手紙をもらう人は多くないよ」。僕は手紙をたたんで彼に返した。彼は手紙をつまむと、心は上の空で膝に叩きつけた。「ねぇ、今日はよかったと思わないかい？」と明るく言った。

「ねぇ、ルシアン……」

「よく見えなかったかい？」

「ルシアン、僕には判断できないよ」

「よくなかったと思うのかい？」

「うーん」

「何か聞いてないかい？」

「コーチたちはまだ君に声をかけている——それは確かだ。ビンガマンは『尻を振れ、ルシアン、おい尻を振れ』と言い続けていた——君に関心があるってことだと思うよ」
「そう思うかい？　本当に？」
「もちろんだ、ルシアン」
「じゃ、何か噂を聞かなかったかい？」
「そうだな。ロジャー・ブラウンをヒューストン・オイラーズに送り出す話をしていた。リーバーグはラインの右側の柱になるだろう……そんなことを言ってたよ」
「何だって？」。リーバーグは信じるよりも不安が先に立っているようだった。
「いいかい、ルシアン。正直言って分からない。ガーシュがブレザーの寸法を測りに来たかい？」
「いや。僕くらい大きいと、スーツを作るには生地がたくさんいるだろう。ガーシュなら僕のことをうまく取り繕ってくれるかもしれない」。リーバーグは望みありそうに僕を見た。
「うん、それはいい考えだ」。僕は答えた。

＊1　スラップジャック　子供のトランプゲーム。1枚ずつ手札を出し、ジャックが出たらそのカードを手で叩く。最初に叩いた人がそれまで場に出ていたカードを獲得する。手札がなくなったら負けで、ゲームから抜ける。最後まで残り、すべてのカードを獲得した人が勝ち。

＊2　ゴーフィッシュ　相手からカードを1枚ずつ請求して同じ数字の組み札をつくって捨て、早く手元のカードをなくすことを競う。

11

最初の選手削減は練習６日目に行われた。ルシアン・リーバーグは生き残った。コーチたちは午前中のスクリメージで最終的な結論を下し、選手を呼んで解雇を告げた。その中の１人に、ヒューロン大学出身の265ポンドの大型タックル、ディック・マクマッケンがいた。よく晴れたその土曜日の朝、家族らしい２〜３人——父親らしい年配男性と子供を抱いた女性——が練習を見に来ていたから、近くに住んでいるのだろう。彼らがマクマッケンと一緒にフィールドにやって来たので気がついたのだ。奥さんらしい女性は、小さな娘が練習を見ている見物人たちに踏まれずに歩き回れるよう、フィールドから離れた小さな丘の上の木の下に座った。父親はサイドラインに立っていた。練習が終わると、アルド・フォルテがマクマッケンに合図し、他の選手たちが松林とその先の体育館に向かう間、２人だけで立っていた。父親はサイドライン沿いににじり寄った。コーチが息子に好意的かそれに近い言葉をかけてくれたと一瞬、喜んだかもしれなかった。しかし、うなだれたマクマッケンの姿は解雇されたことを示していた。フォルテは真剣に話していた。最後に２人は握手し、マクマッケンはゆっくりと体育館に歩いて行った。妻が横に来て、その前を娘が小さな棒を振り回して草と戯れながら歩く。父親が早足で近づき、３人が並んだ。２人はマクマッケンを慰めているようだ。横に並ぶととても小さく見える妻は夫の上腕に軽く頭を預け、父親は尻を叩いた。

僕はドン・ドールと一緒に体育館へと歩きながら、マクマッケンのように解雇された選手はどうなるのかと尋ねた。彼は球団が彼ら一家を助ける努力をすると答えた。仕事を見つけるために、全国に連絡を取るという。コーチたちは1試合50ドルの稼ぎになるセミプロチームに彼を推薦するつもりだ。そうすれば、キャンプに来た時よりよい体形を保てるだろう。その先は彼次第だが、それが問題だ。キャンプに来た時、彼は太りすぎていた。体重を減らそうとして力が弱くなり、相手に翻弄された。体調管理に十分配慮し、ここ10年かあるいはそれ以上、体重が1ポンド（0.45キロ）の4分の1も変わらないドールにとって、まったく理解できないことだ。「春から夏まで準備する時間はたっぷりあった。ここに来たら、死に物狂いでやらなければいけないことも知っているはずだ。それがどうだ。ここに来てから、6月にやっておくべきことを始める始末だ」

「ここに君の居場所はないと言われると、彼らは何と言うの？」

「将来を心配するね。どこに行って、何をしようかと。チームに残ることにすべてを懸けているからね。だが、下から脱落する」

寄り添って歩く愛らしい妻とマクマッケンの後姿を見送りながら、ドールの声は厳しく、ひどく腹を立てていた。「彼は自分自身を偽った。それがすべてだ」。彼が腹いせにグラウンドを蹴とばしたいと思っているのを感じた。「一体なぜ、仕事のためにちゃんと準備しないのか。奥さんは、心配しないで、あなた、なんて言っちゃいけないんだ……まったく、むしゃくしゃするよ」

前を行くマクマッケンよりドールの方が腹を立てているようだった。

僕たちはしばらく黙って、水深がとても浅く、金属のように静かで、青緑色のスイレンの葉の上でトンボが休んでいる池のほとりを通り、テニスコート脇の松林の間を抜って歩いた。やっとドールが口をきいた。「コーチ業で一番つらいのは選手を解雇することだ」。トレーニングキャンプの初めのころは、解雇の理由ははっきりしている——運動能力に不足があるとか練習態度が悪いとか——から楽だが、シーズンが始まり、登録数を定数の37人[*1]にするため、2～3人の好選手を解雇しなければならない時、コーチという職業のばからしさを感じると言った。現役時代はこの恐怖の手続きを“オスマントルコ”と呼んでいたとドールは語った。オスマントルコの偃月刀（えんげつとう）に由来するのだろう。「トルコ人の夜」

とも言った。「トルコ人が来る」と。近ごろの新人たちは「ギシギシ靴」と言っている――「ギシギシ靴が寮に来る、今夜」という具合に。

寮に戻ると、ディーン・ルックはすでに立ち去った後だった。彼が解雇されたのは残念だった。彼とは食事の時、新人の食卓で知り合った（彼は牛乳を飲まないようにと注意した。「呼吸能力を弱める」という）。僕たちはミルト・プラムやトミー・ワトキンズと一緒にカード――ブリッジ――をした。ルックは歯切れのよい機知に富んだ選手で、すでにあちこちでかなりの経験を積んでいた――ミシガン州立大学のハーフバックで活躍し、シカゴ・ホワイトソックスではボーナスプレーヤーとして２年、そしてフットボールに転向し、アメリカン・フットボール・リーグのニューヨーク・タイタンズで１年プレーした。彼がタイタンズ――僕がプレーしたかもしれないチーム――での生活を話してくれた。練習フィールドでは口論ばかりで、と言うのはオフェンスもディフェンスもプレーをその場で作るために――まるで僕たちがセントラルパークでタッチフットボールをするように。「君はここ、君はあそこでカットする。どっちもオープンにならない場合は、あとの者は深く走れ。俺は思いっきり投げる――こんな調子だったよ」

ルックはクォーターバックだったが、デンバーとの試合で後ろからタックルされ、脳震とうと脊椎骨折をした。ディフェンスのコーナーバックで復活しようとしていたのだが、部屋を片付けるとジョージ・ウィルソンと握手して１時間足らずで去っていった。

選手削減の日は誰もが不安になる――空いたベッド、消えた顔――僕は特に強く感じた。不安の影響は、当然ながらそれに懸けているところが大きい新人に強く現れる。だが、僕が感じたのは最初の削減の後、午後の練習が終わって何もすることがなく、みんながそこいらをぶらつきながら神経質にあくびしたり、せいぜい何かに取り掛かったりしている時だった。みんな将来のことは考えないようにしていた。すべきことは分かっていた。それぞれの寮の廊下の端には学校の掲示板がある。前の学期の一覧表や告知がまだ貼り付けられている――洗濯物の回収日程、規則、親から喫煙の許可を得ている生徒の名簿。掲示板をじっと見つめている者もいる。格好の暇つぶしだ。喫煙リストにアブドゥルハディ・アルアワディーという名があった。どんな生徒だろう――たぶん喫煙に眉をひそめるイスラム教の若い信徒だったが、解放への最初の行動として勇気を奮い、親の許可をもらうため海を越えて手紙を書くことに夢中になったのではないか。「お母様、僕はたばこを吸い始めました。１日１本か２本ですが、気に入っています。他の生徒もみな吸っています。そこでお願いですが……」。そしてもちろん、この容易ならない申請を両親がどう受け止めて相談し、どんな許しを学校に送ったのかについて思いを巡らせた。両親はクランブルックの風紀を懸念したかもしれない。新人が時々これらの掲示板の前に立っているのに出くわす。僕が廊下を歩いていくとちょっと振り返って軽くうなずくが、本当はもっと近くに寄って、古く端が折れた告知への思いを膨らませたかったのではないだろうか。そんなことを考えながら、ぶらぶらと歩くのだった。

寮の端には仕切り壁で区切られた新人のための共同の部屋がある。その壁の一つにはフランスのストラスブールとベルギーのアントワープの陰鬱な寺院の絵が描かれている。テーブルにはきゃしゃな金属製の取っ手が斜めに付いているポータブルテレビがあり、練習が終わるといつもすぐに音が流れ廊下に響く。暇つぶしに立ち寄ると、画面が曲がっているが誰も調整しようとしない。カード遊びが行われている時もあるが、たいてい誰もいない。この部屋ですることがないのだ。テーブルの上に大学の要覧が山積みされている。クランブルックの要覧を見ると、冒頭にこうあった。「一夜にして子供は大人にならない」

小さな図書室もあった――百科事典、オー・ヘンリー集*[2]、オーエン・ウィスター*[3]の「バージニアン」、チャールズ・ディケンズ*[4]の本、園芸に関する何冊か。ハービー・アレン*[5]の「アンソニー・アドヴァース」の表題ページには「263ページを見ろ」と書き込みがあり、開いてみると再読するには時代遅れで古風なわいせつな箇所だった。他にウルマン*[6]の「ホワイトタワー」やバーナード・ド・ボートー*[7]のカクテルに関する本もあった。オーウェン・ウィスターの本の見返しに誰かが殴り書きしていた。「64ページを見ろ」。見ると、38ページに戻れとあり、そこから120ページに行くと、40ページに戻れとあった。結局どうなるか、予想はついたが言いなりに従うと、やはり最後のページにこうあった。「ハハハ、おばかさん！」。鉛筆を探しに部屋に戻り、やっと見つけるとまたゆっくり図書室まで歩いて行き、ハービー・アレンの本にあった263ページへと誘う書き込みを消した。時間をかけて注意深く数字を書き留め、「アンソニー・アドヴァース」のページが正しいことを——何かの企みや戯れ、憂鬱や気だるさの気持からではなく——確認すると、本を書棚に返し、セピア色のアントワープの寺院の絵を眺めた。

するると、あくびが出た——のどを伝ってこみ上げ、小鼻をひくひくと広げさせ、口を半開きから大開きにすると、それは聞こえるようにやってくる。これまでこんなにあくびが出た覚えはないし、クランブルックの廊下、特に新人寮の端の部屋にいた時ほど、あくびの音を聞いたことはない。ベテラン選手は自室でいくらでもあくびができる——素早い発散行為は満足と快適、うまい食事と悩みのなさを示すように思われる。あくびとその裏腹の不思議な眠気は退屈や疲労とは関係なく、精神的なもの、状況の目新しさや不安定さによるものだ。

夜の教室の後、校庭を歩く——必ず１人で、色のついた丸い浮きが一列になって水面を横切っている水泳用の池に沿ってただぶらつく。岸に生えている松の木の下は暗く静かで、日中の太陽に作られた松脂の匂いがする。そこから下りて、食堂で当てられた時、ちゃんと歌えるようにハーバードのフットボール応援歌を思い出そうとしながら黒い水面を見つめた。

青い暗闇を通し……

こうだった？　この順番だった？

ダン・ダン・ダン・ダン・ド・ド・ド・ダン

そうすると歌詞が浮かんでくるかのように目を半分閉じ、池のほとりを力強く歩いた。面白いことに、長い間思ったことのない他の大学の歌の断片が突然よみがえる——1節だけだが。ふいに浮かんだその一つがイェール大学の歌で、1節か2節だと思うが、とても風変りなので覚えていたのだろう。

あゝ、イェールは1701年に始まり
1トン近い書物を寄贈されて

池の他にも散策に向いたところがある——美術館や痩せたカール・ミレス*8の銅像、背が高く棒のように細い女性たちが周りを囲む涼しい泉のあたり。泉からはかすかな霧が湧き、訪れた人々が投げたコインがさざ波を通してきらめいている。地下にある生物学教室の窓をのぞくと、天井から吊られた飛行機の模型、ベンチを囲む高い腰掛け、ブンゼンバーナー（石炭ガス暖房器）、隅には縮小された恐竜の骨格模型、そして散らかし放題の大きな遮断器がまるで春学期最後のベルが鳴ったとたん、生徒たちがどっと教室を出て行ったそのときのままのようにあった。のぞくには高すぎる窓が同じ建物にあり、かつてある校長が住んでいた1部屋アパートメントに面している。フライデー・マックレムがその校長について話してくれた。元々スコットランドの生まれで酒飲みだったため、解雇されると池に飛び込み水面を漂っていたが、色のついた浮きの間で水死した。彼の顔が時折その窓に現れ（若いクランブルックの生徒はそう教えられる）、夜になると芝生を横切り、松の木の下を通り、池に着くと底の水草の間に座って水面を見上げるという。広い芝生に幽霊はぴったりで、ヨタカがひっきりなしに飛び交い、庭はストーンヘンジと偶然同じ大きさの丸く重い石を運び込み、注意深く芸術的に飾られている。だから夜になると、校庭のある箇所は手入れされた芝の中に沈んだ古代の廃墟の一部に見える。平服も交えた監督教会派の司祭たちは常に2人で、頭を下げ熱心に語り合いながらぶらつく。芝の上を進む足の動きを目的もなく見ているだけのようだ。寮の明かりがつくと、祭司たちは2人で、新人は1人でぶらつき始める。

夜は最悪だ。眠ること以外にすることがない。ベッドに横になると、ベテランたちの寮からギターの音や時には笑い声、遠くの部屋からはおしゃべりを楽しむガヤガヤした響きが聞こえる――廊下伝いに寂しさを運んでくるこうした音を聞きながら四角い部屋で暗闇を見つめ、眠れなくて寝返りを打つと生徒用のベッドのスプリングが重いと文句を言う。同じ寮ではなかったが、いろいろ話は聞かされた。ルシアン・リーバーグは以前はすぐ眠れたが、寝つきが悪くなった。ルームメートのひょろ長いエンド、ジェーク・グリアは寝ながらのたうち、寝言を言い、長い脚をベッドの外に投げ出す。かかとが硬いリノリウムの床に当たると小さな叫び声を上げてうなる。リーバーグが大声を上げる。「おい、静かにしろ、こら!」。リーバーグが言うには、グリアは時々、何人もの人が干し草の周りを動き回るような音を立てる。足を踏み鳴らし、誰かをやっつけながら、体重もルームメートを上回る300ポンド以上あると思っているらしい。ある朝、グリアに聞いてみると、爪楊枝をちょっと動かして回転させながら、聞かれるのが恥ずかしいようにフフフと笑い、一気にしゃべりだした。ベッドとスプリングの音はリーバーグほどじゃないよ。「ベッドに入る……そうだな、漫画本か?　靴?　彼は何でも落とすんだ。おまけに300ポンドの体まで。スプリングが悲鳴を上げるよ」

時間がたち、ギターの音も聞かれずベテランたちが寝付いても、新人たちはまだ起きている。昼間はディフェンシブエンドのポジションを目指しているフランク・インペリアルが寝付くのはたいてい2時か3時だ。横になって廊下の大時計の針が1分ごとに時を刻む音を聞いている。その音には僕も気づいていたが、私書箱のように時を刻む。彼はその音を数え、60で一つ進むかどうか試す。彼は腕を上げ、暗闇の中で数字をつぶやく。他のことにも応用できる。彼の部屋はトイレの隣で、「あさがお」には53秒だったか83秒だったか忘れたが、自動的に水が流れ出す。いずれにしてもインペリアルは秒単位で数え、その数字に近づくと低い機械のうなり声が隣の部屋で起こり、耳障りな水の噴出が最高潮に達すると機械は急に静かになり、ため息をつくと静まり返る。

インペリアルはたいがいフットボール忘れるためと、チームに残れるかどうかという不安から気持ちをそらせるために数を数え続け、寝たように装うが、時たま彼の心はいつも同じ幻影にとらわれる——スクリメージラインの反対側に現れる巨大なラインマンの幽霊で、身を屈め、ヘルメットの奥に険しい目を光らせ、その後ろの胴体は重いコイルになっている。筋肉に力を込めて懸命にぶつかろうとすると、ベッドの上で体が突然軽くなった感じがし、アイロン台のように強張ったままベッドから滑り出し、ぜいぜいと喘ぎながら崩れ落ちると汗が吹き出し、肌がチクチク痛む。瞬きをして幻を追い払う。幻覚に現れる幽霊は強そうな姿にもかかわらず必ず敗れ逃げ去るが、実際に肉体同士がぶつかり合う衝撃もなしに全力を込めて相手にかかるのはフラストレーションがたまることで、インペリアルにとって水道管のうなり声や時計の機械音に集中する方がずっと好ましい。しかし、遅かれ早かれ、外形が闇に溶けたラインマンは現れる。新人にとって夜はつらい。

＊1　1チームの登録数　現在は53人に増えている。

＊2　オー・ヘンリー　1862～1910年。アメリカの短編小説家。市民の哀歓を描いた。

＊3　オーエン・ウィスター　1860～1938年。アメリカ西部を舞台にした小説を書いた。「バージニアン」（1920年）はハードカバーだけで200万部近く売り上げ、アメリカ出版史上に残る大ベストセラー。数回にわたり映画化された。

＊4　チャールズ・ディケンズ　1812～70年。ビクトリア朝を代表するイギリスの小説家。下層階級を主人公に弱者の視点から社会を風刺した。「二都物語」「クリスマス・キャロル」「デービッド・コパーフィールド」など。

＊5　ハービー・アレン　1889～1949年。アメリカの小説家・詩人。「アンソニー・アドヴァース」はナポレオン時代を舞台にした歴史小説で、ベストセラーになった。

＊6　サムエル・ウルマン　1840～1924年。アメリカのユダヤ系詩人。

＊7　バーナード・ド・ボートー　1897～1955年。歴史家で、マーク・トウェ

インの遺産管理人。トウェインの死後、出版された「不思議な少年」の原稿を公開した。

＊8　カール・ミレス　1875～1955年。スウェーデンの彫刻家。代表作にニューヨーク市のメトロポリタン美術館の泉やロックフェラーセンターの彫刻群など。

12

ベテラン選手にとって、夜は過ごしやすい。多くは車を持っていて、特に夜の教室が中止になるか早く終了した時は、町に行ったりデトロイト近くの自宅に帰ったりする。もっとも結婚していようがいまいが選手は全員、11時までにキャンプに戻ることになっている。11時になると、ベッドに就いているかどうかをコーチの誰かが点呼することがある。クリップボードを手に回ってきて、部屋か寮内にいないと不在とみなされ、罰金か懲罰——翌日の練習で余分に全力疾走を科すなど——の対象になる。

デトロイト・ライオンズでは就寝点呼はめったにない。コーチたちは選手をプロとして扱っているからだが、もっと管理主義的な方針のチームもある。ダラス・カウボーイズに短い間いたジョン・ゴンザーガによると、ヘッドコーチのトム・ランドリー*[1]は10時30分に主電源を切り、トレーニングキャンプの寮を真っ暗にした。選手たちはシカ狩り用の大きな懐中電灯を持って動くので、寮の階段を明るい光が上がったり下がったりしたという。ゴンザーガは毎晩、クロスワードパズルをするが、ダラスにいた時はベッドの頭の上に懐中電灯を固定する装置をこしらえてパズルを楽しんだ。

クランブルックでも点呼の恐れは常にあるので、夜の教室の後に外出してもほとんどの選手は11時の門限前に戻る。しかし、危険を冒してまで夜遊びする者もいる。彼らは朝の2時か3時にエンジン音を低く、あるいは切って車を駐車場に入れる。そっと校庭を横切り、コーチの姿に目を配りながら建物の影を伝って寮に戻ると、ルームメートを揺すって起こし、点呼があったかどうか尋ねる。

「なかったよ、いい加減にしろよ」とルームメートはモグモグ言う。

僕も何回か彼らと一緒に外出した。部屋にやってきて町に行こうと誘う。僕を仲間だと受け入れてくれたのだ。ベッドから跳ね起きれば準備完了だ。お気に入りの一つが有料道路を30分ほど行ったディアボーンの「楽天地」と呼ばれる大きなダンスホールだ。耳をつんざく大音響——大人数のロックンロールのバンド——その前の人だかりには暑さにもかかわらずモヘアのセーターを着た女の子たちがダンス相手を待って、あちこちのテーブルについている。

ダンスを申し込まれると、彼女たちは相手の顔も見ずに３〜４段上にあるダンスフロアへと早足で駆け上がり、モンキーやら何やらツイストの変形のようなステップを踏み始める——彼女たちは無言だが、向かい合って体を上下に揺さぶりながら体の動きを見るだけで十分だ。何人かは素晴らしいダンサーだった。

夜の教室が終わった後の寮のトイレの状況から、何人の選手が夜中まで遊びに行こうとしているのか予想できる。同じような企てが同時進行している時は週末の大学のような様相を呈し、髪をとかしてコロンの香りをプンプンさせた男たちでごった返す。しかし、トレーニングキャンプの日程が終盤に入り、練習が厳しくなり夜の教室が長くなると脱出は大幅に減る。ポジション争いが激しくなり、就寝点呼の可能性があるのに町に出かけ、４時間か５時間の睡眠をとっただけで８月の酷暑の中、猛練習に耐えるのは危険すぎる。

夜の教室が終わると通常、ベテランたちはカードを始める——ピナクルやブリッジ、ジンラミーなど。時には音楽がかかる。他の部屋からも廊下伝いに流れてきて交じり合うので、やや音響は悪い。ルボー*[2]やメイアはギターを弾き、オーバーホールを着たナイトトレイン・レーンは多分ベッドに腹ばいになり、脇の床に置いた蓄音機に妻のダイナ・ワシントン*[3]のレコードを次から次へとかけて聴いているのだろう。

それから、誰かの部屋に集まることもある——ベッドに寝転んでクロスワードパズルの本に取り組むジョン・ゴンザーガの部屋にはしょっちゅう選手が集まり、物語を始める。小さな部屋に６〜７人かそれ以上がひしめき、椅子がなかったりベッドに座れなかったりした者は壁にもたれて脚を投げ出し床に座る。

僕は陸軍のいる時に聞いた、洗練されてはいるが単調な話を思い出した——夏の週末、午後の日差しに照らされて、木とタールの匂いが微かにする、タール紙を張った兵舎の屋根の下のベッド最上段に横になるとそのうち、バトンルージュ*4あたりに行った話や、ネオンが輝くどこかのバーでのけんか、あるいは酒もなくなり、低いベッドがマットレスのように床と同じ高さになった安モテルでの口論——夏の蜂の羽音のように延々と続く、それでいてチクっと人を刺す物寂しい武勇伝——などをネタに、いつもの兵士がしゃべりだす。軍の外部の者が軍隊の話に感動することはめったにない。週末や休暇の時は好き勝手に軍の悪口を言ったり突っかかったりするが、基地の門を通って隊内の安全な兵舎に戻ると、その都度少し話を変えて冒険談を語り、ついにはそれぞれの断片が人間不信の演目にぴったり当てはまる。経験は残酷非情で常に腹立たしく、またはわいせつで必ず軽蔑、運が良ければユーモアがあり——もっとも上手な話し手でも満足と言えることはほとんどない。「ジェーク、シュリーブポート*5の“母のバー”の話をしてくれ」。みんなは静かになり、ジェークは咳払いして話し始める。

フットボール選手の世界は軍隊よりも洗練されているが、それほどかけ離れてもいない。彼らの話は軍隊に伝えられる話のように外部からの毒や疑いがない。だが、共通点もある。外の世界の見方、外国、例えばメキシコへの旅はとかく偏狭で排外主義的になりがちだ——馴染みのない怪しげな食べ物や習慣、言葉との格闘から、夜になると妙に興奮するたちの悪いガイドに悩まされた話、バー、けんか、スプレーで黒髪を固めて高い止まり木に腰掛けた小柄な女、変質者、牢屋、留置場、途方もない二日酔い、そして最後に車に乗って次の冒険へと移る。物語は長く内容豊富で——軍隊の優れた物語と同じように何度も語られ練られているため、叙事詩と言えるほどの形に変貌し飽きる者はいない。物語は上品に始まる。車の旅、出発する町、国境を越え、山の中で故障するがなぜか再び動き出し、太陽が照りつける長く埃っぽいメインストリートの両側にバーが並ぶ砂漠の町にたどり着く。店内ではストリッパーが24時間交代で働き、ある女の子は白い手袋のボタンを10分かけて外そうとする——ストリップティーズの要領で——旅人はラベルに赤い雄鶏が描かれた冷たいスペインビールに驚く。そしてドラムにかがみ込んでウトウトしていたようなドラマーが調子を早めると、女の子は手袋を外しドレスの脇のジッパーに取りかかろうとする。それに気づいて近づこうとすると、カウンターの中の白いシャツを着た大男が立ち上がって両腕を突き出す。

選手たちは僕が外国で生活していたことを知って、時々言う。「リヴィエラ*6のことを話してくれ。そこの女の子のこと……」。だが、僕は躊躇する。物語に整えることができないからだ。物語にするには一般化が必要だ。例えば、カールトンホテルの記憶を呼び起こし、考える。売り出し中の若手女優を連れたプロデューサーたちが集まるテラスのバーや中央にビーチパラソルがあるテーブル、クロアゼットの店を横切る黒豹を連れた女、夜の堤沿いの道の静けさ、暗い海の波が打ち寄せる小石の海岸、そして海に固定された集合住宅のように遠くからでも高く巨大な姿を現すアメリカ第6艦隊の航空母艦。だが、僕はこれらのイメージを一つの形にまとめることも、ありのままを語ることもできない。映画祭の時期、ラジエーターから蒸気を吹き出しながら中古のプジョーでやって来て車庫に入れると、縞のシャツに片方の耳までバレー帽で隠したフランス人がくわえ煙草の間からニンニク臭い息を吐きながら車の窓に近づいて来て言う。「ジャックです——よろしければ案内しますよ」。物語はこうしたことから始まるし、選手たちもそのように巧みに話を編んでゆく。もし誰かが教えてくれたら、僕もそうするだろう。

家から旅に出るのが物語のすべてではない。遅かれ早かれ話題はフットボールになり——過去の試合やトレーニングキャンプ、コーチや元選手、他のチームのゴシップといった思い出話や、どの本拠地がよいか、食べ物のうまい都市はどこかをお互いに語り合う。

ある晩、夜の教室の前に玄関近くの部屋をのぞくと、壁に背中をもたれた選手が投げ出した両脚が見えた。椅子もベッドも占領されていて、座ってしゃべっている。教室に行くまでの1時間半ほどをくつろいでいるのだ。みな青いルーズリーフのノートを持っている。端っこで聞いてみた。彼らはチームメートのナイトトレイン・レーンを話題にしていた。明らかにナイトトレインの逸話を集めているディック・ルボー――文書係を自認している――はナイトトレインを理論家で戦術家だと評する。前の年までデトロイトのディフェンシブバックフィールドコーチで、ボルティモア・コルツのヘッドコーチになったドン・シュラの講義を乗っ取りそうになった話をよくしてくれた。

「もちろん、シュラは大変な理論家だし、黒板を使って話すのが好きだった。『よし、こうやろう』と言って、彼が黒板に図を描き始める。すると後ろで椅子がきしむ音がする。トレインがうずうずしているのだ。椅子から滑り降りて黒板に近づくと、ついには最前列ににじり寄りモグモグと首を振って言う。『コー』。コーチのことだ。すぐに我慢できなくなって、シュラの横に立つとチョークを走らせ、コーチを圧倒してしゃべりまくるんだ」

「何と言ってるの？」と誰かが尋ねた。

ルボーが答える。「うん、そこなんだ。何を言っているのか分からない。話すべき理論は持っているんだが、聞く方は別世界に踏み出したようだ。彼はいつも“角度”と言う――彼とパスレシーバー、彼とチームメート、つまりゲーリー・ローとメイア、それに俺など他のセカンダリー*7――との。2年前、開幕から5試合、トレインが長いパスを決められ、ひどく落ち込んだことがあった。練習後も長く居残り、夜も1人でフットワークの練習をしていた――多分、やられた相手をののしりながら――が、その後はシーズンが終わるまで誰もトレインを痛い目に遭わせられなかった。そこで俺は言った。『トレイン、立派に復活したな』って。

「ディッキーバード、俺には分かっていたんだ」

「何がだい？　トレイン。足の運びが悪かったのか？」

「『俺が悪いんじゃない』って悲しそうに言うんだ。俺に叩かれたような目付きで『ゲーリー・ローだ。俺との角度が悪くなる動きをしたんだ』」

選手たちは「へーっ」と大声を上げ、体を前後に揺すった。ナイトトレインの話に聞き飽きない様子だ。

１人が言った。「メイア、トレインが『俺が間違っていた』と白状した話をしてやれよ」

他の選手は前に聞いたことがあるので、トレインと組んでコーナーバックを守るブルース・メイアは僕を見て話し始めた。

そう、ジョージ・ウィルソンがゲーリー・ローに代わって俺に左のセーフティを守らせた時だ。トレインは俺の前にいたんだが、俺が定位置につこうとすると、肩越しに見ながらいろいろなことを言うんだ。だけど俺にはもちろん何も分からない。彼は俺を『ブルー！』と呼ぶ。『ブルー！』は聞こえるが、その後は早口で訳が分からない。最初のプレーでトレインが賭けに出て裏目に出た。クォーターバックに突っ込んだんだが、相手は空いたゾーンにパスを投げた。俺はレシーバーを全力で追ったが、捕まえる前にゴールラインを越えた。最後は飛びついたんだが、息を切らせエンドゾーンを滑っただけで無駄だった。で、立ち上がると、こっちに走ってきたのがトレインだ。近寄るとこう言った。『気にすんな、ブルー！　あれは俺がカバーする相手だ』――彼の言葉でその年理解できたのはそれだけだ。だがその時、彼は俺に指を突きつけて説教するように言ったんだ。スタンドから見ていた人たち――そう、６万人はいた――には彼の言うことは聞こえない。だから、得点を許したのは俺のように見えただろう――その選手がゴールラインを越えた時、一番近くにいたのは結局俺だし――これじゃ、偉大なナイトトレインがやって来て、悪いのはお前だと言っていると思うだろうよ。だから俺は『あっちに行け、この野郎！』と言ったよ。彼はまだ『だがブルー！気にすることなんか全くないぜ。あれは俺の相手だ！』と胸に指を突き立てるんだ。俺は指すのはやめろと言ったんだが、時すでに遅しさ。俺の株は地に落ち、ベンチに戻る途中、観客がブーと非難するのが聞こえた。トレインは横に並んでまだ俺を指さしながら『ブルー……気にすんな』を繰り返す。今でもあの声がこびりついているよ」。メイアは首を振ると笑い出した。
「いい話だなぁ」と誰かが言った。
「指をさしたのは全く意識しないでやったのかい？」。僕はうっとりして尋ねた。「彼はディフェンスのハドルでは何か言うのかい？」
　ルボーが答えた。「一度、ハドルを組むなり改まって、とても分かりやすい言葉で『おはよう、皆さん』と言ったことがある。なぜかは聞かないでくれ。定位置に散る時また言った。言うと心に決めていたようだ。オフェンスがハドルを解き位置につく時、トレインはよく『どんな守備態勢をとるんだっけ？』と叫ぶんだ。思うに、新聞を広げた時のように何かを見つけたんだろう。だから彼の頭が活発になったからといって、いちいち聞いていたら面倒になる。一度、俺にこう言ったことがある。『ディッキーバード、そっちはゾーンディフェンスでやれ。俺はマンツーマンでやる』。俺は冗談言うなと叫んだ。全く常軌を逸しているよ。すると彼はこう言い返した。『混ぜるんだ、ディッキーバード、やつらを混乱させよう』」
　プレーブックを手にドアにもたれていたゲーリー・ローが言葉を切り詰め、早口で割り込んだ。「シュラかい？　トレインが何かするたびに怖い顔をしていたな。彼は『裏目にしか出ないバカな作戦』と言っていた。もちろんそうだ、ブルーの時のように。だけど効果がなくてもそれが何だ。昨年クリーブランドでのプレーオフボウル*8で、彼は俺に言ったんだ。『ゲーリー！――彼はガウエイと発音するんだが――俺のカバーをしろ』。そして彼はパッサーにレッドドッグを仕掛けた。コーナーバックのすることじゃない。俺は口をあんぐり開けて突っ立っていた。彼はパッサーを捕まえてボールを叩き落とした。ライアンと言ったっけ、若いクォーターバックは立ち上がりながら、トレインを幽霊のように見ていたよ」
「どうやって成功したんだ？　オフェンスは無謀なプレーの隙を突けなかったのかい？　タッチフットボールでよくあるプレーのようだけど」と僕は聞いた。
　ジム・ギボンズが言った。「彼は賭けに出るけど、失敗したと思ったら引っ返すんだ。それが並のコーナーバックと違うんだ——天性の反射神経だ。賭けが多いから普通の選手は真似できない。彼みたいな選手はいないよ」

もう8時近かった。選手たちはプレーブックを持ち、ぶらぶらと中庭に出た。芝生や歩道に人影がくっきり映る静かな夏の夜、泉からかすかに響く水音を聞きながらみな黙って夜の教室に向かった。一番大きな泉の一つが教室のドアのすぐ外にあり、周りを囲む幅広いセメントの縁に何人かの選手が水に背を向けて座り、ホークが声をかけるのを待っていた。彼らはおしゃべりすることもふざけ合うこともなく、奇妙な自己陶酔にかかったようにおとなしい。多分この美しい光景のためだろうと思ったが、この夜、選手削減が言い渡されたのを後で知った。ナイトトレインは泉の縁に腰を下ろし、通り過ぎる選手を見てほお笑みながらかかとを踏み鳴らしていた。その夜の雰囲気は彼には無縁だった。「よう！」。僕たちが近づくと、陽気に声をかけた。

教室に入ると、ジョージ・ウィルソンは不機嫌だった。全員が着席するまで黒板に向かっていたが、振り向くと険しい目で我々を見て「もう、うんざりだ」と言った。みな目を見開いた。外の泉の水がはねる音が大きくなった。ウィルソンの頭にあるのがフットボールではないと分かった。駐車に関する学校の規則を選手たちが無視している——ウィルソンにとっては取り上げることさえ体面に関わる管理上の問題なので、いっそう怒り心頭に発しているようだ。「クランブルック校から君たちの車について苦情があった」と怒鳴った。「キャンパスが中古車展示場みたいだと言われた。私は前も注意した。車は駐車場に止めるようにと。そんなに難しいことか？」。声を落とし、体を前に傾けた。「停めてはいけない寮の裏に3台停めてある。持ち主には罰金を科す」。手の持ったリストを見た。「白い帯の入ったタイヤで、屋根が黒いフォードのステーションワゴンは誰のだ？」

大柄なラインバッカーのマックス・メスナーが手を上げた。

「よし、マックス、100ドルの罰金だ」とウィルソン。

部屋中からたちまち、思わず反発するシューっという声が上がった。

車を持たないルシアン・リーバーグは小声でオーと叫び、何かのサインのように指をひらひらさせた。
「うるさい。白と黒のツートンのフォードファルコンは誰のだ？」
トム・ワトキンズが手を上げた。
「トミー、罰金100ドルだ。最後は」――早く片付けようとする態度から、ウィルソンがいかにこの件を嫌がっているのかが分かった――「シボレーコルベア。色は明るい栗色で、編み目のホイール。誰のだ？」
答えがない。
「栗色だ。サーカスの幌馬車みたいだな。これだけ言っても十分じゃないならナンバーを言ってやろう」。ウィルソンはメモに目を落とした。「ミシガンのプレートで、番号はM 69524だ」
誰も身動き一つしない。
ウィルソンが静かに言った。「もう一度言おう。答えがあるまで1分ごとに100ドルずつ罰金を追加する」
メモが読み上げられ、みんなが固唾をのんだ。緊張して口を開けたままの者もいた。その時、椅子が騒がしくきしんで静寂を破る声がし、ナイトトレインが手を上げた。もう一度咳払いして――独特の甲高い声で――「ジョウジ、そのシボレーは2ドアかい、それとも4ドア？」
どっと爆笑が起きた。ウィルソンさえ、懸命に努めたが笑いをこらえられなかった。肩が震えるのを見て、みんなはいっそう大声で笑った。やっと気を落ち着かせると、ウィルソンはフットボールに関する事柄をいくつか話して、集会を部下に委ねた。少したって振り返ると、ウィルソンがまだ大きな笑みを浮かべて教室の後ろに立っていた。この件は2度と話題にならなかった。メスナー、ワトキンズ、そしてレーンはみなホッとしたようだった。一番幸せだったのはナイトトレインの文書係を任ずるディック・ルボーだったかもしれない。記録集にまた新たな項目が加わったのだから。

＊1　トム・ランドリー　1924～2000年。選手生活を経て60～88年の29年間、

ダラス・カウボーイズのヘッドコーチ。スーパーボウル優勝2回、NFC優勝5回。90年名誉の殿堂入り。

＊2　ディック・ルボー　1937年生まれ。59～72年、ライオンズのコーナーバック。プロボウル3回。2010年名誉の殿堂入り。引退後、アシスタントコーチを経て2000～02年、シンシナティ・ベンガルズのヘッドコーチ。その後、ピッツバーグ・スティーラーズのディフェンシブコーディネーターを務め、15年からテネシー・タイタンズのヘッドコーチ補佐。

＊3　ダイナ・ワシントン　1924～63年。"ブルースの女王"と呼ばれた歌手。ナイトトレイン・レーンとの結婚半年で、睡眠薬や痩せ薬を酒とともに摂取したため急死した。

＊4　バトンルージュ　ミシシッピ川に臨むルイジアナ州の州都。

＊5　シュリーブポート　ルイジアナ州北西部のレッド川に臨む市。

＊6　リヴィエラ　フランスのニースからイタリアのラ・スペツィアにかけての地中海沿岸地域。風光明媚な避寒地。

＊7　セカンダリー　コーナーバックとセーフティを合わせたディフェンシブバック陣の別称。

＊8　プレーオフボウル　1960年から69年まで、NFL東西カンファランスの2位チーム同士が対戦した試合。ライオンズは第1回から3年連続で出場し全勝したが、"リーグ3位"を争うこの試合はコーチ、選手に不評だった。

13

ジョン・ゴーディが言うように、時には「古参選手も眠れなくなる」深夜、寮内でいたずらが始まる。昼間の練習で消費されなかった活力を発散させる方法だ。やり方は毎年変わる。ある年は水鉄砲だった。僕の年は「びっくり仮面」だった。選手たちがいたずらの機会を逃すことはめったにない。

子供じみた行いを覚悟しておいた方がよいと忠告されたことがある。デトロイトに発つ前、ある友人がやって来た。

「サポーター、あの陸軍の簡易宿舎、更衣室での心理状態、脳たりん——運動選手のばかさ加減、体だけ成長したガキ」と彼は言った。

彼は数年間、ワシントン・レッドスキンズでプレーしたが、記憶にあるのはボストン・カレッジ時代だった。そこでは運動部員は「遊び場」と呼ばれる専用の寮に寝泊まりしていた。練習を終えた夜、キャンパスの他の寮では勉学にいそしんでいるころ、「遊び場」では奇妙な儀式——半分冗談だが、真面目くさったところもあり、キャンパス内で差別されている運動部員たちが愚鈍という評価を仕方なしに強調しているかのような——が行われる。

どんなことをするのか、と僕は尋ねた。そうだな、例えばその男は毎晩、ベッドに仰向けになって100ヤードダッシュをするんだ。みんなが周りを取り囲むと、誰かが「位置について……用〜意……ドン」と言う。すると彼は懸命に足を動かす。ベッドは弾み、スプリングは悲鳴を上げる。10秒ほどたつと誰かが「やめっ！」と声をかけ、そいつは動きを止める。胸はあえぎ、息を切らせて言う。「出たかい？」。部員たちは時計を見て首を振り、舌打ちして答える。「残念だな、ジョン。だめだった—— 10秒は切れなかった。12秒2だ。また明日だ」。
その次は「つづり字ごっこ」だ——ただし、単語のつづりではなく、音をつづるんだ。誰かが「これをどうつづる?」と言って「キィーーーッ!!」と耳をつんざくような悲鳴を上げる。部員たちは寝台の端に腰掛け、親指の爪をかじりながら考える。「どう、つづるんだろう……」とつぶやきながら、ブロンクス*1式歓迎法(ブーイング)をするように唇をブルブル震わせる。寝台の隅で、タックルが額にしわを寄せて考え込む。「難しいなぁ、何だろう」
「ヘェー、確かに面白そうだね」。友人と会ったのはコーヒーハウスというニューヨークのクラブで、雑誌「ニューヨーカー」の記者たちがお気に入りの昼飯店だったが、そこでも立派な御仁がテーブルを囲んで同じような遊びをしていた。「動物の鳴き声を違う言語で……なんてやってるよ」と僕。1人の社員が走り込んできて、「バゥワゥワゥという犬の鳴き声はポーランド語ではこれこれで、カカドゥードルドゥーというニワトリの鳴き声は日本語ではこれこれだと言って、大きな丸テーブルについていた全員を黙らせる。すると、無感動に座っていた1人がアヒルのクァックァックァッはヒンディー語ではこう言うんだ、と感情を抑えて披露する。おふざけじゃなく、結構難しいんだ。フランス人はニャーニャーをミーミーと言い、ドイツ人はワンワンをワウワウと言うなどと言ったら、容赦なくとっちめられるんだ」
「うん、そうだろうな。何か特別なことはあるのかい——博識を必要とするとか」
「ニューヨーカーの記者でさえ、ブロンクス式歓迎法をどうつづるかには、つまずくだろうね」と言ったが、自信はなかった。
「こんな冗談を知らないか?」
「どんな?」
「コーチから『頑張れ、相手に押されてるぞ』とカツを入れられた選手がこう答えた。『ご心配なく、コーチ。もう2〜3回当たれば、あいつも俺と同じようにアホになりますよ」
「ああ、それだ」

友人は確約するように続けた——プロフットボール選手の一般的な知的資質はエンドウ豆程度だから、トレーニングキャンプでは教養のかけらも見られないだろう。彼はワシントンでよく扱ってもらえなかったのだろう。それを強調し、僕はデトロイトに戻ると電話をかけてきた。

「どうだった？」

「何が？」

話しているうちに思い出した。彼の最初の質問は、健康状態を検査する前に、どこかを骨折せずに生き残れるかどうか、だった。

「いや、君の言ってたことは違ってたよ」

「アインシュタインの集まりだった？　まさか」

「大学の４年間より色あせるけど、平均的な知的水準は思ったより高いよ——野球より高いのは確かだ。どっちにしろ、それは馬鹿げた質問だ。一般的には言えないよ……」

「じゃ、夜は何をしてたんだ。読書か？」

「まさか」。僕は正直に答えた。

キャンプでは読書する者を見なかったし、手紙を書いている者も見なかった。そればかりか、その後ライオンズの誰かが連絡のため手紙をよこすこともなかった。コミュニケーションの手段は電話だった。

「会話の社会なんだ——この国はどこも一緒さ。知性とは関係ない」と僕は言った。

「じゃ、何をするんだ？」

「カード、音楽、お話。まったく面白い話だった。今まで面白いと思ったどれよりも上出来だった」

「子供っぽい行動はなかったのか？」

「一体、ワシントンでどんな目に遭ったんだ？」

大男が悪ふざけして水鉄砲を持ったり、びっくり仮面をかぶって廊下を走り回ることは黙っていた。ましてクランブルックのある夜、廊下に出るといたずら部隊が駆け回っていたので「何事だ？　手伝わせろよ」と叫んで、僕も一役買ったことなども。

彼らは手振りで静かにするよう伝え、僕にびっくり仮面を手渡すと、忍び足で玄関に降りた。

お気づきの通り、ライオンズは悪ふざけと大げさな仕草で昔から評判だった。ボビー・レーンの控えクォーターバックだったジョン・ハーディが話してくれたのだが、トレーニングキャンプに到着したことを知らせるために（引退した彼を球団側が口説いたので1週間遅れで参加した）、小型飛行機を個人的に雇ってキャンプ地に急行したばかりでなく、派手な黄緑色の男性用サポーターを200枚、空からばらまいたのだ。

彼は言った。「パイロットは僕が窓枠にそいつを詰め込むのを見て『おい、何をするつもりだ？　俺はそいつを荷造りするのにどえらく苦労したんだ。窓をそんなに開けるな』と言った。彼は『サポーターだ。緑のサポーター』と答えた」

「すべてをばらまくのに、フィールドの上を20回も飛ばなくてはならなかった。パイロットは大喜びだった。彼は「さぁ、やれやれ」と言い続けて、緑のサポーターが機内からなくなるまで見ていた。サポーターは見える限りすべて、そう、木々や屋根の上にも落下し、何カ月後に見つかったこともあった——彼女と湖畔を歩いていた男が藪に引っかかっているのを見つけて「何だ、この緑の……」と口走ったとか。

「その年、ライオンズ選手の妻たちは日曜日の試合にサポーターをつけて——いや、いくら何でも男と同じようにではなく——パーティーの景品だったかのように、髪飾りや腕輪、スカーフ、留め金などとして身につけた。身に着けているのが緑のサポーターだと人が気づいても、決して口に出さないだろうと分かっていて彼女たちはやったと思うよ」

僕がいた時のおふざけはもっとスケールが小さかった。一番練り上げられたおふざけの装置はフライデー・マックレムの手になるものだ。彼はそれを用具室に保管している。木箱を金網で覆ってあり、キツツキの巣穴のように一方の側に丸い入口がある。フライデーはこれを「マングースの箱」と呼んでいた。家に帰ると、この箱の中にマングースが入っていて、時々丸い入口から臆病そうな鼻がのぞいていたという。この話をしながらフライデーは箱を叩いて、マングースが姿を現すよう促す。身を屈めて顔を金網に近づけ、丸い穴からマングースの鼻をのぞこうとした瞬間、フライデーがバネを押すと箱の上板が飛び、一種のカタパルトで弾かれたように動物の毛皮がまったく生き物のように跳び出す。カモになった者は跳び上がって、しばらく部屋を逃げ回った末、やっと重りをつけた汚いキツネの皮にだまされたと分かる。

僕が金網に顔を近づけた時、周りを囲んだ何人かの選手が神妙な顔をして見守ったため、フライデーは僕をダシにして大いに満足感を味わった。

フライデーはこの装置をすべて自分で作って楽しむばかりでなく、デトロイト・タイガーズのトレーナーに貸して小遣い稼ぎをしている。カモたちの反応を思い出すのも楽しみの一つだ。ジョー・シュミットもその１人。どういうわけか、跳び出したマングースもどきがまるで歯を服に食い込ませたようにシュミットに張り付いて離れなかった。シュミットは体を回転させて毛皮を叩きながら悲鳴を上げた。「あの大男があの時は素晴らしい動きだったよ」とフライデーは言った。

ロジャー・ブラウンも犠牲者の１人だ。マングースが彼に向かって飛んでくると、周りにぶつかり作業台の上の防具を一掃した。この種の冗談は常々危険を伴う。体の大きな犠牲者――ライオンズの選手のほとんどがそうだ――がそれ相応に恐慌をきたし、単にぶつかっただけでも部屋――特に生徒の部屋――を破壊しかねない。

この手の楽しみに使われる小道具の多くは、フライデーのマングース箱ほど凝ったものではない――ブーブークッションだったりびっくり仮面だったり、あるいはとぐろを巻いたゴム製のヘビをベッドに置いたり、あるいは突然、大量の水鉄砲の出現だったりする。何が起きるのかは常にその時次第で――中庭の泉で跳ねているカエルが供されるのも楽しみの一つだ。ある晩、８時の教室でロジャー・ブラウンの目の前の灰皿の下に１匹のカエルが置かれた。そいつが動いた時、ロジャーは他を見ていたが、目の前のテーブルの上を何かがこする音を聞き、目を凝らした。しばらくしてまた灰皿が動いた。発作的に大きな悲鳴を上げたのは、黒板に図解を描いたアルド・フォルテが質問か意見がないか聞こうとした瞬間だった。

「質問は？」
「おい、何だこれは？」。驚いたブラウンは上ずった声を出し、椅子ごと後ずさりした。
ブラウンの悲痛な叫びが、描いたばかりの図解に向けられたと思ったフォルテはびっくりし、何か間違ったことを描いたのかと素早く黒板を振り返った。
その前の年、アレックス・カラスも８時のミーティングで灰皿にカエルを置かれた。動くたびに、彼の眼は眼鏡ほどの大きさになり——という話だ——お察しの通り、いつものように消えた葉巻を唇でもてあそびながらフォルテが図解から振り向き、「聞きたいことはないか？」と質問か意見を求めようとしたその時、たぶん大げさに演技したのだろうが、椅子を後ろに蹴とばすとカラスは絶叫とともに部屋を飛び出した。
カラスの悲鳴で全員が立ち上がるのと、彼が叫びながら泉の脇を過ぎ、角を回り激しく脚を動かして姿を消したのが同時だった。
「どうしたんだ？」。アルドが怒鳴った。「アレックスはどこか具合が悪いのか？」と選手を見回した。
「たぶん便所でしょう」。誰かが答えた。
その年、カラスはいたずらの絶好の標的だった。反応が常に大げさで、わざとかどうかはともかく悪さをする者にとっては大満足だった。ディック・ルボーも人気のカモだったが、それは彼の茫洋とした雰囲気が、気づかれないで小道具を置くなどのいたずらを仕掛けやすいと思わせるからだろう。ルボーはオハイオ州出身で、中西部なまりの鼻にかかったゆっくりした話し方をする。それがギターで歌う時、魅惑的だがさっぱり意味が分からない理由だ。憂鬱で貧しさいっぱいで穏やかだが報われない恋の歌のようなのだが。彼は女性にモテるという評判だ。締まった尻、高校のバスケットボール選手のような体形と長髪で、リッキーと呼ばれている。これはリチャードの愛称というより、当時10代の映画スターや歌手に由来し、彼らの挙動や態度を見習ったのでないかと思われる。「楽天地」で彼はその夏、さまざまなツイスト——フラッグ、バード、スロップなど——の名手だったが、必ずと言ってよいほど可愛く、懸命に体を動かす相手の女の子には歯牙にもかけないよそよそしさだった。踊っている間、彼は決して彼女を見ず、あっちを見ていると思うとこっちを、次に彼女の頭の上といった具合で、自分の世界に浸りきっているが、体の動きは依然として優雅で常に正確だった。

夜の寮で、彼はギター片手に、あるいは海岸で日光浴するようにベッドに横たわり、目を半分閉じてハミングしながら心の中で多くの女の子——と人は想像する——とささやいているのだろう。注意力が散漫になったそういう時、動きが止まった牛に近づく闘牛士のように、靴の間に挟んだマッチに火をつけるために、または両足の靴の紐を結ぶために、さらにはベッド脇にとぐろを巻いたゴム製のヘビを置くために、いたずら者が忍び寄る。彼らのお気に入りはびっくり仮面で脅かすことだ——突然、目の前に飛び出したり、ベッドに寝ているところをにらんだりするだけで彼はギャーッと叫び、空中浮揚の妙技のようにベッドから跳ね起きる。びっくり仮面が使われるのはたいてい深夜で、かぶっている者はロウソクを持ちルボーの部屋に忍び込む時、うなり声を上げる。もう何回もやられているのだが、簡単に慣れるものではなく、彼の絶叫は廊下に響くのだ。

びっくり仮面は薄く柔らかいゴムでできていて、グロテスクな顔がかぶる者の頭から首までぴったりとフィットし、目が見えるように細い切れ目が入っている。吸血鬼だったりフランケンシュタインの怪物だったりで、曲がり角から突然現れるとぞっとする。僕が見た中で一番効果的だったのはジョー・シュミットが持っている象の足のようにしわくちゃな暗い灰色のミイラ顔で、下唇から長く白い歯がブラブラ垂れ下がっている。彼はそれを衣裳部屋の棚に置いている。ある晩、ジョン・ゴーディがルボーを驚かせようとそれを借りた。ルボーの衣裳部屋に忍び込み、衣服の間に潜り込んで、ルボーがさぁ寝ようと思い立って棚に置いている洗面用具を取りに来たその時、ジャケットの間からゴーディ十八番の“ミイラの叫び”——一度聞かせてくれたが、なかなかのものだった——とともにミイラの顔が突き出るという魂胆だった。

部屋の外で彼は仮面をかぶり、のぞき込むとルボーは仰向けになって天井を見ていた。明かりはついていた。衣裳部屋はドアのすぐ隣で、ゴーディは2歩そっと踏み出すと後ろ向きになり、ハンガーを揺らさないように中腰になって衣服の間に潜り込もうとした。すると突然、衣裳部屋の奥の背後で何かが息をする音が聞こえた。首筋を手が撫でるのを感じると同時に、うなり声がした。ゴーディは十八番の“ミイラの叫び”ではない悲鳴を上げるなり、ルボーの千鳥格子のジャケットを肩に引っかけたまま衣裳部屋から飛び出した。

衣裳部屋にいたのが誰だったのかは忘れたが、ゴーディと同じ狙いで口の両側から2本の赤い牙を伸ばした青白い吸血鬼の特製びっくり仮面をかぶり、一足先に忍び込んでいたのは確かパット・スタッドスティルだったと思う（彼らは何日か前、食堂でそのいたずらを話していた）。彼は仮面をかぶるとルボーに気づかれずに衣裳部屋に入り、ルボーのハミングを聞きながら衣服の奥で待っていた。計画ではルボーが衣裳部屋に入ってきたら、気のふれた10代の少女の声で「はいリッキー、好きよ！」と叫んで抱きつくつもりだった。仮面をかぶると暑く、衣裳部屋の薄暗い明りが急に消えた時はいらいらしたが、何か暗く大きな体がこそこそと割り込んできた。もちろん知る由もなかったが、ゴーディが後ろ向きに入ってきたのだった。スタッドスティルはルボーかと思って顔を見ようとした。ゴーディのびっくり仮面の後ろを見る明かりはあった。正面から見るのとほとんど同じくらい不気味な視野いっぱいのしわ、山岳地帯を示す地図のようにゴツゴツした頭、近づいてくる老婆の膝の恐怖にスタッドスティルは無意識のうちに息を吸うと一撃を食らわせた。その拍子に仮面のゴムを吸いこんでしまい、息苦しくなってむせた。訳の分からないその叫び声を聞いてゴーディは跳び上がったのだった。

ルボーはと言うと、どたんばたんの物音を聞いてベッドに起き上がると、衣裳部屋から人影が飛び出し、千鳥格子のジャケットを翻したミイラの顔がちらりと見え、続いて2人目が両腕を振り回し、前かがみになって現れた。真ん中がひどくしわくちゃになった白い仮面をかぶり——仮面のほとんどがたまたまスタッドスティルの口の中に吸い込まれたので、二つに割られた頭蓋骨のようだった。いくつもの衣裳や何本ものスラックスが人影とともに逃げていった。ルボーは廊下に出て、打ち捨てられたジャケットと何枚かの衣服を回収した。

全体が分かったのは後日のことだ。部分を集めて何が起こったのか一つにするまで長い時間がかかった。

ポンティアックのスクリメージの前夜、彼らは僕をびっくり仮面で脅かそうとした。深夜だったが僕は起きていて、暗闇を見つめながら翌日夜の試合を考えていた。すると、ドアの外でクスクス笑う声やささやきが聞こえ、ドアが開いてロウソクが入ってきた。その上にはぼんやりとびっくり仮面が——ジョー・シュミットのミイラ仮面で、その中には彼が入っていた。テリー・バーの姿が見え、その後ろで何人かがニヤニヤしながら何が起こるかを期待して見ていた。まったく効果なかった。仮面の内側でシュミットは、僕がニヤニヤしているのを見て心から悔しがった。

「動きがなってないよ」。僕はフットボールでよく使われることばを使った。「牛の群れのように騒々しいぜ」

よくあることだ——いたずらしようとする側が失敗して正体を現したりクスクス笑ったりしてしまうのだ。だが、デトロイトチームに1人、こうした活動にとても真剣な——ちょっと病的なくらい——選手がいたと伝えられる。そいつの名は“変態男”と呼ばれていた。

変態男が誰なのか、はっきり知る者はいないが、問題はうろつき回る時間だ。彼は午前3時か4時ごろそっと廊下を歩き、誰かの部屋に忍び込みベッドの上に屈むと短い時間だが両手で激しくのどを締めつけ、ゼーゼーあえいでいる被害者を尻目に素早く廊下を走り去る。いつも1人で、見た者はいないが恐らく仮面は着けていない。ほとんどの者は“バジャー（アナグマ）”ことブレッツシュナイダーが変態男だと考えている。彼は否定するが、これを支える有力な証拠がある。バジャーは元々フットボールのカーディナルズでプレーしていたが、変態男が最初に出現したのがそこだった。深夜の出没が有名になり、NFLのどのチームもその名を知った。バジャーがデトロイトに移籍すると、セントルイスでの首絞め事件はなくなった。確かにクランブルックでは変態男の攻撃はまだないが、そろそろという雰囲気で、夜ごとびっくり仮面をかぶった連中で廊下が渋滞するのでバジャーが怖気づいているだけだと思われた。ルボーの衣裳部屋でのゴーディの経験は、バジャーには無意味だった。

ある晩、誰かの部屋に丸く座って変態男について話していた時、誰かがこうしたいたずらに対する僕の態度をいぶかった。「君は俺たちを子供扱いにしている……まるで俺たちが……狂っているように」

「えっ、そんなことないよ」と正直に言った。「僕はイギリスのケンブリッジでしばらく学んだけど、そこでもしょっちゅう、こんなことをしていたよ――最も……まぁまぁ学問の中心的なところだけどね」

彼らはその話を聞きたがった。

「そうだな、夜、僕がいたキングスカレッジでは、人を驚かす遊びは“フーバリング”と呼ばれていた。フーバー掃除機にちなんでね。これが最も重要な小道具だ。掃除機は掃除部屋に置いてある。深夜3時ごろ、優秀な学生も交えた――何しろ、末は下院議員か法廷弁護士も含まれていた――遠征隊が出発し、掃除機を1台くすねる。床を磨く大きな回転ブラシが付いているのが望ましい。こいつを大急ぎで部屋に運び込んで立てかけ、確かに動くかどうか試す。掃除機はどれもそうだが、フーバーはすさまじいうなりを上げ、床磨きブラシが付いているとこれが掃除機を回転させ、床の上を動くんだ――気味悪く」

僕が両手を漠然と動かして説明すると、皆うなずいた。

「そこでフーバリングというのは真っ暗な部屋にそいつをそっと運んで……そう……動かして、寝ている者を驚かそうって……」。慣れてしまって、結果は惨めだったが「これの面白いのは」と僕は果敢に続けた。「準備段階なんだ――誰に仕掛けるか、道具を手に入れ試験し、その人の部屋を偵察する。ソケットの電球を緩めてフーバーから伸ばしたコードを差し込み、照明がつかないようにメインスイッチを消しておく。暗闇ですべて手探りで電灯を探っていると、ベッドでそいつの寝息が聞こえ、電球がまだ温かいときがある――ということは消してまだ間もないのだ。やがてフーバーが静かに運び込まれ、プラグを差し込み、皆部屋の片隅に潜み、最後の１人がスイッチを入れてドアを閉める。室内ではコードがつながっていないので電灯はつかないが、フーバーは気味の悪いうなり声を上げて動き出し、黒い煙を吐きながら床磨きブラシが回転し、それにつられて掃除機が回転する。分かるだろ、ベッドの中の哀れな男は目を覚まし、うなり声を聞き、大きな物が動いて家具にぶつかるのを見て発狂したように照明をつけようとするが、もちろんつかない。彼は飛び起きてドアに突進する、片隅からのぞくと、髪を振り乱して廊下を走り去るのが見える——そう、これがフーバリングのヤマ場だ。髪を振り乱して廊下を一目散に走るのを見るのが。もちろん、失敗する方が多い。フーバーの音がしたと思ったら消えてドアが開いて掃除機が投げ出され、板石に音を立てて落ち、ゴミを溜める黒い袋が裂け、ハンドルが奇妙な角度でちぎれる。

「部屋の中の男が時々、廊下に体を出して叫ぶ。『クリストファー・コーリー、頼むからもっと分別を持ってくれ！』。コーリーはイートン校に通っていた大男で、フーバリングを企むのはたいてい彼だった——全身、真っ黒な特別の服装に黒い運動靴だったから、真っ暗な室内では誰だか分からなかった。ある晩、とても興奮して僕の部屋に来て、わが国トップクラスのキングスカレッジ聖歌隊の試験を受けるため、数人の少年聖歌隊がやって来て大学のどこかに泊まっていると告げた。さて、僕らはその夜、他の連中と出動して、泊まっている部屋に遠征隊がフーバーを仕掛けた。毛布の下の体形は聖歌隊の男の子だった——だが、この時は様子が違った。フーバーはうなり続け止まらなくなった。研磨板が物にぶつかり、ガラスの灰皿を割り、大きなくずかごに当たって転がした。僕たちはいらいらしながら廊下で待った。と言うのは、部屋の中で何が起きているのか分からなかったからだ。ようやくコーリーが入っていって掃除機を止めた。少年に寝具を頭からスッポリかぶるようにと言うのがやっとだったよとコーリーは語ったが、後でこの話をする時はよく、翌朝のオーディションに姿を現した少年は歌おうとして口を開いたが、声が全く出なかったと言ってたよ」

「フーバーの音がしたかも」と選手の１人。彼らは静かに聞いていた。
「電球に触って、まだ温かいのを知るというのがいいね」と１人が言った。

しかし、僕は掃除機を忍び込ませるのはちっとも面白くないと思っているのを感じた——うろつき回る変態男やびっくり仮面のジョー・シュミットに比べて——もちろん、そうだろう。

この話をするうち皆眠れなくなり、２～３人が仮面を借りにシュミットの部屋に行った。彼は自分でかぶりたがった。新聞を読んでいたが脇にやり、棚から仮面を取り出すとかぶった。「フライデー・マックレムを驚かしてやろう」

仮面は本当に怖そうだった。
「素早く単純に」
「心臓が止まるかも」と僕。

階段を２階に上がって突き当たりの部屋へと廊下を歩く。僕はその日早く、ここに来ていた。フライデーは机の引き出しにスコッチのボトルを隠してあり、僕に一杯勧めてくれた。シュミットが仮面をかぶりドアの取っ手を回すのを脇から見守るのはあまりいい気分ではなかった。かなり時間がたった。と、甲高い叫び声がしてシュミットが中にいる者が後を追いかけてこないのを確信しているかのようにとてもゆっくり出てきた。

僕たちは廊下を歩いた。
「フライデーはいなかったけど、助手の子供ジェリー・コリンンズが隣の部屋にいたから、彼を驚かしてやった。すてきだったぜ」とシュミットは言った。

＊１　ブロンクス　マンハッタン島北東部のニューヨーク市自治区。ニューヨーク・ヤンキーズの本拠スタジアムがある。

14

ある日、僕はコーチの隠れ飲み屋でポーカーを一勝負し、ドン・ドール、アルド・フォルテと一緒に車で帰ってきた。2人はナショナル・フットボール・リーグにスーパースターがわずかしかいないことをあれこれ考察した雑誌の記事について論じていた。グリーンベイ・パッカーズには5人くらいと過剰なほどいるが、40人近い登録選手を抱えているのに他のチームには偉大と呼べる選手が1人もいないと、その記事は言う。2人ともそれに同意しかかったが、僕がライオンズのスーパースターについて尋ねると、パッカーズを上回る数をてきぱきと誇らしげに挙げた。そのリストとはジョー・シュミットはもちろん、ロジャー・ブラウン、テリー・バー、アレックス・カラス（プレーできればと思う人もいるだろうが）、間違いなくジョン・ゴーディ、そしてゲール・コグディル*1とナイトトレイン・レーン。さらに少し付け加えると、例えばウェイン・ウォーカーとイェール・ラリー。だが、最初に挙げた7人が先行するのはその通りだろう。

「優勝確実だ」と僕。

2人は弱点があると言いながら、プロチームにはポジションが22あり、強力な控えと専門家が重要だと指摘した。弱いところは議論せず、彼らはスーパースターについて語り、そのリストを面白そうに検討した。最後の2人、コグディルとレーンは彼らの技術が際立っているので話しやすそうだった。コグディルは運動能力と俊足が調和したチームでも非凡な天才肌で、何でも簡単そうにやってのける。1人でも十分な攻撃力になる。選手を評価するには、直接対峙した時どれほど厄介かを想像してみるとよい。優れたクォーターバックにパスを投げさせ、相手のフォーメーションから走り出したコグディルがセカンダリーの周りを動き回ると考えただけで発作が起きそうだ。
「ナイトトレインは？」
「敵に回したくない選手だ」とアルド。「リーグで一番危険なコーナーバックだ。脚は細く骨だけ、ほんのわずかな筋肉が付いているだけだが、いざとなるとばかにできない。彼は優れタックラーだ」。アルドはナイトトレインのタックルを思い出して首を振った。ニューヨーク・ジャイアンツのクォーターバックだったY・A・ティトル*2がナイトトレインにヒットされた（1962年の凍るような午後起こった）出来事だ――あまりにも強烈だったので、ティトルは意識をまったく失いながらプレーした。グラウンドから立ち上がり、よろよろとハドルに戻ったティトルから次のプレーを聞こうとチームメートが全員前かがみになったが、ティトルのフェースマスクからかすかな息が漏れ、他の選手の大きな息遣いが聞こえるだけだった。するとティトルが言った。「ダメだ……プレーが出てこない」
　大急ぎでベンチに運び、チーム医師のスウィーニー博士が前に立って聞いた。「名前は？」
「Y・A・ティトル」
　ほとんどのことは覚えていた――自分の名前、博士の名前、日付、ジャイアンツはライオンズと試合をしていること。だが、プレーとフォーメーションを忘れていた。昔の高校時代のプレーとサンフランシスコのフォーメーション（ニューヨークに来る前はフォーティナイナーズでプレーした）のいくつかは言えたが、それ以外はダメだった。だが、ハーフタイムで突然プレーの記憶が回復し、元に戻った。
　ドン・ドールがふと、僕に言った。「明日、ナイトトレインのポジション、一番難しいコーナーバックをやってみないか。オフェンスよりどれほど難しいか分かるよ」。そう言って、オフェンスライン担当のフォルテを見てニヤッと笑った。オフェンスとディフェンスの間には常に対抗心が流れている。
　フォルテは首を振って、うなるように言った。「クォーターバックを失いたくないな。大事なポンティアックのスクリメージは来週だ」
「明日、スクリメージはあるの？」。僕はたどたどしく尋ねた。
「オフェンスがディフェンス相手にランニングプレーをする。君に赤いシャツを渡すから２～３プレーやってもらう」とドール。
「そうですか――分かりました」と答えた。
ドールは僕にナイトトレインと今夜、話をして助言をもらうよう勧めた。戻った時、食堂にナイトトレインがいたので僕はトレーを持って隣に座り、夜おしゃべりをする時間があるかと尋ねた。
「もちろんだよ」
夜の教室が始まる前、彼の部屋を訪ねた。ダイナ・ワシントンのレコードが蓄音機の上で回転していた。トレインは音量を下げたが、消しはしなかった。レコードが終わると、それまでのレコードの上に投げ出すように置き、片手で探りながら次のレコードをセットすると、トレインの妻の声がようやく聞こえる大きさで流れてくる。キャンプでは、話しをする背後にいつもトランジスタラジオか蓄音機の音が流れていた。
「この声を聞けるのは、いい気分だろうね」
トレインはニヤッと笑って、その通りと言った。
化粧箪笥に掛かっているのは大きく光沢のある彼女のプリント写真で、そのうち何枚かには前の結婚で生まれた２人の子供が寄り添っている。ナイトトレインは彼女の８人目の夫になる。彼女の写真にはすべてに署名があり、次の文言が記されている。署名は“おかあちゃん”で文言は“すべての列車（トレイン）から常に目を離さない”と読める。
時に分からないこともあるが、トレインの言葉は聞きやすい――声は高く親しみやすい。もし何か気掛かりがあると声の調子が落ち、不思議と辛辣になる。彼は一つの音節語を三つに伸ばす――「しかし」を「し～か～し」と――おかしな癖がある。単純な単語より複雑な単語を使い、“主将的”のように最後に接尾辞を付けたがる。それによって話が複雑になるので、要点を捉えるためには論旨をすっきりさせる努力が必要だ。彼は椅子を勧め、自分はベッドにゆったり腰を下ろした。オーバーオールの服を着ていたが、胸のポケットに小さく頭文字が縫い付けられているのに気がついた。
“駆け出し時代”と呼ぶ、プロになりたてのころと今との変わりようから語り始めた。
「今の選手たちは昔のような元気がないね。近ごろは休日のたびに悪ふざけが多すぎる。休日は寝室かどこかで静かにし、試合に備えてゆっくりすべきなのに」
「悪ふざけ……？」と尋ねた。
「度が過ぎないように、試合に全力を出せないのでは——という意味だよ。僕たちが一緒にいる期間は短くいずれ別れが来る。犠牲はつきものだ。君がチームに残留できなくなった時どうなるか、僕には分かる。これまで11年、僕はチャンピオンチームでプレーするのが夢だった。そう考えて6年間、“悪ふざけ”をして1シーズンに2勝しかできないシカゴ（カーディナルズ）でプレーした。今や残されている時間は多くない。前の年の90％の力を発揮できるか、毎年が挑戦だ。ダメかもしれない。あまり期待はしないよ。いずれ分かることだ。早すぎる感じがしないでもないが——旧式の特急列車さ」
最初からやり直せたら——“駆け出し時代”に戻れたらどうするかと尋ねた。
トレインは体をほぐした。
「僕は養子なんだ。辛いことが多かった。テキサス州のオースティンで育ったが、フットボールとちょっとバスケットボールをした基礎はあそこにあるんだ。でも僕はいつも笑い者だった。というのは体重が135ポンド（61キロ）しかなかったからだ。体格がよくなったのは軍隊に入ってからだ。それがきっかけだ。実習訓練の13週間で一人前になったと感じた。その後、諜報活動を学ぶためモンテレー（カリフォルニア州）の陸軍言語学校に入れられた。ちょっと回り道と中断があって、湾を挟んだ反対側のフォートオードの特殊部隊に送り込まれた」
トレインは座り直した。「みんな互いに楽しんだよ。バドミントンもやった。たくさんね。毎週水曜日はボクシングリングを作った。たくさんじゃないが、やや筋肉が付き始めた。みな、いい体になった。そのころフォートオードのチームではオフェンシブエンドだった——僕はいくつかの記録を破り、3回ボウルゲームに出場した。週末はカズー（ケザースタジアム）にフォーティナイナーズの試合を見に行って、フットボールが好きになった。ある試合で、今はないニューヨーク・ヤンキーズ（フットボールチーム）の選手が片っ端からタックルを失敗するのを見た。そこで基地に戻ると、フォーティナイナーズのコーチのバック・ショーに急いで短い手紙を書いた。当時、フォートオードで経営学を学んでいたが、連隊長の秘書がドラフトしてくれるよう助けてくれた。僕がショーに言ったのは、ボールを捕るのが得意だということだけだ。なぜかって？　失う物は何もないし、やらなければ何も得られない。そうしたらショー——ハイイロギツネと呼ばれていた——が手紙をよこした。だが、すぐには反応しなかった。

「その後、大学のフットボール奨学金を獲得したので荷物をまとめて出て行こうとしたら、なぜだかこの大学はフットボールをやめてしまった。そこである日、ロサンゼルスに繰り出し、ラムズのヘッドコーチだったジョー・スタイデーハー*3に会おうとした。フォートオードでプレーしていたギャビー・シムズがダラスからラムズに移っていたので、事務所に寄ってもいいと思ったんだ。「よろしければヘッドコーチにお会いしたい」と告げると、中に入れてくれた。スタイデーハーはがっちりした体格のポーランド系に見える大男だった。ジャンボ・ジョー。すごい奴だ。エンドコーチのレッド・ヒッキーは僕を見て言った。「体重は？」。当時185ポンドでプロとしては軽かった。彼らはフォートオードの他の選手のことを聞きたがった。バーニス・カーター、ジョン・ラゴーディア、ジョン・ホック、ヘルウィッグなど。そこで翌日、スクラップブックを持って行ってバーニス・カーター、ジョン・ラゴーディア、ジョン・ホック、ヘルウィッグたちの記事を見せた……そう、入団したのはホックだけだった」

「それと君も」と僕。

「ジョー・スタイデーハーが『レーン、4500ドルでどうだ』と言ったので、僕は『契約する前に、時間を無駄にしないために伺いますが、ポジション争いは公平にしてもらえますか？』と尋ねた。彼は『そうだな。君はエルロイ・クレージーレッグス・ハーシュ*4やトム・フェアーズ*5と競争して、負かさないといけない。そうなったら大したもんだが、クレージーレッグスは殿堂入りするだろうし、フェアーズだって勝るとも劣らない』と答えた」。トレインは突然ニヤッと笑った。「その夏、キャンプが始まった時、僕は病気になった。フィールドで気を失った。ダミーにぶつかって卒倒した。ただの卒倒だったが、ジャンボ・ジョーは『そいつを向こうに持って行け』。踵を持って引きずり、放り出した。その夜はよく眠れなかったよ。チームのシステムやパスパターンの走り方、用語を学ぶのが難しかった。誰かが怒鳴る。『27 フェイク、パス』。だけどね、どっちに走っていいのか分からないんだ。だから、11 時に消灯になると小さな押しボタン式の懐中電灯をつけてプレーブックを照らし、書いてあることを理解しようとした。トム・フェアーズが協力してくれた。彼は部屋に写真を飾っていた。ある晩、彼の助言をもらおうと部屋に行くと、バディ・モロー*6の『ナイトトレイン（夜汽車)』がかかっていた。誰かが言った。『やぁ、ナイトトレインが来た』

「それが定着したんだ」と思わず言った。

「そうだ」とナイトトレイン。「あのトレーニングキャンプではレッド・ヒッキーのパスを捕りまくった。『レーン、次のパスを捕れなかったら荷物をまとめていいぞ』と彼が叫ぶ。当然、また失敗する。だが追い出されなかった。彼とジョーは何かを見ていたんだね——たぶん怠け者には見えなかったからだろう。ある晩、君がこれからポンティアックで体験するような大きな紅白戦スクリメージがあった。“新人スクリメージ”と呼ばれていて大勢の見物人が来た。もちろん報道陣も。レッド・ヒッキーは僕にディフェンシブエンドをやれと言った。ずぶぬれになっても 185 ポンドしかない僕に。で、フィールドに出て猛烈にプレーすると、スタイデーハーが叫んだ。「クォーターバックにタックルするなよ！」。最初のプレーで、偉大なリーダーだったボブ・ウォーターフィールド*7が僕のすぐそばに来た。捕まえたくて指がうずうずしたが、言われた通り見逃した。次がドロープレーで、三つ目のプレーで軽量で落ち着きがないと見たタックルが僕をばかにしたので突き飛ばすと、ウォーターフィールドの上に倒れ込んでしまった。クォーターバックが倒されたのでレッド・ヒッキーは怒った。僕も腹を立てヘルメットを投げ捨てた。するとヒッキーは罰として僕をディフェンシブバックにした。そのポジションは全くやったことがなかった。構える位置も分からない――そこで僕はぶつくさ言いながら歩き回り、だんだん落ち着くのが自然のスタイルになった。その後の試合で、フルバックがエンドの外側を回るプレーの時、早く駆け上がりすぎて死角に入って見えなかったフランカーに当たられ、フルバックのディーコン・ダン・タウラーを両腕に抱えたまま宙返りし、足から着地した。すると、ジャンボことジョー・スタイデーハーがどこからともなく走ってきて「俺が欲しかったのはこんな選手だ」と言った。その晩はずっとプレーしたので、目やあごが腫れてヒリヒリした。で、翌朝、相部屋のウィリー・デービスがバサバサと新聞を広げて叫んだ。「おい、スター、起きろ、ヘイ、スター、スターの記事を読め」と言った。「読んでくれ、ウィリー・デービス。ヒリヒリ痛くて読めないんだ」

「ラムズに定着したと思った時だね？」と聞いた。

「そうだ。ロサンゼルス対ワシントンの慈善ナイトゲームがあった。試合前の選手紹介でスポットライトを浴びた。大きな円錐形の光に包まれて暗闇の中を走る。あのころコロシアム始まって以来の大観衆の大歓声を一身に受けてね。僕の居所はここだと思ったよ。すべての照明が消えると、場内アナウンサーが「さあ、みなさん、マッチを擦って」。周りに何千もの小さな炎が素早く燃えるので足元の草の葉まで見えた。みんなが大きな叫び声を上げたのが感動的で、火が消えると寂しくなった。みんな静かになって最後は一つか二つしか残らなかった小さな光も見えなくなった。向こうの丘に明かりはあるが、暗くて静かな谷底にいるようだった」。

彼は見たことを思い出すように、むしろゆっくり語った。僕は細かいところまでよく見ているね、と言った。

彼は快活になった。なんでもちょっと書き留めるようにしていることや、「著述」に関してパーマー通信教育を受けようと考えたことを語った。
「トレイン、仕事と言えば明日、君のポジションを試してみたいんだが」
「いいことだ」と笑って言った。
「僕の言ってる意味は、コーナーバックを相手にするのではなく、プレーをしてみたいということだよ」。彼が勘違いしているかもしれないと思って言った。
彼はうなずいた。
「フィールドで助けてほしいんだ――明日は１ダウンか２ダウンだと思うけど、何をすべきかを。できないかもしれないが」
「いいとも」。ナイトトレインは真剣に言った。「僕のポジションをプレーする上で大事なことは、長いパスを通させないことだ。正しい角度を保って、君の位置や、君が何をしようとしているのかが分かるように、仲間と声を掛け合うこと――そうすれば、守りが崩れることはない」
「試合にはどのような準備をするの？　テリー・バーやコグディルのようなエンドやフランカーにどう対処するんだい？」
「試合のフィルムを注意深く観察して鍵を探すんだ。レシーバーは好きなパターンを持っている。しばらく観察すると、それが読めるようになる。彼がしたいことを当てられるようになる。最高の選手を含めて皆、好きな動きがあるんだ。癖とは言えなくても、役立つことがちょっと得られる。もう少し言おうか。自分自身に聞くんだよ。もし、レシーバーだったらこのプレーをどうやるだろうかと。彼の立ち場になって代わって考えるんだ。彼は僕に付け込もうとするだろうが、僕が彼に付け入るんだ」
レーンは話すうちに興に乗ってきた。付け入る、付け入れさせないの説明をする時は、ベッドから半分落ちそうになり、強調するために長い指を僕に突き付けた。「これが有効なんだ」
体を戻すと、両手を組んだ。声は小さくなり、ほとんどひそひそ話のようになった。「相手にちょっと餌をまくこともある。例えばレッドカバレッジ（マンツーマン・ディフェンス）の時、アウトサイドを大きく開けておく。相手がハドルに戻ってクォーターバックに言う。『絶対だよ、ナイトトレインのアウトサイドががら空きだ。叩きつぶせるぜ』。彼はクォーターバックにパスを投げるよう説き伏せる。実際、ひざまずいてボールを投げるよう促す。クォーターバックはベテランで、話がナイトトレインの守備範囲だけに変だなと感じるが、パスを試してみるのも損はないと計算する。そこで彼はよしと言ってプレーを指示する。僕はカバー相手が位置につくのを観察する。彼はいつもと同じように見せようとするが、そうはいかない——どこか違うんだ。僕にはそれが読める。小走りにフランカーの位置につき構える。その間に指を曲げたり、何気なさを装ったり、君には分からないかもしれないが、感じるんだ。ジョー・シュミットがブルーカバレッジ（ゾーン・ディフェンス）を指示する。願ってもないことで、僕は動かないように見せてボールの落下点に行く。走り込んできた相手は簡単にタッチダウンされるのを見送るばかり。どうしてそんな破目になったのか、ナイトトレインのインターセプションだなんて……。そんなところかな。彼がベンチに戻るとさらに厄介なことが待っている。クォーターバックは冷たい目を投げると、軽蔑したように言いふらす。「よう、ありがとさん。だが、これからはゲームプラン通りにやるぜ」

ナイトトレインはニヤリと笑った。話をすることを明らかに楽しんでいた。

フランカーとエンドのタイプに大きな違いがあるかどうか尋ねた。

「さあ、簡単なのもいるよ。僕の守備範囲にこそこそ忍び込んでくるタイプで、動きはすぐ分かる。どこに行こうが数歩で捕まえられる。でもオタオタさせられるのもいる——ジミー・オア、レニー・ムーア、シカゴのジョニー・モリス、ボイド・ダウラー*8、フォーティナイナーズの（バーニー）ケーシーなど、大きくて脚の長い奴らだ。彼らはコンビネーションがいい。そぶりを見せずに、広い歩幅で方向転換するからこっちにとっては厄介だ。うまいフェイクにしてやられるが諦めるわけにはいかない。巻き返そうという気持ちが大事だ——そいつを追いかけてフリーでいる時間を少なくするんだ」

「ディック・ルボーは歩幅の広い相手を守るのが好きだと言ってたよ。カットやフェイクをする時、歩幅を短くするから読みやすいって」
「まあ、君のために分かりやすく言ったんだ。そう単純じゃない。レシーバーの動きの読み方を強調して、そう言ったんだ」
「走っているレシーバーのどこを見ているの？」
「腰のベルトのバックルを見るんだ。斜めに走ろうが、足や手でフェイクしようがバックルは動かない。めったにしないが、頭や目の動きを見ることもある。大したことのない選手でもフェイクに足を引っ張られることがあるからね。僕はクォーターバックとレシーバーの両方を視野に入れるよう、角度に注意している。特にインサイドに相棒がいる時はアウトサイドを破られないように。大事なことはクォーターバックがボールを投げた時、適切な位置にいることだ。そのためにはレシーバーとの角度を練習すること。それによって、クォーターバックがどこにボールを投げたか、片目で追いかけられる。例外はラインバッカーがレッドドッグした時だ。その時はクォーターバックを見ていられない。ラインバッカーが捕まえに来るから、クォーターバックは早くボールを投げようとする。だからレシーバーとの間を詰めて、目を離さないこと。そうしないと奴は君を出し抜いて、ディフェンスを破ってしまう」
「複雑だな。明日、一番覚えておかないといけないことは何だろう」
「大事なのは、挽回する気持ちだ。頑張っても明日、レシーバーたちは君を負かすだろう――巧みなフェイクでね。だが、君は追いかけないといけない。決してあきらめちゃいけない」
「インターセプトしたら？　どうしたらいいんだ？」
　ナイトトレインは驚いて僕を見た。そんな可能性がないのは明らかだと思ったのだろう。
「そのくらい積極的でもいいと思って」
「まあ、走るだけさ。タッチダウン目指して」
「ブロッカーとかを見渡すべきじゃないの？」
「全力で、大急ぎで走ることだ。僕はサイドラインの方に流れて、スクリメージライン近くにいるデカい奴らに捕まらないようにするけど」

「トレイン、もしインターセプトして君が近くにいたら、まずボールを投げるから」
「君がプレーしている時、僕はサイドラインで見ているんだぜ」とナイトトレインは笑った。
「君に渡すよ。お手玉みたいだな。君が受け取ってくれなければ、乳母車を引いた隣のおばあちゃんに渡すよ」
ナイトトレインはベッドで体を揺すった。「いやはや、明日は忘れられない一日になるなあ」

＊1　ゲール・コグディル　1937～2016年。ワイドレシーバー。60～70年、ライオンズなどでプレー。プロボウル3回。

＊2　Y・A・ティトル　1926～2017年。クォーターバック。サンフランシスコ・フォーティナイナーズ、ニューヨーク・ジャイアンツなどで17シーズンプレー。プロボウル7回。71年、名誉の殿堂入り。

＊3　ジョー・スタイデーハー　1912～77年。タックル。シカゴ・ベアーズで9シーズンプレーし、3回のリーグ優勝に貢献。ロサンゼルス・ラムズ、ベアーズのヘッドコーチも務めた。67年名誉の殿堂入り。

＊4　エルロイ・クレージーレッグス・ハーシュ　1923～2004年。エンド。ロサンゼルス・ラムズなどで12シーズンプレー。プロボウル3回。68年、名誉の殿堂入り。

＊5　トム・フェアーズ　1920～2000年。エンド。ロサンゼルス・ラムズで9シーズンプレー。プロボウル1回。70年、名誉の殿堂入り。

＊6　バディ・モロー　1819～2010年。トロンボーン奏者でバンドリーダー。「ナイトトレイン」は1952年のヒット曲。

＊7　ボブ・ウォーターフィールド　1920～83年。クォーターバック。ロサンゼルス・ラムズで8シーズンプレー。プロボウル2回。65年、名誉の殿堂入り。ラムズのヘッドコーチも務めた。女優のジェーン・ラッセル（1921～2011年）と結婚したが後に離婚。

＊8　ジミー・オアとレニー・ムーアはボルティモア・コルツ、ジョニー・モリスはシカゴ・ベアーズ、ボイド・ダウラーはグリーンベイ・パッカーズのパスレシーバー。

15

トレーニングキャンプで一番暑い日だった。ジャージーの下の肌は汗でむずむずし、動くたびにショルダーパッドの縁が引っかかってヒリヒリ擦れる。フライデー・マックレムはステーションワゴンを運転して、練習フィールド脇の木陰に停めた。ジョージ・ウィルソンが休憩を命じると選手たちはワゴンに群がり、プラスティック容器から喉の奥に向かって水を噴出させ、氷のバケツに浸したタオルを首に当てた。僕は四角い氷が浮き、紙コップに注ぐための大きなブリキのひしゃくが入ったレモネード入りバケツが更衣室で待っているかもしれないと思った。

スクリメージの予定は夕方だった。ポジションごとに別々に練習している時は大きなニレの木の下に座っていた見物人たちがサイドライン際に集まってきた。ドン・ドールが「最後のプレーでナイトトレインと交代するぞ。いいか」と言った。

「はい」

「昨夜、彼と話をしたのか？」

「はい。いろいろ教わって頭がいっぱいです」

「しっかり頭に叩き込んだだろうな」

「それが自信ありません」

「頭が痛くなったろう」とドールは言った。

スクリメージは断続的に進む——プレーが終わるとコーチたちがそれぞれのポジションごとに批評するのだ。僕はトレインのポジションに注目した。彼の方向に２本パスが来た。１本は彼が叩き落とした。もう１本はレシーバーが捕った。するとトレインは校庭の遊びでタッチされた少年のようにキャッキャッと派手に笑った——レシーバーをアウト・オブ・バウンズに押し出そうと他のディフェンシブバックが荒々しい音を立てて走り寄る中で、思いがけない声だった。ナイトトレインほどの自信家にとってこの失敗は滑稽で、むしろ笑いを誘うものなのだろう。

「よし、君が入れ」とドールが言った。

ヘルメットをひったくると縁が耳をこする痛さにひるみながら、トレインのそばに走り寄った。

「来ました」

彼はスクリメージでディフェンスが着る、キャンバス地の明るい赤ジャージーを脱ぐと、僕が着るのを手伝ってくれた。両腕を上げ、ヘルメットからショルダーパッドの上に下ろす。ジャージーは絵や落書きだらけだった。ほとんどがわいせつなもので、ボールペンで描かれていた。

「トレイン、美術館みたいだな」

ジャージーを引っ張ると「うまくやれよ」と言い、スクリメージラインのそばで組まれるディフェンスのハドルが始まるぞと教えてくれた。

「僕はサイドラインにいるよ」

ディフェンスのハドルに走って加わっても、誰も驚いたように見えなかった。ヘルメットのバーを通した彼らの目は疲れているようで、汗に光った顔でじろっと見た。皆、シュミットに体を寄せた。「カバーはレッドだ、ジョージ。フランカーにぴったり付いて——1対1で——離れるな。できなかったら承知しないぞ」と彼は言った。

ハドルが解け、コーナーバックのポジションに小走りで戻った。ナイトトレインを探すと、サイドライン際の15ヤードくらいの近さに立っていた。黒い顔に歯を輝かせ、励ますように笑顔を向けていた。

「レッドだ」。僕はささやいた。

「フランカーにぴったり付け」。両手で口を囲んで返事した。「奴が来たら、後ろ向きに走れ。あきらめるな」

何人かの見物人が彼の周りに集まり、見ていた。皆、バーミューダパンツで手に飲み物のボトルを持っている。僕は彼らの視線を避けた。ヘルメットの内側の体温が高くなるのを感じた。緊張をほぐすためにその場で足踏みし、ハドルが終わると同時に両手を叩いてオフェンス陣がポジションに付くのを見ていた。フランカーのジェーク・グリアが軽く大きな足取りで、一番近いラインマンから10ヤードほど離れてスクリメージラインに近づいた。僕は彼を見ながら正面へと動いた。

プラムがシグナルを叫び始めた。ボールが動いた瞬間、グリアが膝を上げ、アフリカに棲むカモシカがスローモーションで走るように、弾むような足取りで最初はゆっくりと真正面からこっちに向かって来た。たちまちスピードが上がった。

「やっつけろ！」。ナイトトレインが叫ぶのが聞こえた。「動け！」

僕は後ろに下がりながら、グリアのバックルから目を離さないようにした。彼は僕に近づくと小さく息を吐き、サイドラインへと左にカットした。走るたびに彼のパンツが擦れるシュッシュッという音と、ショルダーパッドがきしる音が聞こえた。彼がカットした時、僕は左のアウトサイド側に体を傾けた。彼がダウン・アンド・アウトパターン*[1]でサイドラインに走るのではないかとたまたま思いついたのだが、彼の動きを追いかけるとそれほど遅れをとっていなかった。２～３歩走ると、彼は止まったので危うく追突しそうになった。プレーが終わった――反対側のサイドに投げられたパスを伸び上がったラインマンが叩き落とした。グリアはハドルへと走り始めた。コーナーバックが僕だったことに気がついたかどうかおぼつかない。パスが投げられたところは見えなかった――プレーのあった地点は、別の練習フィールドではないかと思うほど遠かった。プレーに参加した気にならなかった。僕の守備範囲にいたのはグリアだけ。彼との対決は、ハイハードル競走の夜間練習に偶然紛れ込んだようだった。

僕の動きを論評しようと、ナイトトレインが急いで近づいて来た。プレーは４秒か５秒しかかからなかっただろう。僕は物足りなかった。

「やった気がしないよ」

「まったく問題ない。君を恐れたから反対側に投げたんだ」と彼は笑った。「さて、クォーターバックを見るために角度を保たないと。いいかい」と言って、グリアの抑え方、フランカーとクォーターバックの双方を視野に入れながらフィールド全体を見ることのできる素早い横走りの仕方を教えた。

僕はレシーバーとの角度という彼の言う意味が分かり始めた。

「さあ、行こう」。ディフェンスのハドルが組まれたので、ジョー・シュミットの指示を聞き逃さないよう走り寄った。またレッドカバレージ——マンツーマンだ。

ポジションに戻ると、ナイトトレインがサイドラインから叫んだ。

「ジョウジ、今度は大声を出すのを忘れるな……遠慮しないで声を出せ」

清涼飲料水のボトルを持った見物人たちがトレインの後ろに寄ってきて耳を澄ます。

彼らがいるのはやりにくいが、それでもトレインは叫ぶ。「何？……何て言えばいいんだ？」

「相手が何をやろうとしているかを知らせろ。君の守備範囲に人が流れ込んできたら、そう言うんだ。何が起こっているのかディフェンスに知らせろ」

オフェンスはフランカーを交代させたので、次のプレーは僕の前にテリー・バーが現れた。瞬き一つで動きを悟られるはずはないと確信しているかのように、彼はフィールドの先を見つめると、両手を腰に当てスタートしやすいように右足を心持ち曲げて直立した。グリアのカモシカの走りとは違って、スナップとともにたちまち全速力になると、頭を動かさない短距離走者の走り方で、僕がどう動こうか考える前にすぐ近くまで来た。「バーだ！　バーだ！　バーだ！」と僕は叫んだ——彼らの狙いを暴露するために思いついたのは名前を叫ぶことだけだった。彼の動きを知らせようとして、僕はその場にほとんど釘付けになった。特に、的確な用語に自信がない僕にとって、体を反応させるのと同時に動きを説明するのは難しかった。立ち止まったまま、愚か者の泣き言のように「バーだ！　バーだ！　バーだ！」と名前を叫ぶうち、バーは僕を置いたまますごい速度で真っすぐにダウンフィールドに走って行った。僕は振り向くと、よくあるように腕を広げた絶望的な追走の格好で、後を全力で追った。

またもプレー自体は反対側のサイドラインに行ったが、悪魔のように繰り返し名前を叫ばれたことに多分困惑したからだろう、戻ってきたバーは僕を見て言った。
「これは驚いた。誰かと思ったよ」
「頼むからほどほどにしてよ」。僕は荒い呼吸で言った。
ヘルメットの籠の奥でニヤリと笑うと、彼は振り返って仲間の中に戻った。見送っているとトレインがすぐそばに来た。
「何か知らせられたかな。ちょっと調子が出てきたみたいだ」と僕。
「できるぞ。インターセプトの時間だ」。トレインは希望を持たせてくれた。「脚の運びに少し無駄があるな。動け。最後はバテたみたいだな」
ハドルを組むオフェンスのいくつかのヘルメットが僕の方を向いているのを気にしながら、シュミットのそばへと歩いた。みなはハドルの外側で前のプレーについてまだ批評しているスクーター・マクレーンの方を見ている。アルド・フォルテもいてオフェンシブラインマンと話している。プレーが終わってもコーチたちは5分間も話し続け、選手たちは体重を左右の脚に交互にかけながらブロックする相手を確認している。
やっとコーチたちが後ろに下がった。「よし、最後のプレーだ」とジョージ・ウィルソンが叫んだ。シュミットは同じ守備を指示し、僕はポジションに戻った。ハドルを組むオフェンス選手のヘルメットが一斉に下がると、プラムだと思うが１人が背伸びして僕の方をチラっと見た。僕に向けられた卵の殻のように滑らかなヘルメットとフェースマスクが怪獣ロボットのように冷静に観察をしている。「やられそうだ。バーがプラムに話したんだ」と僕は思った。
「トレイン、どうもまずいよ」と叫んだ。
「角度をちゃんと取れ」とナイトトレインは両手を丸めて答えた。最後に彼は混乱する奇妙な指示をしてくれた。「かき回せ！　フェイクを気にするな！　巻き返せ！　知らせろ！　しゃべろ！」
ハドルが解けた。正面に来たフランカーはまたもバーだ――ディフェンスに大きな穴があることを知らせて褒美をもらえるだろうな、という思いが僕の心をよぎった。彼の顔はもはや無表情ではなかった。ヘルメットのフェースマスクの奥で大きな笑顔を浮かべているだろうと推測した。

タイトエンドが彼の側についた。センターの後ろに屈むと、プラムはシグナルを叫び始めた。動きが止まったこの瞬間、動いているのはディフェンスの守りを探るクォーターバックのヘルメットだけで、彼を囲むチームメートのヘルメットの列はすべて静止し、クォーターバックの手の平にボールが当たった瞬間、行動命令の迅速な遂行と引き換えに解き放たれる。

前2回のプレーの中心が反対側だったので、僕が相対したのはフランカーだけだった。今度はプレーのうねりが一挙に押し寄せてきた。守備範囲は、人を惑わせる動きだけでなく騒音であふれた——せわしい足音、防具のきしる音、力を振り絞るうなり声、あーあーあーという小さい声、規則的な鼓動、叱るように指示する力強い声。「インサイドだ、インサイドだ、彼をインサイドにブロックしろ！」。芝をスパイクで踏みつけながら、僕のそばを誰かが突進しながら叫ぶ。バーが真っすぐ向かって来てフェイントをかけ、急に止まるとボタンフックパターンのパスと思わせて僕を引き寄せた時、絶望的までに混乱した僕の脚は広がったままだった。バランスを崩してつんのめりそうになった時、彼は振り向き、僕の脇を通ってまた前方へと全速力で走って行った。僕は片足立ちで手を伸ばし、ルール違反でも何でもとにかく抜かれないように捕まえようとした。だが、彼は走り去り、追いかける態勢をとった時は10ヤードも差がついていた。短距離走者の走りはさらに加速し、脚は風車のように回転し、その後ろにはスパイクの鋲が跳ね飛ばすわずかな土が舞っていた。

「ボール！　ボール！　ボール！」。ナイトトレインの叫び声が聞こえた。

走りながら真上の空を見上げると、パントかと思うほどの高さにボールが落ちてくるのが見えた——爆弾パスだ！——ボールは頭上20フィートにあるに違いないが反射的に手を上げた。それほど距離があったのに、視力が集中していたからだろう——白い縫い目の回転、ボールの先端のかすかな揺れ、書かれた文字や“デューク”という商品名が回転のたびにDUKE・DUKE・DUKEと識別できた。漂うように落ちてくるボールの下にバーは走り込み、辛うじて手を届かせるとボールを抱え込んだ。後ろを見ることもなくそのまま全速力でゴールラインを越えるとやっとスピードを緩め、小走りに体育館へと向かった。

僕は立ち止まってトレインが来るのを待った。選手たちはみな笑いながら脇を歩いて行く。

「あ〜ぁ、これでおしまいだ」。僕はうちしおれて言った。

「レフェリーが笛を吹いた」とナイトトレインがうれしそうに言った。「ラインの左側全員がオフサイドをした。反則で戻される」

「本当かい」と僕。

彼はニヤリと笑うとフィールドを何周か走りに行った。この暑さというのに、まだ練習だ。

ブルース・メイアがそばに来て、一緒にフィールドを横切って歩いた。「いやぁ、やられたと思ったよ。こてんぱんに打ちのめされた」と仲間言葉を交えて言った。

「簡単じゃないよ。パスを捕られて得点された後の方がもっと悪い。ベンチに戻るとそこは地獄さ。クリップボードを持ったコーチが待ち構えている。それにエクストラポイント*2のキックのため出て行くでっかいラインマンとすれ違う——味方のラインマンは人を虫けらのように見るし、相手のライマンは仲間内であるかのように薄ら笑いを浮かべるんだ。わざと失敗して得点を許したみたいに」

「フットボールって恥をかくことみたいだね。ゴンザーガが言ってたけど、ダグ・アトキンズと対戦するのは、6万人の観客の前でパンツを下ろされるようなものだって」と僕。

「恥をかくこともあるけど、時にはその逆もある。インターセプトして相手のクォーターバック近くで止められた時、もし見ることができたら、彼は崖から落ちたような恐ろしい顔をしているよ。そして君は薄笑いを浮かべて、ボールを投げてくれてありがとうと言いたげな表情で彼を見ていて、もう一度彼が失敗した時もその場に居合わせたいと思っていることに気がつく。結局、君がよく見えるのは、たぶん彼が失敗したからなんだ」
　僕たちは松林を抜けて体育館に行った。屋内は静かだったが暑く、スパイクの鋲で土ぼこりが立っていた。みな疲れて口数も少なく、歩く時たまたま鋲が石に当たる音や、荷車を引く馬の背に取りつけるハーネスのように防具がギーギーきしる音が聞こえるだけだった。
「ブルース、何かを楽しみにすれば、恥もそんなに悪いものじゃないよ。あのレモネード、筋力トレーニング室の大きなバケツに浮いている。四角い氷が浮いていて、そばに大きな柄杓と紙コップ……」
「あのレモネードはロジャー・ブラウンが作るんだ」とメイア。「足でね」
「やめてくれ」
「練習の直前にレモンを踏みつけるんだ」とメイアは続けた。
「エーッ、何てこった」
「サイみたいなごつい大きな足で。ワイン樽の中のように跳ねてるよ」
「ぞっとするよ」
　僕は彼を蹴っ飛ばすふりをしようとしたが、暑すぎてやめた。
「構うもんか。今日みたいに暑い日は本物のサイが作ったものだって飲んじゃうよ」と彼は笑った。
「いや、まったくその通り」と僕は言った。

＊1　ダウン・アンド・アウトパターン　レシーバーが12～15ヤード直進し、急にサイドライン方向にカットして捕球するパターン。
＊2　エクストラポイント　トライフォーポイントの別称。ポイントアフタータッチダウンとも言う。

16

練習が終わると、いつも見物人たちはサイドラインを越え、体育館に向かって広いフィールドを歩いて行く選手たちの周りをいくつかに分かれて取り囲む。サインを求める人もいれば、楽しむだけのために選手のすぐ近くを歩く人もいる。サインを熱心に欲しがるのは子供たちだ。モラルたちが居残り練習をようやく終えたころでさえ、サインを求める子供たちの群れがテニスコートに沿った松林の前に決まって集まっている。僕は最初、サインを断っていたが、僕のサインがそれほどまで熱心に欲しがるに値しないことを説明するのが難しいことに気づいた。そこで求めに応じてサインした――本、紙の切れ端、一度は小さい女の子の腕のギプス。紙の切れ端は交換用に使われる。誰かが言っているのが聞こえた。「モラルをやるから、テリー・バーをくれよ」。時々、ほんのちょっと前に差し出されたのとそっくりのノートブックとともに、親指にバンドエイドを貼った、とても汚いなじみのある手が本や鉛筆の間から出現することがある。サインをすると手は引っ込み、すぐ近くで「この２枚をやるから、モラルをくれよ」と言う声が聞こえる。

「こんな名前は聞いたことがないよ」

「新人だよ。あの背の高い」

「ねえ、こんな名前は読めないよ。何と言うんだ？」。彼らは紙切れをのぞき込む・

「パンパーニッケル」

僕は名前をきちんと書かない。

「彼はデトロイトの一員だ」と最初の少年が言う。「期待されてるんだ」

「じゃあ、プラムをやるから、君のその選手を３枚くれよ」

すると、バンドエイドを貼った親指に支えられた同じノートブックが現れるので、僕は何も聞かなかったふりをしてサインする。

最初は見物人がとても気になった。彼らの前で練習するたびに、ほとんどヤケになったが、まだ慣れない。彼らにどう思われたいかというと、何かの専門家に見られたかったのだ。僕の動きがどれほどぶざまでみっともなくても、専門がドロップキック*1とか、ボールをやけに遠くまで投げられるとか、パントが得意で将来、イェール・ラリーにとって代わるべく特訓中だとか。

午前も午後も、サイドラインでは何百人もの人たちがいつも見物している。特に面白いことがない時は大きなニレの木の下の小高い丘に腰を下ろし、たぶん冷たい紅茶が入った魔法瓶と昼食のサンドイッチで膨らんだ紙袋をそばの草の上に置く。イギリス人が地元のクリケット試合を見物して夏を過ごすように、彼らは大の字に寝転んでニレの葉陰を通してきらめく日差しをまぶたで感じる。チーム全体のスクリメージやオフェンスの攻撃パターンの通し練習が始まると、彼らは降りてきてサイドライン際に並ぶ。大半は男性で――バーミューダパンツ姿で麦わら帽子をかぶったり、水着姿だったり、めったにいないが葉巻たばこより軽いパイプをくわえた者もいる。多くの人が夏を楽しんでいるのに、パスのパターンを走ってパイプたばこの煙に突っ込み、その香りを嗅いだとたん、イギリスの大地主の書斎の記憶がよみがえるのは奇妙な感じだった。

当然ながら、他の選手は見物人に無関心だった。それでもたまにサイドラインでおしゃべりしている若い女の子がいると、選手はより可愛い子に注目する。スクリメージの練習中、サイドラインで何か面白いことが起きているようだから、もっと近くではっきり見たいとクォーターバックに頼む選手がいる。

モラルがクォーターバックだと――プラムはもっと仕事に忠実らしい――選手が言う見物人を横目で見て「スーエル、お前さんが見ている方を見たがブスばかりだぜ――俺の意見を言わせてもらえば」

「さっき行ってみたんだ」とハービー・スーエル*2。彼はテキサス出身のオフェンシブラインマンだ。
モラルはハドルで頭を下げ、ボールが文字通りフィールドを横切るプレーを指示するのもよかろうと考える――たぶんピッチアウトで、プレーはグラウンドを横切って女の子たちの方向に流れる。ボールキャリアは２人のガードの後について体勢を低くしてサイドラインへと突進し、その後ろにラインマンが続く。つまり22人の選手が素早く一点に集まるのだ。
見物人たちは押し寄せる群れに目を見開き、散り散りになる――カメラもハンドバッグも放り投げ、女の子たちは目の前の沼からワニがぬっと現れたかのように足をばたつかせ、両手を上げて後ろに下がる。
プレーが終わると、選手たちはサイドラインのそばに集まって、フェースマスク越しに女の子たちを見つめ、向きを変えるとのろのろと歩く。ちょっと間を置いて次のプレーを促すコーチの笛が鳴り、ハドルに戻ると結論が下される。
「スーエル、お前さんはマーモットが好きなのか。ひどいブスじゃないか」
「えっ、ひどい？　帽子をかぶっていない右の子だぜ。ブスじゃないよ。マーモットだって？　ばかな」
「それじゃ、お前さんは彼女にしろ、スーエル。丈夫な鎖を買ってきて、あのマーモットを引っ張っていけ」
別のライマンが息を切らしてハドルに加わる。
「モラル、頼むよ。ボールを反対側にも持っていこう。ブスを一掃しようぜ」。スーエルを見て、彼は鼻にしわを寄せた。
スーエルは感情を害した。「お前の目はどこについているんだ？　俺は帽子の女――左側の――なんか目じゃないぜ。いいか、帽子の女の顔を見た時は俺も驚いたけど、右の子はそんなブスじゃないぜ」
他の選手がくどくどと彼をからかっていると、コーチの笛がそれを止める。スクーター・マクレーンが甲高く鋭い声で言う。「さあ、早く、早く――ピクニックじゃないぞ、ピクニックじゃ！」
ポンティアックの紅白戦の２日前にあった写真撮影の日は見物人が最

も多かった。フライデー・マックレムがその朝、試合のプログラムどおり大きな銀色の公式ナンバーが付いたホノルルブルーのジャージーを手渡してくれた。そのナンバーはデトロイトファンにはおなじみだ――ジョー・シュミット56、ナイトトレイン・レーン81、テリー・バー41、ゲール・コグディル89などなど。僕が受け取りに行くと、フライデーは2種類のナンバーを用意していた――ジョニー・オルズースキ*3が着けていた0――彼は現役時代、ジョニー“オー”と呼ばれていた。そしてホパロン・キャサディのナンバーだった30。

フライデーが僕に代わって決断してくれた。「0の方が目立つよ」。彼はワシントンのスティーブ・バガラスという選手の話をした。バガラスは00を希望したので、彼がベンチから出ると観客は「オーオーだ、見てごらん、オーオーだ」と叫んだ。

僕は支給されたユニフォームを持って更衣室に戻り、着た――ジャージー、両側に青い線の入った銀色のパンツ、青と白のソックス、そしてフライデーが付け替えた、跳躍するライオンの新しい青いロゴの銀のヘルメット。

練習フィールドでは報道陣やカメラマン、テレビやラジオの人たちが加わって、いつもの見物人の群れは膨れ上がっていた。多くが録音機を肩に下げ、マイクロフォンを手に持っていた。僕は彼らを避けた。何人かはじっと僕を見つめた――唇が動く。「ゼロ？　ゼロ？」。僕が何者かの手掛かりを求めて報道用資料のプリントを調べている間に退散した。

チーム全体と選手ごとの写真を撮るのはジェームズ・F・ローヘッド――皆から“ログヘッド（丸太頭）”と呼ばれている――という名の変わった性格の持ち主で、プロや大学チームのキャンプを渡り歩く写真家だった。彼はフットボール界の“オタワのカーシュ”*4だ。開拓者がかぶったヘナヘナの帽子、アロハシャツの上に10年間脱いだことがないと人が言う赤い革のベスト、大きすぎるためある角度から見るとカメラマンが麻袋の中に立っているかのように見える、色あせた青いオーバーオールを着ている。彼はカメラを低く構える――“撮影台”と呼ぶ高さ2～3インチの支えに乗せて。そのため撮られる選手は、スポーツ雑誌やフットボールのプログラムを見る人にはおなじみの大空を背景に大げさな跳躍をしているポーズになる。彼はすべての選手を「さん」付けで呼ぶ。イェール・ラリーのような選手にカメラの前で走り、跳んでもらいたいときは「ラリーさん、見せてください――鳥が飛ぶように空中に跳んで、ラリーさん」。ずんぐりした体でちょこちょこ歩いて格好を示し、カメラの後ろに屈む。「さぁ、さぁ、さぁ」と叫ぶ。ラリーはボールを拾って、言われたところに走り、写真になると素晴らしいが試合では決して見せないポーズをとる。「もう一度、ラリーさん」。ローヘッドが叫ぶ。「今度は飛んで下さい。飛んで、飛んで、飛んで」

「撮影日」は多くの熱烈ファン――スーパーファンと選手たちは呼ぶ――が集まる。彼らは熱心さのあまり、大きな魚に貼りつくコバンザメのようにチームに密着し、親しい関係を当然のことと思っている。

大富豪（ジェリー・ウールマンはサイドラインで選手とキャッチボールをするためにフィラデルフィア・イーグルズを買収したとよく言われる）から、毎日練習に姿を見せ、シーズンが始まると長いオーバーを着て寒さに足踏みをしながら更衣室前の廊下に立って選手を待ち構え、一度でも会ったことのある選手なら「やぁ、いい試合だったよ、ジョー」などと叫び、親しみを込めて肩甲骨を叩こうと群がる人々までさまざまだ。

トレーニングキャンプで僕がよく聞いたその種の人物はテネシー州チャタヌーガの実業家、サム・スマートだ。彼はライオンズばかりでなくフットボール関係者なら誰でも熱心に応援する。元ジャイアンツのカイル・ロート*5が僕に言った。「彼にとって“知らない人”はいない。どこにでも姿を現す。あらゆるフットボール選手を追いかける」

しかし、デトロイトは彼の好きなチームだった。スマートは全試合を追いかけ、許された時間の多くをチームと過ごした――トレーニングキャンプ中は練習フィールドに降り、機会があるごとに彼の情熱を一層目立たせる高級レストランに選手を連れて行く。ウエイターや皿洗いを集めチアリーダー集団にしてしまう。「さあ、いいか！」。彼はびっくり顔の応援団に叫ぶ。「私はテネシー州チャタヌーガから来たサム・スマートだ。ライオンズのために雄たけびを上げよう！」。抑えようがない。熱っぽい気分が乗り移って全員が彼の言いなりになり、一度も会ったことのない人もライオンズのことなど思ったことのない人も巻き込まれ、ライオンのように吠える。西海岸での試合のために飛行機に乗った時、「ライオンズのために」と煽られた乗客が大声を上げたため、機長が出てきて静かにするよう訴えたことがあったと、ある選手が話してくれた。静かにしていることなどめったにない。彼はしばしば「リアホー」と奇妙な雄叫びを上げる。ライオンズの選手たちはそれで彼を覚えているのだが、飛行機であれバス停留所であれ練習フィールドであれ、吠えるのだ。それは「さぁ、頑張ろう」Let it all hang out！という元気づけの掛け声の頭文字をつなげたもので、しょっちゅう繰り返すうちに、とうとう頭文字だけになったらしい。

電話をかけてくることもある。その夏、彼は病気のためキャンプに来られなかった。寮の廊下には公衆電話ボックスがあり、かかってくると新人が出て相手が話したい選手の名を呼ぶ。一度僕が出た時、何百マイルもの彼方から陽気な声が聞こえた。「やぁ、誰かいるかい？　私はテネシー州チャタヌーガのサム・スマートだ（彼は必ず居住地を付け加える）。選手と話をしたいんだ。誰でもいいよ」。ベテラン選手を探してその旨を伝えると、面倒くさそうにベッドから起き上がって廊下をぶらぶら歩いて電話に出る。だが選手たちは必ず彼と話をする——何をしていようとも。

もっとも熱烈なスーパーファンは給水係の坊やか更衣室の清掃手伝いをしたいと申し出てくる人たちだ——必ずしも自分を高めてくれたり、楽しいという仕事ではないがチームの間近にいられる。フィラデルフィア・イーグルズの元給水係はフランク・キーガンという70歳近い大金持ちで、紙コップの盆を持ってフィールドの選手の元へと走る姿は元気いっぱいだった。40歳代半ばからイーグルズの試合すべてに金を払って入場し、用具をベンチの前において仕事をしていた。

クリーブランドではラジオのプロデューサーとして活躍しているジョン・ウェルマンが用具マネジャーをしているし、もう1人、たばこ店を経営して繁盛しているアブラハム・アブラハムは一種のよろず屋役を果たしていた。試合中、アブラハムの主な役目はフィールドゴールやエクストラポイントで蹴られたボールを回収することだ。幸運の色だという派手なオレンジ色の服を20年近く着て、エンドゾーンの後ろに立つ彼はファンにもなじみの人物だ。ボールを追って上空を見上げ、神の助けを求めるように両手を広げるが、ボールは常に彼を避けてすり抜け、観客の集団に吸い込まれる。なかなかのショーマンで、晩年はチーム経営者のためにボールを回収するのをやめ、ボールを奪い合う観客に反則のジェスチャー——ハンカチを投げ、反則の種類を示す適切な腕の動き——をしながら、争いの近くで跳ね回ることに専念するようになった。そのほとんどは、予想通り人にぶつかるパーソナルファウルだった。

熱烈ファンが何をしたがっているかといって、選手の近くにいること以上のものはない。昔、ベアーズにいたため彼らに詳しいスクーター・マクレーンはオヘア空港のガラス窓を5フィート幅のゴム雑巾で拭いているモーティカという、好機を逃さずにつかんだ男の話をしてくれた。何年もの間、彼はリグリーフィールドのスコアボードの下の見にくい席で日曜日を過ごしてきた。そこで意を決してベアーズのオーナーにしてヘッドコーチのジョージ・ハラスに席についての不満を綿々と手紙に書いた。さぞ驚いたに違いないがハラスから返事が来て、いささか移動を伴うが試合をもっとよく見える場所を提案してきた——チームマスコットのクマの着ぐるみをまとってサイドラインを右に左に跳ね回る役だ。「彼はすぐ飛びついた」とマクレーン。着ぐるみを着たモーティカは何年間も50ヤードライン近くに立ち、みっしりと毛に覆われているのでシーズン初めは息苦しいほど暑く、溶けだした接着剤の匂いで息が詰まる大きなクマの頭の隙間からベアーズの試合を見つめた。冬は雪つぶての標的にされスタンドから狙われたが、ほとんど気にならなかった。というのはスコアボードの下からクマの着ぐるみへの転身は彼にとって最高の出来事だったと思うからだ——絶好の眺めに恵まれたうえチームと親密な関係を結べた。「フィールドから引き揚げてくる選手の尻を前足でポンと叩いていたよ」とマクレーンは言った。

「まったく献身的だな。クマの着ぐるみを掛けるロッカーはあったんだろうね。あるいは特別な雑嚢に入れて運んだのかな」
「たぶん、彼は着たまま試合に行ったんだ。着たままバスに乗って。なぜかは知らないが」とマクレーンは首を振った。「だが、中でも一番変わった人物を知りたいだろう――キャンプを追いかける熱烈ファンの中の真のチャンピオンはジャングル・ジェイミーだ。聞いたことがあるかい？」と言って僕を見た。

ない、と言った。

他の選手も時折話していたが、ジャングル・ジェイミー（本名はジョン・バセリー）について詳しく聞いたのはマクレーンが初めただ。ほとんどの選手はある程度彼と面識がある。カリフォルニア出身で一風変わっていて、NFLのトレーニングキャンプでは写真家のローヘッドと同じくらいおなじみの顔だ。特定のチームではなくスポーツ関係者なら誰にでも献身的だ。何百ものスター選手のサインを貼った古い車を乗り回し、トレーニングキャンプが開かれるとジャングル・ジェイミーはチームを“養子”にする。

ダラス・カウボーイズが1960年、オレゴン州ポートランドで最初のトレーニングキャンプを張った時を覚えているライオンズ選手がいる――古い車が止まると、顎ひげを伸ばし蛇皮のバンドに狩猟用の白い帽子をかぶり、短いパンツをはいてシャワー用のスリッパをはいたジャングル・ジェイミーが降りてきた。生きたウサギを脇に抱え、片手にはクマだと称する大きな肉の塊を振りかざしていた。チームが勝つために直ちに力を貸す用意があると高らかに宣言し、コーチたちをうろたえさせた。だが、選手たちは楽しんだ――単調なトレーニングキャンプの貴重な息抜きだった。練習フィールドでサンダルをパタパタさせながら不器用に走りボールを追った。早口のコメントは風変わりで人目を引き、子供たちは群れをなして後を走り回った――人を引き付ける力があって、彼の周りは奇妙な服装、ペット、パイプたばこの取り合わせに魅せられた子供たちが尊敬のまなざしでいつも取り巻いていた。夜になると寮に来て選手たちを周りに座らせ、しばらくの間、愉快な長話を聞かせる。

広げた何冊ものスクラップブックの大半は彼が——スポーツイベントでは間違いなく——世界一のタダ見客という評判を裏付ける。ある年、彼は２匹の羊を先頭に立ててローズボウル*6の入場口を無料で通り抜けた。止める者はいなかった。ある年の春、ジョン・ゴーディはインディアナポリス500マイルレースに出場したレーシングカーの列をジャングル・ジェイミーのポンコツ車が先導するのを見た。主催者の車が脇に押しやる短い時間だったが、一瞬にせよ彼は至福のリーダーだった。ジェイミーは話題豊富で、夕方から消灯時間まで話し込み、スクラップブックを閉じると寝る場所を探す。カウボーイズと一緒だったポートランドでは休憩室のグランドピアノの下で寝た。

ジャングル・ジェイミーを歓迎する風潮が廃れたのはそれほど昔ではない。多くの場合、ゼネラルマネジャーが排除役になった。ジェイミーのみすぼらしい服装、跳び回るペットのウサギ、所構わずまとわりつく子供たち、駐車場で目立つサインだらけの車はキャンプの秩序を保とうとし、何事もきちんとあるべきだという彼らの感覚をかき乱す。ジェイミーを追い出すのは簡単ではなかった。カウボーイズのゼネラルマネジャーだったテクス・シュラム*7はチームに彼の居場所はないことを示して追い払おうとしたが、ジャングル・ジェイミーはトレーニングキャンプの食堂で驚くべき非難をして反抗した。彼は叫んだ。「お前は何だ、シュラム。お前は選手じゃない。選手じゃないのにここで何をやってるんだ？　わしが教えてやろう——お前はたかり屋そのものだ」

カウボーイズからジャイアンツのキャンプに移ったジェイミーはディック・リンチとクリフ・リビングストン*8の個人的な召し使いになった。独身だったリンチはマンハッタンの中央にアパートを持ち、ジャングル・ジェイミーに召し使いとして最低限の仕事を説明した——皿洗い、衣類を洗濯屋に運ぶ、電話の応対（「リンチ宅です」が彼の挨拶だった）。ジャングル・ジェイミーはそのシーズン、同居していたリビングストンとリンチに仕えた。彼は愉快な仲間で、３人でカクテルパーティーに出席する時、ジャングル・ジェイミーはリンチのスーツを着て――リンチに言わせると、ジェイミーの服はあまりにも“ど派手”だ――一緒に出掛けた。その後、リンチが婚約した女性は現実的な考えの持ち主でジャングル・ジェイミーに家を出るよう求めた。リビングストンにも求めたが、ジェイミーに対してはさらに強硬だった。彼女の結婚生活の中にジェイミーの居所はなかった。リンチがやむなくジャングル・ジェイミーに召し使いとしての日が残り少ないことを伝えると、結婚生活の苦労と惨めさをこんこんと説教された。現在、リンチ夫人であるその女性ロズは勝利し、ジャングル・ジェイミーはリンチのスーツを着て、メーシーズ*9の買い物袋に何着か詰め込んでニューヨークを離れた。その後も彼は時々電話をかけてきた――コレクトコールで――が、声を聞くといつも楽しかったとリンチは言った。

「正直言うとね、あの木立の間からジャングル・ジェイミーの車が現れないかなぁと思う気持ちが半分あるんだ」とマクレーンは言った。

彼の後ろに座っていたベテラン選手が背中の木に寄りかかって言った。「フットボールが好きな人にはおかしな性格の持ち主がいる。例えば……」。僕たち3人はローヘッドが撮影するのを眺めながら、小高い丘の木の下に座っていた。「さあ、さあ、さあ、ワトキンズさん」とローヘッドが叫ぶ。「鳥のように、鳥、鳥、鳥、さぁどうぞ」。「聞いたかい」と言って彼は首を振った。「ラフハウス・ページのことは聞いたかい？」と突然聞いた。

「いや」

「たぶん聞いているよ。ダラス・カウボーイズの伝説の男だ」

彼は1962年にダラス・カウボーイズがミネソタ州ノースフィールドでトレーニングキャンプを張った時のことを話した。寮の正面にタクシーが着くと、スーツケースを提げた40歳代初めの男が降りた。カンカン帽をかぶり、アイビーリーグの裁ち方のカーキ色のスーツに格子模様のベスト、白い鹿革の靴で足をちょっと引きずって歩き、そして何と言っても印象的なのが目の周りの黒いあざ――あまりにも大きく鮮やかだったので、寮の玄関にいた選手たちは仮装パーティーのために、焼いたコルクを付けているのではないかと思ったほどだった。

男は宣言した。「俺はラフハウス・ページ。花形ハーフバックだ。俺の部屋はどこだ」

カウボーイズの選手たちは顔を見合わせた。チームは結成されたばかりで優秀な選手がどこにいるのか誰にも分からない状態だったから、彼らは玄関に出て手を貸した。部屋に通して荷を解くと、新品の防具の上にカウボーイズのオーナー、クリント・マーチソンが署名した「ルーファス・ページと1万3000ドルで契約する」と書かれた契約書が乗っていた。

コーチたちが降りてきて契約書に目を凝らした。1人が契約書を指して言った。「この他に何か証明書を持っていないか？」。彼らはマーチソンにからかわれているのではないかと考えていた。彼はよくそんなことをするからだ。ページという名の選手を聞いた者はいなかった。

「名前はラフハウス・ページだ」と男は言った。カンカン帽を衣裳棚の上に置いて「プリンストン大学の1年生チームでプレーしていた——もし知りたければ——けど、プリンストンでは評価してくれなくて桶の下の明かり*10だった」

「ほう」。コーチたちは顔を見合わせた。ところで目の黒あざはどうしたんだ？

彼が言うには、シカゴのバーで知らない男と話をした——普通の挨拶の後——その男がポジションを尋ねた。ページはダラス・カウボーイズのハーフバックだとあっさり答えると、相手は疑った。ページの署名のある契約書はスーツケースの中でホテルに置いてきたので、彼は口で飲み友達を説得しようとした。だがうまくいかず、相手は現役のハーフバックだという彼の主張に腹を立て殴り合いになり、ページはピーナツを入れるガラス皿で目を殴られてしまった。

「あぁ、そうかい」。コーチたちはルーファス・ページがどこで契約したのかと尋ねた。

「ラフハウスだ。ラフハウス・ページ」。そうだな、ほんの2日前、ニューヨークでの出来事だ。俺はマーチソンと家族ぐるみの付き合いで、俺とクリントの2人で話していたんだ……

「なるほど」

コーチたちは彼をどう扱っていいのか全く分からなかった。数日、そのままにしておいた。その間に写真家のローヘッドがやって来て、カウボーイズのユニフォーム姿のページがゴールポストのクロスバーからぶら下がる写真を撮った。

ついには、マーチソンに決定してもらうことにした。オーナーがどこにいるのか探すと——スパニッシュケイというバハマの小島で休暇中だった。ラフハウス・ページがカウボーイズのオフェンスに適しているとマーチソンが感じているのかどうか“よりはっきり”させる使命を負ったページは飛行機で出発した。旅の最後は海岸で客待ちをしている貸し切りの小型機だった。マーチソンが別荘の窓から海岸を眺めていると、驚いたことにスーツケースを提げ、しゃれたカンカン帽をかぶったページが降りてきた。片手にスーツケース、胸にチーム名の入ったダラス・カウボーイズの練習着を着ていた。

彼が言ったように、ページは確かにマーチソンと家族ぐるみの友人で、風変わりだが人柄のよいニューヨークの株式仲買人だった。マーチソンはわずかに微笑みを浮かべて彼を迎えた。客はスパニッシュケイに1週間滞在したが、マーチソンはどう取り扱ってよいか分からず、結局ヨットに乗せ100マイル離れたバハマの首都ナッソーに連れて行った。マーチソンはいくつかの口実を用意していた——ナッソーはラフハウスが行くべきバハマの一つであり、ラフハウスがカウボーイズのためにスカウトすべき才能ある選手がいるかもしれない。ナッソーの警官は長身で脚が長い。

マーチソン自身はページをすっかり忘れ、1カ月近くたってたまたまナッソーに立ち寄った。ブルバードというカフェに座っていると自転車に乗ったラフハウス・ページが通りかかったのには驚いた。まだカウボーイズのシャツを着ていた。「やあ、クリント」。挨拶のため片手を上げ、乗ったまま裏口からカフェに入ってきた。マーチソンによると、テーブルの間を抜ける彼のバランス感覚は素晴らしかった——その様子は忘れられないものの一つだと言った。その後、マーチソンはカウボーイズのトレーニングキャンプに来たり、遠征に同行したりすると最初に「あー、ラフハウスはいないだろうね」と尋ねた。

「それじゃ君はあの変わり者の話を聞いたことがなかったんだ」とライオンズ選手が言った。「あの男の噂を聞いたかと思ったんだが」

彼が心の中で大きな0の番号が付いたジャージーを着て隣に座っている僕とページを比べているのではないかと思って、僕は日差しを通してチラっと彼を見た。

「いや、いや。そんな男のことは聞いたことないよ……ホントに」と付け加えた。

すると彼は「あのね、大勢のフットボールファンの中には結構、美人もいるよ」と言った。

＊1　ドロップキック　ボールをグラウンドに落とし、跳ね上がり際に蹴るキック。ゴールポストの間を通過するとフィールドゴールと同じ3点になる。

＊2　ハリー・スーエル　1931～2011年。ガード。53～63年、ライオンズなどでプレーした。プロボウル4回。

＊3　ジョニー・オルズースキ　1930～96年。フルバック。53～62年、シカゴ・カーディナルズ、ライオンズなどでプレー。プロボウル2回。

＊4　オタワのカーシュ　本名ユーセフ・カーシュ。1908～2002年。トルコ生まれのカナダの写真家。1941年に撮影したウィンストン・チャーチル元英国首相の肖像で有名になり、王族、政治家、芸術家など各界の著名人の写真を撮った。

＊5　カイル・ロート　1928～2002年。エンド兼ハーフバック。51～61年ニューヨーク・ジャイアンツ。プロボウル4回。

＊6　ローズボウル　1902年に始まった最初の大学フットボールのボウルゲームで、カリフォルニア州パサデナのローズボウル・スタジアムで原則的に元日開催される。47年以降、中西部の大学で組織するビッグ10カンファレンスと太平洋岸のパシフィック12カンファレンスの優勝校同士が対戦したが、プレーオフ制度が導入された98年からはそれ以外の対戦も行われるようになった。

＊7　テクス・シュラム　1920～2003年。47～56年ロサンゼルス・ラムズ、60～89年ダラス・カウボーイズの社長兼ゼネラルマネージャー。アメリ

カン・フットボール・リーグ（AFL）とナショナル・フットボール・リーグ（NFL）の合併（1970年）を主導した。91年、名誉の殿堂入り。

＊8　ともにジャイアンツの選手で、リンチはディフェンシングバック、リビングストンはラインバッカー。

＊9　メーシーズ　1851年創業のアメリカのチェーン百貨店。全米45州とグアム、プエルトリコに合計789店舗を展開する。

＊10　桶の下の光　新約聖書「ルカ福音書」からの例えで、「宝の持ち腐れ」の意味。

17

見物人を一番意識して「写真撮影の日」を特に楽しんでいるライオンズ選手はスプリットエンド、つまりウィークサイドのエンドで、ドン・ドールがチーム一の運動能力の持ち主だというゲール・コグディルだ。彼の観客好きは精神病質の域に近い——のめり込み方があまりにも激しいので、彼を見ているとフィールド上のすべての動きが観客への見境もない媚びへつらいだと思えてくる。

ほとんどの選手は試合中、めったに観客を意識しない。目の前の相手との私闘とも言える闘い——もっとも、関わりあう相手が増えれば名前も分からなくなるが——に集中するからと彼らは言う。22人が比較的狭い範囲で動くことが求められるチームスポーツだから「目立ちたがり屋」と呼ばれる選手は存在しにくい。

コグディルは例外だ。密集するラインから離れた彼のポジションが集団から孤立していることが、相手ディフェンスのセカンダリーに目くらましを仕掛ける機敏な動きとともに彼の性格にまったく合っている。彼はしばしば最後にハドルに戻る。ロングパスを追って長い距離を走ったからではなく、ハドルの匿名性の中に身を置きたくなくて少し遅れて戻るからだ。オフェンス選手がフィールドから退出すると、コグディルはチームのベンチの端のサイドラインに腰を下ろし、トレーナー助手のコリンズとスティーブンソンに足をもんだり伸ばしたりしてもらう。こむら返りと肉離れのためと彼は言うが、チームの中には脚の痛みより観客からよく見えることの方に気を使っているからではないかとの疑惑もある。客席からの「おや大変、コグディルがどうかしたよ」という声を聞きたいのだろう。オフェンスチームがフィールドに戻る際はマッサージ師たちに「脚がつった、引っ張ってくれ！」という叫びは止み、スウェーデン人のように緊張してさっと立ち上がり、具合の悪いことなどそぶりも見せずに走っていく——たいがいヘルメットを持たずに——その粗忽さにファンがきっと再び彼に注目し「おやおや、コグディルがヘルメットも持たないで」と驚いて声に出すだろうと予期して。気がつかないままハドルに加わりそうになることもしばしばで——チームメートが叫ぶとベンチに取りに戻る。たぶんそれも計算のうちだろう。だが、彼のこの癖をねたむ者はいない。彼の技量が卓越しているため、彼のやりがいになっていることを誰も気にしないのだ。

試合終了後、時には20分も30分も最後までフィールドに残り、背中を叩かれたりサインをねだられたりしながら、人がいる限りだらだら過ごす。

僕は時々、この職業に就いて一番楽しいことは何かと選手たちに尋ねた。旅行と言う者、金と安心感と言う者、チームメートとの友情と言う者、フットボールが好きだからと言う者もいた。フルバックのダニー・ルイスは相手ラインに思いっきり当たるのが純粋に楽しいと無邪気に答えた。コグディルに聞くと、試合後のフィールドで、特に子供たちに囲まれファーストネームで呼ばれながらサインをするのが最高だと言った。いつも夢見ていることだと言う。

彼はワイオミング州の小さな町、人口約3000人のワーランドで育った。正確には北に北極圏まで続く森林のちょうど端っこの小さい集落の生まれだと言った。人口14人。正式な町ではないから郡庁所在地のワーランド出身と言っている。フロンティアでの生まれ育ちという点に熱が入る。家族にはカウボーイもいる。「原住民の血が流れている——4分の1はシャイアン族だ。ちょっと気のふれたところがあるんだ。目を見て分からないかい？」。期待するように僕を見た。とても明るい青い目だ。「分からないな」。冷静に見つめて言った。「狂った人の目なんて、思い出す限り見たことないよ」

彼はがっかりしたようだった。片方の目の下に、うっすらと青い傷跡がある。腕を相手に叩きつけるディフェンスの技「クローズライン」（物干し竿）のためだ。ラインバッカーが伸ばした腕がヘルメットのバーを突き抜け、骨太の手首でひどい切り傷を負わされた。傷を縫い合わせる際、試合中に太陽光線から選手を守るための隈取りの墨が傷口に入ったため、まだ傷跡が見えるのだ。高校生のように初々しい顔で、ライオンズの中でも一番若く見える。無邪気に思いつくままを口にするため、選手たちはあてつけのようにうなって部屋を出ていくか、カードをしていた者も廊下の反対側の部屋に行って、おしゃべりが聞こえないようにドアを閉めてしまう。

ライオンズに入って４年になるが、選手の中には今でも彼を“新人”と呼ぶ者もいる。

彼は首を振って言った。「愛称があればいいといつも思うんだ……そう“クーガー”（アメリカライオン）とか。僕はワシントン州立大学だったからチーム名だったし好きな名だ。そう呼ばれたかったんだけど、1960年に初めてライオンズに来た時“新人”と呼ばれたので、今でも古い選手は僕をそう呼ぶ。誰も“クーガー”と呼んでくれないんだ」

「妻だって“クーガー”とは呼ばないけど、少なくとも“新人”とは呼ばない。誰が“新人”と呼ぶのかって？　コルツのクォーターバック、ジョニー・ユナイタスだよ。1963年のプロボウルで彼が僕にパスを投げた。緩く浮かしたパス。周りには誰もいなかった。まるで夢みたいだが、ボールは指をすり抜けてしまった。それから彼は会うたびに――会合の夕食会などで言うんだ。『よう新人、手の調子は良くなったか？』。あのときは信じられなかった。上げた腕の間をボールが輪をくぐるように抜けて行った。観客を意識するようになったのはそれからだ――失敗してからだ。視線を感じたし、トンネルの中で列車が走るのを聞くように突然すごい騒音がした。どうすることもできない。草を蹴っ飛ばすくらいだ。パット・スタッドスティルがレシーブに失敗したのを覚えている。野次を浴びながらフィールドに落ちて揺れているボールを拾い上げると、腹立たしそうにちょっと歩いて、すべての不満と怒りを込めてボールを蹴った。申し分のないキックだった――いいかい、ご存じのように彼はすごいキッカーなんだ――どうだい！　ボールは完璧な回転をしてはるか観客席へと飛び、中２階に達しそのまま出口をピューと過ぎて消えちゃったんだ」
「くよくよ考えるなってことだね」と僕。
「積極的にやることさ。僕は１週間ずっと心の中でパスパターンを走っている。いつもディフェンスに勝つ、必ず。時には僕の鮮やかな身のこなしで相手の靴が脱げてしまい、靴下のままグラウンドに倒れる。ボールはその上を通って僕の手にスッポリ。という訳でいつも僕が勝つ」。青い目が輝いた。「そして試合の日には準備万端だ」
「それは念力というものだね。精神力がすべてに勝る。カシアス・クレイがそうだった。下稽古のように心の中で未来を予測する――リングで相手にしようとすることを。腕のよいばくち打ちもそうだ――心の中で見ることで数字を意のままにする力だ」
「僕がよく見る夢は長いパス、爆弾パスだ。試合中でも長いパスを予想している。投げてくれるのに２年かかった。２年目のシーズン最終戦のイーグルズ戦だった。クォーターバックがボールを放した瞬間、びっくりした。さぁ大変――振り向いてボールが来るのをまずちらっと見て、長いと分かると今度はよく見る、ほんとだ。必死に走る。空に向かって頭上を通り過ぎると思ったら落ちてきて、そして誰も追いつけない……何ものにも比べられないね……」
僕はスプリットエンドとフランカーの肉体的な特徴について尋ねた。
「足の速さは大切だけど過大評価されている。それをコントロールしなけりゃいけない。スピードを変えることを学ぶ必要がある。少しの間いただけでやがて姿を消す“世界最速の人間”と呼ばれる連中と同じようにすごい速さで走ることよりも、もっと効果的だ。次に強さも大切だ。大柄なディフェンシブエンドを抑えるのも仕事のうちだ。それにパスルートを走る時、主にラインバッカーだが、ディフェンスと腕力比べをしなくちゃならない。だから筋力は必要だ。さらに、目と手の連携がよくないといけない――つまりボールを捕る時の。バスケットボールが最善の練習方法だ。そしてもちろん、ボールを捕ること。捕る能力は生まれつきのものじゃない。自分に教えないといけない。実際、僕は間違った捕り方をしていたので下手だった。普通の人が手の平で水をすくうように、柔らかに捕ろうとしなかった。右手は常に左手より上にあって、ボールがどこにあっても弾いてしまう。観客席から見ていると、自分で自分を苦しめているように見えただろう。かなり下手だった——相当、扱いにくい」

「たぶんね」と僕。

「そうしたら急に上手くなった。ボールを捕ったらサイドライン際を体をひねりながら走る……表現できないな。一度でも経験させたいよ」。首を振って言った。思い出すと座っていられない様子だ。

「指には何か着けているの？」。彼を落ち着かせるために尋ねた。

「もちろん。たいがいのレシーバーは着けている。松ヤニの接着剤——ヤニの一種だ。試合中、少し身に着けている——ヘルメットの耳穴や股に貼り付けておく。パット・スタッドスティルは靴下の中の足首に。寒い時はボールが縮むみたいで油分がしみ出してつかみにくくなるから効果抜群さ。寒い日は必ず胸でボールを優しく抱くように捕るんだ」

「相手を振り切ってボールを捕ったエンドやフランカーが必ず追いつかれて、タックルされるように見えるのはどうしてだろう。捕まえるよりも逃げる方が楽じゃないのかい？」

「ボールを持つと遅くなるんだ」とコグディルは言った。「走り方がちょっと変わるんだ。それにセーフティは横から追うからね」

「君がしなくちゃいけないことは分かっているだろう」といきなり僕に言った。「もっと足を速くして動きを良くし、スピードを変える能力、ボールが短かった時戻れるように素早い反射神経、ボールを追って空中に飛び上がる方法、そして話したように大切なのは手と目の連携、ボールの捕り方だ。それでもまだ難しいのは、学んでできるようになって多くの報酬をもらい、さらに練習してもまだ完璧じゃないことだ。どれほど懸命に頑張ってもだ。空中を飛んでくるボールはそのつど状況が違う——前と同じことはないから、完全に備えることなどできっこない。それが重なって失敗する。都市ごとに空気が違うのを知ってるかい？ボールの反応が違うことも。それほど驚くことじゃない。水の流れはここの方が東京より遅い。知ってるかい？」
「いや、知らない」。正直に言った。「水が遅いって……どういうことだ？」
「君は何でも知ってると思っているだろ？　だが今、新しいことを知った」
「そのとおり」
「ノートにメモしないのかい？」
　僕はそうした。
「物事がうまくいかない時はどうするんだい。プレーが失敗してプラムが逃げ回っている時、君は何をしているんだい？」と聞いた。
「そんなことにならない限り、僕は走ることになっているパターンをめったに崩さない。だが、ミルトが手を上げて走る方向を指示したり、振り返ってプレーが失敗したことを知り、彼がポケットから懸命に走り出すのを見たりしたときは、たいてい走るパターンを逆にする――引き返すんだ。ミルトはそれを知っていて、ほとんど本能的に僕を見つけて投げる」
「だが、運の悪い日もあるだろ？」
「失敗したり、砂に足を取られながら海岸を走ったりするように調子の悪い日もたまにあるよ。だが、きちんとプレーすれば悪いことは起きない。難しいのは僕はちゃんとやっている、1週間ずっと描いた通り相手に勝っているのに、クォーターバックの作戦に僕の出番はなく、それでもクォーターバックが指示するプレーを覚えなくてはいけない時だ。投げてくれそうもないのに」。思い出しながら考え込んだ。「ボールを投げてくれないことほどエンドにとって悪いことはない。フルバックのニック・ピエトロサンテがブロックばかりするようなものだ。彼はこの道で最高のブロッキングバックかもしれないが、それが彼の気を狂わせる。僕も必要以上にそう思ったことがよくあった。言ったところで仕方ないのに、ジョージ・ウィルソンに向かって『ジョージ、僕にもっとボールを投げてください』と言った。落ち込んで。ウィルソンはニッコリ笑って言った。『ゲール、君は政治家の仕方を見習う必要がある。どうしてクォーターバックたちを食事に誘わないんだ。おいしいロブスター料理とか。そうすれば、時々パスを投げてくれるかもしれないぞ』。おとり役の価値の大切さに気がつくのに５年かかった。ダブルチームでブロックすることに大きな喜びさえ感じるようになった――最前列の４人組のうち巨大なディフェンシブエンドを抑えようとすることにも」

彼は顔を上げて言った。「こんなのはどうだ？　君がオフェンシブラインに入って、あのデカいエンドやタックルの顔を間近で見るというのは。やってみるかい？」

「ゲール、君が十分に話してくれたら、たぶんその必要はないと思うよ」

「やってみよう」。彼は考えながら言った。「そうだな、２年目のピッツバーグ戦だ。僕の側のアウトサイドへのランプレーで、あの怪物タックル、ビッグダディ・リプスコムに対処するはめになった。プレーが始まり、彼が上体を伸ばして見回しているところを僕が思いっきりぶつかった。彼はよろめいた。何をしたのか僕も信じられなかった。彼は僕を見て言った。『チビ、他の仕事を見つけた方がいいぞ』。全試合を通して、あの男の顔を見たのが１番怖かったよ。どうだい？」

「すごいね。恐ろしいよ。感じが分かったよ。自分で体験する必要はなさそうだ。そういうデカいのとはどうプレーするんだい？　ベアーズのダグ・アトキンズなど、ああいう巨人は主に力まかせにプレーするんだろ？」

「近くにセットするんだ。できるだけ近くに。そうすれば離れている時ほど勢いがつかない。もちろんアトキンズやコルツのマルケッティ*1など大きくて素早い連中と対する時は、恥をかく以外たいしたことはできないよ。窓ガラスにぶつかる小鳥のようにはね返される」

「すごい。君は困難な仕事から僕を解放してくれるよ」

「ブロックを失敗してはね返された僕の横を、大男が頭を下げた猛牛のように突っ込んでいく時、できるのは『気をつけろ！　気をつけろ！』と叫ぶことだけだ。その声でクォーターバックは僕がブロックに失敗し、背後から大男が猛スピードで突っ込んでくるのを知る。『気をつけろ！』ブロックをした時はハドルに戻る気になれない。クォーターバックがどんな顔をしているか、見るのは辛いよ」
「すごい。マルケッティやアトキンズの話をもっとしてくれ。感じがつかめてきた」
「アトキンズをブロックするには鼻を彼のベルトに貼り付けるようにするんだ——ちょっと持ち上げるように。すると彼は僕を飛び越えようとするか、捕まえて投げ飛ばそうとする。当時、うちのクォーターバックだったニノースキに向かって僕を投げ飛ばしたことがあったが、まるでメディシンボールになったみたいだった。ジノ・マルケッティは大きな相手には手を使ってすり抜けようとするが、僕には踏みつぶそうとする。腹に彼のスパイクの跡があるよ……」
「すごい」
「これで十分かい？」。コグディルが尋ねた。
「助かったよ」
「これでいいかい？」
「すごい描写力だよ」と僕は言った。

＊1　ジノ・マルケッティ　1927～2019年。ディフェンシブエンド。52～66年、ボルティモア・コルツなどでプレー。プロボウル11回。72年、名誉の殿堂入り。

18

僕はすべてのポジションをプレーしたいと思っていた――胸に秘めていたのだが、フットボールという競技をより“包括的に”見渡すために考えていたことだ。デトロイトを立つ前、友人に話すと「そりゃ、無茶だ。壊されに行くようなものだぜ。疑問の余地はない。誰が興味を持つ？　惨めになるだけだ。どこか具合が悪いんじゃないか？」

「いや、ひどい目に遭うかもしれないが、特権を得られるんだ――特権的な立場を。少なくとも観察者として。フットボールの花形選手になろうとするなら、まったく君の言うとおりだが」と僕は言った。

「ふーん、君が胸に温めてきたことだろうけど。繰り返すが、どこか違うな。よく調べて考え直した方がいいよ」

「僕は観察者だよ」。かたくなに言い張った。

「何かこっそり企んでいるんじゃないか？　人をからかうなよ」

「でも、どこがいけないんだ？　いずれにしろベストを尽くすだけだよ」。僕は熱くなった。

友人の意見にもかかわらず、クランブルックに来てからも、慎重ではあったが、当初の意図を持ち続けた。コグディルのポジションに何回か挑戦した。エンドコーチのナスバウマーが許してくれたからで、走るパターンを説明してくれた。レイモンド・ベリーは一番安全なポジションだと言ったが、ディフェンスの第二列に進入すると、腕を広げてタックルに来るラインバッカーを警戒してキョロキョロし、ホーク（ナスバウマーの愛称）に言わせると、たそがれ時にバラの庭園を通り抜けようとする不審者のように前屈みに走った。僕の方向にボールは飛んでこなかった。

ジョン・ゴンザーガに、選手は本来自分のでないポジションをやらせてほしいと頼むことがあるかと尋ねた。

彼はミネソタ大学出身で、サンフランシスコ・フォーティナイナーズでプレーした偉大なタックル、レオ・ノメリーニ*[1]が時々、フルバックとしてボールを持って走ったと教えてくれた。フォーティナイナーズのクォーターバック、フランキー・アルバートはノメリーニが偉大なフルバック、ブロンコ・ナガースキ*[2]を崇拝していることを知っていた。だから、試合が順調だとハドルで「31ウエッジ」を指示し「ノーモ、走れよ」と言った。1ヤードか2ヤード進むだけだが、ノメリーニの動きはいつも笑いを呼んだ。

僕にとって一番やりやすかったはスペシャルチーム――キックオフやキックオフリターンのチームだった。僕が入っても誰も気にかけなかった。彼らは自らを自殺軍団と呼ぶ。一日の最後にジョージ・ウィルソンがスペシャルチームの練習を命じると、練習フィールドはちょっとした嘆きの場と化すのが常だった。大体、気力旺盛でボールキャリアのために全速力でフィールドを駆け抜ける意思があり、使い捨てにしてよい新人が選ばれる。動きが速いから、開けたダウンフィールドでのブロックは強烈で、コーチたちは常に注意を払い、トンプソン医師はサイドライン際で片膝をついて見守る。

このチームに加わるのが面白く、ぞくぞくするほど気分爽快なことに気がついた。特にキックオフチームで他の選手とともに並び、笛が吹かれると、叫びながら全速力でフィールドを走る。大きく格好よく盛り上がった高波に向かって、もはや制御できない速さで海岸を駆け下りる時の興奮と同じだ。

敵陣に向かってフィールドを走る時の僕自身の問題は、コースを守るだけでなく、左右の味方とも一定の距離を取る必要があることだった。と言うのは、ダウンフィールドでの走り方は直線的で定規でテーブルのパンくずを払うようだからだ。僕たちディフェンス側は声を上げながら力いっぱい走るが、僕が追いつけないので味方がコースに割って入ってくる。網で魚をすくうようにボールキャリアを取り囲むために走るコースを丸くすぼめるころには、僕は息も絶え絶えで、喘ぎながら駆けつけた時にはランナーを倒す仕事は終わり、倒れていたボールキャリアやタックラーは立ち上がっているのだった。

ドン・ドールは首を振りながら言った。「ジョージ、最後じゃだめだ。次は間に合わせてボールキャリアを倒せ」

ある時、ダウンフィールドを走っていると、大きな新人ディフェンシブタックルのロイ・ウィリアムズに捕まり、高く持ち上げられた。ブロックする代わりに冗談でやったのだが、防具をつけている僕は200ポンド以上あるというのに頭の上に持ち上げられ、大恥をかいた。頭の上で回転しながら「頼むよ、ウィリアムズ、下ろしてくれ」と叫んだ。

ハンドオフを受けてどこまで先に行けるかを知るため、ランニングバックもやりたかった。だが、バックスたちと練習するたびにクォーターバックの動きに夢中になってしまい、プラムやモラルにじっと集中してしまうのだった。僕はクォーターバックの仕事はほとんど知らなかったが、ブロックの相手を後から追加したり、新しいパスのコースや手順を学んだりすることが、たまにとはいえサイドラインでよくあった。それでノートを手に、あるいは食堂でバックスの人たちに彼らのポジションについて話を聞いた。

ニック・ピエトロサンテはライオンズの主力フルバックだ。ノートルダム大学の花形だった彼はしばしば全国的な雑誌を飾り、デトロイトで魅力的な選手だ——浅黒く、ちょっとバレンチノ*3ばりのイケメンで、髭そり用の石鹸やヘアローションの広告に出演しているのをテレビでよく見る。ランニング攻撃を時々にしか使わないチームの上、リーグにはグリーンベイのジム・テイラー*4やクリーブランドのジム・ブラウンといったスーパースターのフルバックがひしめいているため、ランニングバックによる長い距離の攻撃を期待するデトロイトのファンはピエトロサンテを俎上に載せ、しばしばブーイングを浴びせる。彼の価値はブロッカーとしての存在にあり、オープンへの素早い展開やライン中央でのトラッププレー*5が得意だ。それらは観客席からは見えにくく——明らかに選手たちが山になる——派手さはないが、堅実な価値ある

3〜5ヤードの前進をもたらす。
　広い走路を必要とするスイープやピッチアウトはピエトロサンテの得手ではない。彼自身が一番の特長と考えている予測力に基づいて、短いトラッププレー――ハットワンかツーで飛び出し、ほんの一瞬開いた穴に突っ込むプレー――を命じるよう、しょっちゅうプラムにせがむ。
「穴に突っ込むには、力とスピードが必要だ」とある晩、自室で語った。「力とスピードがすべてだ。100ヤードを9コンマ何秒で走る大きなバックスの話が多いが、過大評価されている。ジム・テイラーはすごい速さでラインを突破するわけじゃない。彼はもちろん鋭く俊敏だが、予測し、ブロッカーを利用することを驚くほどよく知っている。ラン攻撃には鍵になる瞬間が必ずある。ブロッカーが絡んだ瞬間で、どのような形であれブロッカーが相手を動かした時、バックスがいかにそれを利用して走るかだ。技術も伴うし、本能と予測力もだ――テイラーや優秀な選手はみな、それを身に着けている」
「クォーターバックがプレーを指示する時、何を考えているの？　中央に突っ込む時は、目を閉じているのかい……えー……上に人が重なった時は？」
「スクリメージについて心掛けていることはまず、プレーを知られないことだ」とピエトロサンテは答えた。「足でも目でもだ。もし、走ろうとする方向をチラっとでも見てそれが癖になったら、ラインバッカーたちは気がついて対応してくる。僕が主に考えているのはカウントと突っ込む穴だ。ボールのことは考えない。それはクォーターバックの責任だ。ポンティアックで僕のプレーを指示する時、覚えておいてほしいのは――ボールを僕に渡すことだ。僕は止まって、ボールを手渡されるまで待つことはしない。僕の頭にあるのはカウントと、それに合わせて飛び出すこと、目指す穴だけだ」
　目を閉じるのかという質問には答えなかったが、僕は追及しなかった。
「喜びは大きいよ。もっと正確に言うと、穴を通り抜ける、4人の大男たちをすり抜けるってことは。もちろん、最前列のラインマン4人の体格は大きくなっているし、動きは速いし、賢くなっている。だからこそ、喜びも一層だ」と彼は笑った。「彼らを突破することは普通、ラインバッカーも突破することだ——彼らがドロープレー*6を警戒して後ろに下がっていなければ——だから数ヤードは前進できる。ここが大学と違うところだ——大学はラインバッカーもバックスもみなライン近くに上がっているので、22人の選手が比較的狭い範囲に固まっている。そんな密集を走るのは大変だ。ここがプロ流のプレーをなし遂げられる才能ある選手に限りのある大学の否定できない現実だ。プロは広く離れて布陣してディフェンスを分散させるが、それを効果的にするにはスペシャリストやテクニシャンを必要とするからね」

「最前線の4人って、どんな連中なの？　ビッグダディ・リプスコムに向かって突進するって、どんな気分だい？」

「彼は守っている時、よくしゃべるんだ。誰にでもあの自信たっぷりで、やけに愛想のよい声で、やろうとしていること——誰それをノックアウトしてやるとか、誰それを懲らしめのために絞り上げてやるとか。彼はそれができるんだ。まったく派手な性格だ」とピエトロサンテ。

「アレックス・カラスに向かって走るのはどんな気分だろう」

「機敏なタイプに見えないけど、試合が始まった途端に彼は準備万端だ。何でもできる。あのポジションのジョニー・ユナイタスだ——直感力、体格、運動能力、バレーダンサーの優雅な動き……」。ピエトロサンテは“優雅”と言った。僕が驚いているのを見て「そうだ。彼の愛称の一つは“つま先立ち”って言うんだ——信じられないだろう。立っているのを見たって、グラウンドに倒れているように見える男だもの。だけど、ひとたび動き出すと体中がバネとコイルでできていると分かるんだ」

「ロジャー・ブラウンは？　彼はどうだい？」

　ピエトロサンテの表情に笑みがゆっくり浮かんだ。「僕が言う必要があるかな。ポンティアックでの試合でじかにロジャーが分かると思うよ。ベンチに座りっぱなしじゃないだろうから」

「まぁ、それもそうだ」と僕。

「彼はロビーにいるよ。行って、打ち合わせしておくといいかもね——

少なくとも仲良くしておくことだ」
「そうだね。いい考えだ」とまた僕。
僕はディフェンスでもオフェンスでも、ブラウンのように大きなインテリアラインマン*7のポジションをやる気はなかった。フィールドでは彼らの練習に挑戦した。そりの形をしたブロック練習機もやったし、おが屑を敷いた格闘場で、行楽地の構造物のような鉄の支柱に取り付けられた滑車から鎖で吊り下げられた大きな革のダミーにタックルもした。整列して一人ずつダッシュすると、ダミーに当たるたびに支柱がギーギーきしり、滑車がキーキー鳴る。タックルのコツは腕でなく肩を使い、格闘場の端まで足をかき続け、肩から背中へとダミーを滑らせることだ。最初、僕がやったように、ダミーに腕を巻きつけて捕まえ、倒そうとすると、水泳プールでゴム製のセイウチがひっくり返るように、ダミーはくるりと体をかわして頭の上に行ってしまい、惨めにも退散せざるを得なくなる。アルド・フォルデが叫ぶ。「頭を上げろ、足を動かせ、進め、進め、進め——頭が下がると転ぶぞ。頭を上げて、上げて、上げて！」
フィールドのずっと隅にあるブロック練習機は防具をつけた７人のラインマンが同時に突進して脚をかく。その圧力を和らげるために、ぶつかる部分は詰め物で覆われて丸くなっている。ビンガマンが乗ったそりは草の上を滑っていく。車を押すようで単純に見えるが、片手をグラウンドに突いたスリーポイントの構え*8から、レギュラーのラインマンのようにすごい勢いでタイミングよく飛び出すのは難しいことが分かった。ビンガマンは飛び出すタイミングを告げ、クォーターバックの抑揚で「ハットワン、ハットツー、ハットスリー」と叫ぶ。ラインマンは横一線になって、数が何であれ、１秒の何分の１でも先手を取ろうと「ハット」と言った瞬間にスタートする。そりは僕の肩が当たっていないのに動き出す——僕は前にバッタリ倒れそうになりながら、逃げる動物を捕まえようとするようにグラウンドすれすれに追いかける。そりの支柱を覆う詰め物に肩がぶつかるまで。選手たちは時々、このそりで悪ふざけをした。飛び出すタイミングを内緒にして、そりに突進するのを僕だけにした。他の選手の助けもなく、ビンガマンの体重が加わったそりに当たるのは、壁に肩をぶつけるようだった。選手たちは皆立ったまま笑い、フォルテは「脚をかけ、進め、進め、進め。頭を上げて、上げて、上げて！」と叫ぶ。

僕はオフェンスとディフェンスのラインマン同士が戦う“クルミ割り”に加わる気は起きなかった。この練習はラインマン同士が頭をぶつけあい、防具が音を立て、激しい動きで限りなく物悲しい喘ぎを伴うもので、見る者に十分に用心してかかる必要があると教える。この種のぶつかり合いではよくけんかになると聞かされた。ぶつかり合いながら冷静を保つのは難しい。ぶつかられると――ついには気持ちを抑えられなくなって殴り合いが始まる。前の年、カラスとゴーディがけんかになった時は４～５人がかりで２人を分けた。それでも２人はルームメートだ。殴り合いは２～３分以上は続かない。ウィルソンは時々、けんかについて話した。フライデーのトレーニング室には言い争いをやめさせるためにボクシングのグラブが一組あるが、フィールドにはない。グラブはほこりをかぶっていた。感情の爆発は起こるのと同じくらいあっさりと消える。

インテリアラインマンのポジションはただ体重が重ければよいと思ったら大間違いだ。フランカーやエンドにとってのフェイントやフェイクと同じくらい、タックルにとってずる賢さは大事な資質だ。ロジャー・ブラウンもアレックス・カラスも常に体重を減らそうとしている。弱くなろうというのではなく、体重とスピードを連動させることができれば、彼らの攻撃が強力で機敏になるからだ。ブラウンと話をしてこのことを知った。ピエトロサンテの忠告に従って彼を訪ねたのだ。彼は自分のポジションについて喜んで話をしてくれたが、肉体的に必要なことよりほとんどが技術的な側面だった――つまり、彼は小さな肘掛椅子から半分はみ出した巨体を軽視していて、オフェンスに対してプレーを成功させた理由として、肉体以外の要因を重視しているようだった。

例えば、彼が詳細に語った“鍵”の大切さ――“鍵”というのは相手選手の行動から割り出した、プレーを読むうえで有益なヒントのことだ。彼は目の前のガードを“鍵”にする（この言葉は名詞にも動詞にも使われる）。次のその左のセンター、さらに遠いサイドのガード、最後に視界に入るバックス——ボールがスナップされると同時に彼らの動きを見る。攻撃に対応して動く時、相手が何をしようとしているのかをその観察結果から判断しなければならない。それは単純じゃない。前のガードが左のセンターの方向にスタートを切ったら、その方向のエンドランを示しているが、あるいはオフェンスが彼をだまそうとしているのかもしれない。ガードは１歩か２歩、左に踏み出すと逆戻りする。もしブラウンがエンドランを止めることしか考えず、彼に従って動くと、オフェンスは実際のプレーの方向から彼を遠ざけることに成功するだろう。オフェンスの動きはディフェンス、特に巨大なインテリアラインマンがそう思い込むようデザインされていて、その思い込みを利用する。ガードのフェイントが功を奏すれば、オフェンスはネコのように素早い300ポンドのディフェンス選手をブロックすることなくプレーを成功させられる。だから、ディフェンスにとってきまり悪さから救われるためだけでも、“鍵”を読むことは強さとスピードの次に欠かせない付属物であり、経験とともに成功も増える。例えば、目の前のガードが左にスタートすると、ブラウンは知っている次の“鍵”を探す。ぼんやり見えるバックスの動きが何かを告げている。もし目の隅で、追跡するディフェンス選手をブロックしようとセンターが後退しながら身構えるのが見えたら、反対のサイドのパワープレーを意味しているのはほぼ確実だ。こうした“鍵”を読むと、ブラウンはセンターに向かって左に走り、スクリメージラインに沿って選手たちが“カットオフ”と呼ぶ地点を目指す。そこはボールを持ったハーフバックが密集から抜け出し、ダウンフィールドへと切れ込む地点だが、しばしばブラウンが待ち構えているところでもあるわけだ。

見ている者には単に強さを示すに過ぎない、頭から真っすぐ突っ込むブロックでさえ、限りなく精妙だ。相手のガードとぶつかり合う最初の数秒でブラウンは押し勝ち、後退させる爽快感を覚えるが、相手にだまされて定位置から誘い出されるか、トラッププレーに引っかかるかもしれないとすぐに気づき、突進するのを控える。同じように、パスプレーでクォーターバックが目に入ったら、彼がもはやドロープレーをする位置にいないことを確かめるまで最終的な判断を先送りする。ブラウンは両手でブロッカーを抑えながら、クォーターバックが“ロールゾーン”*9を出るかどうか半秒間待ち、まだボールを持っていたら追いかける。

プロテクションを破りクォーターバックを捕まえる。彼を包み込み、プレーを断念する前にパッサーのヘルメットが一瞬見せる最後のあがきを眺める。抱き着いて倒すと、ボールを守って腹に抱え込んだクォーターバックの体が二つに折れ曲がる——これほど満足感を与えるものはない。試合で１回か２回、これをやらない限り、ブラウンはいい試合だったとは思わない。

「うーん、どんな喜びだろう」と僕は尋ねた。ダイナ・ワシントンのレコードがかかっていて、隣のベッドでは腹ばいになったナイトトレイン・レーンが見つめていた。

ブラウンは肩をすくめた。

「じゃあ、腹が立つことは？」

眼鏡をかけた目をしばたたかせた。目が悪いなんて妙な気がする。僕はある晩、天井の電灯の回りをしつこく飛び回る大きな蛾を彼が叩こうとしていたのを思い出した。「まだ飛んでる」と叫びながら、大きなタオルを振り回すので、ナイトトレインは部屋から追い出されてしまった。

「いや、怒鳴り散らすことはない。だが、感情はあるよ。トレイン、あんたは分かるだろ？」とレーンに言った。「けがをさせたすべての選手を思い出す。そして相手チームの連中は俺にもそうしようと狙っているんだと、自分に言い聞かせる。だが、彼らはそんなことはしない」

ナイトトレインはうなずいた。「お前さんは……あー……殿堂入りするだけあって友達が多いな」

ブラウンはちょっと彼を見つめると続けた。

「憎しみじゃない。心から勝ちたいと思っている。その気持ちはクォーターバックを捕まえるためにはいいが、友情を引き裂きたくはない。よく聞いてくれ。俺はここにいるのを彼に知らせたい、確実に。だから、大いに心が高ぶるんだ。家で妻といる時と、フィールドに出た時ではジギル博士とハイドのように違った人格になる。フィールドではね」と彼は笑い出した。「フィールドでは自分自身にさえ会いたいと思うかどうか……つまり普段、周りにいる人とは会いたいと思うんだが」

彼は両手を広げた。頭文字のRBをダイヤモンドで浮き彫りにした大きな指輪が手を動かすたびに輝く。

ナイトトレインが僕を見てクスクス笑い出した。「ジョウジ、ロジャーと不仲になれそうか？　ロジャーが君を追い回してハーハー言わせるかどうか——ポンティアックで君が聞きたがっている質問だろ？」

「ロジャーのお気に入りの慈善活動に何かしらの寄付をする時が来ると思うよ」と僕。

ロジャーは座ったまま笑った。彼のあごはとても幅広く、歯は頑丈で１本ごとに間隔があるのですきまが見える。とても優しい性格だ。椅子から立って、黒い中折れ帽を取ってかぶった。小さく、とても高く見えた。

「似合うかい？」

「試合の後は何をするの？」

「熱い湯につかる。あごに水をかけると気持ちがいい。妻はエプソム塩を浴槽に入れながら、試合であったことや自分がクォーターバックだったらどうしたかを話す。大のフットボールファンで、俺の試合なのに俺より長くしゃべるんだ」

もう１人のタックル、アレックス・カラスの欠場の大きさを尋ねた。彼は首を振ると、カラスの穴を埋めるために獲得したフロイド・ピーターズを評価しているが、今シーズンはずっとガードとタックルが２人掛かりで止めにくるだろうし、フルバックも加勢するだろう。インサイドから侵入しようとすると、センターまでも後ろに下がって阻止しようとすることを覚悟していると言った。カラスが隣でプレーしていれば——彼の能力からみて——オフェンスはブロックを１人に集中させる余裕はなくなるのだが。

フットボールの喜びについて、ブラウンは特に饒舌ではない。ベッドにいるナイトトレイン・レーンはもっと意味深いことを言わせようとする（トレイン自身はフットボールへの愛を語ると興奮して、少なくとも普段以上に話が分かりにくくなる）が、ブラウンは頑固だ。最もうれしいのはチームの勝利であり、良い試合とは少なくとも１回、クォーターバックを捕まえて投げ捨てることだ。あまり打撲傷を負うこともなく、塩を入れた湯船に長時間つかるなどという喜びは些細なものだ。

ブラウンやトレインと一緒にいるのは楽しかった。気楽に話ができた。清涼飲料とナビスコのクラッカーを出してくれ、しばらくダイナ・ワシントンのレコードを聴いた。２人とも僕がチームをどう見ているかに特別な関心を持っていた。僕は団結の強さ――少なくとも僕の目には堅く編まれたように見える――が印象深いと言った。もちろん、成績が悪くなるとどうなるか分からないが。

「そうだな、みんな部屋でひそひそ話を始めるんだ。すぐ分かるよ。不調だとか、連敗中とかのチームの更衣室をのぞくと、おやおや、オーナーが隅に座ってコーチたちとひそひそ話をしているし、選手たちはみな集まって小声で話す」。トレインはベッドに仰向けになった。「あんな惨めなことはないよ」

チームの強さについて話しているうち、人種の違いが問題になるのかどうか疑問に思った。プロフットボールにおける人種問題についてブラウンに聞くたびに、話しにくそうだった。エキシビション試合で昔、ノースカロライナに行った時、黒人の女性が彼とのデートを断った。彼の肌が薄すぎるというのが理由だった。「だから両方あるんだ」と彼は言った。

ベッドのナイトトレインが言った。「言うことを聞かなかったのは、お前さんの300ポンドの体重が関係してるんじゃないの？」

「彼女は体重のことなど一言も言わなかった――色の濃い薄いだけだ」とブラウン。

白人選手も人種問題を深く話したがらない。その話題を避けて、プロフットボールで重要なのは何をしたかで、それがすべてだ。チームにどれだけ貢献したか、その能力で評価されるビジネスだ、とよく言われた。チームとチームプレーが絶対的という考え方で、他のことは問題ではないとすべての選手が知っている。偏見を持つことは選手として終わりを意味する。ポジションを奪おうとする新人に反感を持つことはあるだろう——実力と実力の闘いだ——が、人種や肌の色に関する偏見は暗黙の掟を破る違反だ。ライオンズは早くから黒人チームメートを含めいかなる蔑視にも反対してきた——エキシビション試合の南部遠征の際、ホテルに泊まりにくいことがあったが、チームは結束して経営者に差別撤廃を働きかけた。

それでも状況は逆説的だ——日々の新聞では公民権の見出しが躍っているのに、話題になることはめったにない。トレーニングキャンプでの共同生活での選手同士の関係はうまくいっている——競争の激しさは別にして——のに、外の世界は依然として偏見が生きていると彼らは考えている。チームのほぼ３分の１を占める南部出身者は学校や地域社会での差別撤廃に基づいてしっかりした、そして期待されたとおりの考えを持ち続けていた。トレーニングキャンプではいかに親しい関係に見えても、オフシーズンに黒人と白人が親しく交際することはほとんどない。

フットボールは厳密にビジネスだと言われるが、探す気になれば偏見と汚点を見つけるのは容易だ。あるコーチは原則としてチームに６人以上、黒人を入れたくないと語った。それ以上になると、彼らは派閥を作り——彼の考えでは——チームという非常に重要な概念が歪んでしまうと。

チームとともに一度、西海岸に行った時、試合後、ライオンズの選手たちとバーに立ち寄ると、相手チームのクォーターバックがいた。その試合はライオンズが勝ち、彼を手荒く扱った。もっとも、僕たちがドアを開けた時、彼はニヤッと笑ったのだが。彼はマグカップでシャンパンを飲んでいて、すでに相当酔っていた。自分のチームの黒人選手を批判し始めると、次第にリーグ全体へと広げ出した。黒人はぶつかり合いを嫌がる、このゲームをするだけの勇気がないというのが彼の考えだった。バーにいた人たちは茶々を入れた。

よろめきながら彼は言った。「いいか、よく聞け。例えばラインバッカーだ。ボールキャリアを探してつぶすのがラインバッカーだ。NFLに黒人ラインバッカーは何人いる？　１人か２人だろ。言ったように、奴らにはできないんだ、尻込みして。ランニングバックも同じだ。俺のチームのやつも同じで、腰を引いちゃう。だから俺は奴らより足の遅い白人フルバックにハンドオフしたくなる。俺がハンドオフするのは根性がフニャフニャの野郎ばかりだ。なぜ黒人のバックスにハンドオフしなくちゃいけないか、知ってるか？　NAACP*10がそうしろと言うからさ。近ごろは彼らが物事を決めるんだ、コーチじゃなくて」

聞いていて恥ずかしくなった。誰かが言った。「くだらない、まったくくだらない」。ホテルに戻る車の中でジョン・ゴーディに聞いた。彼はテネシー州ナッシュビル出身の南部人だ。

「試合でひどい目に遭ったし、シャンパンに酔っていた。あのチームにはいいフルバックやハーフバックがいない。ジム・ブラウンがフルバックにいるとか、レニー・ムーア*11がいたら、あんなことは言わないし、たぶんあんなに飲み続けないだろう」

「だが、偏見は消えない――あの男の場合はむしろ頑迷さだが」

「あのクォーターバックは頭は良いが、プレッシャーがかかっている。負け続けていて、本来の分別を失っている」

「まぁ、いいだろう。偏見と呼ぼう。それは残るだろ？」

「もちろんだ。消えっこない。リーグに来た時すでに――家庭や学校で――偏見を持っているし、それを変える出来事はそうは起きない。でも理解することは増やせる。結局、一緒に生活しプレーすれば、簡単だと分かる。たぶんそれは偏見を徐々に取り除くだろう。だが十分じゃない。共存するだけさ」

＊1　レオ・ノメリーニ　1924～2000年。ディフェンシブタックル。50～63年、サンフランシスコ・フォーティナイナーズでプレー。プロボウル10回。69年、名誉の殿堂入り。オフシーズンはプロレスラーとして活躍した。

＊2　ブロンコ・ナガースキ　1908～90年。フルバック。30～37年、43年シカゴ・ベアーズでプレー。プロボウル4回。63年、名誉の殿堂入り。

＊3　ルドルフ・バレンチノ　1895～1926年。米の美男俳優。薬物、アルコールの過剰摂取で早世。6人の女性が後追い自殺したと伝えられる。

＊4　ジム・テイラー　1935～2018年。フルバック。58～67年グリーンベイ・パッカーズなどでプレー。プロボウル5回。76年、名誉の殿堂入り。

＊5　トラッププレー　オフェンスのラインマンが、対面するディフェンスのラインマンをブロックせず横に動くことで、誘い込まれたそのラインマンを別の選手が横からブロックするプレー。

＊6　ドロープレー　パスプレーと見せかけて、わざとディフェンスのラインマンを突っ込ませ、空いた穴をボールキャリアが走るプレー。

＊7　インテリアラインマン　プリンプトンはディフェンスのラインマンにも使っているが、通常オフェンスの最前列に並ぶ7人のうち、両端のエンドを除いたセンター、ガード、タックルの5人を指す。

＊8　スリーポイントの構え　ボールがスナップされる直前にラインマンやランニングバックがとる姿勢。両足をやや開き、片手をグラウンドに着ける。

＊9　ロールゾーン　クォーターバックがパスを投げず、ボールを持って横に走るプレー（ロールアウト）に適した区域。

＊10　NAACP　National Association for the Advancement of Colored People。全国有色人種向上委員会。黒人などの市民権擁護・拡大のための運動組織。1909年結成。

＊11　レニー・ムーア　1933年生まれ。フランカー、ランニングバック。56～67年ボルティモア・コルツでプレー。プロボウル7回。75年、名誉の殿堂入り。

19

ある日、午後８時の教室の始めにジョージ・ウィルソンが告げた。「次の土曜日の夜——わずか４日後だ——ポンティアックで本格的な紅白試合をするぞ。幹線道路で１時間半だから、ここで試合用のユニフォームに着替えてバスで行く。照明の明るい素晴らしいスタジアムだし、観客も大勢来るだろう。ちょっとしたセレモニーがあり——一日女王が登場し、花火や楽団もある。試合前にはいろいろなコンテスト——パントに短距離走、フィールドゴールのキック、パスの正確さ競争——がある。参加者は多いし賞金も出る。出場したい者はホークに申告すること」

紅白戦の得点はどうするのかと誰かが質問した。

オフェンス組の得点は試合と同じ。ディフェンス組はファーストダウンを許さなければ１点、ファンブルリカバー、インターセプション、フィールドゴールのブロックが２点だとウィルソンは説明した。

「新人たちには絶好のチャンスだ。君たちがどんなプレーをするのかを見たい。第３のクォーターバックも出すつもりだ——僕は心臓が跳び上がった——控え選手の力も知りたいからな」。彼は僕の座っている方を見回した。

「ウィットロー」。彼は大柄なセンターに言った。「センターからスナップを受け取るのは上手になったか？」

「ええ、彼は……あの……上達してます」とウィットロー。

「ウィットロー、練習が終わった後、少し残って彼のプレーを手伝ってやれ。エンドのギボンズとコグディル、それにピエトロサンテもだ。いいな」

大男たちがうなずいた。

テリー・バーは椅子から体を乗り出して「学ぶことは何でも学んだほうがいい。いかれた新人ラインマンたちは君を手柄にしようとしているからな」とまじめに言ってうなずいた。「もし誰かが君をポキンと二つに折ったら——文字どおりの意味で——球団は奴を解雇しないだろう。殺し屋を見たい客でタイガースタジアムを満員にしてくれるからね」

「その新人たちを出し抜くために、4日間で足が痛くなったとかなんとかしなくちゃ」

僕の心を読んだように、ウィルソンが言った。「いいかみんな、試合前にけがをするな。我々は君たちが何ができるかを知りたい——筋肉がつってベンチに座るような者は必要ない。そういう者はスーツケースの荷造りを考えた方がいい」

ライオンズでの最大の話題——話題ではなく関心事——は健康状態で、チームミーティングでジョージ・ウィルソンはほとんど毎晩、それを取り上げた。「牛乳は飲むな。食べ物のためにリーグから放り出されないようにしろ。泳ぎもやりすぎるな。筋肉がつりそうになったら焦らずに休め。特にレシーバーとハーフバックは」

体育館の端のトレーニング室は人気一番のたまり場だ。"マラード"とも"ディック"とも呼ばれるミラード・ケリーが主任トレーナーで、2人の助手が選手の足首にテープを巻いたり、部屋の周りに並んでいるさまざまな機器を動かす仕事をしたりしている。大きな渦巻式の浴槽が二つ、そして隅に四つか五つのダイヤルの付いた大きな黒いピアスト筋肉刺激器という箱がある。その箱に取りつけられたパッドを腕や脚にかぶせると筋肉が否応なしに跳び上がる。また「物理療法器」と呼ばれる歯科治療用のような大きな機器があり、毎秒10万かあるいは100万周波数の超音波を出し、筋肉の奥深くを刺激すると聞かされた。ほとんどすべての機器はいずれにしろ水流か電気的刺激によって血行をよくして患部を早く治すように作られている。トレーニング室とその使い方や機器はジョン・ハイズマン*[1]——大学フットボールの最高栄誉トロフィーは彼の名にちなむ——の時代からあるが、彼は石鹸と熱い湯は体を弱らせると信じて、コーチをしていたころは使わないよう指導した。

トレーニング室は朝食後の８時半から混み始める。最初にやって来るのは新人たちで、２台のマッサージ台に１人ずつ飛び上がり、足首にテープを巻いてもらう。ベテランたちはその立場のお陰で自室で15分から20分横になる時間がある。

練習後、部屋は再び混雑する。冷えたレモネードで疲労を解消させるバケツが二つあり、暑い一日を終えた選手たちは群がるように飼葉桶を取り巻いて、ひしゃくか小さな紙コップですくうと一口か二口で飲み干し、氷をかき分けてまたすくう。トレーニング室の雰囲気はとてもにぎやかで——おしゃべりの場としては更衣室の暗い廊下や寮の狭い部屋があるが、そこに戻るよりここに集まる。だから時に喫茶店並みの騒がしさだ。ブルース・メイアが片脚を浸しながら水槽の縁に腰かけ、ギターをつま弾いて歌を歌う。他の選手たちはマッサージ台に並んで座って冗談を言い合う。いろいろな出来事があった。トレーニング室を出た小部屋ではバーベルを使って筋肉を鍛えている者がいるし、僕がのぞくたびに壁を相手に筋肉強化に励む選手が何人かいたものだ。

選手に妙に人気のある場所がある。シカゴ・ベアーズにフレッド・デービスという名の大きなタックルがいた。彼は更衣室の雰囲気をとても気に入っていた。いつも最後に出てくるのだが、着替えが遅いためではなく、部屋に居残るのが好きだからだった。安心感があるとか。恐らく彼は家庭的な人々の間で一番気楽で幸せな時代を過ごしたのだろう——使い古された木のベンチ、ガタピシと音を立てる軽いドアがついた金属製のロッカーは白い木綿靴下のつま先を引っ張るための穴が開いていて、ちゃんと吊り下げられるので乾きやすい。湿布薬の匂い、微かな塩素臭と消毒用アルコール、汗、山積みのタオル、そしてシャワーの緩んだ蛇口から漏れる水——すべてがデービスの癒やしだった。それを知ったベアーズの用具マネジャーは練習が終わってもしばらく鍵をかけなかった。「お～い、デービス」と呼ぶと、ロッカーが並んだ静かな奥から「待ってくれ、すぐ行く」と返事が返る。やがて出てくると「誰かに靴ひもを隠されちゃって」と言い訳するのだ。

トレーニング室は人けのない更衣室より、明らかにずっと居心地がよい。しかし、にぎやかではあるが、消毒薬の匂い、包帯と注射器が並んだ磁器製の戸棚の眺め、棚板に丈の低い瓶が並んだ情景は僕にとって落ち着かず、いつも不安になる。トレーニング室にいると、できるだけ近づきたくない医者の診察室にいるような気がするのだ。足首にテープをしてもらい、ドアの脇の箱から塩とビタミンの錠剤を受け取る（それは義務付けられている）と、その後は練習後、レモネードを飲みに戻るくらいだ。

他の連中は僕ほど神経質ではないが、けがに関しては完全に無視しようとする態度がはっきりしていた。スクリメージで１人がけがをすると、他の選手は露骨に背を向け、けががお多福風邪のように伝播するかのように遠ざかる。けがは大したことなさそうだが、自分の足ではすぐに立てないような時、彼らは痛みは心の問題で、意思で片づけられるかのように「忘れろ」「何でもない」「立て！」とほとんど叱るように言う。選手が痛がっていて、ケリーかトンプソン医師が走ってきても、彼らは選手を無視して何事もなかったかのように目をそらす。

けがはフットボールの中で、悪夢のように最も嫌われる側面だ。脅威を操作できない——予測できないし気まぐれですらある——性質だからだ。1960年のシーズン前、テキサスでシカゴ・ベアーズと取るに足りないエキシビション試合をした時、デトロイトの14選手が大けがをした。優勝のチャンスはついえた。試合は特に激しくはなかった。それに比べて1940年代、ライオンズが戦ったもっとも荒っぽい試合では１人がけがしただけだった。ロイド・カードウェルという選手で、ハーフタイムに水を飲もうとした時、噴水式の水飲み場に突進してきた男を抑えようと屈んで脊椎２本を圧迫され、担架で運ばれた。

このように、優勝でさえチームの健康と、しばしば１人のスター選手の体調に左右される。ライオンズと一緒にいたころ、テリー・バーは膝の靭帯を手術した後で調子が悪かった。彼の膝がしらに沿って２本、長い手術跡があった。全力で走るのが難しかった。一度、僕にこう話した。「毎晩、膝を見ると泣きたくなるよ」。彼の不安はチーム全員——同僚、コーチ、オーナー、ファン、そしてテリー・バーの膝に何が起こっているのかをコラムに書いた記者たちにも共通だった。複雑で継ぎはぎ細工のような外科手術、トランジスタ並みの細い血管が入り組んだ場所が大きなストレスに耐えられるかどうか全員が危ぶんでいた。

けがは時々、報道陣にも伏せられる。ある年、アレックス・カラスが足首を痛め、横に機敏な動きがしにくくなった。素早い横への跳躍が相手選手のバランスを崩し、怒涛の速さで相手のバックフィールドに突進することを可能にする。まるで早送りした漫画映画で洗濯女が走るのを見るようだが、実はフットボールで最も破壊力のある突進なのだ。けがは秘密にされたため、次週の対戦相手だったグリーンベイ・パッカーズはカラスの動きの悪さに付け入ることができなかった。限定されたとはいえ、前に真っすぐラッシュするだけの力強さをカラスは十分持っていた。しかし、相手のオフェンシブガードは新人で、その午後は大変な目に遭うぞと聞かされていたが、恐れていたほどではなかった。彼はそれを口に出し、印刷されるというミスを犯した。両チームが再び対戦する１週間ほど前、ある記者がカラスとまた対戦することをどう思うかと尋ねた。グリーンベイの新人は「そうですね。前の試合ではそれほど大変ではありませんでした。彼は過大評価されています。多彩な動きはなかったし――少なくとも僕が対処できない相手じゃありませんよ」と答えた。

新人の発言内容はミシガンの新聞に掲載され、カラスに届けられた。彼が関心を持つことをライオンズの選手たちは知っていた。足首のけがは完治し、体調は完全だった。チームメートは彼が記事の切り抜きをじっと見つめるのを観察した。カラスが「ヒッ、ヒッ、ヒッ」と笑って、手の指をポキポキと鳴らした時、仲間たちは新人を心配して首を横に振った。カラスが口を閉じたまま食堂で見せた嘲笑と独り言に新人の名前があったことを心に留めた。

その日の試合はライオンズにとって高級な喜劇を見るようだったという――ディフェンスチームとともにカラスが走っていくと、全員がベンチを後にしてサイドラインに立った。彼が新人に何をするのかと注目した。翌週、試合のフィルムが映されると、選手たちはマック・セネット*[2]の喜劇映画が上映されているかのように椅子を前後に揺すって笑いこけた。「何と言ってよいか、哀れな新人はメチャメチャにいじめられ、完全に壊されちゃった。ロンバルディはとうとう奴を引っ込めざるを得なくなった。カラスは奴を飛び越えたり、脇をすり抜けたり、下をくぐったりしてグリーンベイのバックフィールドをもてあそんだ。その新人が口を開けたままフィールドを去る時、アレックスは息切れもせず、まるで練習にもならないといった様子で『おい、間抜け面、今日の動きは気に入ったかい？』と言ったもんだ」とピエトロサンテは語った。

ピエトロサンテ自身は妙な持病を持っている。ある晩、トレーニング室を出ると僕に言った。

「ちょっと打ち明けたいことがある。僕は痛風持ちなんだ」

「まさか」。僕は笑った。

「ホントだよ。足の親指だ、マラードかトンプソン医師に聞けばいい」。後で２人に聞くと本当だった。彼らが僕をからかったのではない限り。

夕食後のある晩、ピエトロサンテの部屋でけがの理由で多いのは何かと聞くと、クリッピング*[3]に似た二つを挙げた。どちらもルール違反ではなく「クローズライン」と「クラックバック」*[4]と名づけられている。前者は主にラインバッカーが使うディフェンス技術で、腕を伸ばしてボールキャリアを引っ掛けるように倒す。後者のクラックバックはフランカーやエンドがラインバッカーに対して使うブロックの技だ。

ニック・ピエトロサンテはクラックバックはいずれ禁止されるかもしれないと言った。「危険すぎるんだ。どうするかと言うと、スプリットエンドかフランカーがスクリメージラインを２～３歩出ると中央にカット（クラックバックと言う）してラインバッカーに突っ込むんだ。ラインバッカーはプレーに集中しているから目に入らない。まるでクリッピングみたいに速度をつけて横から脚をブロックする。フランカーやエンドは大きくはないが、脚は速いしラインバッカーの膝に全力で突進するから、もし死角から強烈な当たりを食ったらまったくお手上げだ。一巻の終わりさ」

「コーナーバックやセーフティが警告しないのかい？　彼らはフランカーがカットインするのが分かるだろう」と尋ねた。

「フランカーが何を考えているかは分からない。パスを捕りに中央に入ってくることもある。もちろんフランカーがブロックしようとしているのが分かれば、コーナーバックは叫ぶ。ほとんど悲鳴みたいに。『クラックバック！　クラックバック！』と叫び、聞こえたラインバッカーはちょっと振り向いて、膝へのブロックを防ごうと両手を下げる。クラックバックに対してラインバッカーがどう思っているのか知りたかったら、バジャーでもシュミットでもキングでも廊下の先のラインバッカーの部屋に行って『クラックバック！』と叫べばよい。跳び上がって、ガラガラヘビがとぐろを巻いているみたいに足元を探るだろうよ」

「ホントだと思うよ」。ピエトロサンテはうなずいて言った。

「叫ぶのは危険だよ。逃げられる余地がないとね。あるいはエンジンをかけたまま外にフェラーリを停めておくとか……」

「クローズライン」についても尋ねた。練習フィールドで実際にやるのを見たことがある。やり方は単純だ。多くの場合、ラインバッカーは守備範囲に入ってきたレシーバーが肩越しにクォーターバックを振り返る瞬間、ただ腕に力を入れて真っすぐ突き出すだけだ。すると、走ってきたレシーバーが引っかかり、脚は一瞬、前に回転するが頭は遮断機のような腕で停止し、袋が破裂するような音を立てて背中からグラウンドに激しく叩きつけられる。

ピエトロサンテはクローズラインの話をしてくれた。1959年のセントルイス・カーディナルズ戦でディバイド*[5]というパターンでパスを捕り、ダウンフィールドに走ろうとした。カーディナルズの選手と鉢合わせした時、きれいな当たりだったが、彼はタックルする代わりに腕を振り回してクローズラインを仕掛け、ピエトロサンテをぶっ倒した。ヘルメットのバーが折れ、唇を３針縫わなければならなかった。

ピエトロサンテには当たられた感触が口に残った。「誰がやったのか考えたことはなかった。その試合で膝を痛めたので、考えることが他にもあった。その年の終わりにブレッツシュナイダーがカーディナルズから移ってきてルームメートになった。もし忘れずにいたら誰がやったのか聞いただろうが、僕は気にしていなかった。それが２年後の1961年、同室になって２年たって告白する気になったんだろう。ある日、下を向いて『あの……ニック』と言って、自分がやったと認めたんだ」

「まァ、その時は気持ちの整理はついていた。その上、考えてみればラインバッカーというのは恐ろしく辛いポジションだ。バックスを止めなくちゃならないし、何しろ抜かれないことが大切だ。クローズラインは大きな武器なんだ」

「彼らにその手があると知っているから、僕は走るのが心配なんだ」

「クォーターバックが“足音を聞く”と言うのと同じだ。後ろから誰かが近づく音がしたら、クォーターバックは体を縮めるか、早く投げるかする。気をつけないと……一巻の終わりだ。ラインバッカーたちもクラックバックに注意しているから、足音を聞いている。エンドやバックスがクローズラインに対するのと同じだ。ディフェンスの第二列に侵入すると、また厄介ごとが待っている。肩越しにクォーターバックを見ようと振り返るたびに、どこかにクローズラインの罠があるのではないかと心配になる。これがパスに出たバックスやエンドがすぐに振り返らない理由だ――彼を殴り倒そうと伸びた腕を本能的に探しているんだ。だからクォーターバックがパスを投げると、ラインバッカーやセーフティが「ボール！　ボール！　ボール！」と叫ぶだろ。時にはとにかくパッサーの腕が上がる前に「ボール！」と叫ぶラインバッカーがいる。フランカーがボールを見ようと振り返るとボカン！　クローズラインに引っかかると言うわけだ」

　ちょうどその時、偶然にもジョー・シュミットとウェイン・ウォーカーが通りかかり、中をのぞいた。反射的に僕は跳び上がった。不思議そうな顔で見つめながらウォーカーが尋ねた。「立ち上がったのは尊敬の念からか、それとも恐怖心からか？」

「たぶん両方だ。ニックに君たちのポジションの話を聞いていたところだ――武器についてもいくらか」

「噛まれたみたいに跳び上がったぜ」とシュミット。

「実を言うと、誰かが部屋に入ってくると僕は必ず立ち上がるんだ」
「さっさと逃げ出して、早くシャワーを浴びたいからじゃないか」とウォーカー。
「それじゃ、僕が行こう」。ピエトロサンテはそう言って肩にタオルをかけた。「この新人を楽しませてやってくれ。君たちが兄弟と呼ぶジム・ヒルやペリントンといったひどいラインバッカーやコーナーバックの話を聞かせてやってくれ」。そう言い残して、玄関へゆっくり歩いて行った。

２人のラインバッカーも腰を下ろした。２人はセントルイス・カーディナルズのコーナーバックでオールプロのジム・ヒルの話を少しした――レシーバーが守備範囲に入ってくると、怒り狂ってすべてをメチャメチャにする小型の竜巻のように動く――鉄棒、泡立て器、車のフェンダーをかき回し、渦に近づく者は誰でも強打を見舞う。プレーが止まると、横殴りの一発で脱げたか、守備範囲を走り抜けようとしたフランカーから奪い取ったかしたヘルメットがヒルの近くに転がっていることもしょっちゅうで、彼は相手レシーバーのスピードや機敏さに対抗しようとするより、この種の接触に多く頼っている。

シュミットが言った。「能力に合わせていかにプレースタイルを適応させるかが問題だ。汚い選手もいるし、汚いチームもある。グリーンベイはそうあるべき試合をする。ロンバルディは純粋主義者だから、あのチームとの試合では野蛮な手を気にすることはない。パッカーズのプレーは少ない――単純なオフェンス、比較的単純なディフェンス、それを完璧に仕上げてくる」
「昔より今の試合の方が荒っぽいのかい？」
「すべてが昔より激しく、一筋縄ではいかなくなっている。だが、俺がプロになったころは、もっとどん欲だった。もちろんその大部分はボビー・レーンがらみだったが。フィールドではコーチより彼の方がずっと重要だった、なんてことがよくあった。試合の最中に、期待通りに動かない選手を代えろとコーチに言うんだ。『あのバカ野郎を引っ込めろ。でなかったら俺がつまみ出してやる』と叫ぶんだ。本気で言っているのはコーチも知っているから、青二才は引っ込められる。まったくレーンのチームだった。彼がすべてを牛耳っていた。試合後は派手にシャンパンパーティーを開いた。ブレッツシュナイダーが一度、テニスシューズにトレンチコート姿——下に何も着けずに——でパーティーに姿を現したのを覚えている。どこから来たのかとか、何を考えていたのかとかは知らないよ」とシュミット。
「技術的にはどうなの？　ラインバッカーの仕事は大きく変わったかい？」
「大変わりさ。ちょっと前まで、ディフェンシブバックスは主にランに注意すればよかった。ランに対応して、上から押しつぶすような大きくて足の早い選手が求められた。状況の分析は本能と常識の問題だった。今はパスが優勢になった。パスカバーが信じられないほど複雑になった。一番楽な１対１のディフェンス——ディフェンス選手が１人に張りついてカバーする——は通用しない。レシーバーが優秀だからだ。だから今重要なのは、ディフェンス選手同士の連携だ。もはや１人だけの力じゃだめだ。ディフェンスは基本的に３チームに分かれる。ミドルラインバッカーと２人のディフェンシブタックルが１組。次にそれぞれラインの両端のエンドとアウトサイドラインバッカー、コーナーバックで組む２組のチーム。各チームはグループ間で機能するだけじゃなく、お互いに働きあう——だから相互の意思疎通が完全に必要なんだ」とウォーカー。
「それはナイトトレインも強調していた」と僕。
　すると２人とも笑った。ウォーカーが言った。「大事なのは味方を知ることだ——そうすれば彼が別のことをしていても補い、援護できるからね。僕たちは５年も一緒にいる。それくらい長く一緒だと話し合う必要はなくなるが、新人は知識を深めなくちゃいけない。大学を出たばかりなのによいラインバッカーもいるが、３年後に振り返ってみるといかに未熟だったか分かるはずだ。毎年、大きくて速くてすごい大学出の新人が20人も入ってくる。大きな猫のように俊敏だが、僕たちが勝るのは知識、円熟した知識だ——彼らより給料がよいのはそのお陰だ」

「クォーターバックがハドルを解いて、スクリメージラインに近づく時は何を考えているの？」
「彼が何を指示したか、大ざっぱに推理する――やりそうなプレーをね。要するに僕らはクォーターバックをよく知っている――知識の一つとして――彼の胸の内も、彼が考えていることも。ダウン、ボールの位置、ファーストダウンまであと何ヤードか。それぞれの状況で彼ができないこと、またはしてはいけないことを除くと、指示した可能性のあるプレーは何かが絞られる。バックスが位置につくと、選択肢はさらに狭まる。そのフォーメーションからは走れないというプレーがあるのは分かるだろ？　だから答えが出るんだ。次に僕は相手の３人をキーにしている。ボールやクォーターバックは見ない。３人だけだ。スナップを受ける前にクォーターバックがプレーを明かしてくれるかもしれない。そうでなくても、彼の最初の数歩で攻撃の形が分かり、どんなプレーか確信できる。もし推理が必ずしも当たっていなくても、適切に対応できる」
「だまされることはないのかい？」
「しょっちゅう、だまされる訳にはいかないよ。そんなことだったら、この世界じゃおしまいだ。だまされるとしたら、それまで見たことのないプレーを仕掛けてきた時だ。ジャイアンツはある年、Ａフォーメーション*6を使った。サンフランシスコのレッド・ヒッキーのショットガン・フォーメーション*7には驚いた。なぁ、ジョー」。ウォーカーはそう言って、うなずくシュミットを見た。「最初にやられた時は散々だった。見たことがないから、みんな新人と同じさ」
「新しいフォーメーションや新しい……そうだな、目くらましのプレーを毎試合、工夫するのはどうしていい作戦じゃないんだろう？」
「それほど簡単じゃないんだ。仮にそうしたとしても、キーになるのは同じだから、すぐ対応されてしまう。ショットガンは例外だ。それに幸い毎週毎週、あれと同じように効果的なフォーメーションを新しく作れたら、ディフェンスは逃げ出すよ。それは大変なことだよ」とウォーカーは言った。

ウォーカー語っている間、ポンティアックで彼に有効かもしれないプレーをぼんやり思いついた。

「えー……例えばこれはどうだい……ピッチアウトなんか。えー、もし君の方に来たら……どうする？」

ウォーカーはすぐに察した。「ポンティアックで僕の方にやりたいのかい？　げっ、こりゃ大変だ……」。彼は平手で僕の頭を叩いた。「頼むからやめてくれ！」

「いや、いや。ただ興味があっただけだよ」

「もし、僕の方に来るプレーをコールしたら、僕の役割はプレーを遅くして、インサイドに流れを変えることだ。そうすれば後を追ってきた選手が捕まえて、面倒を見てくれるだろう……」

シュミットが口を挟んだ。「そりゃ結構だ、教授。さて、クォーターバックをレッドドッグする話をしよう。どうやるか、教えてあげよう。ウェイン、俺がハドルで『ジャンボ』とどう言うかやってみてくれ。ぞくぞくして、声が震える様子を」

「そうだな、ジョーの声は……」

「俺の手も言えよ、ウェイン。俺の手はどうなってるか、なぁ、ウェイン」

「爪みたいだ」とウォーカーはすぐ言った。

「じゃあ、ブレッツシュナイダーだ。『ジャンボ』と聞くと、バジャーの口の唾液腺が活発になるって、教えてやれよ」

「そう、唾液腺が……」

「ハドルでロジャー・ブラウンが叫ぶウォーっという大声を話してやれよ」

「ロジャーは……」

僕が遮った。「おいおい、やめてくれ。真面目に言って、どうやってパッサーを捕まえるんだ？」

２人とも黙ってしまったが、ウォーカーが説明してくれた。「レッドドッグとかブリッツとか、いろいろな言い方があるけど、ラインバッカーがパッサーに突進することだ。僕の場合は、ブロックしようとする相手のハーフバックを突破しないといけないが。やり方は二つある。裏をかく動き——フェイク——をしてかわすか、相手が小さければ上を跳び越すか」

「まさか……」

「足元にブロックしようと相手が低く構えて、お膳立てしてくれるんだ。動きがよければ……上を跳び越せる。気持ちいいよ。それに絵にもなる。僕はラムズのジョン・アーネットを跳び越えた写真を持っている」

「プレーで」と、また笑いながらシュミットが僕を見た。「勢いよく右に動いてボールを投げようとする時、そこに誰がいると思う？……あるいは３フィートくらい離れたところか、腕が振れるくらいのところの３通りあるが」

「分からないな。時計係の審判かい？」

「ドカーン！　ボカッ！」。シュミットは拳を手のひらに打ち当てた。

「バーン、ボコーン」とウォーカー。

「バシッ」とシュミット。

「君たち」。立ち上がって僕は言った。「ディフェンスには必ず穴が、抜け道があるはずだ。君たちは図らずも話しすぎた」

真剣な顔で２人を見つめたが、あまり効き目はなかった。

＊１　ジョン・ハイズマン　1869～1936年。ジョージア工科大などのヘッドコーチを36年間務め、けがを避けるためにパスプレーの合法化、普及に尽力した。

＊２　マック・セネット　1880～1960年。米の映画監督、脚本家、俳優。チャーリー・チャプリンを初めて映画に出演させた。700本以上の映画を製作、350本以上に出演し、300本以上を監督した。

＊３　クリッピング　相手を後ろからブロックする反則行為。

＊４　クローズラインとクラックバック　どちらも現在は反則で、15ヤードの罰退が科せられる。

＊５　ディバイド　スクリメージライン付近で捕球するパスパターンか。

＊６　Aフォーメーション　一方の側にオフェンシブラインマンを多く配置し、

その反対側にバックスを多く位置させる隊形。センターはボールキャリアに直接スナップする。ジャイアンツのヘッドコーチだったスティーブ・オーエンが考案した。

＊7　ショットガン・フォーメーション　パッサーがセンターから７～８ヤード離れて位置し、４～５人のレシーバーが散弾銃のように走るパスプレー。60年、サンフランシスコ・フォーティナイナーズのヘッドコーチ、レッド・ヒッキーが名づけた。

20

ポンティアックのスクリメージが近づくにつれて、日に日にライオンズの選手たちは僕の対応——彼らが熟知していることを、素人の僕が摂取できたかどうか——に興味を持ち始めた。

「今日はどうだった？」。練習後、僕のロッカーに寄って声をかけてくる。整理して気づいたいくつかを話すが、なかなか難しい。あと２週間しかないのに、新しい経験ばかりで、毎日いろいろな印象がごちゃ混ぜになってしまう。ウェイン・ウォーカーはもっともだと言う。始めたばかりの者に、総体的な意見を求めるのは無理なことだ。プロになったころを思い出して、集中して覚えているのは最初の12プレーくらいだから、記憶はあいまいになると考えている。

「スクリメージでは気をつけろ。すべてがぼんやりしちゃうんだ。まるで暗いトンネルから物を見ているように」

「視界が狭くなるということかい？」。僕は情けなさそうに聞いた。「それは単に体質的なものじゃないのか？……まぁ、僕もそうかもしれないが」

試合の前夜、最後の教えを請おうと、ミルト・プラムとアール・モラルの部屋を訪ねた。

「ウェイン・ウォーカーはすべてが真っ暗になると言うんだ」

２人は笑って顔を見合わせた。「そりゃ、ずい分、ぶしつけな言い方だな」とモラル。

「僕がぶっ倒されるという意味じゃないんだ」。視野が狭くなることを言っているのだと説明した。２人のクォーターバックは初耳だと言ったが、周辺視覚の利点について話し始めた。「一種の千里眼だ」とモラルは説明した。「明日の夜、例えば93パスプレーをするとしよう。ポケットバックした時、見なくてはいけないものがある。まず、近くのレシーバー、３番目の目標の選手だ。彼が走っていくのを見たら、遠いレシーバーを探して、ディフェンスのセーフティが彼をカバーしているかどうかを見る。それから３番目に戻って、投げる」――モラルは手の平を拳で叩いた――「もし、ラインバッカーが守備範囲にいなかったら、右横に走り出た安全弁であるバックスに投げる。それから８番の穴から出て、左に10ヤードのところで急に止まって振り返る選手がいる。だから、実は180度の弧の中に４人のレシーバーがいるんだ。だが、その中から１人を選ぶために許されている時間は２秒か３秒しかないから、視野が広いとどれほど助かるか分かるだろ」

「視野は経験とともに広くなるようだ」とプラム。「初めはどこを見たらよいのかも分からない。ウェインが言うように、懐中電灯の光ほどかすかにしか見えない」

「パスのパターンはクォーターバックがレシーバーを素早く見つけられるようにできている。主なレシーバーたちは普通、君の視野の正面にいる。例えば明日の夜」――明日と言われるたびに僕の胃はキュッとなる――「近いレシーバーがカバーされていたら、すべきことは視線を上げて、ライフルの照準を合わせるように、同じ角度の先にいる遠いレシーバーを探すことだ」

２人はクォーターバックに必要な属性について語りは始めた。

モラルは言う。「仮に１人のクォーターバックに必要な能力をすべて与えるとしたら、第１にスピードだ――ポケット*1まで７ヤード下がる速さ。バン・ブロックリンのようなクォーターバックはそれを持っていたから、選手の動きやパスパターンの展開が見えたんだ。次にＹ・Ａ・ティトルやエディ・レバロン*2が持っていたフェイクのうまさだ。ディフェンスを間違った方向に行かせるだけの巧みな演技と動き。そしてもちろん肩だ、正確で強い肩だ」

「僕は肩を１番にする」とプラム。「コーチはほぼ常に50ヤードを投げられる選手を求める。大学ではパスディフェンスをあまり重要視しない。上達するのに時間がかかりすぎるんだ。レシーバーがディフェンスを10ヤード引き離せば、ボールを浮かせても危険はない。だが、プロでは空中に上がったパスには4人のディフェンス選手が——野球の内野フライのように——落ちて来るボールを待ち構えている」

彼らが理想のクォーターバック像を語るたびに、僕は落ち着かなくなってそわそわする。練習フィールドで僕のパスを見ている2人にはそれが分かったのだろう。わずか20ヤードの距離を榴弾砲のような高い軌道で投げるのだから。

「いいかい。明日、ランニングプレーを指示して、ボールをランニングバックに渡すのなら心配する必要はない。彼らのヤードを稼がせればいい」とモラル。

「経験はどうだい？　必要な属性だと思うけど」

モラルが答えた。「大きいよ。だから新人はゲームプランに従うべきだ——コーチが教えたように。彼自身の天性の他は、それが唯一の武器だ。新人は試合が進むにつれて、何が起きているのかを感じたり、嗅ぎ取ることができなくなる。例えば、ディフェンシブバックが少しずつ遠ざかっているとか、あるいはその動きをするとこれこれのプレーに影響されやすいとか。ベテランはそれができる——頭の中に海図のようにフィールドが描かれている——だから投げる腕がなまって、錆びついても新人よりずっと価値があるんだ」

「最初のプレーは何にするんだ」とプラムが尋ねてきた。

「驚くようなプレーだ。みんなに衝撃を与えるような。いろいろ考えたんだ——たぶん昔あったようなおかしなプレーを。今世紀（20世紀）初めにコロンビア大学がやったのはハロルド・ウィークスという選手を使った“ハードル”プレーだ。気の毒にそれが彼の十八番だった。ぴったりと体を寄せ合ったラインマンから約5ヤード後ろでボールを受け取ると、センター——ベシー・ブルースという名だが——の背中を踏み台にして、飛び板からダイブするように空中に飛び出すんだ。後ろに倒れそうな時はエンドの2選手が駆け寄って押した。相手が一団になってかかって来た時は山をよじ登るようだっただろう」

「そうだろうな」とプラム。

「1902年のプリンストン大学との試合では」と僕は続けた。「プリンストンの選手たちがウィークスに対して守りを固めた。デーナ・ケイファーという選手が、ウィークスが跳び越えるのと同時に跳躍した。２人はぶつかり、ともに気を失った」

２人は僕を見た。

「まぁ、本当の話だ。本で読んだ、勉強したんだ」

モラルはにっこり笑い、プラムは黙った。

僕たちは輪になって、話し続けた――プラムはいつものように協力的だが、よそよそしい。僕がチームに参加したことを怪しんでいるのではないかという思いが僕の心をよぎる。だが、これが彼の流儀かもしれない。堅苦しいほど几帳面で、エリート社員のような雰囲気はフットボール選手という印象を与えない。注意深く身なりを整え、黒髪をきちんと分けた姿でフィールドに現れた彼が、それに似つかわしくない、耳まである大きなショルダーパッドを着けてボールを握るのを見るといつも意外に思う。声もフットボール選手らしくない。少年のように澄んでいるが、神経質でとげのある声で、実際より高く聞こえる。緊張すると彼の声は高くなる。だから選手を鼓舞できないんだ、と言った人がいる。そう言ったのは選手ではない。選手たち――少なくともレギュラー選手たちはお互いの技術を褒めるか、そうでなければふざけてからかうことしかしない。それ以外のことは黙っている。

誰かがプラムの声について話したので、フランス人教師が引用したサンシール陸軍士官学校*3の格言を思い出した。「低音で話す訓練をしろ」と彼らは若い士官候補生に教える。「ソプラノの音域で命令を下しても、諸君、不可能な栄光へと兵を駆り立てることはできない」

「そうだ、まったくその通りだ」と彼は言った。

「そうとは気づかなかった。プラムのことを言ったなんて」と僕は言った。

彼は新聞記者だった。「もちろんだ」と彼は言った。彼はデトロイトのクォーターバック２人制について記事を書いていた。

「ウシガエルみたいに大きくてはっきりした声の持ち主と、プラムの強肩とどっちを好むか聞いて回ったのかい？」と僕は尋ねた。
「僕は彼の強肩の価値を過小評価するつもりはない」と新聞記者は言った。
「じゃぁ、聞いて回ったんだ」と僕。
「そう、ムキになるなよ」と彼は笑った。「彼をけなすつもりはないよ」
「そうか、聞いただけか」。我ながらライオンズを擁護しようとするところが面白かった。
　アール・モラルはもっと気さくだ。技術的には劣るが、リーダーとして彼は分隊長に向いている。冗談も言いやすい。電気芝刈り機でつま先を失った大足については、いくつも笑い話がある。それ以来、パスが良くなったので、彼はそのつま先を剥製にして、ウサギの足のようにお守りとして身に着けていると選手たちはほのめかした。練習で彼のパスに注目し、ふらつくとそれを笑いものにしてキャッキャとうれしそうにしゃべり、まだ試していないつま先が９本も残っているじゃないかとからかう。プラムがフラフラのパスを投げることはもちろんめったにないが、投げたとしてもそんな発言は聞かれない。彼に対する称賛は高いが、みんなとふざけ合う人柄ではない。彼は根っからまじめなのだ。
　ある意味でプラムはヘミングウエーがマルシアル・ラランダ*4について書いたことを思い出させる。この闘牛士は自らの技を楽しむことなく、何の感動も喜びも得ることがなかった——技術的には熟練し申し分なく知的だったにもかかわらず、感情を表さない、悲しむべき名手だった。フットボールに対するプラムの姿勢は少なくともはたから見ると、それに似ている。それに対してモラルはジプシーのように感情的、情熱的で、行き当たりばったりとさえ見える。その特性はプレーぶりによくうかがえる——しばしば決まった形がなく、バタバタした感じで自らプレーをぶち壊すから、スタジアムの喧騒の中で追い立てられるニワトリのようだ。それでも何とか脱出してスクリメージラインまで戻したり、背中からひっくり返りながら、爪先だってパスを通したりする。見物するにはとても面白いクォーターバックだが、ゆっくり腰を据え安心してプレーを見るわけにはいかない。彼にとって攻撃は、混乱の中から即席で作っているように見える。
「ほかに何かアドバイスはないかい？」
「そうだな」とモラルが言った。「してはいけないことを忘れないように。プレーを漏らすことだ。指をなめるとか、タイトエンドがどんなカバーをされているかを見ようとするとか。ミルトと交代にクリーブランドに移ったジム・ニノースキの話はよく聞かされた。彼はプレーを漏らす癖があった。スクリメージラインでの彼の目の動きから何をしようとしているか、ラインバッカーには分かった。コーチたちは彼をカメラに撮り、相手がプレーを読んでいるかどうか探ろうとしたが、分からなかった。我々を惑わすための根拠のない噂だったのかもしれない。それでもディフェンスは常に役に立ちそうな些細なことを探している。よいラインマンは相手が体重をかけた時の指先を見て、突っ込んでくるか後ろに下がるかが分かる。指先が白くなれば、突っ込んでくることを示しているんだ」
「本当はどんなプレーをするつもりかい？」とプラムが聞いた。「どんなプレーを用意してるんだ？」
「パスが二つ。さっき話していた93とジム・ギボンズへの短いパス。それからピエトロサンテにピッチするのと、ラインに突っ込むハンドオフが二つ。知っているのはあと一つか二つあるけど、この5プレーに絞るつもりだ」
「オーディブルは？」
「まさか」
　プラムは引き下がらない。「ディフェンスが読んでいたらどうするんだい？」
「ぶつかるだけさ。試してみる。他にできることはない。それに」と正直に言った。「もし、ディフェンスがプレーを読んでいたとしても、僕にははっきり分からないよ」
　ハドルを解いてスクリメージラインに向かいながら、クォーターバックが知りたいディフェンスの基本的な隊形が四つある——４－３、６

－１、４－２、そして“オーバーディフェンス”＊5と呼ばれる隊形だ。アルド・フォルテが黒板で「３左48フリップ」（第３バックが左に位置し、第４バックがクォーターバックからの素早いパスを受けて、右端の８番の穴＊6を目指す）を図解した時、このプレーは４－３に効果的で、６－１にも優れているが、４－２とオーバーディフェンスにはやめるべきだと言った。だから後の二つの状況になったら、プラムとモラルは三つの連続した数字の最初の「48」――それが最初のプレーの取り消しを意味する――を叫ぶ。スクリメージラインについた選手たちはクォーターバックがどのプレーを指示するかに注意して、次に叫ぶ数字を待つ。

僕は言った。「どうして君たちがいろいろなことをしっかり頭に刻みつけているのか分からないよ。第一にフィールドポジションを覚えなくちゃいけないし、ダウン数やもろもろ。75以上もあるオフェンスプレーも覚えなくちゃいけない。コーチたちがスカウトの報告や試合のフィルムに基づいて、試合に有効そうなプレーを15から20“手持ちリスト”として選ぶのは確かだけど、ディフェンスはそれぞれに４通りから５通りのフォーメーションをぶつけてくるから、プレーを選択する時は100通りもの状況を検討しなくちゃならない。次にオーディブルで取り消しを告げるとディフェンスはクォーターバックの周りに集まってくるだろうし、次のプレーを指示しないといけない。その間にも時計は進んでいるし、何をするか決めるのに数秒しか許されない。その上、鼻血は出るし、センターの後ろに立った時、靴ひもがほどけているのに気がつくかもしれない。それでも君は暗号でプレーを指示し、それを遂行しなくてはならない――ケーシー・ステンゲル＊7が言うように、まったく驚くべきことだ！」

「その通り」とプラム。「ほとんど第２の天性になってるんだ。意識して考えると手に負えない。『さぁ、いいか。42は第４バックが２番の穴に突っ込むことだ』なんてことを言いながらプレーするクォーターバックはいない。そんな時間はない。クォーターバックの頭は基礎知識というより、精妙なもので出来ているんだ」

「試合で気が動転することもあると思うけど。いろいろなプレッシャーで、詰め込んだことをただ吐き出しているとか、クォーターバックがペチャクチャ言い続けているとか……」

モラルが言った。「冷静を失うことは時々あるよ――長くプレーしていたってね。クォーターバックばかりじゃない。ジョー・シュミットが話してくれるよ」

彼らの話ではこうらしい。残暑の厳しいテキサスでのシーズン前のエキシビション試合の残りわずかな時間帯でジョー・シュミットが出場した。デトロイトがリードし、フィラデルフィア・イーグルズがデトロイト陣でボールを持ったが、タイムアウトは使い果たしていた。シュミットはイーグルズのクォーターバック、バン・ブロックリンへのブリッツを指示し、最後のロングパスを投げようとしたところをタックルした。時計の秒針は回り、観客は立ち上がって競技場を出ようと列を作り始めた。と、その時、シュミットが叫んだ。「タイムアウト！」

審判は１～２秒、ぼんやりと彼を見ていたが、眉を吊り上げると笛を吹き、試合終了５秒前で時計を止めた。選手たちはみなシュミットを見つめた。サイドラインに達する前に終了のピストルを聞くだろうと思って、フィールドを走り出した者もいた。シュミット自身、なぜタイムアウトと叫んだのか、その時もこの先も分からないだろう。「たぶん、紙コップの水を飲みたかったんだろう。えらく暑かったから」と彼は言った。タイムアウトはバン・ブロックリンにもう一度パスを投げる機会を与え、それは成功した――タッチダウンになった。

重圧の下で選手が不安定になった最も有名な例は恐らくシカゴ・ベアーズの新人クォーターバックに関する逸話だろう――シド・ラックマン*8かバーニー・マスターソンのいずれかだが、両方の名前が語られるのは出所が怪しいからかもしれない。クリーブランドとのエキシビション試合に送り込まれたそのクォーターバックはコーチだったジョージ・ハラス*9の「ガードを突け」「エンドランをやってみろ」「パントだ」という命令に従った。どちらのクォーターバックだったにしろ、最初の２プレーはかなり成功し、自陣深くからブラウンズの25ヤードラインでのファーストダウンまでボールを進めた。すると3回目のプレーでラックマン（もしくはマスターソン）は指示されたかのように後ろに下がってキックの体勢を取ると、30ヤード付近からパントを蹴り、ボールは試合が行われた高校のスタジアム場外へと消えた。伝え聞くところでは、ハドルにいたベテラン選手は新人クォーターバックがパントを指示した時「ヘェー」と当惑の声を漏らしたが、当時主将だったジョージ・ムッソ*10がトレーニングキャンプ期間の目的は新人が「自ら学ぶ」ことに意味があると諭したことになっている。それがハドルで文句が出なかった理由だ。

「フィールドじゃ、いろんなことがクォーターバックを待ってるよ」とモラルは語った。気が動転したクォーターバックはハドルからスクリメージラインに歩くまでに、ディフェンシブバックの陣形に神経を集中したり、プレーの取り消しをした方がよいかどうかを考えたりしてセンターからそれ、ガードの後ろに付いてしまうことが時々ある。尻になじみのない手が触れるのを感じたガードはヘルメットの奥で目を見開いたに違いないし、スクリメージラインを越えて飛び出し、オフサイドの反則を犯すこともよくある。カーディナルズのクォーターバック、ジャグ・ジラードはある時、誤ってガードの後ろに付いたが、カウントの数え方が早過ぎたためガードが異議をとなえる前にプレーが始まってしまい、隣のセンターはクォーターバックの慣れた手の感触がないのに腕を振ってボールを後ろに出してしまった。両軍のラインがぶつかり合った時、ボールは真っすぐ空中に上がったが、それは桃の種が押されて飛び出したようだった。

「聞いたことのないひどい話だ。違う選手の後ろに付かないよう、気をつけなくっちゃいけないなんて、思ってもいなかった。勇気がなくなったよ。もう寝よう」

するとモラルが言った。「寝る前にもう一つ、アドバイスしよう。Tフォーメーションを開発したクラーク・ショーフネッシーは試合の前夜、ベッドに入ったら頭の中で試合を最初からずっとなぞるようクォーターバックによく忠告した――状況を次々に想像して解決策を見つけるようにと。想像力がちゃんと働けば、だが。と言うのは、想像がすぐ中断したら、翌日気分が良くないからね」

「良い気分になるようにするよ。クォーターバックをやって良かったことを話してくれよ」

プラムはモラルを見た。「ボルティモアの試合を話してやれよ。最終クォーターを」

モラルは椅子にもたれた。「2年前のボルティモアでの試合だった。残り時間があまりなく、8－3で負けていた。僕はキャサディにパスを投げた。しっかり捕ったのだが、ゴールポストにバーンと激突して4ヤードも後退し、悪寒のする男のようにふらふらした足取りで再びエンドゾーンに向かって行った。僕は彼を支えようと——キャサディは懸命に頑張っていたから——駆け寄って手を伸ばしたが、彼はボーっとしていてすれ違いだった。どこにいるのか、何をしているのかも分からなかった。喜ぶどころじゃなかった。皆がタッチダウンを挙げたんだと話しかけた。彼はベンチで休んでいたが、頭がはっきりすると『どうやって捕ったのか、もう一度言ってくれ』と言った」

「キャサディはかわいそうだったな。ライオンズでプレーした期間が短かった」と僕。

「それで、その後だが」とモラルは続けた。「ジム・マーティンがフィールドゴールを蹴って13対8とリードしたが、相手のクォーターバック、ジョニー・ユナイタスにとって、素早くやれば前進を開始して得点するのに十分な残り時間だった。ユナイタス以外にそんなことができる者はいない。で案の定、彼を抑えられなかった。8プレーかそこらだった。最後のキャッチは、僕が見た中でも最高のプレーだった——小競り合いしながらレニー・ムーアが信じられないジャンプをして、カバーしていたナイトトレインをかわし、腕を伸ばして腹からエンドゾーンに飛び込んだ。指先だけでボールを捕るや爪でかき寄せたに違いない。15対13と逆転するタッチダウンだった。ボルティモアの観客の大騒ぎを聞かせてやりたいよ。ナイトトレインは後であの捕球を見た瞬間、心臓の鼓動が完全に止まり、再び動き始めたのはレニー・ムーアを肩車しようとした群衆に踏まれたり殴られたりした時だったと話した。騒ぎはすごかった——みんな大興奮してフィールドにあふれた。彼らを非難するわけにはいかない——自分たちの試合だと思っているのだから。まだ10秒残っていたが、彼らは騒ぎっぱなしだ。もちろん10秒あれば我々にもチャンスはある——十分ではないが——フィールドゴールさえ決めれば勝ちだ。だからそこいら中が混乱状態のフィールドが静まるまでの間、僕たちは何をすべきか、喧騒に負けないようサイドラインでお互いに大声で叫びながら話し合った——フィールドゴールのためにどうやってコルツの陣内にボールを進めるか。タイムアウトはまだすべて残っていた。攻撃権を獲得したらすぐタイムアウトを取るつもりだった。ようやくキックオフが始まり——警官隊が１万人ものファンを整理した——ブルース・メイアが35ヤードラインまで返した。その時、我々にとって大きなプレーがあった。ボールが止まり、立ち上がろうとしたエンドのスティーブ・ジャンカーにコルツの１人が後ろからぶつかった。興奮したのか冷静さを失ったのか分からないが15ヤードの反則を取られ、フィールドゴールを蹴る距離まで近づくのに１プレーか２プレーする時間を残して、50ヤードラインにボールが置かれた。ところが何が起こった？　スティーブ・ジャンカーのそばにいた味方の１人が、ぶつかったコルツの選手に本気で肘打ちを食らわせた。ボルティモアの反則を取ったばかりの審判の目の前２フィートで起きたもんだから、彼は大きく息を吸い込んで強く笛を吹いた。反則は相殺され、ボールはメイアが最初に獲得した35ヤードのままだ」

モラルは僕を見て言った。「そいつは誰だと思う？　肘打ちをした男は」

一か八か賭けてみた。「バジャーだ。ブレッツシュナイダー」

モラルはプラムを見て、首を横に振った。「バジャーは評判だな。どうしてだろう」

「バジャーだろ？」と僕は聞いた。

「もちろんバジャーだ。他に誰がいる？」とモラル。

「ところで、それからどうなった？」

モラルの頭はまだバジャーの軽率プレーでいっぱいだった。「何があってもバジャーのやることに驚いてはいけない。すべてが狂っているんだ」

「続けろよ。何があったか話してやれ」とプラム。

「さて、話したように、狙いは40ヤードラインにボールを運ぶことだ―― 20ヤードのパスで十分だ――そうすればジム・マーチンがフィールドゴールを蹴るだろう。ハドルで――そう、あんまりうるさかったので、怒鳴らなければならなかった――ストロングサイドのエンドが中央に走る「3左グリーン右8右」を指示した。ボルティモアはラインの3人を突っ込ませ、残り8人はパスを予測して後ろに下がった。スピードを買われたレニー・ムーアもずっと後ろにいた。向こうは重いラインマンの代わりに、ベンチにいたすべてのディフェンシブバックをフィールドに送った。パスに違いないと踏んだから、足の速い選手を出したんだ。フロントラインの3人以外は平均体重が180ポンド（82キロ）くらい――あの時のコルツくらい軽量のディフェンスはNFLじゃ2度とお目に掛かれないよ。正直に言うけど、ハドルを解いてディフェンスを見た時は愉快じゃなかった。8人のディフェンシブバックというのは、スイレンの葉がびっしり広がった水面にたばこの吸い殻を投げるようなもんだ。見込みなしさ」

「だけど、思うに向こうはもっと長いパスを想定していたんだ。プレーが始まると8人のバックスは広く散って深く守った。ゲール・コグディルが深いパターンを走り、3人のコルツ選手を引き付けた。キャサディも深いコースを取り2人を引き付けた。フルバックのウェブはサイドライン方向に走り、ラインバッカーをつり出した。ストロングサイドのエンド、ギボンズがいつものコースより少し深めに17ヤード直進し、カバーしたディフェンス選手より一歩前に出た瞬間、僕はパスを投げた。コグディルがとてつもないブロックをし、ギボンズはタッチダウンを挙げた。信じられなかったよ。皆、キャサディがゴールポストに激突して何が何だか分からなくなったのと同じように感じたみたいだった。僕は何かの間違いじゃないかという奇妙な考えに駆られて周りを見回した。

ギボンズがフィールドを走っている間に試合終了を告げる銃声が鳴ったと後で審判が教えてくれた—— 20ヤードラインを越えたあたりで。もちろん聞いた者は誰もいない。ボルティモアの観衆が大騒ぎしていたから。ところがギボンズがゴールラインを越えた瞬間——呆然としてまったく沈黙してしまった。小さな声が聞こえると思ったら、味方の選手の歓声だった。とんでもない出来事だった。ギボンズがタッチダウンを挙げた瞬間、猿ぐつわをはめられたか、全員がのどを紐で絞められたみたいに、狂ったような観衆の叫び声がパッタリ止んだ——僕は耳がおかしくなったのかと思った——それから味方の小さな声が聞こえた。もう一つおかしいのは、ほんの数秒——と思われたが——のうちにスタジアムが空っぽになったことだ。あれだけの大観衆が太い排水管から流出するように溶け去った。動くこともできないくらい、あんなに多くの人がいたところを見回すと、何人かの味方の選手だけが大きな笑顔で飛んだり跳ねたりしていた」

「へー、そりゃすごいね。まったく」と僕は正直に言った。

プラムが「そんな経験がたくさんの苦いことや不運、辛い練習、プレーの繰り返し、そして敗戦などすべての嫌なことを補ってくれるんだ」

「まったくだ。観客はまったく黙ってしまったの？」と僕は聞いた。それが頭を離れなかった。

「墓場にいるみたいだった」とモラル。「まったく突然だ——もしも叫び声を上げげたら、こだまが返ってきただろう、絶対に」

「そりゃすごいね」。僕は繰り返した。

「最高だったよ」。プラムを見ながらモラルが言った。「まさに最高」

「そんなすごいことをやってのけたら、もう何も要らないよ、まったく」。プラムが言った。

＊1　ポケット　パスを投げるクォーターバックを守るため、オフェンシブラインマンが作る半円形の人の壁。

＊2　エディ・レバロン　1930～2015年。クォーターバック。52～63年ダラス・カウボーイズなど。175センチの小柄ながら4回プロボウルに出場した。

＊3　サンシール陸軍士官学校　1803年、ナポレオン一世が設立したフランスの士官学校。

＊4　マルシアル・ラランダ　1903～90年。スペインの闘牛士。アーネスト・ヘミングウェイの『日はまた昇る』に登場する。

＊5　オーバーディフェンス　オフェンスのストロングサイドにディフェンス最前列の選手を集中させる隊形。

＊6　右端の8番の穴　作者の勘違いか。8番の穴はラインの左端になる。

＊7　ケーシー・ステンゲル　1890～1975年。ニューヨーク・ヤンキーズの監督として、ワールドシリーズで7回優勝した。66年野球の名誉の殿堂入り。

＊8　シド・ラックマン　1916～98年。クォーターバック。39～50年シカゴ・ベアーズ。Tフォーメーションを初めて使いこなした。プロボウル3回。65年名誉の殿堂入り。

＊9　ジョージ・ハラス　1895～1983年。1920年のNFL創設に参加、67年まで通算40シーズン、シカゴ・ベアーズのヘッドコーチ兼オーナー。NFL優勝6回。63年名誉の殿堂入り。

＊10　ジョージ・ムッソ　1910～2000年。タックル、ガード。33～44年、シカゴ・ベアーズ。プロボウル3回。82年名誉の殿堂入り。

21

フライデーは僕のロッカーで待っていた。デトロイトのチームカラーである深いホノルルブルーの背中と胸、そして袖に銀色の0と縫い付けた真新しいジャージーを手渡した。
「いい気分だろ？」
「もちろん」。ベンチに座って靴を脱ぎ、ロッカーにしまった。スタジアムで着替えるのではなく、夕暮れ前に試合用のユニフォームを着たままトレーニングキャンプからバスで30分のポンティアックに行く予定になっていた。
「急いだ方がいい。みんな着替えてるぞ」とフライデーは言った。
レギュラーのディフェンシブエンド、サム・ウィリアムズが通りかかった。僕のロッカーが並ぶ通路をのぞき込んで言った。「緊張してるのか、君？　堅くなってるの？」
「うん、ちょっとね、サム。胃がヒリヒリするよ」
彼はプロになって6年目。まだ緊張するかと尋ねた。
「もちろん。手も足もだ……手足が重くて動けないほどだ」
「足が重いって？　どうしてだろう。僕のは胃にとどまっているみたいだ」。僕は緊張を和らげようと深呼吸して着替えにかかり、必要な装具を正しく身に着けているか一つ一つ確かめながらゆっくり進めた――テープ、サポーター、体に巻きつけるガードル、腿のパッド、腕のパッド、肩のパッド、スエットシャツ。ウィリアムズのロッカーは隣の通路で、用意のできた僕が近づくと、青いジャージーを肩パッドの上から引き下げ――これは1人では難しい――手で叩いてパッドがぴったりなるようにしてくれた。

「いい番号だ」ジョニー・オルズースキ――ジョニー・オーズだ」とウィリアムズは言った。
「僕の素質を示してるんだ」と僕は応じた。
　ロッカーに戻った。ロッカーの上棚には青いライオンのマークの付いた大きな銀のヘルメット。その隣にあった試合用のスパイクを取った時、びっくりするほど重く感じた。
　フライデーがまたやって来た。
「ねェ、フライデー。スパイクが変だよ」
　彼が近づいてきた。忙しそうだ。「困りごとか？」と事務的に聞いた。「急いでくれ、バスに盛り遅れるぞ」
「ねェ、このスパイクだけど、エー、ちょっと重いように思うんだ」
「スパイクが重い？」。フライデーが大声を上げたので、近づいて小さな声で言った。「ねェ、見てくれよ、フライデー。手に持って重さを量ってみてよ」
　彼はそうしたが、驚いたように言った。「ちっとも変じゃないよ」
「誰かが中に何かを入れたんだ」と僕は頑固に言った。
　フライデーが大声を張り上げた。「おい、誰かがスパイクの中に何か入れたと新人が言ってるぞ。誰がそんなことをするんだ？」。僕は彼の口元に注意して、冗談を言っているのかどうか見極めようとした。サム・ウィリアムズがロッカーを回ってやって来た。ジョー・シュミットも。
「足が重いのか？」とウィリアムズ。
「違うよ、サム。スパイクが重いんだ。誰かが重りを入れたんだ」
「そんなことする奴がいるかな」と言いながら、シュミットは屈んでスパイクを手に取り、重さを量った。「俺が見たところ、おかしくないぜ」
　もう一度、スパイクを手に取って重さを量ったが、僕は比較する感覚を失っていて、前ほど重く感じなくなっていた。
　そのころには、バスに乗るため着替えて、あご紐を持ってヘルメットを提げた選手たちが何人も周りに集まってきた。
「履いてみろよ」とシュミットが言った。
　スパイクを履いて紐を結び、椅子の前の床の上をドシンドシンと歩いた。
「どうだい」とフライデーが聞いた。
「そうだな、よく分からない。歩けるけど、まだ恐ろしく重く感じる」と素直に言った。
「不思議じゃないさ」とサム・ウィリアムズが言った。「いいかい、君は今夜、大仕事が待っている。クォーターバックとして最初の試合だ。足が重くなるのはよくあることだ。まったく自然だよ、スパイクのせいじゃないよ」
　彼は満面に笑みを浮かべていたが、同情からではないように感じた。周りを取り囲んだ選手たちの顔にも輝きはなく、いつも陽気で笑いを絶やさないナイトトレイン・レーンの表情からも、みんなが100%真剣に考えていないことを表していた。
「おい、何だよ。足は重くないよ、絶対に！」。僕は彼らを、特にナイトトレインが笑って彼らの疑いを解き、散会させてくれることを願って彼の目を見た。肩パッドが密集しているのを見過ごさなかった何人かが輪の外側に集まってきて、何事か知ろうとした。
「誰か気絶したの？」と尋ねる声が聞こえた。
「おしまい、おしまい。フィールドに行く時間だ」と誰かが叫んだ。
　フライデーが突然言った。「スパイクの不都合が分かった。鋲がすり減っていた。そいつを渡しな。坊やに新しい鋲を取り替えさせるよ」
　僕はベンチに座ってスパイクを脱ぐと、もう一度重さを手で量り、首をひねった。フライデーはそれを受け取って姿を消した。
「たぶんフライデーはスパイクの底に鋲を１本か２本打つんだろうな、やれやれ」と僕はつぶやいた。
　誰かが言った。「あんなに神経質になったのを見たことあるかい？」
　選手たちはブラブラと散って行った——着替えた者はロッカー室の床に鋲の音をきしませながら駐車場のバスへと向かった。僕がフライデーを待っていると、誰かが近寄ってきてクォーターバックの打ち合わせがあるからすぐ来るようにと言った。
　アール・モラルとミルト・プラムがスクーター・マクレーンとともに

待っていた。治療用の浴槽の蛇口の上に紙タオルに書かれたメッセージが置かれていて「プリンプトン様」と読めた。
「あれを見てよ」と何気なく言った。
予告はある意図——血の滴る短刀——を表していた。ブレッツシュナイダーからで一連の予告の最後はその日、少しずつ時間をずらせて送られてきた。まず、起きると、部屋の鏡に置いてあった。読むと「ジョージ、ケツをぶっ叩いてやるぜ。バジャーとその友」とあった。２番目の宣告。「試合前の食事では食べたいものを何でも用意してやるぜ。バジャーとその友」。その次は体育館に行こうとする直前に鏡にあった。出発まであと２時間しかないことを知らせ、血の滴る短剣でバジャーとその一味——友ではなく一味——と署名してあった。
スクーター・マクレーンがマッサージ台の上に座っていた。その前の木の椅子に２人のクォーターバックが背中を預けて、スクーターがその夜、ディフェンスチームに使うプレーを決めながら一覧表にするのを眺めていた。
僕が入ってくるのを見て、マクレーンは「よし、今夜は君に最初の５プレーをやってもらう」と言った。
「最初の５プレーですって！　ホントですか？」。僕はゴクリとツバを飲んだ。「最初の５プレー」。時間のたつのが速すぎると感じ、スピードを遅らせたい誘惑に駆られた。
マクレーンはプレーの一覧表を見た。
「最初は左３、26ニア・オー・ピンチだ」
これはスクリメージで何回かやったランニングプレーで——ぎごちなく、ほとんど効果がなかった——センターからボールを受け取ったクォーターバックは振り返ってまっすぐ後ろに２歩下がり、右から左へと横に走ってくる２番バックにボールを手渡す。するとバックは左タックルとエンドの間の穴に鋭く切れ込むのだ。
「でもスクーター、僕はそのプレーはあまり得意じゃないんです。ダウンフィールドに10ヤード出たピエトロサンテに投げる93パスから始めるわけにはいきませんか……。それが僕の得意プレーで、パスから始めるのは彼らを怒らせ——奮い立たせるでしょう」
　スクーターは首を振った。「君が相手をするのはレギュラーのディフェンスだ。93パスプレーが彼らを怒らせるなどということはない。グラウンドに足を据え、ブロッカーやランニングバックに仕事をさせろ。大丈夫、26ニア・オー・ピンチはちゃんとできるよ」。彼はマッサージ台から飛び降りてやって見せた——回転して２歩下がり、横切ってくる第２バックに手渡しする。「簡単だ」と彼は言った。
「いい選択だ」と椅子に座ったモラルが言った。「この方がグラウンドを前進するチャンスが大きい。君からボールをもらったランニングバックはヤードを稼ぐ責任があるからね」
「分かりました」と僕は小声で言った。「ボールを渡せれば、の話だけど」
　スクーターはまた黒板に向かった。「次は26ロールだ」
「でも、僕は26ロールも得意じゃない。どうして次に93じゃいけないんですか？　僕が一番うまいのは48フリップ（これはスクリメージラインと平衡に走る４番バックにクォーターバックが長いラテラルパス*[1]を投げ、左エンドの８番の穴に切れ込むプレー）と93パスなんです。僕はこの二つならある程度自信があります。スクーター、26ロールのようにボールを手渡すプレーにはひどい目に遭ったんです」
「それじゃ、次は93にしよう。それで二つだ、次に42はどうだ」
「分かりました。それが３番目」と僕。42は簡単に見える。ボールが手の平にスナップされると同時に体を回転させ、センターのすぐ左の２番の穴に突進してくる第４バックの腹にボールを押し付けるのだ——だが、これも僕を憂鬱にさせるプレーだ。練習でこれを試みた時、プロのバックスの動きにふさわしいウサギのようなスピードのフルバックは僕が回転し終わってボールを手渡す前に、僕を置き去りにしてラインに突っ込んでしまった。で、ボールキャリアを失い、走り去る彼の尻にボールを差し出した僕のやることは、顔をゆがめ、目を細くほとんど閉じ、必ずすぐ訪れる衝撃を待つことだけだった。
「次は何だ？」とスクーターが聞いた。

「左ラインバッカーのバジャーの守備範囲に斜めパスを投げたいんです。成功したら、とてもうれしいと思います——彼からはいつもメッセージをもらっているので」。僕は渦巻水槽に近寄った。「それに練習後、タイトエンド、特にジム・ギボンズとよく練習をしました。そこで48フリップで締めくくれたらと思います」

スクーターは一覧表に同意し、黒板にプレーを書き留めた。

足首のテープを巻くためか何かでジョー・シュミットがやって来た。スクーターを囲んだ僕たちを見て、笑いながら言った。「ねェ、スクーター、彼にフェイクⅡをちゃんとやらせてくれよ」

１週間ほど前からシュミットはポンティアックのスクリメージで、僕にフェイクⅡをやるよう、しきりに言っていた。センターからボールを受け取ったクォーターバックが数ヤード後退しながら腕を振り上げてパスと見せかけ、ラインバッカーを後ろに下げてパスへの守りをさせると、突然、自ら走るクォーターバックのドロープレーだ。それはフェイクに気がついたラインバッカーが走ってくるクォーターバックを止めようと襲ってくることを意味する。このプレーをコールするクォーターバックは多くはない。

シュミットは神経質になったクォーターバックがトレーニング室でフェイクⅡの練習をしている様子を即興のパントマイムで演じた。センターの後ろで身構えると、ストッキングのまま踊るように後ろに下がり、腕を激しく上下に振ると、よしとばかり頭を下げて走り出す。ラインに突進するさまを真似ると頭を上げ、想像上のラインバッカーが集まってくるのを見て悲鳴を上げる。両手をバーンと合わせて衝撃音を表すと、潰されたクォーターバックは息も絶え絶えに苦悶のうめきを漏らす。

「そうとも。彼に一度はやらせるべきだ」とシュミットは叫んだ。

真似が面白かったので、僕たちは笑った——笑わなかったのはスクーターだけで、腹立たしそうに言った。「君たちはクォーターバックをおもちゃにしたいらしいが、今夜はディフェンスをコケにしてやるぞ。覚えておけ！」。彼はディフェンス選手からそのようにからかわれたことがない。原則として彼は最初からずっとディフェンス相手に走ってきたし、コーチになってからもずっと鍛えた選手たちに自身が持つ技術とたぶん嫌悪感と言っていいものを吹き込もうとしてきた。その気持ちが強すぎて、たとえ味方の選手であってもディフェンス選手にからかわれるとカッとなるのだ。

シュミットたちがからかうのは止められなかったが、彼が勝者だったことはみなが知っていて称賛していた。スクーターは振り返るとクリップボードを点検し、２人のクォーターバックが両側に集まった。

もう僕には用がなくなったので、試合用のスパイクを受け取りに用具マネジャーの部屋に急いだ。フライデーの助手がまだ鋲をねじではめ込んでいた。

「フライデー！　この鋲は僕には恐ろしく長すぎだよ。これはぬかるみ用の鋲じゃないだろうね？」

フライデーがやって来た。「ぬかるみ用の鋲なんか取り付けるはずないだろ。どうしてぬかるみ用の鋲が欲しいんだ？」

「僕は欲しくないよ、フライデー。だけど、今取り付けているのは長すぎて、履けないよ……それに滑るし。スパイクに関してはフライデー、誰かが中に重りを入れたんだ」

フライデーはもう一度、重さを量ったが、突然ニヤッと笑うと吹き出した——息をするのも辛そうにゼイゼイあえぎながら。「よしよし、これを見ろ」。そう言って、接着剤と闘って靴底にしっかり貼りついたものを引っ張り出した。はぎ取ったのは薄い金属片だった。少なくとも１ポンド（450 グラム）はあった。

「何だと思う？　今朝入れたんだ」と彼は言った。

「見せてくれ」

脚の筋肉を強くしたいと思う選手がキャンプ初めにこれをスパイクに入れるとフライデーは説明した。一緒に走っていると分かる——「メンドリみたいな走り方をする奴らだ」

「上出来だ。彼らは今夜、こんなスパイクを履かせて試合させようとしたんだな」

「たぶん違うよ。みんな、君にうまくやってほしいんだが、失敗をからかいたい気持ちも我慢できない。それにこのスパイクでうまくやったら後で大笑いできるし、もしうまくやれなくても、よい言い訳になったろう。だけど、もう言い訳はきかないよ」
「それじゃ、ぬかるみ用の鋲を取り付けて——この長さを見ろよ——言い訳の理由にしよう」
靴ひもを結んで、バスが待っている駐車場へと急いだ。新人たちが乗った最初のバスは出発していた。ベテラン選手用のバスに乗ったのは僕が最後で、ため息をつくようにドアが背中で締まるや否やポンテイアックへと走り出した。おかしな乗客たちだった——みなユニフォームを着ていたが、オフェンスは僕のように青いジャージー、ディフェンスは白いジャージーに青のナンバー。2人並んで座ると、大きな肩パッドがシートから通路にはみ出し、バスが曲がるため揺れると反対側のシートにまで振られた。
車内は静かで話し声は小さく、選手たちは窓の外を見つめて1時間ほど先にすることに集中しているようだった。後で話を聞くと、新人用のバスではポンテイアックに着くまでの30分間、完全に沈黙だったとか。僕たちのバスでは時々、誰かが「やる気を出せ！　オフェンス！」と叫んだり、何人かがスパイクで床を踏み鳴らしたりして緊張を徐々に高めた。時々、手を叩く音がすると「やる気を出せ！」とひきつったような声がして、ある時はオフェンス、ある時はディフェンスを励ました。
通路を挟んで僕の反対側にいたアール・モラルは土砂降りの中で行われた前の年のポンティアック試合を思い出していた。覚えている限り最悪のコンディションで、氷点下12度の寒風がエリー湖から吹きつけるクリーブランドでの試合よりひどく、足首まで生ぬるい夏の雨に埋まった。試合の終盤、雨脚が信じられないほど激しくなり、雷が照明塔を直撃して電球が一列パーンと破裂し、離れた電球からは煙が出て火花が尾を引いて落ち、まるで社交クラブの花火のようだったが、他の照明塔も明滅するとすぐに消えた。跳ね上がるしぶきで見えにくかったが、稲妻の光でモラルが見たのは隠れ場所を求めて一目散に逃げるナイトトレインの姿だった。泥地で満ち潮に追われるように大股で狂ったように走っていた。

モラルの反対側に僕は１人で座り、心を落ち着かせてなすべきことを頭に描きながらプレーを整理していた。26ニア・オー・ピンチ、93パスプレー、42（考えるだけでもたじろぐが）、バジャーをまごつかせる９スラント、そして最後に48フリッププレー。ボールペンで手首にプレーの数字を書き留めたい誘惑に駆られた。何人かのクォーターバックがするように、スクリメージラインに近づいた時、ハドルで決めたプレーをディフェンスが予測してセットしているのに気づくと——時間がないので——手首に書いた青インクの走り書きを見てオーディブルする格好をまねて。

タイトエンドのジム・ギボンズが通路をやって来て、しばらく一緒に座った。僕たちはディフェンス選手に聞かれないように声を潜めてプレーを復讐した。前の席にいたのは250ポンドの大きなディフェンシブラインマンのポール・ウォードで、僕たちがささやき合っているのに気がつくと振り返り、シートの背もたれ越しに横目を使った。彼は大柄な金髪の親切な元海兵隊員で体育学の学位を持ち、大学院の論文は動かないものを相手に押したり引いたりすることで筋肉を強化するアイソメトリックス運動についてで、それを実践していた。トレーニングキャンプで玄関を曲がろうとした時、顔を真っ赤にした彼が両手で壁を押しているのに出くわした。いつも僕にやってみろと勧めるので、機嫌を取るために唸りながら玄関と格闘してみせると「いいぞ、いいぞ。だが、しょっちゅうやらないと駄目だよ——できる場所を見つけては練習することだ」と励ますのだった。

「ねェ、二つのプレーのどっちを仕掛けてくるつもりだ？」と座席越しに聞いてきた。「二つ？　彼はプレーブックすべてを覚えているんだ——通常の練習後、秘密練習してね。聞いたこともないプレーもするから驚くな。本当だぞ——スパイクの重りも取ったからな」

「分かった、分かった」とウォード。

少し離れて座っていたシュミットが聞きつけ「試合をメチャメチャに

するプレーを教えてやろう――フェイクⅡだ。それだろ」と言う。通路の奥からバジャーことブレッツシュナイダーが「フェイクⅡか、よーし、第３クォーターバックをメチャメチャにしてやるぞ」と言って、高笑いした。誰かが新人に勧めるのにフェイクⅡよりもましなプレーはないのか、と尋ねた。すると後ろの方でジョン・ゴーディが言った。「あるぜ。棍棒だ」

冗談はそろそろ終わりだ。ポンティアックの近くに来たが、スタジアムに向かう車で渋滞していた。夕暮れ時で、日よけのため青い窓ガラスの車内は暗かった。運転手は車内灯を消していた。隣のギボンズとしばらくおしゃべりしたが、今は黙っている。バスは向きを変え、歩行者や観客の流れの中をゆっくり進む。人々は顔を上げ、プラスチックの帽子をかぶってイプシランティあたりから来たファンクラブのバスだろうと見ると、大きな肩パッドを窓ガラスに押し付けたライオンズ選手だと気がついて、ポカンと大きな口を開けたり指さしたりした。

選手たちはイラついていた――違う方向に曲がり、スタジアムから数百ヤードの所で群衆に行く手を阻まれたバスの運転手にきつい言葉が飛んだ。運転手はハンドルから両手を挙げ、どうしようもないと肩をすくめるとドアを開けた。僕たちは降りて、スタジアムまでの短い距離を走った。石畳に響くスパイクの音を聞いて群衆が振り向き、僕たちを通すために道を開けた――びっくりしたように目を見開き、結局は同じことばになるだろうが、何か言いたそうに口を半開きにした――その沈黙の壁の間を僕たちは走るのだが、時々叫び声が聞こえるだけだった。先導していたのはジョー・シュミットだったと思う。彼はスタジアム外側の張り出しの下からフィールドへと通じる回廊へと降りる傾斜に入った。係員だと思うが、誰かが通路を誤って教えたため――脇の狭いドアから長蛇の列となってシュミットの後を忠実に走り、狭いロッカー室に入った。部屋の中央に海兵隊の軍旗衛兵が旗を持って立ち、よく磨かれた木製の銃を持った２人のボーイスカウトが目を丸くして、部屋がフットボール選手であふれるのを見つめていた。列の最後尾が入るまでシュミットは隊列を外に出さなかったので――全身が鳥かごに入り切るまで外に出られない大蛇のようだった。部屋はいっぱいになり、足踏みする者もいて鋲が音を立てたが、みな黙って待った。全員が集中しているため、部屋に満ちた狂気の高まりにも気づかないほどだった。突然、フットボール選手であふれた部屋はなぜだか分からないまま人けがなくなった。落ち着いて出番を待っていた旗手とボーイスカウトは、ドアが開いて大男たちが殺到し始めたのがいつだったか思い出そうとしたことだろう。

やっとシュミットがフィールドに出してくれた。美しい夜だった――地平線まで広がる平らな農地を染めた夕日の名残を背に、フィールドの向こうの金網フェンスから快い夏の風が吹いていた。スタジアム近くの農地には車がさらに集まってきて込み合っていた。サイドラインに沿って20段か30段あるスタンドは人でどんどん込み始め、四隅から澄み切った空に伸び立った鉄塔の全開のアーク灯にガの群れが集まりだした。光線が当たるまでほとんど見えなかったが夕暮れが深まると、旋回するたびに白く、風に吹かれたようにまぶしい光と衝突した。フィールドの反対側には野外音楽堂があり、その向こうは廃品置き場で廃車の山の中に巨大な油圧式圧搾機が屋根板のように完全に平らにつぶれて互いに積み重なっていた。

僕は振り返って、ライオンズのオフェンスチームの主将であるテリー・バーがリードする準備運動の輪に加わった――大声で拍子を取りながら両手を振り上げて跳躍、脚の屈伸、腕立て伏せ――草に触れるとヒンヤリした――みんな体を動かせて気持ちよさそうだ。それからチームはポジションごとに分かれ、それぞれフィールドの隅に集まる。オフェンスチームは廃品置き場のそばで、振り返るたびにペチャンコの悲しげな車が目に飛び込んできた。

ウィルソンが近寄ってきた。「先発クォーターバックの調子はどうだい」

僕は反射的にヘルメットに手をやった。

スクリメージに入るチャンスが少しでもある時は、僕はヘルメットをかぶる癖をつけてきた――ヘルメットを持たないでいて（選手はヘルメットを手放さないように言われているが、キャッチボールをしていると芝の上に置き忘れがちだ）ウィルソンから突然声がかかった時、ぶざまな姿を見せたくないし、ハドルを引き継ぐために走りながら着けるのがひと苦労——力いっぱい広げ、耳を折らずにかぶる、その一連の動作が——だからだ。

「あと何分ですか？」

「あぁ、10分くらいだ」とウィルソン。「コンテストの後、授賞式があって、それから試合開始だ」

僕は親指をヘルメットの穴に差し込み、頭を下げてかぶった。折れた耳たぶを直すと、あご紐を小さな留め金に素早くはめた。ヘルメットの中でパチンと鋭い音がして、僕はふらふらとベンチへと歩き、座った。

ヘルメットをかぶると困るのは、外の世界つまり人々のざわめきやコンテストへの声援から遮断され、すべてがさざめきになって、気持ちがもっぱらヘルメットという円形闘技場の内側を忙しく駆け回ることだ。僕自身の声はきわめて明瞭で——唇はヘルメットのお陰で安全に動く——慰め、励まし、父親のようにことさら腹立たしい助言をする。

「息子よ、冷静になれ。手の平にボールが収まるまで、捕ろうとするな」——これは僕がよくやる失敗に関してで、早く後ろに下がってプレーをしたいと思うあまり、ボールをしっかりつかむ前にセンターからさっと離れようとする欠点についてだ。ボールはボブ・ウィットローであれジム・マーチンであれ、センターの踵の間に落ちて弾み、激しく突進する彼らのスパイクが芝を掘り起こす。僕は後ろに行きかけた体を翻し、ボールをリカバーするため前方に飛び込む。水中で夢中に腕をかく人のように手を動かし、肩パッドがぶつかり合う音や、氷がひしめき合って流れるように密集したラインマンたちのうねりを聞きながら。

「ボールをしっかりつかむこと」と僕はつぶやく。

「だが——」と不吉な声がまた聞こえる。

「息子よ、ぐずぐずするな。……ハンドオフではハーフバックに手早くボールを渡さないといけないぞ」

ヤンキースタジアムで野球をした時、内なる声は南部なまりだったが、投手として苦境に立たされるとヒステリー状態になった――最初は「頑張れや」とか「こりゃ、子供のプレーだな」と陽気で楽しい声だったのだが。

ポンティアックでは声は南部なまりではなかった。ニューイングランド地方の抑揚だったかもしれない――聖職者か学校の教師のように厳格で庇護者ぶっていて、たぶん黒板の前の高い椅子に腰かけている。小さな四角い窓から見えるわずかなトウモロコシの茎と案山子のやせ地は低い石の塀で囲まれている――そんな風景に合った声だ。それは「息子よ、夢を見ている場合ではない。仕事に専念せよ」と言っている。

こうした指示は短い潜在意識の光景を伴うか、暗い部屋で見るテレビ画面のようにヘルメットの内部で鮮明に輝く――大きなタックルとエンドたちの荒々しい場面が山崩れとなって、たぶん穴の中、そうレイモンド・ベリーが言った危険な穴に、うろたえつつも観念してポカンと口を開けて見とれながら意気消沈して横たわっている僕に向かって、まるで夢の中でスローモーションを見るようにのしかかってくる。雪崩のようにラインマンたちが押し寄せる。彼らは「ジャンボ！　ジャンボ！ジャンボ！」とブリッツの大きな叫びを上げ、すぐ近くで「息子よ、これをしろ、息子よ、あれをしろ」とささやく教師の高慢な声をかき消す――すべては不安の現れだ。やる気が挫かれるだけなので、無力な聞き手の立場を逃れるために、僕は出番がすぐ迫っているのにヘルメットをグイッと脱ぐ。急に大きくなった観衆のざわめきが体に降りかかるのを感じる。

スタンドのどこかでバンドが演奏している。緑のフィールドを吹く風は涼しい。場内放送がコンテストの優勝者を告げている。徒競走、パスの正確さと距離をそれぞれ競う競技、そしてパントの正確さと飛距離を一緒に競う競技があった。白いイブニングドレスと長い手袋を着けた可愛い女の子がフィールドの真ん中に立った。彼女は王冠をかぶり――何とか女王なのだ――賞品をフランカーのパット・スタッドスティルに手渡した。僕が見た限り、その晩随一の正確なパントだった――60ヤードも飛び、フィールドのコーナーの旗から1ヤードかそこらで外に出て、イェール・ラリーを逆転した。彼がフィールドに出ていく時、僕はスパイクの鋲を踏み鳴らし、ずっと気にかけていたことに集中しようとして、彼の名前を楽しそうに叫んだ。「モンク、おーい、モンク！」。授賞式を終えてフィールドを出るイブニングドレスの少女に連れ添う彼の顔は笑いをこらえきれない様子で、ベンチの前に並んだ僕たちは全員、彼を冷やかしたりからかったりした。

その時、ジョージ・ウィルソンが宣告した。「よし、チームAとBが出ろ！」。厳しい顔で僕を促した——お楽しみはおしまいだ——ヘルメットの群れが走って行く。

白と黒の縦じまのジャージーを着た審判たちが30ヤードラインで待っていた。キックオフは省略し、ここからスクリメージを始める。

僕はヘルメットに指を突っ込み、耳を直しながらベンチをゆっくり出た。サイドラインを横切る時、観客の大きな関心の真っただ中に入っていくことだけでなく、ヘルメットの前方に両チームが待ち構えていることも見えた。ディフェンス選手の何人かはスクリメージラインに膝をついていた。フェースマスクが突き出た銀色のヘルメットが振り向くと、人間でなく動物——水辺の平穏をかき乱す大型の野生動物——が近づく僕を見ているような気がした。近寄ると急に、彼らを見知らぬ人のように感じた。照明灯の支柱が高いためヘルメットの内側は陰になって——ほお骨の照りや目の輝きしか見えず——誰だか識別できない。彼らも黙っている。僕は小走りにボールのそばに行った。商標の“デューク”が上を向いていた。首から下げた黒い紐の先にホイッスルをつけたレフェリーがボールをまたいで待っていた。青いジャージーのオフェンスチームは10ヤードほど後ろの自陣20ヤードラインに集まり、僕が着くとハドルを組んだ。ゆっくりと彼らに合流し、プレーを指示するために時間稼ぎをする格好をして気を落ち着けようとした。

＊1　ラテラルパス　スクリメージラインに平行か、またはやや後方に投げる短いパス。

22

白いネクタイに燕尾服を着て、バイオリンを弾くために舞台に立ち、いつもの『恋は花盛り』をかき鳴らそうとするとき、ジャック・ベニー*[1]は自分を偉大なバイオリニストだと感じるそうだ。その理由は、もし偉大なバイオリニストでないとしたら、燕尾服を着て大聴衆の前で演奏するはずがないからだと言う。

ポンティアックで僕は自分を“もぐり”ではなく、フットボールのクォーターバックだと感じた。ゲームプランは決まっていて、なすべきことは分かっていた。ベンチで待っている時よりずっと気分は落ち着いていた。足取りも軽く走って行った。周りで何が起こっているのかを鋭く意識した。

拡声器でバド・エリクソンが観客に説明するぼやけた声が聞こえた。サイドラインを横切ってきたナンバーゼロは実は新人ではなく、３週間、チームとともに練習してきたアマチュアの作家で、５プレー習得した。今晩はデトロイトの先発ディフェンスを相手に、その成果を披露するとしゃべっている。悪夢が現実になったかのように彼は言う。通路のホットドッグ売りに芥子を頂戴と言うために彼に寄りかかる可愛い女の子と一緒に、紙コップのビールを揺らしていたら、突然、意地悪な場内案内人に捕まってスタンド裏に連れて行かれ、抗議したが身支度をさせられ、２本の棒が突き出た銀のヘルメットをかぶせられ、耳がつぶれそうになりながらチームを引き受けた——フィールドを流れるエリクソンの言葉は大体そんなところで、夕日が落ちたウィズナー・スタジアムのスタンドのない方向から絶えず吹く風に乗って漂い、途切れ途切れに聞こえる。観客は興味を示し、ぼんやりだが確実な励ましの声に僕は気がついた。

固まってハドルを組んだ仲間が僕を見つめていた。彼らの中に飛び込みたかった。頭を下げてプレーのシグナルを待つ。僕が告げる。「26！」。励ますために力を込めて。と、一つのヘルメットから声がした。「抑えて、抑えて。スタジアム中に聞こえるぞ」

「26」。今度はささやいた。「26ニア・オー・ピンチ。カウント3。別れ！」。パンと同時に手拍子。僕は振り向いて彼らの後をスクリメージへと進む。

僕は自信満々だった。ボールの上に屈んだウィットローの後ろにゆっくり歩み、窓の下枠に置くように彼の尾てい骨に片手を当てて十分な間合い——僕が賛美する何人かのクォーターバックの何気ないポーズ——を取り、彼の背中の向こう側を眺めまわし、気持ちを落ち着かせた。

クォーターバックの素晴らしさ——力の体現——はこの10秒かそこらですべてやり終えた。出場している10人にプレーを指示し、ハドルを解き、スクリメージラインに歩み寄り、センターの後ろで一呼吸置き、屈んでいる男たちの真ん中でのそのそ動き、体を硬直させて自分自身と仲間を未来へと解き放つ発進の引き金を待つ。スポーツの醍醐味は時間そのものが止まる喜びを味わう機会を得ることだ。マウンドの上でもそもそする投手、山岳コースの頂上で構えるスキーヤー、フリースローに備えてざらざらしたボールを手の平でもてあそぶバスケットボール選手、セットポイントを迎えたテニス選手——彼らはみな、行動に移る前の一瞬を楽しむ。

僕は城の吊るし門が落ちるのを感じた。想像上の横木が敷かれた向こうには、ヘルメットをキラキラ輝かせたラインマンたちが身構え、そのすぐ後ろにラインバッカーたちが並ぶ。白いジャージーに大きく56番が輝くジョー・シュミットが不規則なステップを素早く踏みながら前後に飛び跳ねている。両手を体の前で構え、ディフェンスの暗号を流れるように指示している。彼の声に怒りを、並んでいる選手たちの体には緊張が走るのを感じた。あたかもシグナルを指示する僕の声が強く巻きすぎたゼンマイのレバーを一気に解き放ったかのようだ。「ブルー！　ブ

ルー！　ブルー！」。シュミットの叫び声が聞こえた。

ヘルメットの内側で教師の声がささやく。「息子よ、どうってことはない。まったく……」

センターにかぶさるように屈みこむ。急げ。起こると予想されることを復習する――スナップを受け、真っすぐ２歩後ろに下がり、右から左に平行に走ってくる第２バックにボールを手渡す。すると彼はカットして６番の穴を突く。第２バックが６番の穴に――これが26というプレーが意味することだ。「ニア・オー・ピンチ」という不可解な暗号はラインがブロックする役割に関係しているが、その意味ははっきりとは知らない。重要なことはボールをしっかりつかみ、平行して走ってくるバックスにボールを持たせることだ。

咳払いして叫んだ。「セット！」――誰かがヘルメットの耳穴で叫んだような大声で、人を驚かせた。「16、65、44、ハットワン、ハットツー、ハットスリー」。スリーでボールが手の平にパンと音を立て、前のディフェンス目がけて飛び出したウィットローの尻が勢いよく上がった。

ラインマンたちは大声を上げ、パッドは激しい音を立ててぶつかった。速く強い動きを感じながら後ろを向いた、何秒もかからないその瞬間、横から強く当たられ、しっかりつかもうとしたボールがはずみでこぼれ落ちた。転がり弾むボールの後を、僕はつまずきながら追う。５ヤード後退したところで腹の下にたぐり寄せた。迫る足音、ディフェンスをはね返そうとするブロッカーたちがぶつかり、喘ぐ太い声、観衆の大歓声、その上をレフェリーの鋭い笛が響く。やれやれ。まず思ったのはスナップされ、ボールを手渡す時、ラインの右側が崩れ、タックルの１人、ブラウンかフロイド・ピーターズが飛び込んできてファンブルさせた、ということだった。「ニア・オー・ピンチ」という不可解な暗号が意味する役割分担を誰かがメチャメチャにしたのだろうと考えた。後で知ったのだが、実は僕を突き飛ばしたのは味方だった。それはジョン・ゴーディで、オフェンシブガードの彼は横にスタートを切り、センターを越えて遠いサイドでブロックする役割だった。横に走ってスクリメージラインと平行に全力疾走し、ボールキャリアの前に出るのだが、そのコースは理論的には僕とセンターの間だった。ところが僕がボールをコントロールするのにちょっと手間取り、後ろを振り返るのにもたついたため、ゴーディのコースをふさいでしまった。彼にとって味方のクォーターバックが走路を邪魔するなどめったにないことだから、センターラインを越えてのんびりと歩いているヘラジカをカーブで発見した高速車のように僕にぶつかり、衝撃でボールが転がったのだ。

僕にとって味方にぶつかられるのは珍しくない。クランブルックではよくオフェンス選手とぶつかって倒れた——かなりの速さでコースを走るのがプレーの型として周到に決まっているので、すべてを正しく適切な速さで遂行されないと、プレーは挫折してしまう。僕は時々、例えば執事の手から落ちた陶器の水差しが粉々になるのを逆回転させ、床に散った破片が盛り上がって執事の手に収まり、定められたコースをたどって混乱が突然、完璧な形になる短いフィルムを思い出す。たいていの場合、手元が狂ってプレーが型どおりにいかないのは、1インチに満たない違いからだ。トレーニングキャンプである日、フルバックへのハンドオフを練習していた時、僕の姿勢が悪かったためだろうか、あごを少し突き出したところに、走ってきたピエトロサンテの肩パッドがパンチのように当たり、僕はあごを押さえたままゆっくりグラウンドに転がった。ブレッツシュナイダーがその晩こう言った。「俺たちディフェンスが捕まえるまで、君の味方が十分長い間守っているのなら、いつか君を打ちのめそうと俺たちも思うんだが、押し入ってみたら味方のオフェンスに倒されて、もう伸びているんだからがっかりするぜ」

自信は消えていなかった。僕は立ち上がった。レフェリーがボールを受け取ろうとしたが、僕が離さなかったので、力を入れて引っ張らねばならず、ちょっと驚いた表情をした。内なる声は、転倒の責任は僕ではない、「彼らが倒したんだ」と言う。「ブロックの失敗だ」。だが、自信の主たる理由は次のプレー——クランブルックのスクリメージでうまくできた93パスにあった。ハドルに歩み寄ると、かなり力を込めて言った。「大丈夫！　大丈夫！　さぁ行こう！」

「静かに」と声がした。「プレーが聞こえるぞ」

僕は体を前に倒して言った。「グリーン右（グリーンは指定されたパスプレー、右はフランカーが右サイドに位置する）」「スリー右（第３バックが右に位置する）」「93（標的になる２人のレシーバーを示す。９は右エンド、３は第３バック）」「（スナップのタイミングは）３……別れ！」——再びパンと同時に手を叩くと、選手たちは僕の脇をスクリメージラインへと流れて行き、僕はウィットローの後ろを元気よく歩く。

繰り返すが、プレーのやり方はちゃんとわかっていた——７歩下がってポケットに入れば、３秒か４秒は守ってくれる。第３バックのピエトロサンテが決められたパターンを走り、真っすぐ10ヤード行くと中央に切れ込み、僕が彼に投げる。

「セット！……16！……88……55……ハットワン……ハットツー……ハットスリー……」

ハットスリーでボールが手の平に音を立てた。振り向いて後ろに下がる。バランスを失ってスクリメージの２ヤード後ろで倒れた——誰かに突き倒されたわけではないのに、フィールドに張られた針金の罠に足を取られたように、まったくのぺちゃんこに。自信満々だったので、何が起きたのかまったく信じられなかった。泥まみれのスパイクが草に引っかかったのか？　草の露で滑ったのか？　ヘルメットの中であごが外れた感じがした。「何だ？　何だ？」——最初に屈辱感が襲ってきた。レフェリーの笛で急いで膝をつくと、青いライオンのロゴのついたチームメートの銀のヘルメットがこっちを向いた。何人かは僕を守るためのブロックから立ち上がったところで、突き出たフェースマスクをこっちに向けた顔は仮面をつけたロボットのように無表情だったが、ハドルへと大股に歩く姿からは失望の色が漂っていた。教師の声がヘルメットの内側で僕をムチ打った。「うすのろ！　不器用な間抜け」

ハドルに戻って言った。「すまん、すまん」

「プレーの指示を」。並んだヘルメットのどこからか声がした。

「何が起きたのか分からない」と僕。

「プレーを。さあ」

リストの３番目のプレーはもう一つのランニングプレーの42だ。スナップを受けたクォーターバックが一回転して第４バックであるフルバックの腹にボールを押し込むというフットボールで最も単純なプレーの一つだ。フルバックはブロックに向かうかのように装って、膝を上げて真っすぐ突進し、ボールを受け取るとセンターのすぐ左側の２番の穴を突く——単純なパワープレーで、観客席からは少しも難しくないように見える。

だが、僕にとっては恐ろしく難物だった。ここでもウサギのようなプロのバックスのスピードが手に余った。僕が一回転して腹にボールを置く前に、フルバックのダニー・ルイスは僕を置き去りにしてラインに突っ込んでしまった。そこで僕は求められることを実行した。ボールを腹に抱きかかえ、ルイスが小さな突破口を開けてくれることを期待して、彼の後からラインに突っ込んだ。

顔をゆがめ、目を細くほとんどつぶって衝撃を待つと、２歩も行かないうちにロジャー・ブラウンに捕まった。

彼は僕の上体をつかみ、力ずくで引き上げた。そのため僕は漫画の自転車乗りのように、300ポンドの肥満体に向かって足を回転させる格好になった。彼は僕を揺さぶり出す。僕は直立したまま驚いて前後にもがく。彼がボールを奪おうとしているのが分かった。腕を回してボールをかき出そうとする。ほとんど絡み合ったお互いのヘルメットのバーを通して、中の顔が見えた——その晩、初めてヘルメットの中の顔を見た——小さな茶色の目はびっくりするほど穏やかだった。だが、彼は激しくうめき、汗がきらめく。ボールを奪われるまで、僕には考える時間があった。「これがブラウンか、ブラウン！」。放り出されてグラウンドに片膝をついて、彼が地響きを立てながらエンドゾーンへと10ヤード走り、タッチダウンするのを見つめた。

だが、レフェリーは認めなかった。僕たちがもみ合っている間に笛を吹いたと言う。ブラウンは怒った。「俺のタッチダウンを取り上げるのか」。高い金切り声で言った。「正当にボールを奪ったんだ」

レフェリーは振り返ると10ヤードラインにボールを置いた。僕は３回の攻撃で20ヤード後退した。実はまだ一つもプレーを遂行していないというのに。
ベテランたちはゆっくりゆっくりハドルに戻ってきた。
僕は１人離れて立ち、ブラウンがレフェリーに毒づくのを聞いていた。「まだあんなふうに得点したことがないんだ。俺からそれを奪うのか？」。恨みがましい声だった。彼はガヤガヤと騒がしい観客席に向かって悲しそうに両手を上げた。
僕はボールを奪われてタッチダウンされた屈辱も忘れて、彼の主張に動じることもなく眺めていた。レフェリーが彼の得点を認めたとしても、抗議しなかったろう。三つのプレーが最悪の形に終わった衝撃で意気消沈し、何も感じられなくなり練習の目的も忘れた。教師の声さえ消えてしまった——深い絶望感に襲われ、そわそわ動きながらブラウンがレフェリーに文句を言うのを見ていた。ベンチに走って戻り、きっぱりフットボールをやめたいと思った。
その時偶然、ブレッツシュナイダーが定位置のアウトサイドラインバッカーに立ち、フェースマスクのバーの奥で笑っているのが見えた。再び力が湧いてきた——もし、バジャーの守備範囲にパスを成功させ、彼をがっかりさせられたら、ちょっとお返しができると思いついた。それにふさわしいプレーは用意してあった——ストロングサイドのエンド、ジム・ギボンズへの斜めパスだ。
ハドルに戻った。組むのに時間がかかった。「バジャーが寝ている。油断して寝ている」
誰も何も言わない。みな下を向いている。沈黙の中で急に足に気がついた。ハドルには22の足があり、ほとんどが特大サイズだが、狭い範囲に固まっている。クォーターバックが考え、他の選手は指示を待つ。他に注意を引くものはない。22の卵形のフットボールシューズを見て、プレーを告げる際の僕の失敗に責任があるのかもしれないと胸が痛んだ。センターがスナップバックするタイミングを言い忘れた。「グリーン右。９斜め、別れ！」。手を叩いたのは１人か２人。ハドルが解け何人かが自動的にスクリメージラインに行きかけた時、誰かがささやいた。「ところでカウント、カウントはいくつだ？　何てこった」

「ハットツー！」と言うのを忘れた。
冷静にもう一度ハドルを組み直すべきだった。そうする代わりに僕はスクリメージラインに歩きながら、舞台でやるようなささやき声で左右を向き「ツー！　ツー！」と叫んだ。聞こえないところにいる選手に知らせるために、２本の指をＶ字形に開いて、ディフェンスの陰になるが味方には見えるようにこっそり示した。
パスは失敗だった。２歩下がり（このプレーは素早いパスだからポケットなしで投げる）、ギボンズが飛び出して止まると少し戻り、僕が標的にしている彼の手が上がるのを見たが、ボールが高すぎた。投げた時、客席から歓声が上がった（これがプレーにもならない失敗を指す“おしゃか”にならなかった、その晩最初のプレーだった）が、ボールが高く弾んでサイドラインを割ると、不満の声が起きた。
「最後のプレーだ」とジョージ・ウィルソンが叫んだ。彼はクリップボードを持ち、レフェリーに近づくと横に立った。「ボールは10ヤード地点だ。とことんやれ」と機嫌よく声を張り上げた。
選手の１人が言った。「どっちのサイドに言ってんだろう？」
最後のプレーはピッチアウトだ——チームによってはフリップと呼ばれている——ラインに平行に走る第４バックに長いラテラルパスをし、左エンドの第８の穴に切れ込む。ラテラルは長いが、僕にとっては簡単だった。忘れてはいけないのは、投げたボールの後を追って走ることだ。オフェンシブラインマンも横に走るので、ラテラルした後、僕の背後は無防備になり、もしその場から逃げないと、ボールを持っていないことに気づかずに勢いよく突っ込んでくるディフェンシブタックルに捕まるかもしれないからだ。
僕は首尾よくラテラルし、後ろからのタックラーもかわしたが、残念なことにディフェンスはこのプレーを読んでいた。彼らはたった五つくらいしかない僕の持ちネタを知っていて、同じプレーを２度することはないと踏んでいた。後で、あるラインマンは正面にいたディフェンシブラインのフロイド・ピーターズが「さぁ、次は48ピッチアウトだぞ」と予測していたと話してくれたが、その通りで、ラテラルを受けた第

４バックのピエトロサンテは１ヤードライン―― 30ヤードラインからチームを後退させ、自陣エンドゾーンでセーフティを取られる屈辱までわずか１ヤードを残す地点――でつぶされた。

ピエトロサンテが倒されるのを見て、僕は疲れ果てた足を引きずって、芝の上をのろのろと押し込まれた所から遠いサイドライン中央のベンチへと引き揚げた。

観客席から拍手が湧きはじめた。驚いて見上げると、観客が立ち上がり手を叩いていた。最初は意味が分からなかった。人を愚弄する感じではなく、本気で敬意を示すものだった。「何だ？　何だ？」。他の誰かを褒めているのかと思った――僕の後ろから市長が現れ、オープンカーから手を振っているのかと。だが、ベンチに着くと、スタンドの人々が僕を見て、手を叩いているのが見えた。

後日、あの拍手について考えてみた。ある程度は僕の酔狂さへのご褒美かもしれないが、意識してないにせよほとんどは最悪の出来だったことへの安堵だったと思う。荒っぽいプロフットボールの世界にうっかり紛れ込んだ素人について、一般的はファンが抱く思い――「殺されちゃうかも」――を裏付けている。もし、何かの弾みで僕がタッチダウンパスを成功させたら大喝采だっただろう――続けざまに大失敗するたびに、どよめきが聞こえたのだから――が、その次の瞬間には彼らは不愉快に思っただろう。彼らの常識がひっくり返ったからだ。部外者にはふさわしくない。資格のある者がやってこそ楽しめるのだ。

称賛の一部は、僕のプレーぶりの漫画的側面を楽しんだ人たちからだったことも知った。少なからぬ人たちが野球のアル・シャハト*2やチャーリー・チャップリンが闘牛で演じたピエロのように、本職の道化師が楽しませていると思ったようだ。バド・エリクソンの友人が「バド、あれは最高におかしかったよ……彼は叱られただろうな」と言いに来たと話してくれた。その友人は笑いをこらえるのに苦労したそうだ。

ベンチに戻っても、僕はヘルメットを脱がなかった。疲れていたし、かぶっていた方が安全だから。座った時、背中の大きな０が客席を向いているのを意識した。近寄ってきてヘルメットの頭を軽く叩く者もいた。ブレッツシュナイダーが屈みこんで「まァ、最後まで頑張ったな……大したもんだ」と言った。

スクリメージが再開された。しばらく観戦しているうちに、心は僕のプレーぶりに戻っていった。生意気な内なる声が再び寄ってきた。「頑張ってないよ」とつっけんどんに言った。「怖気づいてたな」

ハーフタイムでウィルソンは選手たちをスタジアムの片隅の野外音楽堂に連れて行った。僕はベンチに座ったままだった。選手たちを楽隊の椅子に大きな半円形に座らせて、手に持ったクリップボードを指しながら説明しているのが見えた。フィールドの反対側から花火が上空に打ち上げられ、炸裂して光の束が広がるたびに、上の向いた観客の顔を銀色に、続いて真っ赤に染め、ドーンという音が鋭く反響しながら消えた。フィールドの向こう側の観客席の子供が耳を覆った。騒がしさを通して誰かが僕の名前を呼んだ。振り向くと、若い女性が後ろの手すりから体を乗り出していた。ディアボーンの「楽天地」というナイトクラブの女の子だと分かった。イタリア製のモヘアのセーターを着て、ぴっちりしたパンツをはき、片手に分厚い折り畳みの財布をサングラスと一緒に握り、興奮で上気した顔に、すぐ消えてしまったが子供らしさが残る可愛い仕草で、一方の手に持ったライオンズの旗を振っていた。彼女は「きれいね、きれいだわ」と叫んでいた。

花火が彼女を照らす。見上げた顔はめまぐるしいアルミニウムのまぶしい光に照らされ、白墨のようだ。

僕はヘルメットの内側から彼女を見て、おずおずと手を上げた。

＊1　ジャック・ベニー　1894～1974年。コメディアン。ケチでおんぼろ車に乗り、下手なバイオリンを趣味にしているというキャラクターで人気を博した。

＊2　アル・シャハト　1892～1984年。コメディアン。ワシントン・セネターズの投手を引退後、同僚のニック・アルトロックと組み、試合前のファンサービスとして燕尾服にシルクハット姿で寸劇を披露。63年に引退するまでワールドシリーズに25回、オールスター戦に18回出演した。

23

スクリメージが終わっても失望感は収まらず、心は安まらなかった。帰りのバスは静かだった。みな疲れて、試合を振り返っていた。ポンティアックを出ると渋滞で長い間動かなかったが、不満を言う者はいなかった。車内は暗かった。前方にはパトカーの赤色灯が回転していて、速い周期で打ち寄せる濃いバラ色の波のようにバスの車内を照らした。僕は１人で座っていた。ジョージ・ウィルソンが通路を伝ってやって来た。横に座ると僕を見て、何気なく話しかけてきた。僕が落ち込んでいるのは承知の上だ。

「残念だよ、ジョージ。うまくいかなかった。最初の３プレーはやり抜くことさえできなかった。車に乗ってエンジンをかける前に、道路から外れたようなもんだ」

「簡単じゃないだろう？」と彼は言った。「君は必ずうまくやれるタイプだと思うよ」。彼はフットボール選手の性格について語り始めた。デトロイトのクォーターバックだったボビー・レーンを例に挙げた。実力はあるし、頑丈だし、フットボール選手の権化みたいだったから、チームは彼に恩恵をこうむっていた。もしフットボールをやりたいのなら、その根底にあるのは相手を倒したいという衝動だ。どのスポーツでも同じだが、それは勝ちたいという意欲と密接に結びついている。ウィルソンはチームメートだったジャンボ・ジョー・スタイデーハーがある弱体チームのコーチをしていた時「お前たちがこてんぱんにやられるのも無理はない。みな前歯がちゃんとあるじゃないか」と怒鳴ったと語った。スタイデーハー自身、前歯は１本もなかった。彼は並外れた巨体で、病的なまでの大食漢だった。ロサンゼルス・ラムズが 1951 年に優勝した時、選手たちが彼を肩車したが、重くて落としたほどだ。ぶつかるってことはそういうことだ。ウィルソン自身、フットボール史上、恐らく最も激しいブロックで記憶されている。ワシントン・レッドスキンズとの優勝決定戦の開始第2プレーで、チャグ・ジャスティスとジミー・ジョンストンの2人をなぎ倒し、シカゴ・ベアーズの同僚、オズマンスキのタッチダウンを生んだ。勢いづいたベアーズは73－0で大勝した。ウィルソンはこれまでに編成された中で最強チームの一つだったベアーズの一員だ。ジョージ・ハラスのシカゴ・ベアーズは1940年代初め「内陸の怪物たち」と呼ばれ、ウィルソンの他にスタンフォード大学出身のノーム・スタンドリー、コロンビア大学出身のクォーターバック、シド・ラックマン、ホリークロス大学出身のビル・オズマンスキ、デューク大学出身のジョージ・マカフィー、シンシナティ大学出身のレイ・ノルティングがいた。今も共にいるアルド・フォルテやスクーター・マクレーンももちろん一緒だった。ラインの中央にはクライド"ブルドッグ"ターナー*[1]がいた。彼が400ポンドの牛を肩車して運ぶ写真をテキサスの大学が広報用に提供したことが、プロの注目を集めた。レッド・グレインジがよく話していたことだが、何らかの理由――説明されたことはないが――でターナーが4階の窓から落ちたことがあった。ドスンと大きな音がして、警察官が「どうしたんだ」と駆けつけると、付いた汚れを払っていたターナーは「なーに、ちょっと飛び降りただけさ」と答えた。スタンフォード大学出身のハンプトン・プールもいたし、ジョー・スタイデーハー、ルイジアナ州立大学出身のケン・カバノー、コルゲート大学出身のダニー・フォートマン、テンプル大学出身のエド・コールマン、そして、とてつもなく乱暴な「殺し屋」ことエド・スプリンクルもいた。これらの選手たちが第二次世界大戦までの10年以上、シカゴを強豪チームにした。ワシントンを73－0で一蹴した翌年、パールハーバーの2週間後に1万3000人を少し超すスタンドの観衆の前で、ニューヨーク・ジャイアンツを37－9で破り、1人当たりわずか430ドルの優勝配当金を得た。

シド・ラックマンは当時のすべての試合を通して記憶に残るプレーを

一つ挙げれば、ウィルソンのブロックだとよく話した。その試合後、車の中でウィルソンの妻は２人のレッドスキンズ選手を動物のような動きでなぎ倒した選手は誰だったの？　と無邪気に尋ねた——彼女の口調は、その夫のチームメートはほとんど人間じゃないという感じだった。
「いや、俺……エー、俺だよ」とウィルソンは妻に言った。
　暗い車内で、思い出しながら笑う彼の声を聞いた。
「さて、私は間違ったかもしれない。たぶん君は体をぶつけ合うのが好きなんだろう。何と言っても、アーチー・ムーア*2と試合をしたんだし、今回だって荒っぽいことがあった」
「さぁ、打たれると僕の涙腺はすぐ反応するんです。無意識の反射運動で、自分じゃどうすることもできない。相手はがっかりするだろうな——目の前の男が泣き虫だったら。それは思いやりだと言われたことがあるけど、実際はぶつかられるのが嫌なんです。逃げたいわけじゃないけど……」
「もちろん違うさ」とウィルソン。「だが、ぶつかり合いが好きだというのはフットボールに向いている性格だし、君もさっき言っていた。子供のころ公園でタッチフットボールでなくタックルゲームの選手を選ぶ時、エンドになってパスを捕りたいか、クォーターバックになりたいと思う男はフットボール選手としては大成しない。なぜなら無意識のうちに、ぶつかられる前にボールを放すことを考えているからだ。彼らはテニスやスキー、走り高跳びをやったら大成するかもしれない。彼らに勇気や競争心がないという意味ではない。でも、タックルやガード、あるいはタックルされるのを避けるよりもトラブルに突っ込んで行くフルバックを志願する者——彼らはフットボール選手としていつか大成するだろう。君はどっちかい？」
「まぁ、エンドですね。上背はあるけど華奢だから、常々あのポジションが向いていると思っていたんです……」
「確かにそうかもしれんな」とウィルソン。
「クリーブランドとの試合までに、ぶつかり合いが好きになれると思いますか？」と冗談半分で言った。

ウィルソンは笑った。「面白いのは、しばらくすると人はぶつかり合いに興味を失ってしまうことだ。ボビー・レーンがいい例だ。好調だったころは、誰かがブロックに失敗して倒されても、そのラインマンの胸を親しそうに肘で突いて『気にするな』と言った。我慢できたんだ。ラインマンは『なんていい人だ！』と感激し、次はもっと頑張る——包容力のあるクォーターバックに心服して。彼はレーンのために雄象のようにブロックし、レンガの壁もぶち破る勢いで走った。だが、しばらくするとレーンは忍耐心がなくなり『この野郎、ブロックし損なって』と言うようになった。選手たちはレーンが怖気づきだしたと言ったが、そうじゃない——ぶつかり合いが嫌になったんだ。それで選手たちを怒鳴りつけた。彼が失敗のない完璧な選手なら構わないが、そんなクォーターバックはどこにもいつの時代にもいない。選手たちは尊敬しなくなり——そうなると彼の能力も同時にしぼんでいった」

「本当にそうなったら、終わりだ。何か他の仕事を見つけないといけない」。ウィルソンは窓の外を見ながら言った。

次に彼はコーチ稼業と、その複雑さについて語り始めた。まるで後悔するかのように——基本的に体と体のぶつかり合いという単純な試合の喜びは、サイドラインから眺める彼には無縁であり、また、他の選手の行動にそうした自己表現を見出すことが不満で不快だと言わんばかりに。「何と言おうと、これは辛く消耗する仕事だ」と言った。

コーチたちはその苦しさに耐えられずに交代するのですか？　と尋ねた。クォーターバックのボビー・レーンがそうだったように。

彼はうなずいた。「しばらくたつと、コーチは敗戦を自分の責任だと受け止められなくなるんだ。そこで選手に当たる。選手たちが一人前の男であることを忘れる。昔は自分も一人の選手だったことも。ベアーズで昔チームメートだったジョー・スタイデーハーがラムズのヘッドコーチだったころ、なぜホテルのロビーをこそこそと歩き回ったり、棕櫚の植木の陰に隠れたりしたのか——あんな大男には無理なことなのに——あるいは、ナイター で敗れた試合の夜遅く、選手たちに科す高額の罰金を書きつけたりしたのか。話を聞いた私は彼に電話して——彼はそれを嫌がらないからね——昔は自身も一人の選手だったこと、その上、彼が“はぐれ者”——規則や規律をあまり守らない奴をそう呼んだ——だったことを思い出させてやったんだ」
「パッカーズのビンス・ロンバルディはかつては選手に慕われたコーチだったが、グリーンベイのヘッドコーチになった重圧が彼を厳格な性格に変え……選手と溝ができたと聞いたけど」と僕。
「難しい問題だ」とウィルソンは応えた。
バスはポンティアックの渋滞を抜け、暗闇の中を突っ走った。
ウィルソンはストレスを覚えると、ヘッドコーチの仕事を野球の監督、特にメッツのケーシー・ステンゲル監督と比べる——笑い者にするためではなく、尊敬の念から。ダグアウトからゆっくり出て投手を見ると、背中を丸めながら園芸用の小さなローラーを引きずっているようにマウンドへと足を運ぶ。短いよちよち歩きの歩幅を整えてファウルラインを踏まないようにし、交代させるべきかどうか決めるのに３分か４分しかない間、ずっと次の手を考えている。その決断は確率という“法”に照らせば、彼にとって比較的簡単だ。同じように重圧のかかる状態でのフットボールのコーチは数秒の間にもろもろの些細な事柄を整理し、優先順位を決めなくてはならない。知識や直感を駆使して決断を下す。もし失敗すれば、１シーズンわずか14試合しかないから職を失うかもしれない。統制の取れない出来事——ファンブル、反則、負傷——がしばしば起こり、入り口で入場券をもぎる人や通路のホットドッグ売りと大差ない傍観者の立場にコーチを追いやる。にもかかわらず、フィールド上での悲劇は彼の仕業であり責任なのだ。
こうしたことに比べれば、ウィルソンが言うように僕自身の災難などはるかに取るに足りない、と思う。選手たちが彼を「選手の側に立つコーチ」と呼んで尊敬するのもよく分かる。
僕は彼に感謝し、高速道を降りたバスが暗い田舎道をキャンプのある高校へと走るうちに気分が良くなった。
選手たちも僕が元気かどうか気にかけていた。バスが体育館に着き、シャワーを浴びて着替えると、何人かがディアボーンのダンスホールでこの素晴らしい夜を楽しもうと誘ってくれた。彼らは「フォウティフォァ、フォウティトゥー」と僕のアクセントを真似ながら時々叫ぶ。そしてポンティアックで演じたヘマよりましなプレーを実際はやったのだと僕に思わせようと、背中を叩くのだった。「ダメダメー……全然ダメだーった」と僕が言うまで。

試合後、僕の精神状態を一番心配したのはハーリー・スーエルだったろう。彼はナショナル・フットボール・リーグに11年もいる。頭は薄い白髪で、船乗りのように体を揺らして歩く。ラインマンとしては小柄だが（選手名鑑では体重は230ポンドだが、もっと軽く見える）、何かに関心を持つと執拗で、その傾向は明らかに彼の資質の中で大きな部分を占めている。ロッカー室には常に一番乗りだし、着替えも最初、フィールドを移動する時は常に駆け足だ。猛烈な速さで自分を駆り立てるが、それが彼のやり方で人には強要しない。キャンプでスーエルを笑い者にした言いまわしに「のろまのスーエル」とか「遅れたスーエル」というのがある。時に「おいスーエル、やる気があんのか？」と叫ぶ者がいるが、彼は聞こえないふりをして、していることを続ける。フィールドの外でも態度は変わらない。セントジョーという所で生まれたテキサス人で、オフシーズンに故郷に来て放牧馬に乗ってみろとしつこく誘う。彼はそう決めつけていた。

「ところでいつ放牧馬に乗りに来る？」

「うーんハーリー、まだ決めては……」

「ぜひ経験してもらいたいんだ」

「でもハーリー……」

「用意するのは何でもないよ」

「ハーリー……」

「さて、いつ来るかい？」

「オフシーズンのいつかだよ」

彼はまったくしつこかった。ジョン・ゴーディが新人の時、ハーリーは彼の歌声が好きで、よくせがまれたと話してくれた。「よし新人、今度は俺が弾こう」と言ってギターを抱え「歌え」と言う。

「でもハーリー……」
「歌え」
「歌えないんです」
「歌え、新人」
仕方なくゴーディは歌った。そうするしかなかった。

スクリメージが終わって寮に戻ると、スーエルが僕を探しに来た。お粗末なプレーに落ち込んで寂しがっていると思ったのだろう。どういう訳か、彼は僕がピザを食べたがっていると思い、車でどこかに出かけて買うと後部座席に積んで帰ってきた。寮に着いた時、わずか２～３人が部屋で試合のことを話しているだけだった。ハーリーはピザを抱えて「あの新人はどこにいる？」と尋ねた。

みんなと一緒に「楽天地」にツイストをしに行ったと思うと聞いて、ハーリーはピザを振る舞いながら待ったが、僕がひょっこり帰った場合のために、大きな一切れを残しておいた。だが、とうとう諦めた。

僕が戻ったのは朝の６時だった。交差点のすぐそばに止めた車を引き取るため、明るい合成樹脂製の机で警察官たちが勤務についている、まばゆいばかりの大きなディアボーン警察署に２時間もいたのだ。ディアボーンではどんなに軽微でも駐車違反車両は牽引される。この慣行を知らなかったので、たばこの煙とダンスでちょっとふらふらした頭で「楽天地」を出て、人けのない通りを歩いた僕は、車がなくなっているのに気づいた。歩道の縁石に座り込んで頭を抱え、どこに駐車したのか思い出そうとした。タクシーがやって来て、客だと思って止まった。車がなくなったと話すと、運転手はざっと10マイル離れた警察署に乗せて行ってくれた。警察署の裏は砕石で固めた広い駐車場で黄色いレッカー車や違反した車がずらりと並んでいた。僕の車もあった。罪の意識のない僕は腹を立てたが、しぶしぶ罰金を払い、病院と見まがう清潔そのものの待合室で事務手続きが終わるまで座っていた。車を返してもらうと、恥ずかしい気持ちを晴らすように駐車場を猛スピードで後にした。

クランブルックに着くと、日は上がっていた。暑くなりそうだった。部屋が暑くなりつつあるとは思ったが、眠りたかった。１分ちょっと寝たと思ったら、大きな声がした。
「起きろ、新人。寝ている暇はないぞ」
　見ると、ハーリーがドアに立っていた。瞬間的に、彼が僕のために放牧馬を用意して外の芝生で待たせているという予感がした。「おいおい、どうしたんだ」と言って体を起こした。彼の子供が２人、後ろから見つめていた。
「起きる時間だ」とハーリー。
「何時だい？」
「８時だ」
「頼むよ、ハーリー。寝たばかりなんだ。２時間しか寝てないんだ」
「時間がもったいない。ドライブに行こう」
「ハーリー、僕は警察署で……」
　姿を消したと思ったら、彼と２人の子供は食堂でコーヒーとパンを手に入れ、１分かそこらで戻ってきた。「これでしゃんとするだろう」
　僕はうめきながら起きて着替えた。
「何かした方がいいんだ」とハーリーが言った。
「頼むよ、ハーリー。眠たいんだ」
「起きて悪いことはない」とハーリー。
　僕たちは彼のステーションワゴンで田園地帯に行った。子供たちは後ろの座席でおとなしくしており、その横にハーリーが借りてこれから返しに行く芝刈り機があった。目を閉じると睡魔に襲われそうだったので、窓を開けて夏の暑い空気を逃し、ハーリーの話に心を集中させた。彼はバックスのために巨大なディフェンシブタックルやエンドといった手強い連中のことや、彼らからこうむった屈辱について話した。前夜の僕の屈辱を和らげようとしているのだ。ビッグダディ・リプスコムについて語った。彼とは何回も対戦した。彼が最高の選手の１人で、何度も煮え湯を飲まされたのは事実だが、グリーンベイ・パッカーズのルロイ・スミス*3ほどではないと語った。スミスが好調な時は、まあまあの日のビッグダディより素早く、巧妙でもっと骨が折れるという。時々だが、ビッグダディが試合に集中した時は敵なしだ。彼はフィールド上でよくしゃべる。次に何をするか、誰を打ちのめすかをみんなに聞こえるように言う。ハーリーが対戦した中で最悪だったのは1962年のプロボウルで、まったく歯が立たなかった。そこで誰かに交代してもらったが彼も通用せず、フォレスト・グレッグ*[4]が出たがそれでもダメ。そこで２人で当たるダブルチーム策を取ったが、大して効果はなかった。リプスコムはナショナル・フットボール・リーグに登場した時から強力で大きく、最初のチーム、ボルティモア・コルツでアート・ドノバンに教わった。ドノバンは豊富な水源から多くの知識を注ぎ込むように、知っている全てを教えた。

調子の悪い日があったとはいえ、そんなに貴重な特性の持ち主をボルティモアはなぜピッツバーグ・スティーラーズにトレードしたのかとハーリーに尋ねた。それはね、彼に手を焼いたからだとハーリーは言った。彼は厄介な男だった。プライドが高く短気だった。トレードに出される前の年、ある選手が開いたパーティーにビッグダディは招かれなかった。あれこれ考えた末、爪弾きにされたとの思いが募った。彼はパーティーに押しかけるとホストを窓から放り出した。もちろん大騒ぎだ。特に、ホストはとても俊足のスキャットバックだったが、足首の腱を切る災難に遭ったため、それ以後、チームはビッグダディを残せないと考えるようになった。ハーリーはまるで彼がその場にいたかのように語った。偉大なタックルは薬物乱用で死んだ。僕は彼の死についてハーリーに尋ねたが、聞こえなかったか、答えたくなかったようだ。僕たちがしばらく無言で走った。

「彼について僕が描く姿は」と僕は夢見心地で言った。「歯医者で椅子に座っているところだ」

「何だって？」。ハーリーは語気を強めた。

「彼が歯の痛みを我慢できなかった話をどこかで読んだんだ」と説明した。「奥さんが膝の上に乗って、ちょっとした痛みにもなだめてやらないと彼は歯医者の椅子に座ろうとしなかった。椅子に２人が座り、小さなよだれ掛けをつけたビッグダディを治療するのに医者が奥さんをよけながら働く姿をどうしても想像しちゃうんだ」

「そんなビッグダディは見たことがない」とハーリー。「残念なことに、ラインの向こう側にいる姿しか見たことはない。はみ出したジャージーを尻尾のようにひらひらさせて、あの体をぶつける——納屋に衝突するように。彼は特製の奇妙な靴を履いていた——柔らかな革で足首を覆う深さの——が、たぶん魚の目があったんだろう。向かってくる時、相手のヘルメットの耳穴を平手打ちする癖がある。顔の片側を削られたような音がするんだ」とハーリーはまだ耳鳴りが鳴っているかのように首を振った。

リプスコムにはデトロイトがつけ込む欠点があった。彼はボールキャリアを追ってサイドライン近くの人の少ないところでタックルするプレーを好んだ。そのプレーを見るために来ている（と彼が考える）大観衆の目前で相手を叩き潰せるからだ。追いかけて犠牲者の肩パッドをつかみ、足を止めると大きな手で背中を一撃する。対策とは、そのプレーをすると見せかけてビッグダディの目をサイドライン方向に向けさせ、空白になった彼の守備範囲を突くのだ。このプレーは47クロスバック・テークオフと呼ばれ、ビッグダディと相対するガード——例えばハーリー——はボールキャリアのためにエンドをブロックするふりをして横にスタートし、ビッグダディを釣り出す。その瞬間、ボールを持った第4バック——ピエトロサンテ——が第7の穴を全速で駆け抜ける。もちろん、もしビッグダディがだまされず、ガードの後を追わないで第7の穴に止まれば、ピエトロサンテにとって全く不幸な事態となる。しかし、ビッグダディは目立ちたがり屋だから——少なくともまだ経験が浅いころは——試合の終盤になると必ずはみ出す長いジャージーを尻尾のようにひらひらさせて、ガードの後を追って横に動くことだろう。

「彼にも調子の悪い時があると言っただろう」とハーリーが僕を見て言った。

「僕みたいに？」。ニヤリと笑い返す。

「そうだ」。まったく真剣な顔でしばらく考えてからハーリーが言った。「毎週、対戦する選手はどいつも楽な相手じゃない。だから俺のポジションはきついよ。悩むし、自分のことで頭がいっぱいだ。ほとんどプレーごとに誰かをブロックしなきゃならないから、グラウンドに倒れっぱなしだ――パスプロテクションか何か以外はそうなっちゃう――が、ともかく俺はそれが好きなんだ」。そう言って片手をハンドルに打ち当てた。「動く時はいつも素早く、全力で動くことだ。全力で走ればけがをすることも少ない。車同士がぶつかるのと同じだ――より速い方が破損が少ない。もちろん、枠組みが華奢なのはダメだが。質と重量より速さということだ」
「確かに」と眠たそうに僕。
「動く時は体と筋肉を緊張させないといけない。なぜなら、のろのろ走る時は力が入っていないだろ。力を抜いてもたもた走っている時にぶちかまされると体がバラバラになるよ」
「そうだね。バラバラになる。放牧馬乗りでも同じ原理が当てはまりそうだね」
　ハーリーは顔を向けて「結局そこに落ち着くか」と言った。
「この人、乗るの？　父さん」。後ろの席から子供が尋ねた。
「もちろん……」とハーリー。
　僕は振り返って、芝刈り機のハンドルを挟んで座っている子供たちを見た。彼らの目は心配そうでもあり、面白がっているようにも見えた。
　脇道に入り、私道を少し登ると木の屋根の家に着いた。彼の友達が網戸を取り付けたベランダで待っていた。僕たちが行くことをハーリーらしく連絡していなかったのだが。僕はみなに紹介され、コーヒーが運ばれた。みな前夜の試合を聞いていて、僕のプレーぶりを詳しく知りたがった。
　僕は座ってコーヒーを飲んだ。むしろ話したいと思っていたのだ。
「まァ、大失敗でした。まったくひどかった」
　ハーリーは何かを探しに台所に行き、コーヒーケーキを切って急いで戻ってきた。「さて、続けてくれ。俺も知らないんだ」
「やだなァ、ハーリー」。彼を見て笑った。
「５回のプレーで30ヤード近くロスしちゃった……誰にも触られていないのに倒れるし、ロジャー・ブラウンにボールを奪われるし、ジム・ギボンズには頭より３メートルも高く投げるし――まったくひどい……」

「それほどひどくはないよ……何と言うか……」とハーリーは真剣に、僕が動揺したり屈辱を味わわないように意識的に努めていた。

「ハーリー、君は大失敗の意味が分からないようだね」

ベランダにいた友人たちは詳しく話すようせがんだが、ハーリーは取り合わなかった。「そんな話を聞いたって、面白くない」

「ねぇ、頼むよ、ハーリー」と友人たち。

「ダメ！」とハーリー。

そこで、みなは彼に調子を合わせて他の話題についておしゃべりし、ハーリーが芝刈り機を動かしに子供たちとベランダを離れたすきにようやく試合の話をし、彼らを満足させることができた。

しばらく時間を潰して、クランブルックに帰った。気持ちのいい日だねと言い、道路に出ると窓の下枠に両手を置いた。ハーリーは車内の運転席で何か気にかけているようだった。まだ、僕の精神状態を心配しているのだ。「悩むことじゃない。運がなくなったわけじゃない。あの試合は忘れて、クリーブランドとの試合に備えることだ――あいつらに気持ちを集中させて……」

「辛くはないよ。ハーリー、聞いてくれ。本当に感謝している」

「寝て、起きたら大丈夫さ」

「もちろん」と僕は言った。

＊1　クライド“ブルドッグ”ターナー　1919～98年。センター、ラインバッカー。40～52年シカゴ・ベアーズ。プロボウル4回。66年名誉の殿堂入り。

＊2　アーチー・ムーア　1913～98年。52～62年の間、ライトヘビー級チャンピオン。通算181勝（うちKO 145）24敗9引き分け。プリンプトンは59年、ムーアと3ラウンドのスパーリングを行った。

＊3　ルロイ・スミス　NFLの歴代選手名鑑に該当者なし。プリンプトンが遊び心で作り上げた空想上の選手か。

＊4　フォレスト・グレッグ　1933～2019年。タックル。オフェンシブライン

の中核として56～71年グリーンベイ・パッカーズなどで活躍した。プロボウル9回。77年名誉の殿堂入り。75～77年クリーブランド・ブラウンズ、80～83年シンシナティ・ベンガルズ、84～87年パッカーズのヘッドコーチ。

24

スクリメージの翌日、５人が解雇された。その夜、ミーティングがあり、ジョージ・ウィルソンが短く話した。彼は青い三つ揃えの背広にネクタイを締めていた。この後、約束があるのだろうと思ったが、渋い服装はその場に似合っていた。彼はポンティアックのスクリメージに満足していると言った。今はクリーブランド・ブラウンズ戦を考える時だと言ったが、気が散っているようだった。新人を多く出場させ、彼らを切磋琢磨させるため主将のジョー・シュミットとテリー・バーが指揮を執ると言った。話が終わると彼は部屋を出て、陰になった泉の脇に立っているのが見えた。火の消えた葉巻を左手に、チョークを右手に持ったアルド・フォルテが後を継いだ。プレーの解説が始まり、選手たちがプレーブックに屈みこんだ。すると、ホークことナスバウマーが教室の後ろから静かに入ってきて、１人の選手に覆いかぶさるように素早く近づいた。突然、体に触られて飛び上がらんばかりに驚いた選手に、プレーブックを持って外に出るようにとささやく。誰にも聞かれないよう２人が泉の周りの手すりに腰掛けると、ウィルソンは残念だが君のポジションは埋まり、空きがなくなったことを告げる。

これがデトロイトのやり方だ――いずれにしろ組織のシンボルであるプレーブックを持っている不幸な選手の肩を叩いて、それを取り上げる方法の一つだ。できるだけ目立たないように実行されるが、席から席へとそっと肘をつついて知らせるので、みな何が行われているのかを悟り、窓越しに泉を見つめる。フォルテに注目する者は誰もいない――泉でウィルソンが１人の選手と話し終えると、次の選手を呼びにホークが教室の後ろから入ってきて席の間を素早く歩くことにベテランを含め全員が気づいていた。ポンティアックのスクリメージでいいプレーをしたデニス・ゴーバックはホークに肩を触られた拍子にあまりにもびっくりしてプレーブックと鉛筆を飛ばしそうになり、みなが振り返って敬意を示した。彼はホークと出て行ったが、1分かそこらで青ざめた顔で頭を振りながら戻っていきた。後で、ホークからは練習の時、フットボールが入った青い袋をフィールドに運ぶ役を引き受けてくれと言われただけだと教えてくれた。ジェリー・アーチャーがその役だったのだが、彼が解雇されたためだ。

薄情なやり方だと思ったが、いずれにしても人を解雇するのに簡単な方法はない。楽にできることではないからコーチたちは嫌がる。どのチームにも信じがたいやり方がある。アメリカン・フットボール・リーグのバファローでは2～3年前、解雇を知らせる方法は用具係のマネジャーにその選手のロッカーを片付けさせることだった。午後の練習を終え、他の選手たちとふざけながら着替えのために体育館に戻り、スパイクの紐をほどくため椅子に腰かけようとすると、突然ロッカーが空になっている。最初は信じられなくてロッカーの数字を見つめ、次に両隣の数字を確かめる。希望はしぼみ、今はもはやチームメートではなく知人にすぎなくなった他の選手たちはきまり悪そうに彼の目を避け、靴下にじっと目を落とす。

ミーティングの直後、部屋を出ると、ベテランでただ1人解雇された250ポンドの大型オフェンシブタックル、ジョン・ロマコースキが寮を出るために洗面用具と素敵な革製のスーツケースを提げて廊下を歩いてきた。時間の余裕があったら、きまり悪い思いをさせないために部屋に引っ込んだかもしれない。彼はスーツケースを置くと「やァ」と言った。蒸し暑い夜で、額に汗がキラキラ流れていた。彼はタクシーを頼んだ。行先は未定で――たぶんバスの発着所か近くの鉄道駅――運転手に尋ねていたが、急いで立ち去りたがっていた。彼は近くに住んでいるようだった。実際、ミシガン州内だったが、話を聞いていると、革のスーツケースを開けるまでにクランブルックからできるだけ遠くに行きたがっているようだった。もっと話す機会がほしかったが残念だと言った。

その夜、それぞれの部屋で選手たちは“きしる足音”つまり“トルコ人”の思い出を語った。トミー・ワトキンズは、クリーブランドのヘッドコーチだったポール・ブラウンは真夜中まで待ってアシスタントコーチに選手を呼びに行かせ、コーチ室で解雇を正式に告げたと語った。解雇が避けられないこの時期の夜は新人たちは一室に集まってツイストのレコードをかけたり、ダンスの練習をしたりして——大音量で足音高く——気持ちを明るく保とうとしたが、階下の部屋のポール・ブラウンからうるさくて誰を解雇したらいいか考えがまとまらないと苦情を言われたとか。いずれにしてもドアはいつか開き、ブラウンの使者が大音響とダンスに興じる選手たちの間を縫って不運な選手を指名しに来る。彼らが去った後、音量は下がる。少なくともその夜はこれ以上心配する必要はなく、小さい音でもダンスに十分だった。

シカゴではジョージ・ハラスが手を伸ばして肩に触れるのが決まりだった。解雇されるかもしれないと心配する選手たちは彼が近づくとさっと逃げた。ある時、170ポンドと小柄だが俊足で確実な捕球をするすばしっこいスキャットバックに触れようと手を伸ばしたが、その気配を寸前で察したその選手はすいと身をかわすと、うなり声を上げてグラウンドに手を着き、急ピッチで腕立て伏せを始めた。「どうです。強いでしょう。いつまででもできますよ」。彼はハラスを見上げながら言った。ハラスは選手の懸命さに感動したのか、触れるつもりなどさらさらなかったかのように立ち去った。その後数週間、チームに残っていたが、彼がロッカールームでスエットシャツを脱いでいて逃げようにも逃げられない時、ハラスは素早く背後に回って肩に触れた。

登録を外された選手たちの反応は、解雇を告げる方法に比べると一定している——すべての努力が無駄になったと知って、ほとんどは泣くか押し黙るかだ。それから将来の問題に向かって、次は何が起こるかと思いながらゆっくり動き出す。ロマコースキのように数回の電話の後、仕事を見つけて急いで立ち去ることもある。

もちろん例外はある。何年か昔、解雇を通告されたライオンズの新人２人が部屋でライウイスキーをがぶ飲みし、問題を起こしてやろうと外に出た。クランブルックの数学教師が洗面所で歯を磨いているのを見つけた。彼は赤い竜を刺繍した日本の着物のような緑色のバスローブを着ていた。背後から２人が近づく足音で振り返ると、口を歯磨き粉だらけにしてにこやかに笑った。

「やァ、君たち。練習はうまくできましたか？」

２人は体を揺らしながら彼を見つめた。

「このピエロは誰だ？」。１人が指差して言った。

じっと見ていたもう１人が言った。「これは中国人だ。頭のいかれた中国人だ。口の泡を見ろ」

数学教師は２人に背を向けた。

それからの出来事ははっきりしない――聞いた話では――数学教師は“襲われ”、荷作りしたトランク（彼は遅い夏休みを取って出発するところだった）は宿舎から持ち出され、階段の吹き抜けから投げられた。デトロイトの経営陣は関係修復に全力を尽くしたが、クランブルック校はフットボール選手はお断りと表明し、翌年はキャンプを誘致しなかった。学校側がしばらく態度を変えなかったため、軟化するまでライオンズはイプシランティ州立大学――牧歌的なクランブルック校に比べると殺風景な環境――で２年間、キャンプを張った。

新人の宿舎を歩いた。解雇を免れた選手たちは多くの部屋でジンラミーというカード遊びをしていた――みな大はしゃぎで、カードに集中している者などいない。マイアミ大学出身のフルバック、ニック・ライダーはカードを見ると大きな笑みを浮かべた。ジェーク・グリアもそうで、僕が入ってくるのを見ると振り返り、甲高い声で言った。「“きしる足音”は来なかったよ」。小声でワーイと叫び、椅子に座ったまま後ろにのけぞった拍子に足がテーブルの上に出たため、行儀の悪さを恥じておとなしくなり、手に持ったカードに目を落とした。ルシアン・リーバーグも生き残ってそこにいた。結婚したばかりなので“ハネムーン”と呼ばれるドン・キングや、キャンプに来た早々どういうわけかミルト・プラムに「さァ、アーニーが来たから怖くないぞ」とからかわれているアーニー・クラークも。クラークはほとんどカードを切らない。僕が入ってくるのをちゃんと認めた合図にリーバーグは片手を上げ、つまらない手であるようなふりをしたが、少し大げさだった——彼は甲高くキャッキャッと笑い、カードをぱらぱらと切る時、テーブルにばらまいてしまいみなに笑われた——グリアが片足で椅子を揺するので、全員がハシッシに酔っているようだ。ロジャー・ブラウンも仲間に加わっていたが、カード遊びに関心のあるのは彼1人だけだった。他の選手がはしゃいでいると、時々「おい、カードをしに来たんじゃないのか？」と言いながら顔をしかめる。残りの連中はまた嬌声を上げて彼を指さし、まだブラウンとチームメートでいられることに安心して子供じみた振る舞いを続けた。彼らが静かになるのは解雇された新人が休憩室を通ったり、ブースの中にある公衆電話をかけるために廊下で待っていたりする時だけで、カード遊びの選手たちは屈辱が伝染するかのように彼を避けた。

背が高く、スキーのうまい国立公園監視員で、ロッカーが僕の前だったジーン・フランツも解雇された——髪形が丸く、ハムレットみたいで、耳と目のほとんどを覆っているため、あるベテランは“モップ”とか“かつら”と呼んでいた。彼は日焼けした脚を引き立たせるために校庭でテニス用の白いショートパンツをはいていた——それが髪形とともにベテラン選手の反感を買った。食堂で彼は他の選手より歌を歌った。静かなモルモン教の讃美歌のようで（彼はブリガムヤング大学の卒業だった）長たらしく忍耐がいった。テニス用の白い服装で椅子の上に上がり、ウィンブルドンのセンターコートで国歌を歌うように立っている彼を見て、ベテランたちは言う。「あんなにかつらが顔を覆っているのに、どうやってパスを捕るんだ」。ブリガムヤング大学で彼は全国でも指折りのパスインターセプターで、一昨年は9個を奪った。デトロイトはドラフト17巡で契約した。だが、チームに残れる自信がないようで、他の新人より解雇される準備ができているようだった。プロのパスディフェンスは高度に進歩しているので、大学での成功——直感と天性の運動センス、幸運、そしてクォーターバックの不正確なパス——は経験に伴う知識の二の次だった。ロッカーの前で「僕は学び始めたばかり」と言ったことがある。「チームに残れるかどうかは、早く学べるかどうかに懸かっている」
ともあれ、彼は残れなかった。前の夜、ポンティアックでの徒競走で優勝した俊足のロン・シーバーも解雇された。2人ともアメリカン・フットボール・リーグのデンバーに電話をかけた。デンバーがうまくいかなくても、経済的に独立していて、妻やその他の係累のいない彼らは十分に調子を上げ、幸運に恵まれればアメリカン・リーグの他チームかカナダ、あるいはもしフットボールを続けたいのなら数多いセミプロチームに入れるだろう。少なくともフランツは雪の降る秋にはロッキーの山に戻るだろう。
泉のそばでやはりウィルソンから解雇を告げられたフランク・インペリアルの場合は違っていた。彼はフリーエージェントで来た大柄のラインマンで、バファローで以前、多少の経験があった——選手を解雇する時、ロッカーを片付けてしまう話をしてくれた1人だった。そして彼には扶養すべき妻と子供たちがいたので、上位リストに入って高額契約に成功する責任があった。さもないと、フットボールを完全に断念して父親の事業——僕の記憶では配管業——に就かなければならなかった。彼はロングアイランドの妻に電話して、解雇されたと告げた。すぐにニューヨーク・ジェッツにも電話したが、望みは薄かった。返事の電話を待つため、新人用の休憩室でふさぎ込んで座っていた。僕は彼に近づいてしばらく話した。彼は何日か前の夜に言われ、日にちもウィルソンからはっきり告げられていた新人余興会の司会をするつもりだった。教室でウィルソンが発表した時、インペリアルは振り返って、「ワーイ」と喜ぶ新人たち——僕たちのグループは固まって座っていた——を指さして合図した。彼はナイトクラブで“実戦経験”があると打ち明け、何日か前、僕たち何人かの関するジョークを作っていた。余興会の司会が必要だったので、僕たちは期待して聞いた。彼のジョークはさほど自信たっぷりでなく、声もどちらかといえば単調だった。しゃべりをやめ、突然「さて、バーに入ってきたゴリラがいるぞ」と言われて初めてジョークだったと分かる始末だった——目で僕たちに問いかけ、うなずくのを期待し、それから次に取り掛かるのだ。それでもナイトクラブの世界で“実戦経験”がある——彼はそう言い続けた——ただ1人の新人だったので、目の前の聞き手と次第に打ち解けてきた。ところが余興会についてウィルソンが発表したわずか5分後、ホークが彼の肩を叩き、泉へと連れ出したのだ。

今や彼の得意芸に頼むことはできなくなった。彼は休憩室のちょっと外にある電話ボックスを見つめている。「新人余興会でどのジョークを使ってもいいぜ」と言った。

僕は余興会で使うことを確約した。君がいなくなると寂しいと言ったが、彼の“実戦経験”がなくても何とか会は開けるだろうと思っていた。彼の心はそこにはなかった。「大事なのは冷静に対処することだ」と言った。「対応の仕方が分かるまで、何回か解雇されないとね」

電話が鳴った——はしゃいでいるジンラミーの机からはほとんど聞こえなかったが——彼は立ち上がり、ボックスに体を押し込んだ。電話は恐らく妻からで、250ポンドもある大男は入り口を閉めるのにひと苦労した。

その日解雇された5人目の男、ジェリー・アーチャーは出発できなかった。怒りで体をこわばらせ、休憩室を椅子から椅子へと転々とした。近くにいる者には誰でも話しかけた。「俺はラインバッカーとしてここに来たんだ。何てこった」。彼は不器用にタバコを吹かした。今まで吸ったのを見たことはなかった。「クソッ！」と言った。彼は毎朝、フットボールが詰まった青い袋をかついで松林の間を縫い、木の橋を渡ってフィールドまで運ぶ係で——最初の日に割り当てられて——責任ある仕事が彼に意義と自信を与えていた。それは彼が袋を運ぶ態度からもうかがえた。彼は大柄で愛想よく、血色のよい顔にいつも汗を流し、笑うと前歯に詰めた金が見えた。フィールドに青い袋を置くと、フットボールが転がり出る。長い午前と午後の間、あごからボールの端のちょっと先に汗を滴らせ、1日に何百回も怒鳴られながらセンターを務める彼を思い出した。「ポンと出せ、アーチャー、ポンと出せ！」。彼はクォーターバックの手の平に正確にボールを送り込んだことがない。センターが本職ではなく——彼が言うように——ラインバッカーなのだ。「ここで何をやらされたんだ？　俺はセンターじゃない。畜生！　どうしてクォーターバックをやらせないんだ、クソッ！」
　僕は居心地悪くて体をずらせた。
「まったく残念だ」と言った。
　しばらくして中庭を横切って部屋に戻った。後ろで家具が壊れる音と大笑いする声が聞こえた。グリアの椅子がつぶれたのかと思った。アーチャーはまだあの部屋に居残っているようだ。ちょっと長すぎる。クランブルックで僕は他の誰よりも“もぐり”を感じる夜が多かった。もちろん、いつも一人ぼっちだが、程度の問題だった。その夜は新人棟から中庭の草花を横切って廊下まで喧騒が伝わってきたし、僕の部屋の下の階では蓄音機がかかっていて、メイアとルボーの２人かどちらかがギターを弾いていた。
　翌日、ドン・ドールが言った。「まァ、あれが“きしる靴音”の夜というやつだ」
「ええ、聞こえましたよ」と僕は言った。

25

“きしる靴音”の夜の翌日、ジョージ・ウィルソンが練習フィールドで僕を呼び寄せ、新人余興会を取り仕切る気はないかと尋ねた。「君なら演出できる」
「最適任者のインペリアルを解雇してしまいましたね。ナイトクラブにうってつけの男だったのに」
「彼はフットボールもそんな調子だったな」とウィルソンはそっけなく言った。
僕はできるだけのことはする、と言った。
「君は気楽だからな。他の新人は自分のことで頭がいっぱいだ」とウィルソンは釈明した。
「僕だってクリーブランド戦を気に懸けているつもりです」
「クリーブランド戦は心配したって仕方ない」とウィルソン。その朝、彼はやけにぶっきらぼうだった。「君には新人余興会の面倒を見てほしいんだ」
彼は余興会の目的を説明した——新人たちがコーチやベテラン選手をダシに楽しむ機会を与えるためだ。その後、ベテランがパーティーを開いて新人たちを慰労する。「すべては楽しむためだ。決まったやり方はない。下品にやれ。その方がウケる。女性は見ていない。滑稽な寸劇を交ぜるといい。コーチやベテランに好きなだけ厳しくしていいぞ。それに笛やハーモニカか何かを吹ける新人がいたらやらせて、時間を稼ぐんだ」
「いつやるんです？」
「２日後だ。明後日の夜、新人余興会を開く」。僕がうろたえるのを見て「助っ人を付ける。バーとゴーディ、シュミットが手を貸してくれる。ライオンズの選手はほとんどがまったく大根役者なんだ」

その夜のミーティングで、ウィルソンは新人たちに居残って余興会について話し合うように告げた。バー、シュミット、ゴーディに加えルボーとメイアも助言者として残った。新人たちは誰も——前夜の解雇で10人しか残っていなかったが——音楽の素養がないことが分かった。そこでルボーとメイアがギターを弾こうと申し出た。ウィルソンはベテラン選手をよく知っていた。寸劇についてさまざまなアイデアが出て、みな出演したがった。一番熱心な新人はルシアン・リーバーグだった。思いついた複雑な寸劇のあらすじをしゃべり始めたが、ベテラン選手に落ち着けとたしなめられた。「こっそりやるんだ、ルーシ」

集まりが終わった深夜、僕は寮内のベテラン選手に余興会で何か気づいたことはないか尋ねた。NFLのほとんどのチームにこの習慣があり、その後、パーティーでベテランが新人を慰労する——通常、最後の大規模な解雇の1日か2日後に開かれる一種の通過儀礼だ。いくつかのチームの出し物は特に贅沢で、中でも太平洋岸の2チームは際立っていると聞いた。時々、記憶に残る出し物がある。ジョン・ゴンザーガはワシントン・レッドスキンズでプレーしていた時、素晴らしい口笛吹きの新人が舞台に登場したことを教えてくれた。頭に紙袋をかぶり、へそを赤い口紅で塗り、その周りの筋肉を動かして口のように見せた。彼は観客を魅了し、それまで見た中で最高だったという。みなは新人の唇が乾き、音が消え（紙袋のため聞こえにくい）、腹筋が疲れるまで続けるようせがんだ。最後は立ったまま静かになり——紙袋をかぶったまま、口紅を塗ったへそも動かさず——疲労困憊したのでやっと彼を解放した。

翌日、僕は練習をさぼり、演劇部の衣裳と小道具が部屋いっぱいに置いてあるクランブルック高校のページ記念寮の地下室で一日を過ごした。衣裳からヒントを得ようとしたが望み薄だった。

僕の演劇経験は限られたもので、わずかばかりのそれもほとんど大失敗に終わっていた。思い出すのは小学生用に省略された「マクベス」を上演した時だ。僕はマクベスの首を槍に刺して舞台を行進するマクダフと並んで、劇の最後に登場した。首は段ボール箱の片面を人の横顔に切り取って色を塗り、長い棒に取り付けた芸術的なものだった。マクダフは舞台に現れると電線か何かにつまずき、その拍子に手に持った棒が回転した。観衆の方に向いたのはマクベスの頭ではなく、段ボールの反対側に印刷されたブリロだったかラックス*[1]だったかの文字だった——マクダフの行列の上にまさに宣伝用の気球ほど目立つ文字が掲げられたのだ。

ノーサンバーランド伯爵はマクダフを迎えてこんなセリフを言う。「ここに新たな安らぎを得ました」。伯爵（11歳のクラスメート）がゴム糊で止めた口髭のため少しくぐもった高いソプラノで、（この状況で）我慢できないセリフを発すると、抑えようとしても抑えられないざわめきが客席から漏れた。抑えきれなかった。会場の後ろで1人の父親が明らかに我慢できずに突然上げた叫びにも似た鋭く大きな笑い声——たぶんそれまでに彼が上げた一番の大笑いだったろう——が他の観客を巻き込んだため、僕たちの悲しみに沈んだ行進は笑いの渦に囲まれ、何人かの子供たちは不安そうに部隊の向こうの暗い音の壁を思わず見つめた。口髭を付けた顔で目を見開き、一つに固まって体を寄り添わせた。

新しい王として迎えられたマルコムが劇の最後にセリフを言う。思い出すと、彼はあがり気味の高く、大変な早口でしゃべったので、スクーン*[2]で王の位に就くことを恐れているようだった。スコットランドは独裁者のマクベスを失って弱虫を得たという訳の分からない話になって、幸いにも幕が下りた。

劇に関する経歴はバーやゴーディ、シュミットには話さなかった。僕たちはその晩集まって、余興会の構想を練った。僕は演劇部で見つけた小道具を見せ、2～3時間かけていくつかの寸劇を作った。翌日の夕食後、ウィルソンはコーチとベテラン選手を校庭の奥の体育館に連れて行った。バスケットボールのコートのサイドラインから引っ込んだところに舞台があった。大きな幕や大道具を操作する場所、そのほかの設備がそろっていたが、レバーのついた大きな配電盤には誰も触りたがらなかった。カーテンの隙間からのぞくと、バスケットのコートに半円形に並んだ折りたたみ椅子に観客が座っていた。ウィルソンを中央に、両側をコーチが占めていた。

伝統的にナショナル・フットボール・リーグではどこでも、余興会はサポーターだけを身に付けた大柄の新人ラインマンたちが脚を高く上げながら歌う大音響のカンカン踊りで始まる。

僕たちも最初の出し物は伝統にのっとることにしたが、何人かは小道具を追加した――サポーターに加えて女性用の帽子をかぶった300ポンドのルシアン・リーバーグはビクトリア朝時代に夜会服の裏に使った針金でできた釣鐘形の張り骨を着け、頭の上で大きなビーチパラソルを回転させた。彼は大音響の『パリの喜び』の曲に乗ってメチャメチャに踊ったので倒れそうになり、カンカン踊りの列が崩れるところだった。他の新人はサポーターを気にして踊りがおざなりで、ポカンと口を開けて見とれたり、野次を飛ばしたりする観客に見つめられて物寂しげに見えた。

笑いが収まると幕が下り、ギターを持ったルボーが現れて観客をひきつけ、その間に最初の寸劇の背景が作られた。彼が哀調を帯びた歌を歌うと、客席から離れていても弦をこする音が聞こえた。

最初の寸劇はコミッショナーのピート・ロゼールのリーグ事務局での出来事をパロディー化したものだ。僕がロゼール役を演じたが中途半端に終わった。と言うのも、たいしたものではないのに誰もセリフを覚える時間がなかったからだ。僕はナポレオン帽をかぶりマントを着て、木の剣とおもちゃのピストル３丁、それにゴム製の短剣をまとい、手錠２個と鋲打ちハンマーにフライパンを持った。ページ記念寮の小道具部屋で見つけたこれらの装備はロゼール事務局の検察官的な体質を表現したつもりだった。彼はライオンズでは人気がない。と言うのは、賭博をした選手５人に多額の罰金を科し、アレックス・カラスを出場停止処分にしたからだ。照明を浴びて体をこわばらせた僕が「やぁ、私がピーコ・ロゼールだ」と言うと、客席から激しい非難が続けざまに巻き起こった。

ロゼール事務局で最も気の利いた趣向は、質問に答えるウソ発見器だった――４人の新人が体を密着させて折りたたみ椅子に座り、客席に向かい合う。“ウソ発見器”はロゼールの意のままに答え、彼のご機嫌を取るように仕組まれており、例えば「私――ピート・ロゼール――を大物だと思わない連中を何と呼ぶべきか？」と聞くと、部族の印のような斑点が顔に出ている、くすんだ青い肌の黒人で、アイオワ大学出身の新人ハーフバック、ラリー・ファーガソンが足を３回踏み鳴らす。３回目で新人たちは声を合わせて短く

「××！」

爆弾が破裂するようにわいせつな言葉を鋭く言う。

また、僕が質問する。「デトロイト・ライオンズをどう思う？」

「××しろ！」

寸劇の間、いくつかの質問を“機械”にぶつけたが、新人４人はかなりの大声で罪深い言葉を叫んだ――だからもし、校庭を散歩している人がいたら、何と思っただろうかと後でおかしくなった。監督教会派の司教とその妻の２人連れが噴水を縫って散策し、芝生を横切ると突然、体育館から

「××！」

「何だって？　エレン、聞いたかい？」

「何です？　何も聞こえませんでしたよ」

「いやはや……全員が叫んだ……何と……声をそろえて……あの体育館から」

「アフリカ人の代表団のことですか？　体育館？」。彼女は夕闇にけぶる体育館を眺める。「ケニヤ、ガーナ、シエラレオネその他の国からの司教たちは素晴らしいわ。あなたもそう思いません？　ジェフリー」

「いや驚いた……聞いてごらん」

心地よいジャスミンの香りが漂い、餌を求めるヨタカが頭上高くかすかに鳴く夕暮れ、彼らは砂利道で立ち止まる。すると、黒々とした体育館からトランペットの絶叫のようにはっきりした男の声が一斉に上がる。

「××！」

妻は夫にしがみついて「ジェフリー、体育館で何か変なことでも」

それから何が起こったか——２人が体育館で「何か変なこと」が行われていると然るべき当局に届けたか、あるいは体育館からの粗野な言葉さえも、まるで上空を旋回するヨタカが唐突に鳴き声を「××！」と変えたかのように許容できる自然なもので、すべては受け入れるほかないと考えて大胆にも校庭を散策し続けたかどうか、僕の想像力では決めかねる。

ロゼールのパロディーの後は、準備ができるまでルボーがギターを弾いた。次の寸劇は、コーチたちが若者のプレーに味方して、ベテラン選手を解雇する——ジョージ・ウィルソンがベテラン選手を呼び、クビを言い渡す——というアイデアを基にしている。僕はウィルソン役だった——まだナポレオン帽をかぶり、おもちゃのピストルと木の剣、そして短剣を付けたままだ。机の上に置いた教師用の鈴を強く叩くと、ホーク役のパッド・スタッドスティルがベテラン選手（新人が演じる）を連れてくる。僕は型通りの挨拶をすると解雇を言い渡す。スタッドスティルはまさに文字通り命令を実行する。どこからか見つけてきた騎士のかぶとをかぶり、厚紙に赤いペンキをそれらしく塗って作った死刑執行人の斧を持っていた。僕が長広舌をふるうと、スタッドスティルはベテラン選手を低いカーテンの陰に連れて行く。斧が持ち上げられ、振り下ろされるのが客席からも見えた後——スタッドスティル自身が考えたなかなか想像力をかき立てられる演技だ——鋭い叫び声と体が床に倒れる鈍い音が聞こえる。音響効果もまちまちで、叫び声はスタッドスティルがカーテンの陰に並ばせた新人ごとに違った。首を切る音はほとんどが鉄のスパナをチンと鳴らす音だったが、１～２回は折りたたみ椅子が倒れる音だったり、小道具箱が落ちる音だったりした。

この寸劇は特定のベテラン選手の些細な過ちを明かす機会でもあった。選手たちが風刺された仲間を振り返ってニヤリと笑うと、その選手は椅子がきしるほど身をちょっと縮める。場面が変わると元気を取り戻し、自分はもう済んだので安心して、次に性格描写される犠牲者についてしゃべるために体をよじる。

寸劇で風刺されるそれぞれのライオンズ選手について、僕は一つ二つの材料を得ていた。バーとシュミット、ゴーディが前の晩、ほとんどのネタを提供してくれた。その時はピンと来ない話もいくつかあったが、やってみると実に効果的だった。例えば、大きなフルバックのダニー・ルイスに解雇の説明をする時は、トイレが長すぎると言えと彼らは助言した。特に面白いとは思わなかったが、その場面になった時、とにかく従うことにした。「それにルイス」と酷評の仕上げに言った。「トイレが長すぎるからクビだ。ホーク、彼を連れて行け」。それは暴露されるべき伝説だったようで（僕は気がつかなかった）、覚えのある選手たちは大喜びだった。

当てこすりはそれほど辛辣ではなかった。ゲール・コグディルは健康への過剰な関心をからかわれた。僕は「体のことは忘れろ」とコグディル役の新人に叫んだ。彼はちょっとためらいながら、子供用の松葉杖に恐る恐る前屈みになった。「君は体をだましている……これで終わりだ」と僕は叫んだ。同じセリフはハーリー・スーエルの決断力やポジションの割に軽い体重を茶化す時も使われた。「ハーリー！」と、高い冠の上に子供用のカウボーイハットをかぶった新人に叫んだ。「体重を増やすようにと言ったろ——象のように食べ、鳥のように糞をしろって。ハーリー、君は体を裏切っている」。声を張り上げた。「君は鳥のように食い、象のように糞してる……」などなど。

ミルト・プラムは容姿がからかわれた。彼は常に潔癖で、フットボール選手としては長い髪をきれいに撫でつけ、激しいスクリメージの後でも、見えないヘアスプレーで糊付けされたようにどの髪の毛も真っすぐだった。彼がサイドラインに引き上げてきてヘルメットをねじるように脱ぐと、僕はいつも驚かされた。スクリメージでどれほど強烈に当たられても鼻血を出しさえしても、髪は階段の柱のようにつややかに整っている。彼に関する寸劇（演じたのはまだ張り骨を身に付けたままのルシアン・リーバーグ。彼は何人ものベテランを熱心に演じた）で僕は叫んだ。「すまんな、プラム。君に出て行ってもらうことにした。クリーブランド・ブラウンズから君が来て以来、コーチたちと私は君の髪をさっぱり切って、容姿を何とかしたいと思っているのは君も知っているだろう。スクーター・マクレーンは櫛の持ち方と髪のすき方を君に教えもした。我々はパチンパチンという爪切りの使い方や口を開けないと歯を磨けないことも示そうと努めた。ところがミルト、君は言うとおりにしない。まるで牧羊犬みたいだ……」云々。

20人のベテランが解雇されると幕が下り、ピアノが滑り出てきて僕がしばらく弾いた。会の締めくくりはテレビコマーシャルの撮影をもとにしたいくつかの寸劇だった。一つはウィルソンが卑猥な言葉を使わずにテレビコマーシャルのセリフを録音しようとする内容だった。僕は悩み多いテレビプロデューサー役を演じ、ウィルソン役はジョン・ゴーディだった。彼が頭にしっかりたたき込もうとするセリフは「俺は男のタバコ、マールボロが好きだ」

僕は「もう一度やりましょう、ウィルソンさん」と言いながら、カメラのつもりの靴箱を向け、架空のハンドルを回す。

ゴーディは眉を寄せ、宣言する。「俺はマールボロが好きだ。××なタバコ」

「違います、ウィルソンさん」と僕は言う。「全然ダメです。ちゃんとセリフを言ってください。もう一度やり直しです」

ゴーディがまた言う。「俺はマールボロが好きだ。男の××」

「違う、全然ダメ」

「俺は××が好きだ！　男のタバコ」

「違う……」

「××」

寸劇が終わると暗転してホッとするのだが、カンカンのライン踊りを拒否して照明係に追いやられた大柄な新人ラインバッカー、デニス・ゴーバッツの操作がどうしたわけか遅いため、最後のセリフが終わって笑いが静まっても出演者たちは蝋人形のようにじっと立っていなくてはならず、舞台の袖に立っているジョー・シュミットは「消すんだ、ゴーバッツ、早く」と怒りを込めてささやいた。

その夜の最後の寸劇は歯磨き粉のコマーシャルだった。僕が言う。「クレスト練り歯磨き粉は自信を持って、調査の結果をお知らせします。ここに２人の小学生を迎えました――左が可愛いロジャー・ブラウンで、水溶性葉緑素入りクレスト練り歯磨き粉を使った200人の児童の１人です。さて、ロジャー。君のグループの調査結果をお客さんに話してくれませんか」

ブラウン役のルシアン・リーバーグはニタニタ笑いながら大げさな身振りと貧弱なセリフに少なからぬアドリブをできるだけ加えるのが常なのだが、考えて短く言った。「虫歯の率が20％減りました」

リーバーグが終わると、僕がカメラに見立てた靴箱のハンドルを回しながら「では、今度はジョン・ゴーディです。君のグループはどうでしたか？」と尋ねた。

ゴーディは彼自身が演じた。彼は入れ歯を外し――彼の前歯は長年のフットボールの闘いで折れていた――僕が尋ねると、大きく笑って口を開けた。１本の歯も見えない。彼は大声で報告した。「１本も虫歯なし！」

彼は口を開けたまま動かず、僕も同様、少し前のめりになっていると、ようやく袖のジョー・シュミットの声が聞こえた。「消せ、ゴーバッツ、早く照明を消すんだ」

終わった。幕が下り、再び照明がつくと、ゴーディは再び入れ歯を入れ、みなで幕前に並んで恭しく礼をした。

ベテラン選手やコーチたちが周りを取り囲んだ。ジョン・ゴンザーガは忘れられない出し物があったと言ってくれた。紙袋をかぶり、へそに口紅をさした選手など彼がこれまで何回も新人余興会を見てきたことを考えると、高い評価だった。

その後、ベテランたちは僕らを車に詰め込み、外に連れ出した。コーチたちは気を付けろと言った。これまで近くのバーやレストランがいくつも新人余興会の夜に壊された。このためベテラン選手はポンティアックの目抜き通りに建つ海外戦争復員兵協会の最上階にある空き部屋を借りていた。車にはジョー・シュミットが乗っていた。新人余興会の夜がいかに重要か――チームの一員だと実感できるから――を語った。彼にポジションを奪われたフラニガンというラインバッカーをかばうベテラン選手たちから、のけ者にされた数週間の後、まさに新人余興会の夜、町で開いた酒宴でようやく受け入れられた。彼は酒攻めにあった。ショットグラスでジンジャーエールをあおり千鳥足で酔ったふりをしたが、見破られた。辛うじて覚えているのは午前2時、救世軍のバンドでドラムを叩いていたことだ。しかし、彼にとっては大きな夜だった。

僕たちが着いた時、すでに大騒ぎだった。車を停めた裏の駐車場で聞こえたほどだ。遅れた僕たちは急いで階段を上がった。すべてが用意されていた——手で持つモップを突っ込んだ大きなブリキのゴミバケツが長いテーブルで囲まれた部屋の真ん中に置いてあり、内側に新人たちが座っていた。彼らの前のテーブルには大きなマグカップとビールのピッチがもう並び、その周りをベテラン選手が寄りかかって囲み、立って飲めとはやした。乾杯の声がかかり——その日生まれたブルース・メイアの息子と、やはりその日生まれた学長の息子、パトリック・ブービエ・ケネディのために（ただしパトリックは翌日死亡した）——大男たちは椅子から立ち上がり、子供たちの名前を叫ぶ時、シャツの前を濡らしながらビールを空けた。さらに名前を叫びながら乾杯が続く。コーチたち、アレックス・カラス、ディーン・ラスク*3、ダイナ・ワシントン、ジーン・シバーグ*4、ピート・ロゼールのおばあさん……名簿は延々と続き、新人たちの体はふらつき始めた。

ハーリー・スーエルは新人たちに正しい飲み方を教えるためにピッチャーから飲んだ——ビールは排水管に流れ込むように彼ののどを滑っていった。ロジャー・ブラウンもまた飲み方を教えた——カバのように開けた口にピッチャーから注ぎ込んだが、スーエルと同様、ビールは滑らかに胃に流れ、その時のどはほとんど動いていないように見えた。

乾杯の最後に新人たちに求められたのはカーディナル・パフ——新参者は命じられた決まりごとをそのままの順番で従わなくてはいけないという学生友愛会でおなじみの宴会ゲーム——だった。言葉やジェスチャーを間違えたり、乾杯の文言の順を取り違えたりすると、マグのビールを飲み干し、最初からやり直さなければならない。ベテラン選手の判定は厳格で、すぐに駄目出しされ、しばらくすると「まずはカーディナル・パフに乾杯」と最初の文句を言うのがやっとという新人が出てきた。
ハーリー・スーエルがやって来て、のぞき込んだ。「新人、ここで何をしてるんだ。あっちに行こう」
僕は新人の輪に入った。1軍のセンター、ボブ・ウィットローが前に座った。彼はビールを勧めながら乾杯の練習をさせた——彼の生まれた町、そこの高校、フットボールのコーチ。スーエルが寄りかかってきたので彼の故郷を祝って乾杯した。
「セントジョー、テキサス！」と僕は叫んだ。
ゲール・コグディルが通りかかったので、頼まれないのに彼の故郷を祝って乾杯した。
「ワーランド、ワイオミング！　人口14人」
カーディナル・パフの試練をすり抜けるのに5杯くらい飲んだ。最後はウィットローもやさしくなった。立ち上がって新人の輪を離れると、部屋がちょっと揺れていた。拡大されて壁に掲げられた合衆国憲法の写しに近づいて、言葉遣いに気をつけて読んだ。窓のそばに行き、籐の日よけを開けて空気を入れた。外は表通りに沿ってネオンの光が規則的に点滅していた。背後では雑音がやかましかった。
僕は騒ぎの中に戻った。会場のずっと先で、地元の人たちが多数、吹き抜けの階段の最上部に立ってのぞき込んでいた。何人かはドア付近に群がり、その後ろに首を伸ばした顔が並び、一番後ろの背が低い人はトランポリンで跳び上がるようにピョンピョンと跳ねていた。
「あの人たちはどう思っているだろうか」。騒音の中で僕はうれしそうに叫んだ。「当惑して、心配しているみたいだ」。僕はゆっくりと近づいた。「みなさん、デトロイト・ライオンズです」と名乗った。「気持ちよく、大いに酔っぱらった超絶好調のフットボールチームです。みなさんのこの大きな建物で、日ごろの練習をお目にかけましょう」。背中に手を回して「柔軟体操だ」とぶきらぼうに言った。
人々はそこに展開した行動に注意を奪われた。ざっと見たところ、それは船の上の出来事のようだった——嵐に襲われた甲板で時折、ビールのにわか雨が降り、大男たちの足元はおぼつかなく、シャツはずぶ濡れでよろめいたり、滑ったり、叫んだり、倒れないよう互いにつかまり合ったり。ある者は気分が悪くなって倒れ、ある者はバケツに顔を突っ込み、ある者は窓から駐車場に身を乗り出す。その度に籐の日よけは肩に押されて傾いた。

「帰るぞ！　車に乗れ！」と僕は叫んだが、混乱していて合図に気づかない。

しばらくすると、ベテラン選手が新人を助けて車まで連れて行ったが、運ばれる者も１人か２人いた。リーバーグもその１人で、左右から肩を支えられながらも、家具を運んで狭い階段を降りる人が言うように「そっちは少し低く」などと指示をした。

僕はテリー・バーとジョン・ゴーディと一緒にキャンプに戻った。

「今夜はピクニックだった」とバーが言った。「何人かの新人は歩いていた」。酔っていないと疑っていた。

「あァ」。僕は小さく応えた。

「ボビー・レーンのころ、歩いて帰れる新人は１人もいなかった。本当に」

２人は最初の新人余興会の夜を思い出して語った。２人ともキャンプ入りが１週間ほど遅れ——シカゴでのオールスター戦に出場したため——たまたま新人余興会の日に参加した。長い練習の後、他の新人と一緒に街に繰り出した。部屋に戻った時、バーは辛うじて記憶があった。着たままシャワーをちょっとかけられ、そのままベッドに寝かされた。まるで捨てるように放り出された。

足を動かすと、靴の中で水が音を立てるのに気づいていたが、苦しくてそのまま１時間じっとしていた。ドアが少し開いて、クリップボードを持ったヘッドコーチのバディ・パーカーらコーチたちが見ていた。明らかに就寝点検だった。力なく愛想笑いするのが精いっぱいだった。「あれがバーです」。コーチの１人がパーカーにささやいた。

階段を下りたパーカーとその一団が見ると、ドアを開けたままゴーディがバケツに吐いていた。彼も笑おうとした。パーカーだと分かって

「今晩は、コーチ」と言おうとした。ベッドから起きようとしたが、言葉を発する前にコーチはドアをバタンと閉めた。

ゴーディとバーはその晩、パーカーが見たことと、それが彼に与えた影響の重要な結果について語った。新人余興会は土曜日に開かれた。月曜日はデトロイトで500人以上のライオンズ後援者が10ドルの会費で鶏とエンドウマメの夕食を共にする晩餐会「ライオンズと会う集い」があった。

彼らは選手とコーチたちを紹介され、経営者とゲストスピーカーである元クリーブランド・ブラウンズのクォーターバック、オットー・グラハムの話を聞くのを楽しみにしていた。メインスピーカーであるパーカーは演壇の端に座った。鶏とエンドウマメの夕食を下げさせると、会場を見つめていた。番が来てオットー・グラハムは立ち上がり、ライオンズ選手の試合後の品行について、間違いなく笑いを誘う冗談をいくつも話した。その一つ「クランブルックの就寝点検は早いので、選手たちは窓から抜け出し、街でパーティーを開く」。みな大笑いし、選手たちはきまり悪そうにコーヒーカップを見つめた。

続いて司会のデトロイトのスポーツキャスター、ボブ・レイノルズが「リーグ最高のコーチ」となったパーカーの手腕をたたえ、拍手を促しながら紹介した。拍手は盛大で、パーカーが演壇に向かうと人々は立ち上がった。パーカーが持っていた紙がちぎれて小さな切れ端になった。ちょっと微笑んだようだが、それはいつもの癖だ。みなが席に座り、ベルトを緩め、満足げなたばこの煙が雲のように立ち昇り、来るべきシーズンに向けて甘美な言葉を聞こうと耳をそばだてた。ふさわしくない冗談を一つ二つ言ったとしても、効果のほどはともかく、それだけで喝采を浴びただろうが、パーカーは公衆の面前で気を楽にできる男ではなかった。

会場が静粛になると、パーカーは低く単調な声で言った。「私は辞任します」。印象付けるための間合いも取らずに続けた。「私には手におえない状況です。この選手たちは大きくなりすぎました。私はデトロイト球団から手を引き――今夜で辞めます。さようなら」。そう言って彼は演壇を横切り、席に座った。

バーとゴーディの話では、「深い沈黙」は「何だ、どうして」という懐疑的でためらいがちな叫び声で破られたと、翌日の新聞は描写したという。司会のレイノルズは体をこわばらせ——何があろうと、予定通りに進めたいという気持ちが明らかにそうさせた——もし、そういうことなら聴衆に対して1957年シーズンのライオンズへの期待の弁をジョージ・ウィルソンにしゃべらせても構わないかと尋ねた。パーカーが認める仕草をしたので、ウィルソンは驚き、当惑しながらもマイクの前に立ち、チームについて口ごもりながら少し話したが、心はパーカーの発言に明らかに混乱していた。ようやく気持ちが落ち着くと、ピシャリと言った。「真面目な話です。私はバディに止まってもらい、優勝したいと思う。面倒なことに関わるのは御免だ。以上」

聴衆は跳び上がって叫び出した。レイノルズは混乱したままマイクに向かい、こんな状況に遭遇したのか初めてで、どうしたらいいか分からないと言った。「でも、もし私が新聞記者だったら、ドアに向かって駆け出すべきなのは分かっている」

実際に実行した記者もいたが、他のものは止まって後援者、選手、コーチたちの間を走り回って事態の真相を突き止めようとした。その背中にゼネラルマネジャーのアンダーソンの声が会場いっぱいに響いていた。「懐かしいアンディ」とバー。「彼はマイクを手に、皆を落ち着かせようとした。だが効果なく、ついには諦めた」。アンダーソンがマイクにもたれ、会が予定通り無事に終わった時に言うべき言葉で締めくくったのをバーは覚えている。「これで今夜の行事は終わりです」。彼は怒鳴り合い、混乱する人々に叫んだ。「ありがとう」

「それでジョージ・ウィルソンがヘッドコーチになったんだね」と僕は言った。

「バディ・パーカーが辞めたので、球団は彼にチームを委ねた。そのまま優勝しちゃったんだ」とバー。

彼は校門から車を入れ、校庭に入った。

「新人余興会でどの選手も酒をがぶ飲みするのを見たのが辞任の理由か

どうか、何ともいえない。茶の葉っぱの向きが悪かったのかもしれない。あの人はえらく縁起担ぎだったから」

「ちょっと待て」。バーが車を止めた時、ゴーディが言った。

芝生の向こうから時々、歌や品のない笑い声、霧で迷子になったキャンパーが叫ぶような遠くでオーイと呼ぶ声が途切れ途切れに聞こえてきた。

「あの声からすると、泉に集まっているようだ」とゴーディ。「酔いをさますには絶好だ」

バーが言う。「ピエトロサンテは新人の時、泉につかって一晩過ごしたんだ。入ると水は温かく、苔の中に寝ているようだったそうだ。それで眠ってしまった。夜が明ける少し前に誰かが砂利道を歩いてきて、その足音で目が覚めた。その男はニックを見て立ち止まった。ニックは庭師だと思った。男はニックを見つめた。溺れて泉に漬かった死体のような顔だったろう。無理もない、そう見えたのだから。だがその時、ニックが跳び上がった。大きく水が跳ね上がっただろうし、一緒に手足を振り回したかもしれない。何しろ彼は自分がどこにいるか分からないんだから。で、その庭師だか郵便配達夫だかはギャーと叫んで、闇の中を逃げ出した。ホントだよ」

遠くの水音とかん高い叫び声が聞こえる。

「彼らはミレスの泉に行ったのかな。9フィートの棒のような裸体像がいくつもあるとか」と僕。

「怖いよ」。石像の群を想像してゴーディが言った。

「もちろん新人たちは女の石像群を見に行っただろう。たぶんブレッツシュナイダーも一緒だろう、彼らに全員突撃を教えるために。バジャーがちょっと手荒に扱ったら、石像も良くなるかもしれない」

僕たちは体育館を通りすぎた。「ジョージ・ウィルソンはどうなんだい。彼は新人余興会をどう思っているんだろう」と僕は尋ねた。

「彼はちっとも関心がないんだ。ドアをしっかり閉めている。彼はその方が良いチームになると知っている。今や新人たちはチームの一員だ。彼らは入会を認められたんだ――君もだ」とバーは言った。「実感は？」

「酔ったよ」。僕たちは砂利道を歩いた。「だけど、別のことも知ることができた」と僕は言った。

＊1　ブリロとラックス　ブリロは合成洗剤を含んだスチール性のタワシ、ラックスは石けんのいずれも商標。

＊2　スクーン　スコットランド中部の村。1651年までスコットランド王の戴冠式が行われた。

＊3　ディーン・ラスク　1909～94年。米国の政治家。61～69年ケネディ、ジョンソン政権下の国務長官。

＊4　ジーン・シバーグ　1938～79年。米国の女優。映画『悲しみよこんにちは』『勝手にしやがれ』などに出演。短髪が「セシルカット」として流行した。公民権運動、反戦運動に傾倒し、精神を病んで自殺した。

26

翌日、夜の教室に集まった選手たちは幸せだった――多少、二日酔いだったかもしれないが、新たな目標と団結が感じられた。余興と復員兵会館での祝賀会が大いに関係していた。あと１人か２人、クビになる者が出るかもしれないが、新人たちは自信を持ち、チームの一員であると感じていた。ベテラン選手たちは調子が出てきたと感じ、敵は今や自分の仕事を奪う新人ではなく、クリーブランド・ブラウンズだった。

ミーティングではいくつかの発表があった。ゼネラルマネジャーのアンダーソンが姿を見せ、シーズン中、選手のためにフォード社が車を供与する見込みはないと語って、我々のやる気をそいだ。もちろんこれまではそれが慣行だったが、昨年、フォード自動車会社は労使紛争が続いたため、最後の車を回収したのはシーズン終了から３カ月たった３月だったこと、そこで１万ドル以上の保険の請求が係争中だと語った。保険会社は２度と保険契約をしないと言っており、フォード社はこの措置を続けるのに――アンダーソンが言うには――「あり余るほど熱心」ではないという。

まぁ、これが君のデトロイトさ。ケチな町だと選手たちは後で言った。かつては大したフットボールの町だった。そんなナンセンスなことは一切なかった。選手たちは数年前、ヤンキースタジアムで試合前に行われたあるジャイアンツ選手の表彰式の模様を語った――ニューヨークの後援者から次々に贈られる記念品が芝の上に運ばれた。ゴルフクラブ、赤い幌付きの車（ラインゴールド社の宣伝嬢が運転）、ハモンドオルガン、数百ドルの価値のある釣道具、コンソール型のテレビ、バーベキュー卓付きのキャンプ用具一式とその他気の利いた付属物、そして芝生に深い

２本のタイヤの轍を残しながらトレーナーに積まれてきたモーター付きヨット。ライオンズの選手たちはお上りさんのようにサイドラインに立って見つめていたが、デトロイトで行われたジム・マーチンの夜を思い出した者は１人や２人ではなかった。ファンからの贈り物として車が引き出されたが、それが唯一の贈り物だった。彼が乗り込んで走ろうとすると、勘定書がハンドルの柱にリボンで結ばれていて、半額が未払いだった。燃料タンクは４分の１しか入っていなかった。正しいことに敏感だったマーチンは翌年チームを離れ、アメリカン・フットボール・リーグでプレーした――ケチなデトロイトの経営陣が理由の一つであるのは確かだった。彼はデトロイトに再び戻ったが、経営陣たちがチームに不満を漏らすたびに遠慮なく反発した。スピーチする時「オー、アー」と言うのが口癖のゼネラルマネジャー補佐、バド・エリクソンがそれを真似た選手たちの声に迎えられて立ち上がり、チームは客を食事に招待しすぎると文句を言った時、彼は軽蔑するように高笑いした。

その前の晩、ポンティアック高速道を行った馴染みのバーで嘘つきポーカーから帰るのが遅れ、コーチたちが食卓に付いたときは割り当てられたステーキがすべて食べられていた出来事があった。料理人たちは卵とアイスティーを出した。

次にウィルソンがステーキに関してユーモアたっぷりに話した。「俺はステーキ好きじゃない。豚の切り身が好物だ。俺が頭に来たのは、レイデン・ミラーが11切れ、ジョー・スタイデーハーが９切れ食べ、俺に１切れも残さなかった時だけだ。本当に頭に来たのはあの時だけだ……以上」。ニャッと笑って選手たちを見た。「言うまでもなく、クリーブランド戦が近づいた。もし君たちが奴らをギュウの音も出ないほどコテンパンにしなかったら、俺はまた本当に頭に来るからな」

それからロジャー・ブラウンが前年のマイアミでのプレーオフボウルに出場した時のフィルムを見せた。デトロイトはクリーブランドと対戦して勝った。ブラウンがフィルムを映写機に装着している間、選手たちは練習フィールドで彼がカメラを持っていたことを思い出した。ブラウンは撮影機などの機器に一時的に凝る癖がある。２年前、彼はハーレーダビッドソンが自慢で、レス・ビンガマンを乗せて校庭を走り回った。２人合わせると600ポンド以上もの重量がオートバイにかかったわけで、見た人はサーカス一座が現れて、立ち去るところかと振り返ってしばらく見つめた。彼はその年、サクソフォンにも凝って、根気よく練習した。苦情が出て、もっともだと思うと、ブラウンはサクソフォンを持って湖近くの松林で吹いた。うめきにも似た音階が暗く並んだ木々の間から漏れるさまは、悲しげな鳥の悲鳴のようだった。マイアミへの遠征に、彼は新しい撮影機を持参したが、その晩見せてくれたフィルムは、未熟な初心者の熱心な努力を模倣しているかのような出来だった。

最初に、窓越しに飛行機の翼が延々と現れた。

「翼だ」とブラウン。解説しようと映写機の横に座っている。カメラは翼をいとおしむように動かない。雲がその下を飛び去る。もう一方の翼も見せられた。日光が照り、映像はぼんやりして焦点が合っていない。

「これが我々のジェット機のもう一つの翼だ」とブラウン。

カメラは翼の下へと移り、しばらくの間、何かがちらついているのでフィルムが映写機の間を走っているのは分かるが、スクリーンは真っ白だ。

「雲だ」とブラウン。「下は地表だが、上空は雲ばかりだ」

そしてまた翼を見せられ、教室は少々だらけ始めた。

「一体、何だこれは」と誰かが言った。

「俺たちのジェット機の翼だ」と用心深くブラウン。自分のフィルムに誇りを持っているので、出始めた冗談に神経質になっていた。

「ありゃ何だ？」。誰かが叫んだ。

スクリーンは突然、真っ暗になり、時々光がきらめき、動いている感じがする。皆、目を細めて正体を見極めようとした。

「コーヒーだ」とブラウン。「これは今まで見たことのない機内の場面だ。客室乗務員がコーヒーをサービスしているところだ」

「コーヒーのクローズアップかい、ログ」。誰かが尋ねた。

「いいか」。ブラウンが突然、言った。「君たちはフィルムを見たいのか見たくないのか」。映写機の前に立って、教室をにらんだ。映写機の光を反射して、悲しげな顔だった。フィルムは静かに回り、彼のシャツに忙しそうに映った。胸の位置に小さな翼が再び現れた。
「座れよ、ログ。ちょっとおかしいぜ」と誰か。
「少しは敬意を払え」。そう言うとブラウンは腰を下ろし、光は再びスクリーンに投影された。
飛行中の場面がさらにあり、マイアミ空港の地表の長いショットが続いた。あまりにも長いので、動画ではなくカラーのスライド写真を見せられていて、押すとパチンと音が鳴るおもちゃを解説者が操ると、その音で助手が次のスライドを映すのではないかと思ったほどだった。
「三脚が大丈夫かどうか試しているのかい？」と誰かが尋ねた。
「やっと到着って感じだな、ログ」
映写機の隣に座ったブラウンは黙って緊張したままだ。と言うのは、次の場面がまさに着陸して胴体から荷物が運び出される飛行機なのを知っているからだ。ワーイと笑い声が上がった。
チームが泊まったホテルの後、最後の選手たちが周りに座っているホテルのプールの場面がいくつか現れ、それからブラウンのカメラに向かって選手たちがシナを作っている練習フィールドのショットが何回かあった。特にアレックス・カラスはチームメートに馬乗りになったり、色目を使ったりして、カメラを構えられないほどブラウンを笑わせたので、画面は下を向いたり揺れたりした。
映画が終わると、選手たちはフィルムを缶にしまいながらブツブツ言っているブラウンを褒め、楽しかったマイアミの旅の思い出を回想して頭を振った。練習は最小限に抑えられ、選手たちは砂浜で寝そべる余裕があった。夜は町に繰り出し、門限も就寝点検もなかった。
クリーブランドのヘッドコーチ、ポール・ブラウンはシーズン中と同じように練習した。厳しい規律——門限、禁煙、座学と練習に必ず参加すること——を守った。スパルタ式の献身が勝利を呼ぶと信じていた。ある日、海岸沿いの大ホテルの一つ、マイアミ・ビーチで開かれた晩餐会で両チームが顔を合わせた。ライオンズのテーブルにはビールが並び、選手の頭上には紫煙が厚く漂った。居合わせた人によると、水を飲み、煙のないブラウンズとライオンズを分かつ板ガラスが会場にあるようだったという。後に、ライオンズの１人はこう話した。濃い紫煙を通してブラウンズ選手を眺めると「向こうの清浄な一画は皆、ブレザーを着ていて、俺たちは飲んだくれに見えた。だが、俺たちを見る彼らからは、一緒の席に座って飲んだり吸ったりしたいと、懇願するような表情が読み取れたよ」

ポール・ブラウンは喫煙にやかましかった。優秀なディフェンシブエンドのビル・クィンランをグリーンベイ・パッカーズにトレードした訳は、彼が規律、特に禁煙を守れなかったのが主な理由だった。トレーニング室をぶらぶらしていたクィンランが灰皿の縁に半分吸いかけのタバコを見つけると、すっと近寄って手で隠しながら素早く一服した。

「クィンラン！」

振り返りながら、やけどをしたようにタバコを放り出した拍子に、慌てて吐いた煙が漂った。ドアに立って、にらんでいたブラウンが叫んだ。

「何をやってるんだ、クィンラン。私のチームを壊す気か？」

クィンランがグリーンベイに送られたのはその直後だった。

ロジャー・ブラウンのフィルムが終わると、ウィルソンがまた立って、クリーブランドについて語った。来たるべき試合で問題なのは、正反対の指導法――規律にやかましいブラウンと、のんびり放任主義のウィルソン――のどっちが有効なのかであるかのように、ポール・ブラウン（ブラウンはその年、新コーチのブラントン・コリアーと交代したにもかかわらず）の名前を挙げた彼の心理作戦は昨年冬のマイアミで有効だった。それをまた使おうとしている。もう一度試すことをチームに分からせようとしていた。

ウィルソンの話術には定評がある。イェール・ラリーは、素晴らしい話し手には何人も会ったが、ジョージ・ウィルソンほどチームを奮い立たせるのが上手いコーチはいないと話してくれた。彼のテキサスの高校チームのコーチは選手たちがぞろぞろと教室やロッカー室に入ってくる時、気持ちを静めるレコードをかけるのが習慣だった。全員が座ると、レコード針が溝にこすれて恐ろしいほど増幅された金切音とともに蓄音機の腕をレコード盤から剥ぎ取り、選手たちが苛立つほど怒鳴り散らした、という。

コーチの心理に議論が及ぶたびに、僕はいつもフットボールの忠実な学徒で、特にヘッドコーチの予言能力に関心を持っていた祖父を思い出す。コーチの熱弁に関する話を集めていて、ニュート・ロックニー*1の「へこんだ油缶からシャンパンのようにあふれ出る」饒舌に関する読み物を好んだ。また、ミシガン大学のハリーアップ・ヨースト*2がある時、選手を励ます自分の言葉に酔って、先頭に立ってロッカー室のドアから勢いよく飛び出したが、それが間違ったドアだったため水泳プールに転げ落ちたという逸話がお気に入りだった。

「ちょうどその時、競技会が開かれていたんだ」と、見たわけではないが、祖父はその光景を想像して楽しんだ。「騒ぎはまだ終わりじゃない。ヨーストは大きなマントのような外套を着ていたから足は底に着いたが、まるで巨大なコウモリが水に浮いたようだった。泳いでいた選手たちは誰かが大きなオービュソン*3のじゅうたんをプールに落としたように見えたに違いない」

「それは大げさよ」と祖母は言った。

祖父の第一の関心は母校のハーバード大学の勝敗だった。ずっと昔コーチだったパーシー・ホートン*4を特に尊敬していた。僕が子供で感じやすかったころ、彼が話したことを覚えている。「さて今のコーチのディック・ハーローはまァ、脳なしじゃないのは確かだが、彼の趣味は鳥卵学、つまり卵の収集家だ。だからフットボールに対する彼のやり方は、推測できるように上品で技術的で手際がいい。ところで前任者の」と彼は言った。「偉大なパーシー・ホートンは段違いの素晴らしさだった。劇的な逆転が十八番で、ある時、イェール戦の直前にはっぱをかけた時、彼はブルドッグ*5を絞め殺し、脇に放り出して見せしめにした」

「ブルドッグを！」。僕は目を丸くして言った。

「それはパーシー・ホートンの伝説ですよ。必ずしも本当じゃありません」と祖母。「そんなことをお友達に言っちゃいけませんよ」

「何をバカな」と祖父。「もちろん事実だ。あのころは軟弱な者などいなかった」

祖父は僕が心の中で、脱ぎ捨てられた手袋のようにグニャグニャになって隅に投げられたブルドッグをとても悲しんでいることをちゃんと知っていたと思う。しかし、１年ほどたって思い返した時、ブルドッグは体の太さも背もかなり大きくなっていて、コーチが命じる（「誰かあのブルドッグを連れてこい」）と、選手たちの輪の中から出てきたのは、がに股で醜く、目やにだらけですねた目つきの本物のけだものだった（のではないだろうか）。

「相手は」とパーシー・ホートンが言う。「弱虫だ――弱虫の集まりだ」。彼はブルドッグに近づいた。「フィールドに出て、奴らを絞め殺せ」。彼はブルドッグを持ち上げ、首のあたりに力を加えた。するとブルドッグはホートンの袖に噛みつき、袖口を引き裂いた。コーチの腕時計の皮が切れ、時計が床に落ちた。

「こいつには首がない」。ホートンは息を弾ませて言った。ブルドッグはもう片方の袖に噛みつこうとした。「おい、手を貸してくれ」とコーチは言い、タックルとガードが２～３人、立ち上がってコーチとブルドッグを分けようと、選手が犬を引っ張り、コーチは足を踏ん張った。とうとう袖は肩の縫い目から破れ、残りはブルドッグのものとなった。ブルドッグは鎖につながれ隅に置かれた。

「やれやれ、参った」。手首を振りながらコーチは言った。「フーッ、あのろくでなしはマスチフみたいにかかってきたな」

ジョージ・ウィルソンの雄弁は――もっと単純で、ブルドッグのような小道具の助けはない――すべての選手に称賛されているが、見透かされたことも少しはある。

ある晩、椅子を揺さぶりながらウェイン・ウォーカーが「ジョージの大ヘマを覚えているかい」と言った。「ハーフタイムに大演説をした時――あれはシカゴだったかな？――２タッチダウンの差をつけられていたが、激しい調子で取り戻せる、我々は強いチームだ、選手もそろっていると言って皆を奮い立たせた。首の回りが熱く、力強く感じた。最後に彼が言った。『さぁ、行ってやっつけろ！』。みんな跳ね起きてドアに詰めかけた時、後ろで彼が叫んだ。『皆、忘れるな。良いチームは決して戻ってこない！　さぁ、やっつけてこい』」

座っていたジョン・ゴーディが「ジョージがテレビの質疑応答といった番組に出た時だ。居心地悪そうに座っていたんだが、司会者が『ウィルソンさん、視聴者がフルバックドローとハーフバックドローの違いを教えてほしいと言っています』と話を振った」と話した。

「するとジョージは体を前傾させた。カメラが近くだったので、突然、顔が画面いっぱいになったが、また体を戻し、何か深みのあることを言いたそうに指先でテーブルを叩きながらこう言った。『フルバックドローではフルバックがドローし、ハーフバックドローではハーフバックがドローする……まァ、アー……ドローするんだ』。終わり。彼が言ったのはそれだけ。アナウンサーは『分かりました。次はマルケットの視聴者からの質問で……」

しかしその夜、クリーブランドについてのウィルソンの話はまとまっていた――クリーブランドのコーチングについて簡潔に述べ、もしブラウンズが勝ったらライオンズの特徴である緩やかな管理と、集団より個々の自主性を重んずる方針が誤りだったことを意味するとほのめかした。それはライオンズが敗れたら、気楽な生き方ができなくなることを示していた。問われるのは試合の勝敗ではなく、生き方全体であると彼は告げているように思えた。

話し終えると、彼はしばらく僕たちを見つめた。外では泉が派手な水音を立てているのが聞こえ、突然すべてが望ましく作られているように思われた。

それからブラウンズの試合のフィルムが上映された。ビンガマンが暗い部屋で映写機の横に座り、逆回転のボタンを押して、１プレーごとに３～４回、繰り返し見せた。逆回転させると、ブロックやタックルのためにグラウンドに転がった選手たちはピョンと立ち上がり、おかしな格好の駆け足で身をかわしながら、クォーターバックがスナップバックする直前の当初の静止した隊列にたちまち戻るのだった。広角のスクリーンでは22人の選手全員が一目で見られるので、各選手は自分のポジションを見ているのだろう。暗闇でジョン・ゴーディが相手の大きなタックルについて不満そうにつぶやいた。
「見ろよ、あのデカブツ」と彼は言った。それを彼は「デ〜カブツ」と発音した。
「何？」。僕がささやいた。
「見ろ、あいつは俺より50か60ポンド重い。パスプレーでも頭で当たらなきゃならない。世界で一番ゾーっとするよ（これはゾオ〜っと発音した）。服を着た大きなドアだ」
ゴーディが鉛筆で歯を軽く叩く音が聞こえた。「トラクターみたいな足だ」とつぶやいた。
「分かりやすく説明してよ」と僕は頼んだ。
暗闇の中でゴーディが言った。「もし俺があいつで、俺とぶつかるとしたら、笑い出しちゃうだろう。ちょうど今ごろ、あいつは大きな体を支えるために椅子を二つ並べて腰掛け、俺たちのフィルムを見ながら大笑いしてるだろう……」
試合のフィルムを見た後、寮の部屋に戻った。その夜、話題になったクリーブランドの選手は偉大なフルバック、ジム・ブラウンだった。首を振りながらジョー・シュミットが言った。「彼はネコイラズを３種類合わせたみたいに強力だ。止めるには？　銃を持ってくるしかない」
ジム・ブラウンに関する読み物は月並みで、他の大選手についてと同様、知識をひけらかすものが多い。だが、選手たちは言葉はありきたりでも、ブラウンについてそれぞれ鋭い目を持っている。ある選手は「ブラウンをタックルする時は、しがみついて、助けが来るのを祈る」と言う。それはブラウンに関する決まり文句で、無視したり忘れてもよいのだが、にもかかわらず、言っていることが正しいので、その光景はディフェンス選手の頭の中で生きていて、生真面目にこう付け加える。「そして助けが速く来ても、何てこった、あいつはふりほどいて行っちゃうんだ……」
ブレッツシュナイダーはブラウンを止めるために想像力を働かせた

が、ダウンフィールドを走る速度と推進力から、どういうわけかブラウンの方が有利になると知った——雪崩のすさまじい重量の感覚だ。ブレッツシュナイダーは望みなしと言わんばかりに両手を広げた。彼は1年前のマイアミでのプレーオフボウルでブラウンにタックルしたことを覚えている。残り数プレーの試合終了直前で、ブラウンズの攻撃だった。ジム・ブラウンが自分のポジションの方に小走りで近づいてきた時、ブレッツシュナイダーは不運を嘆き、自分の方に来ないことを心から祈り始めた——暑く、疲れていたし、試合は大差をつけて勝利は確実、シーズンは終わろうとしているし長い休暇が待っていて、しばらくはどこかで遊んで暮らしたい……小刻みに体を動かしながらそんなことを考えている時、ブラウンズのハドルが解けた。クォーターバックのコールに備えて足の位置を決める大柄なフルバックを見て、ブレッツシュナイダーは突然、ブラウンが彼の方に来るだけでなく、荒っぽいプレーで両足が折れる予感がした。ボールがスナップされた時、彼はほとんど動けなかった。鍵になるブロッカーの態勢に注目すると、ブラウンにボールをシャベルパス*6して自分目がけて突進するスイーププレーだと分かった。そこで意を決してブロッカーをすり抜け、ブラウンに向かって行き、引き倒した。1人でやり通したのは記憶する限り初めてだった。立ち上がろうとして、ぶつかった衝撃とブラウンの勢いでヘルメットのフェースバーが折れ、胸の上に落ちているのに気づいた。

話題がジム・ブラウンでない時は、コーチから引退したにもかかわらず、ポール・ブラウンがその代りだった。プラムはブラウンについての権威だった。ブラウンは彼が会ってみたいと思っていた人物の中で、最も疑い深い男だった。練習フィールドの上を飛行機が飛ぶと両手を腰に置いて見上げる。選手たちは敵の偵察隊が練習を上空から撮影しているのではないかと彼が疑っていることを知っている。ヘリコプターが飛来した時、そう確信すると彼は練習をやめさせた。地上からの偵察を諦めさせるために、練習フィールドの周りは高さ7フィートのキャンバス地の幕で覆い、夜陰に紛れて開けられたかもしれないのぞき穴を調べるために時々、周辺を調べる。ある時、電信会社のトラックがやって来て囲いの外に停車し、荷台のクレーンで修理作業員が乗ったリフトを持ち上げ、電信柱の交換を始めた。上がったリフトから囲い越しにフィールドがよく見えたのは事実だった。ブラウンが叫んだ。「やめろ、皆、練習やめだ！」。コーチたちは鋭く笛を吹き、選手たちはその場に立ち止まって見つめた。ブラウンは体を強張らせて囲いに歩み寄ると作業員を見上げ、手を叩いて怒鳴った。「ふざけたまねはよせ。そこで何をやっているか、分かってるぞ――ボルティモアから来たんだろ？　いいか、ふざけるな、練習から盗めるものはないぞ。諦めて帰れ」

作業員たちは困惑して、返す言葉もなく彼を見た。1人が人差し指を頭の横で回し、それからブラウンを指した。

だが奇妙だったのは、とプラムが言った。明らかに誇大妄想なのだが、図星だったことがあった。5～6ブロック離れたビルの最上階で双眼鏡が一瞬見えたように思い、練習を止めてアシスタントコーチの1人が確かめに行ったところ、ブラウンを除く全員が驚いたことに、部屋は昼間だけ、1日10ドルで借りられていたが、女宿主は練習のある時だけしか下宿人の姿を見ていないことが分かった。“下宿人”はまさに偵察員に違いなかった。

「試合で役立つことが、どのくらい発見できるものだろうか」

「たくさんあるよ。ゲームプランに加えられる相手の情報なら何でも役に立つ」

しかし、プラムは頭を振りながら、正しかったとはいえ、ブラウンの猜疑心がとんでもない極端に走った話を続けた。盗聴されていることを疑って、ブラウンはハーフタイムにロッカー室を隅々まで調べ、壁を手で触ってマイクロフォンを探したが、それでも懸念を払拭できなかった。チームに話をする時は、周りに近寄らせ、黒板にプレーを図解しても、黒板ふきで素早く消してしまうので、プレーの名を口に出して言うことはなかった。陰謀を図るように、選手たちに前屈みになって言った。「さて、後半はパスで攻める」。10本の指を3回上げて、口の動きで伝える。「30回だ」

聞いていたジム・マーチンが的を射たことを言った。「まったく人を安心させない男だな」

プラムはブラウンについてさらに語った——とても負けず嫌いで、打ち解けない性格だった。それはたぶん彼自身が選手だった経験がなく、クリーブランドのヘッドコーチになるまで、プロのコーチをしたことがないためだろう。すべてが軍隊式で統制の取れたグレートレークス海軍訓練センター*[7]の強豪チームから直接、プロのコーチに抜擢されたのだ。きっと選手たちの態度を苦々しく思っていたことだろう。トレーニングキャンプの寮の1階をコーチ室にしていたが、プラムは選手たちがいる2階に彼が上がってきた記憶がない。ある時、吹き抜け階段の最上段まで上がってきたが、それはカード遊びをしていたある選手が口汚ない言葉を使ったとして、罰金を科するためだった。その選手はあと1枚でストレートができる手だったが、願ったカードが来なかったため口をついた卑猥な言葉が夏の夜に漂い、ブラウンの部屋の窓から流れ込んだのだった。

チェスのポーン*[8]のように選手たちと距離を置く感覚が特にはっきり出ているのが、攻撃のプレーをクォーターバックに伝えるためにガードを交代要員にして往復させた有名な方法だろう。送り込まれたガードがクォーターバックにプレーをささやき、クォーターバックはそれをハドルで繰り返す。

「彼はそれにこだわった」とプラムは語った。「練習でさえもだ。ひどい咽頭炎にかかっているのに練習に来たことがある。暖房を入れた車に乗り、窓を閉めてサイドラインにやって来た。マフラーにくるまった姿だった。プレーを始めるたびに彼は窓を下げ、しわがれ声でプレーをアシスタントコーチかガードに命じ、彼らが僕に告げる。まったく、練習でさえこうだ」

「彼がコーチだった間、試合で君自身がプレーをコールしたことはあったかい」。クリーブランドのクォーターバックだったオットー・グラハムが必ず成功させないといけない、そうでないとブラウンから厳しい叱責を受けるだろうという強迫感を覚えながら時々、自分自身のプレーをコールしたという話を読んだことを思い出して尋ねた。ブラウンズが大きくリードした試合の終盤、グラハムの控えクォーターバックだったジョージ・ラターマンが起用された時、ブラウンから伝えられたプレーに対してふざけて「気に入らないな、ジョー・シビンクシ*[9]。戻って、他のプレーにするようとブラウンに聞いてくれ」といった話も覚えていた。

忠実なシビンクシがハドルから駆け出し、真っすぐブラウンの元に戻ろうとしたのをラターマンは苦労して引き戻した。後にラターマンはこう言った。「（もしシビンクシを戻したら）ブラウンの次の指示は、故郷のケンタッキー州フォートトーマス行きの切符だったろう」

「ラターマンは正しかったよ。次の列車に乗らなければならないところだった」とプラムは言った。「僕は２回、自分のプレーをコールしたことがある。２回だけだ。実は初めのころはうまくいっていた。ブラウンのやり方に悩んだこともないし、気にもしなかった。何も知らず、プレーをコールするすべての過程の責任を棚上げされていたが、むしろ楽だった。だが、いろいろなことを学び、クォーターバックとして目のあたりにするにつれ、それが自然だろうが、だんだんポール・ブラウンが命じたプレーと比べて、僕がコールしていたらどうだったかと後知恵で考えるようになった――特にブラウンのプレーでディフェンスにつぶされた時は。それで２～３シーズンたつと欲求不満になり、ブラウンのためにプレーしたくないと思うようになった」

「その２プレーは、どんな？」

「ヤンキースタジアムで、1960年だったと思う。大負けした終盤の残り２～３分で、ファンがフィールドになだれ込んできた――あちこちでけんかが起きるひどい光景で、ブラウンもお手上げだった」

僕はその試合を高い上階の席から実際に見ていた。最初は面白かった。オーバーを着た人々が（酷寒のどんよりした日だった）急ぎ足で走り回り、その間をチェスターフィールドのコートを着て、きっちりとたたんだ傘を持ったやや上品で大柄な男が選手たちの間を軽やかに進む。と、いきなり傘を棍棒のように持ち直した。フィールドの向こうでは男たちが怒鳴り合い、腕を振り回す。すると、オーバーにくるまった誰かが足をふるわせながら不恰好に倒れる。そして、また１人。けんかの理由はまったくない。選手への攻撃はなく、ユニフォーム姿の彼らは大きく堂々として、起こっていることにまったく反応を示さず、混乱の中でオリンポスの彫像のように無言で眺めていた。プラムはバカ騒ぎをする連中の目に潜む狂気の眼差しと、殴る相手を探すのに熱中して悲鳴のように上げる声について語った。

ブラウンがフィールドから退避しろと指示し、選手たちは試合用の外套を翻してベンチから足早に走った。何人かはフィールドでの不思議な大混乱を見ようと、ダグアウトからロッカー室に行く通路の窓のそばでぐずぐずした。次の日曜日にスタジアムで開かれる催しを案内するように、威厳のあるきわめて無表情な声が場内放送で流れ、スタンドに戻らないとクリーブランドの没収試合になると冷静に観衆に告げた。アナウンスはよく聞こえた。観衆が祭りのアトラクションのようにフィールドを走り回る大騒ぎが収まると、大観衆は今や反省の雰囲気になったのか、おとなしく、ほとんどむっつりとフィールドを眺めた。彼らを駆り立てて観客席の手すりを乗り越えさせたものが自分の中で静かに時を刻んでいることに気づいているかのように。傘を持っていたあの男は倒れていた。半分めくれたコートの裏地は明るい緋色で——たぶん絹だった。だが、殴り合いに加わった人たちはどんよりした光の中でみすぼらしく——甲虫のように素早くうずくまった男たちは試合で見てきた礼儀正しさを真似しているようだった。

警官隊が現れた——少人数ずつ分散し、緊張してフィールドに走ってきた。警官隊が現れるや否や、振り上げた拳さえも止めてけんかは収まり、それぞれ手すりを探して逃げ回り、警官が後を追う。観客たちはすぐこれに熱中した——権威からの逃走は説明がつく——僕たちは立ち上がって、逃げ足の速い人々の動きを褒め、陽気に声援した。フィールドから完全に人を追い払うのは無理で、選手たちが戻った時、観客は彼らと並んで走り、サイドライン際に寄ってきた。けんか騒ぎが収まると、殴り合いの証拠——強い寒風に転がる帽子、グラウンドに不恰好に丸まったマフラー——があちこちにあった。そして僕が座っていた客席から不思議のよく見えたのがフィールド中央の白線近くに転がっていたサドルシューズの片方だった。即席のタッチフットボールのために拾われ、手から手へと渡って行ったが、最後は大きくスタンドに投げ込まれ、一度は見えなくなったが、すぐに再び客席を駆け上がり、最後は張り出し屋根にさえぎられて見えなくなった。

ジャイアンツのゴールライン近くで観客が取り囲む中、両チームは最後のスクリメージラインを組み、プラムはできるだけ早く時計を進めるために真っすぐ突っ込むランニングプレーを２回コールした。ピストルが鳴り、両チームは大きな一団となって一緒にロッカー室へと走った。プラムが自らコールしたのはこの２プレーだ。ポール・ブラウンがそのプレーを見るためにフィールドに戻ることはなかった。

「ちょっと突飛なことをする気はなかったのかい？　自由の女神*[10]とか……トリプルリバース*[11]とか……さんざん彼の命令に従ってきたのだから、なぜ……？」

「観客だよ。誰もばかな真似はしたくない。ハドルにまで観客が入り込んだ――たぶん40～50人も。前例のない大勢のハドルだったと思うよ。彼らは僕らと一緒にラインにつき、スリーポイントスタンスを取り、バックフィールドにはたぶん20人、そして前の方にも長い列ができた。だがその時」とプラムは笑った。「ディフェンス――ジャイアンツ――はたぶん100人くらいいた。だから２度とも僕は膝をついてボールデッドにした」

「ひどすぎるね。せっかくの機会だったのに」

「あの群衆を“けだもの”と書いたのはお粗末だった」とプラム。

「まったくそうだ」と僕。

「翌日の新聞はどれも心の中でそう思っているようだった。群衆は僕らのすぐ横にいた。彼らの叫び声に慣れた――ヘルメットと同じように試合の一部だ――が、彼らの息遣いは特別だ。また別のどこかで機会があったらな……ほんとだよ」

＊1　ニュート・ロックニー　1888～1931年。1918～30年ノートルダム大学のヘッドコーチ。全米1位4回。同大学の活躍を描く映画製作の打ち合わせのため、ハリウッドに向かう飛行機の墜落事故で死亡。

＊2　フィールディング“ハリーアップ”ヨースト　1871～1946年。1901～23、25～26年の25年間、ミシガン大学のヘッドコーチ。全米1位6回。

＊3　オービュソン　フランス中部の町。古くからじゅうたんやタペストリー産業で知られる。

＊4　パーシー・ホートン　1876～1924年。ハーバード大学などのヘッドコーチ。1910、12、13年ハーバード大で全米1位になった。

＊5　ブルドッグはイェール大学のマスコット。

＊6　シャベルパス　下手からすくうように投げるパス。

＊7　グレートレークス海軍訓練センター　イリノイ州ウォーキーガンにある米海軍の軍事訓練施設。

＊8　ポーン　チェスの駒。将棋の歩に当たる。「他人の手先」という意味もある。

＊9　ジョー・シビンクシ　「ルロイ・スミス」と同じように架空の選手。

＊10　自由の女神　クォーターバックがパスをするかのようにボールを持つ手を高く上げ、振り下ろすと近くを走る選手にボールを渡すプレー。ニューヨーク湾リバティー島の自由の女神像に似ていることから。

＊11　トリプルリバース　クォーターバックからボールを受けた選手が逆の方向から来た選手にボールを渡すプレーをダブルリバースと言い、その選手がさらに別の選手にボールを渡すプレーをトリプルリバースと言う。めったに行われない。

27

ポンティアックのスクリメージから数日後、ゼネラルマネジャーのエドウィン・アンダーソンから食事の誘いを受けた。ちょうどよい機会だった。クリーブランドとの試合で僕は何をすればいいのか、はっきりさせたかった。選手たちは僕がプレーするものと思っていた。20点差をつけてやると約束した。そうなれば負ける心配がなくなるから、ウィルソンが僕を出場させるのは確実だ、と。僕たちはニューヨークでいえばクラブ「21」*[1]に匹敵するデトロイトのステーキ専門店で待ち合わせた。彼はドアの前で待っていた——ひっつめた髪、がっちりした長いあご、長く白い眉毛が印象的な大男だ。中でも眉毛が特徴的で、新人余興会の寸劇でアンダーソンの役をちょっと演じた新人が分厚い綿の塊を二つ、両目の上に貼って舞台に現れただけで、観客には誰だか分かったほどだ。

彼は歩み寄って握手した。僕は招待されたことにお礼を言った。彼は金のカフスボタンに、ハチをかたどった金のタイピンをし、金の腕時計に真ん中に赤い宝石を埋め込んだ大きな金の指輪をはめていた。テーブルに着くまでにアンダーソンは多くの知人と挨拶したり握手をしたりした。席に落ち着くと、紫色の紐でとじられ、開くとパリパリと堅い音を立て、新聞紙ほどの大きさになるメニューを見て注文した。トレーニングキャンプで比較的質素な生活に慣れた身にとって、細部にわたる贅沢さは格別目を引いた。

アンダーソンはしばらく自分自身について語った。ライオンズに専念したのは1958年からで、それまではゲーベル醸造会社の役員を兼任していた。しかし、片手でビール会社、もう一方でライオンズを掛け持ちするのは、どっちも十分に目が届かないと判断し、ビール会社を辞めてエネルギーをフットボールだけにつぎ込むことにした。ゼネラルマネジャーとして彼のもっとも重要な役割は、チームに有益なトレードを積極的に行うことだ。

彼はトレードの手腕について語り始めた。ミルト・プラムがいかにしてデトロイトにやって来たのか、僕が関心を持っているだろうと思ったのだ。「もちろん」と僕は応えた。それでは——クリーブランドでプラムが「ベンチから指示を受けるより、クォーターバック自身がコールした方がチームは強くなると思う」と発言した時、ポール・ブラウンがそのような権威の侵害を許すはずはなく、プラムはトレード要員に入れられるだろうとアンダーソンは推察した。そこで、彼はブラウンに電話して、デトロイトのクォーターバック、ニノースキとプラムの直接交換を持ちかけた。「いいだろう」とブラウンは応じた。アンダーソンは価値判断を誤るほどブラウンが怒っているのだと考えた。アンダーソンはコーチたちの元に行って話したが、彼らは信じなかった。一方、ブラウンが彼のコーチたちに話すと、彼らは驚いて猛反対したため、ブラウンはついにはアンダーソンに電話し、自分１人で対処する方がうまくいきそうだと伝えた。彼はディフェンシブエンドのビル・グラスと、色を付けるための誰かを追加するよう要求した。分かった、了解したとアンダーソンは答え、付け足しにデトロイトのランニングバック、ホパロン・キャサディを推した。

「彼は私のチームに向かないよ」とポール・ブラウンは言った。

「彼はオハイオ州生まれだ。クリーブランドなら彼の人気でシーズンチケットが売れるだろう」とアンダーソン。

ブラウンはしばらく考えていたが、結局、プラムを放出し、デトロイトから３選手をまとめて獲得した。アンダーソンのコーチたちはトミー・ワトキンズを欲しがり、４日間の交渉の末まとまった。

「キャサディは気の毒だった」と僕は言った。

「何のことかね」とアンダーソン。彼が片手を挙げると、狩猟用のコートのようなきらびやかなジャケットを着たウエイターが来て、注文を取った。
「彼に対する風当たりがかなり強かったようですね。クラブラッシュをされたり、ベッドにクラッカーを置かれたり、仲間外れにされるとかレーンに襟首を絞められるとか」
アンダーソンは不思議そうに僕を見つめた。「クラッカー？」
僕は説明した。「そうですね、彼が受けた被害は……」
アンダーソンは自分のチームについて僕があれこれ言うのは我慢できない様子だった。もう知っていたことに違いない。「この仕事は薄情なんだ」と唐突に言った。「そして残酷だ。感傷が付け入る余地はない。バディ・パーカーにはドーク・ウォーカーやクロイス・ボックス、ボブ・ハーンシュマイヤーをトレードに出すように言ったが、彼は従わなかった。彼は感傷的な男だった。結局、３人とも引退し、我々は何も得るところがなかった。ドーク・ウォーカーはフットボール界で最高の名士だった。タバコは喫わず酒は飲まず、体調を損ないそうなものはコカコーラだってミルクだって一滴も飲まなかった。引退した時は黄金製のフットボールを贈り、ナンバーを永久欠番にしたが……翌年夏、トレーニングキャンプに戻ってきた。もう一度、プレーしたいと言うんだ。頭を抱えたよ。バディ・パーカーが彼と話し合ったが、とにかく遅すぎた。チームのためを考えたら、ウォーカーにまだ価値がある時にトレードに出すべきだった」
「解雇についてですが、ヘッドコーチを解雇しなければならないことがありますね」と僕は言った。
「バディ・パーカーの前任者かい？　パーカーは自分から出て行ったのだが、ボー・マクミランは解雇するのに３時間半かかった。彼は僕の友人だったから『俺をクビにはできない』と常に言っていた」
食事が届いた。アンダーソンは首にナプキンをくくりつけた。彼はリーグの他のゼネラルマネジャーとの親密な関係を話し始めた——彼らはみな、お互いをファーストネームで呼び合ったり、背中をポンと叩きあったりする仲で、メンバーになっているゴルフ場に招待しあい、相手チームの悩みも知っている。こうした人間関係を語るアンダーソンの態度は、球団経営や選手のトレードに操作が加えられるのが事実であるかのように屈託がなく、革の肘掛け椅子にそっくり返り、磨き上げたピカピカの靴を履いた足を大きな机の角に持ち上げ、受話器を耳に当て、話し相手は親しい友人——もちろん人のいいゴルフ仲間——で仕事の話は互いに知りたいことに限る、といったイメージを抱かせる。もちろん友人関係はフットボール界に限らないことを彼は明確にしたいだろうが。
「社会的にも私はデトロイトの誰ともメチャクチャにいい実績を上げている。例えば赤十字や教育活動、地域の慈善・福祉基金などなど……」
ゼネラルマネジャーと選手との関係はどうあるべきと考えているのか尋ねた。
「そうだね。大きな家族だ。私は彼らのために働いている。彼らに仕事を見つける。保険の仕事が一番いい。よいタックルだったギル・メインズは100万ドル以上の保険を売り上げた。彼がいい例だ。選手が定職を持たない時代は終わった」
アンダーソンは何か考えごとをしていたが、ちょっと言い直した。
「いや、終わりつつある、かな。定職のない選手でバスケットボールのチームを作っているんだ」。オフシーズン、何人かのライオンズの選手がチームを作り、招待されると試合をすると語った。「そんなに多くはないだろうが」とアンダーソンは言った。彼らのプレーぶりは荒っぽく、激しいぶつかり合いが売り物で、ミシガン州ベルビルという町では、地元紙が「何回も手の甲で頭を殴った」とアレックス・カラスを非難した——相手選手は「5分間も床に倒れていた」と記事にあったのを覚えている。
「カラスが何の役に立ったのか知らないが、彼はオフシーズンに一度、アイオワのパン屋で時給2ドル75セントでゼリー入りドーナツを作ったことがあった」とアンダーソンは言った。
「契約にサインする時、選手たちはどんなふうですか？　それもあなたの仕事でしょ？」
「みな、なかなかの交渉上手だよ。選手としては並みでも。特にベテランは。部屋に入ってきて腰を下ろすなり、まず主張するのは今が絶頂期で足も一番速いし、コンクリートの壁だって押すだけで動かせるほど力強いという自画自賛だ。その一方で、将来を考えると引退して高校のコーチになるべきか考えているという。高校のコーチだと！」。アンダーソンは鼻を鳴らした。「66の高校と20の大学から誘いがあり、アシスタントコーチを探しているいくつかのプロチームからの感触を得ていると言うんだ。聞いていると、彼らの郵便受けは依頼の手紙で膨れていると思うほどだ。まァ、そうなんだろう。それからもちろん最近、新人の契約金が信じられないほど── 100万ドルの4分の1にも──高額になっているため、経営が難しいという問題だ。ベテラン選手は憤慨している。私は彼らを批判しない。ジョー・シュミットは5800ドルで入団した。まァ、彼らは早く生まれすぎた。ジョージ・ウィルソンの時代に戻ると、彼らは1試合100ドルでプレーしていた。おまけにしばしば両方──オフェンスもディフェンスも──やってたんだ」

彼は生ガキを飲み下すと首を振った。「昔は契約していない選手はトレーニングキャンプに参加できなかった。オーナーにとってまったく都合がよかった──座学にも練習にもスクリメージにも参加できなければ、後れを取るのは分かり切っているからね。ところが当時コミッショナーだったバート・ベル*2が契約交渉中の選手を参加させないのは違法だと言った──職務に就くかどうかの選択は前の年の契約に含まれているからだ。そこで通常、トレーニングキャンプは始まっても未契約の選手が5～6人いるんだ」

「彼らの交渉相手があなたですね」

「私が機嫌を損ねたのは1回だけだ」とアンダーソンは言った。「アール・モラルだ。契約について話し合うために来たのに、何も言わないんだ。私の前に座って、時々首を振るだけで、麻薬でも注射されたかのようにただ私を見つめているだけだ。一言も発せず、説明もせず、議論もせず、まったく何もしない。だからついに私も腹が立って、声を荒らげたが、本当に気が狂ったんじゃないかと思ったよ」

「それでどうなりました？」

「彼は私をイライラさせようとしたんだ。で、笑った。私をちょっとからかおうとしたんだろう。いろいろな男がいるよ」
「ナイトトレイン・レーンはどうですか？」
「そうだね。もちろん球団についてこう言ったのは有名だ。『ここに金がないのは俺が食っちまったからかい？』」。アンダーソンはそう言うと皿を見て笑った。
「ところでジョン・ゴーディはおかしな男だ。えらい剣幕で来るから、交渉がまとまらないのを心配してこっちは冷静になり、しばらく湯気を発散させてやるんだ。対照的なのがボビー・レーンだ。条件をろくに読まずに、ペンをくれと言って契約書にサインする――彼は契約額をほとんど知らなかったんじゃないだろうか。もっとも彼は町一番の金持ち娘と結婚して裕福だったから、交渉に長い時間を割くなんてことは必要なかった。それからゲール・コグディルだ。田舎育ちで年齢より若そうだし、フットボール好きだから代償がなくてもプレーしそうだし、選手の中で一番簡単にサインすると思うかもしれない。だが、実は私は彼のために２～３日取られるんだ。まず第一に、彼はリーグ中の他のエンドの報酬を調べたと言う。『ディトカ*3は』と彼は言う。『ベアーズのディトカの報酬は……』と言って、エッと驚く天文学的数字を挙げる。で、私が言う。『ゲール、一体どこでその数字を聞いたんだ？』。ゲールが言う。『彼自身が言ったんだ、プロボウルの時』『君に強く印象付けようとして言ったんだ。歴史的に見てもそんな金をもらっているエンドはいない』。すると「さァ、信用できないね」とコグディルは言う。
「そこでシカゴのゼネラルマネジャーに電話をかけ、ディトカの報酬についてコグディルが言った話をして、受話器をコグディルに渡す。電話の向こうでゼネラルマネジャーが笑っているのが聞こえる。彼はコグディルにディトカの報酬額を教える。コグディルが彼を信用すると思うかい？　もちろん、しない。不満そうに受話器を置くと、共謀だと言う。『シカゴのあいつは、あんたのいとこだ』」
「次に彼は記録をとじたフォルダーを取り出す――もちろん、とても複雑な。どうもオフシーズンの間、これに熱中していたらしい――一体、何を表すのか私にはチンプンカンプンの表に、グラフに、数字の列――

挙げたタッチダウン数、獲得したヤード数、パスを捕った確率、勝敗の鍵になったブロック数やおとりの回数――何と、他人のパスレシーブまで自分の手柄にしちゃうんだ。それやこれやで彼の成績はリーグのエンド全員に匹敵しちゃうんだ。すると理論的にはフィールドでプレーしたライオンズの選手はコグディル1人だけで、それでチャンピオンに輝いたことになっちまう」

「成績を言うと、時には彼に不利な場合もあるでしょう。前年よりパスの捕球回数が少ないこともあるのでは？」と僕は言った。

「そこだよ。そう指摘すると、彼はフォルダーを見て、投げられたパスの回数が少ないからだと言う。あるいは、持ってきた成績が十分な証拠にならないと、一般論を持ち出すんだ。例えば、タッチダウンの数が少ないと言うと、彼はチームの高齢化を挙げ、ダウンフィールドでよいブロックをしてくれなかったからだと主張する。だから非難される必要は当然ない、と」

「実際の増額はどのくらい……えー……やり取りがすべて終わって」と尋ねた。

「たぶん、結局500ドルだね。お分かりのようにプライドといった無形のものがあるから――それが原則だ」

「コグディルに500ドル上乗せしただけで済みますか？」

「話し合うことが重要なんだ。我々のエンドの士気を保つ必要がある」

「質問したいのですが。話し合いが必要な」と僕が言った。

「ほう、何だね」

「クリーブランドとの試合に出たいんです。もし20点差か、お望みなら30点差がついて、僕が出ても結果に支障がない場合、少しだけ出場することにご意見はありますか？　チーム全員が今、沸いているんですよ。僕を出させたくて、1分ごとに得点する勢いです。なぜだかさっぱり分からないんですが、皆は気に入っているんです」

　アンダーソンは僕を見つめて言った。「なぜだい、何をしたいんだ？ポンティアックで十分じゃなかったのか？」

「えぇ、ポンティアックでは感触を得ただけなので」

「感触か。いやはやポンティアックでひどい目に遭ったのに」
「まァ、そうですね」
「そうだな、私には分からない。可能かどうか分からんね」。アンダーソンは気掛かりなようだった。彼は最初から懐疑的だった。ジョージ・ウィルソンは僕が出場することをアンダーソンに知らせなかった。アンダーソンは僕がチームのスクリメージに参加すると聞いて「そりゃダメだよ。彼には無理だ」と言った。かなりの説得が必要だった。弁護士が呼ばれ、僕がけがをしたり死んだりしても、デトロイト球団は責任を負わない旨の文書を作成した。僕は署名し、文書はクラブの安全のためにアンダーソンの書類鞄に収まった。
「まァ、考えさせてくれ」と彼は言った。
昼食の店から、スタジアムのすぐ先にあるライオンズの事務所まで、ミシガン通りを車で戻った。屋上には尻尾が上下に動くライオンのネオンサインがある。
「とても威勢がいいですね」
「シーズン中はここが球団本部になる。午前と午後、ここで座学が開かれ、練習はもちろんスタジアムで行う。公式戦の間、選手の行動はトレーニングキャンプの時とはまったく違う。通勤者と同じようだ——朝、女房や子供たちにポーチから見送られ、新聞を脇に挟んで家を出て、夕食までに戻る」
彼は建物の中を案内してくれた——足元でキューキュー音がするフォーマイカ床の現代的な施設で設備が整っている。選手用のトレーニング室や、ボタンを押すと壁が持ち上がって映画用のスクリーンが現れる会議室があった。アンダーソンはボタンを押して見せてくれた。
「素晴らしい」と僕。
会議室の青い椅子はよく磨かれ、ノートを取るための腎臓型の肘掛けが付いている。コーチは個室を持っている。ビンガマンの部屋の壁には大きなカワカマスの剥製が飾ってあった。アンダーソンはコーチ用の会議室も見せてくれた。プレーを図解する黒板が片隅にあり、長い机の周りに椅子が並んでいる。机の上に紙切れがあった——よく見るとジンラミーの得点表だった。
「ここでシーズンの計画が決定される」とアンダーソンはのんびりと言った。
たてがみ豊かなライオン——昔、デトロイト動物園で飼われていた——の大きく引き伸ばした写真を見ながら、アンダーソンの部屋に戻った。広々としていた。ガラス箱の中に、しぼんだ古いフットボールがあった。隅に何人かのチアリーダーの署名が積んであった。GO GO GOと書かれていた。
「今年、ライオンズはチアリーダーを置くんだ——初めてね」とアンダーソン。大きくCの文字を付けた彼女たちの衣裳が積んであった。「Cの文字を観客は何の意味だと思うだろうか？」
「キャット、大きなネコという意味の。あるいはカブスかな。でなければボルティモア・コルツとユニフォームを交換したのかも」と僕は連想した。
「ダメかな？」。彼は上の空で言った。
「アンダーソンさん、あなたは試合について発言権があるんでしょ？」。僕は集中して考えた。「ほかのチームと対戦することしか考えていないんです——知らない選手、向こうも僕を知らない」
「ポンティアックでは選手たちは君に手加減していたと思うんだね？」。彼はチアリーダーの衣装を眺めた。
「そうです」。僕は認めた。
「まァ、やってみよう」。僕の気持ちが分かったようだ。「コミッショナーに話をする必要があるかもしれない」
「そりゃ、すごい」。僕は言った。

＊1　クラブ「21」　ニューヨーク市マンハッタン西52丁目21番地にある老舗レストラン。禁酒法時代の1922年にグリニッチ・ヴィレッジのもぐり酒場として開店、29年に現在地に移転。常連客に著名人が多い。
＊2　バート・ベル　1895～1959年。フィラデルフィア・イーグルズとピッツ

バーグ・スティーラーズのオーナーを務め、46～59年NFLコミッショナー。

＊3　マイク・ディトカ　1939年生まれ。タイトエンド。61～72年シカゴ・ベアーズなどでプレー。プロボウル5回。81年タイトエンドとして初めて名誉の殿堂入り。82～92年ベアーズ、97～99年ニューオーリンズ・セインツのヘッドコーチ。85年スーパーボウル優勝。

28

クリーブランド戦の日、僕たちは２台のバスでデトロイトに向かった。新人たちはまとまって２台目に乗った。選手たちは外出用のネクタイを締め、ほぼ全員がブレザーを着ていたが、レギュラー選手のそれは胸ポケットの下に四肢を伸ばして吠えるライオンの記章が縫いつけてあった。

ブレッツシュナイダーはバスの広い後部座席に陣取り、朝刊の星占いを大声で読み上げた。彼自身の運勢は「リラックスして楽しい一日」だった。選手が自分の誕生月を告げると、彼は調べて占いを読む。僕のは「ぶらついて人と親しくすれば最高の一日」だった。

彼は「今日の笑い話」も大声で読んだ。「あれをビキニと言うのは、女性のサンゴ礁を覆いつくせないから」。不満そうな声が上がる。それからクイズ。「後を引きそうな難問だ」とブレッツシュナイダー。「『自由を与えよ、然らずんば死を与えよ＊[1]』と言ったのは誰か？」

バスの後部から声があった。「カラスだ……思いつくままにバカなことを言う自由を言ったんだ」

賭博で１年間の出場停止処分を受けたため、彼の卓越した技量抜きで戦わなければならないという事実を受け入れる難しさをチームが理解し始めていただけに、最初の試合を間近に控えて出たアレックス・カラスの名前に重苦しさが広がった。

彼の不在はフィールド上だけでなく、トレーニングキャンプでの集団生活でも惜しまれた――特に食堂では、注意を引くために常にコップを叩きながら冗談を言ったり、長広舌をふるったりする。自由奔放に流れ出る圧倒的な連想力を持ち、まとまりはないが自然で即興的な物語が気ままに湧き出す。不運だった年が過ぎてリーグに復帰した年、カリフォルニアでのチームの夕食時、コップを叩きながら高校のフットボールコーチに扮して一席ぶつのを聞いた。彼は言った。「ショー……諸君の……に感謝する」。何に感謝したのかはっきりさせず、まったく学者と見まがうばかりの大きな黒縁眼鏡越しに悲しそうに食堂を見回した。高校コーチを真似た調子は完全で、やや高い神経質で機嫌を取るような声は哀れっぽくはないが、時々いきなり変に自信満々の大声になり——災難が単に運不運の問題だったかのように両手を上にそらせた。
「今年は問題が山積だ。例えば試合用のヘルメットが足りないから、何人かは石炭バケツをかぶらなきゃならん。それに靴も大問題だ。ハイランド・クリーム・ティーチャーズと戦うために遠征した時、チームの防具トランクに試合用の靴がなかった。トランクさえ姿を見せなかったのは事実だ。フライデー・マックレムさん——マックレムさんはどこ？あそこにいた、奥の。フライデー、一緒になれてよかったよ——ところでフライデーも我々がやりがちな誤りをした。そこの中学校と対戦するものと思って、チームのトランクをスーフォールズに送ってしまった。失敗だった。スーフォールズとは昨年、試合をした。ひどい目に遭った。ハイランド・クリーム校が待つオハイオ州ビバリーでない所になぜフライデーがトランクを送る気になったのか分からない。我々はチームのトランクの到着を待って、フィールドの周りでかつてない長い間、立ちつくしたが、当然、到着しなかった。そこで我々は外出着のまま試合をした。服をしわくちゃにしたり、靴を踏まれたりしたくない者がほとんどだったから"がむしゃら"な試合なんかできなかった。メチャクチャに負けた」
「もちろん」。カラスは指を挙げて強調した。「シーズン中、明るい時もあった。とても明るい。そう、ピルズベリー高校のフィールドまであと27マイルの62号線でチームのバスが故障したのは明るい瞬間だった。相手のバックフィールドには州代表選手が３人いた。もし、ちゃんと着いていたら、ひどい目に遭っただろう。他にも明るいことがあった。ポンパノ高校で最も意欲的な選手に贈られるダン・ラローズ記念トロフィーを授与する瞬間だ。承知のように、この賞は3年間、受賞者がいなかった——つまりこの大きなトロフィーに思い出を刻んでいる故ダン・ラローズの資質に匹敵する選手を我々コーチが見つけられなかったからだ。知っての通り、ダンは帯状疱疹が原因で亡くなった」。カラスはコツコツとコップを鋭く叩いた。「ダン・ラローズの冥福を祈って頭を下げよう」

この一人芝居の間も、食事を取りに入ってくる者や、食べ終わって空になった皿を下げに行く者もいたが、ほとんどがとどまっていた。もしカラスが立っていなかったら、後から来た者は「カラスはもう終わったのかい」と聞いただろう。終わってないよ、間に合ったよと聞いた者は喜び「あの人はまったく愉快だ」と言う。

カラスが選手や新人を自作の寸劇に巻き込み、話をするように求めると、彼らは上機嫌で立ち上がり懸命に演じる。フライデー・マックレムにチームのトランクについて説明させたり、“ポマロ高校校長”のレス・ビンガマンに何かしゃべってもらったりする。時々、自由な想像力に恵まれていない人が指名されることがあるが、彼は半分、椅子から腰を浮かせて言葉を探りながら「勘弁してよ、アレックス」とつぶやいて座ってしまう。

しかし、時には指名された者が霊感を吹き込まれたような場合もある。僕がその“高校生”の一人芝居を聞いたのは、ライオンズが太平洋岸での2試合に備えて泊まっていたカリフォルニア州パロアルトのホテル、リッキーズの選手食堂だった。カラスは1人の新人に、ポンパノ高校フットボールチームの翌年の主将に選ばれた挨拶をするよう要求した。

「新主将の話を聞こう！」とカラスは叫んでスプーンでコップを叩いた。

やむを得ず、僕たちは拍手した。僕は昔のチームメートに会うため、パロアルトに1日かそこら滞在しただけだったので、新人の名前は思い出せない。彼はゆっくりと立ち上がり、表情を引き締めながら何をしゃべろうか考えていた。僕は「勘弁してよ、アレックス」とつぶやいて座ってしまうのではないかと思っていた。ところがそれどころか、彼は急にしゃべり始めた。「主将になりたくありません」。みなが大笑いする間に、考えをまとめる時間ができた。攻めの道筋が。

「この素晴らしい夕食をぶち壊しにして、みなさんをがっかりさせたくありません——しかし、僕がポラポ高校に来たわけは……」

「ポンパノだ」。カラスが訂正した。

「……ポンパノ高校で音楽に集中するためです。僕はバイオリンが得意だったんです。ところが昨年の負け試合——マリエッタの高校との試合——で左手の人差し指と親指が利かなくなりました」。彼は見えないように2本の指を曲げて手を上げた。聞き手の関心をつかみ、話の行き先を承知したうえで自らも楽しんでいた。「そこで僕はトロンボーンを始めました」と語った。「持つのは問題なかったし、U字管は右手で動かせました。ところがチームはダルースで惨敗し、相手のデカい奴に右手を踏まれて指が3本折れ、U字管をうまく滑らせることができなくなりました。そこでサクソフォンを始めました。紐で首からぶら下げるから、左手が3本指の僕には向いているし、右手の2本指でキーを操作できる。だから僕はサックスが上手になり、軽い指さばきで簡単な曲を演奏できるようになりまた。と思ったら、次の試合でチームは大敗し、僕は殴られて唇が腫れ上がり、管で食事を食べさせられました。あごの骨が折れていると言うんです。針金で留めたからフットボールはできるけど、サクソフォンはもうできない。まだ右手は無事だったし、2本の指も動いた。そこで右手の2本指でスティックや小槌を持って叩ける鐘と、いくつかの打楽器を始めました。ところが、チームの荷物が届かなかったあのオハイオ州ビバリーでの試合で腕を骨折してしまった。それで僕に残っているのは脚だけになってしまいました。この食事の席で言いたいのは、僕は音楽の勉強を続けていて、エルム通りのバプティスト教会でリッチー夫人のためにオルガンの足踏みをしていることです。ポンパノチームでもう1年、フットボールをやったら両脚を失うのは確かです。音楽の勉強も当然お終いです。母ちゃんに何と言ったらよいか。だから主将の名誉は返上しなければならないのです」

新人は拍手喝采のうちに着席した。

カラスはコップを叩いて喜んだ。「ところで、これは悲しい知らせだ」と言って、頭を振った。「この部屋に“腰抜け”がいると聞いた。ポンパノ高校フットボールチームの最も望ましい選手に与えられるダン・ラローズ記念トロフィーとそれに伴う目録を新主将に贈ろうと思う。そういう訳だから校歌を歌うのがいいだろう。みんな、一緒に歌おう」

彼はコップを叩いて、泣き叫ぶように哀しい声で歌った。

あゝ、ポンパノ高校
どこよりも清らかで……

デトロイトにいたその前の年、僕はカラスについていろいろ聞かされていたので、彼のことを知っているつもりだった。名前もファーストネームで呼んだ。デトロイトに行くバスの中で隣の選手に言った。「ところで、今日はカラスはいないんだね」。彼は肩をすくめた。ジョージア出身の大柄なラインバッカーのデーブ・ロイドで、最初のスクリメージで僕を倒して「プロプットボールにようこそ」と言った男だ。それ以外の言葉を彼から聞いた記憶がない。彼はアレックス・カラスと正反対だった。孤独で、食堂でも１人だけで座り、徒党を組むことを避けた。だから噂が絶えなかった——その一つは、よくあるように人を殺したことがあるというものだ。西部の大牧場で働いていた時、炊事車の下でカウボーイが彼の恋人にちょっかいを出しているのを見つけ——数年前のことだという話だ——そのカウボーイを引きずり出して殴り殺したという。僕には穏やかな男に思えたが、笑うたびにうなずく妙な癖があった。そのバスの中で、彼はデトロイトでプレーして最もよいことは、１人にしておいてくれることだと言った。彼はそれに感謝している。最初に入ったプロチームのクリーブランドでは、通路を歩いている時もコーチたちがつきっきりでアサインメントについて質問を浴びせるので癇に障ったと言った。

僕は間もなく始まる試合に心を集中した——自分のプレーについて考

えた――が、隣にいる男が物静かなのは助かった。

第一に、バスの車内は思っていた以上に和んだ雰囲気だった――ポンテイアックに行く時の車内の方がずっと緊張していた。選手たちはくつろいで話をしていた。僕の後ろで、ブレッツシュナイダーは紐が下に伸びきると光る特殊なヨーヨーを路上で売っていた昔の女友達の話をしていた。彼は話し上手だ。後ろの方の選手たちは座席に背を持たれて、彼の話を聞いていた。

ところがその時、みんなの脳裏にあることが突然現れた。デトロイトの郊外に入ったころ、不意に車内が静かになった。まるで押し寄せる思いに突然、窒息させられたように―― 30 人の男が前の座席の背をまっすぐ見つめたきり、バスが動くままに揺れている。口を利けないため沈黙しているのではない。緊張からなのは明らかだ――みんなの神経が過敏になった時、とうとうある選手がたまらなくなって叫んだ。「頑張れ、デトロイト」。バスの中で足を踏み鳴らし、励まし合う声が爆発した。そしてまた突然しぼみ、バスは静かに揺れていた。目を覚ました獣の群れが何だか分からない恐怖に駆られて騒がしく押し合いへし合いして混乱するが、やがてまた静まり、しかしまだ緊張は緩めず、大きな頭で警戒しているといった光景が思い浮かんだ。

選手たちは試合当日に湧き上がる不思議な緊張感について飽きずに語る。チームが“燃えて”いる時は驚異的な作用を及ぼし、すべての選手がそれぞれ思った以上のプレーをし、やることなすこと全てを爽快な気分で成し遂げてしまう。チーム史上、特筆すべき勝利を収めた昨年の感謝の日のグリーンベイ・パッカーズ戦の前、チームの士気があまりにも盛り上がり、呼吸さえ――周りに霧が立ち込めたように――しにくいほどだったので、いつもならフィールドに出る直前に気合を入れるためロッカー室で短くしゃべるジョージ・ウィルソンも余計な口出しをしたり、口数を多くしたら、かつてない高揚を損ねかねないことをわきまえていた。そこで彼は極めて穏やかに、しかし、はっきりと「よし、やっつけろ」と言うなり、チームは外に飛び出した。そして、不老不死の霊薬の香りでも嗅いだのではないかとグリーンベイの選手たちが疑い、不思議そうに見つめたあの素晴らしい試合を演じたのだった*2。

緊張を感じ、それに浸るのは必ずしもうれしくない。試合前のその時間を過ごすのは耐え難く、苦しい。選手たちはその時間を耐えるためにそれぞれの習慣を持っている。1人になるのを好む者がいる。午前9時の朝食時。彼らは距離を置くため食堂のほぼ対角線上に座って、ステーキに蜂蜜——ソースを仕舞い込んで——をかけて食べる。僕もその1人だ。思うに、孤独になりたい訳は、時間稼ぎをしたいという実りのない試みからだ。他人と一緒にいると、時間のたつのが速い。話をしている時やブリッジの最中に突然、人の腕時計を見て、いつの間にかかなりの時間がたち、いよいよの時がすぐそこに来ているのに気がつく。時よ止まれ、と少なくとも僕は願う。自分だけだったら、時間はゆっくり流れる気がする。大あくびしながら、胃の中の洞穴に落ち込んだように、じっと見つめていれば時間を制御できるというおぼつかない思いで腕時計の秒針の動きを追っていると、時がゆっくり流れるような気がする。

日がたつにつれ——僕の懸念にもかかわらず——もう一つの変化に気がついた。デトロイトスタジアムでの激突に向かって、ゆっくりした全体的な動きだ。ファンは家で試合について予想し、審判たちは縞のシャツを旅行鞄に詰める。僕たちがバスでスタジアムに出発するころ、バスを道路で待機させてブラウンズもデトロイトのホテルで動き始める。それはしばしばアメーバのようにゆっくりと曲がりくねった——往々にしていくつかの要素を引き延ばす（選手はガムを買うためにホテルのロビーを行ったり来たりする）——動きだが、ぶつかり合いに向かって絶対に避けられない行動だ。遅かれ早かれ、二つのチームは通路を通って、わずかに壁を隔てたロッカー室に入る。ついに激突は現実になる。忌まわしい魔術師のように、ブラウンズは1ヤード離れたスクリメージラインの向こうから反対側の人々を消し去ることに専念して、すべての体重と技術を懸けて襲いかかる。つまり我々に。

そのほかの選手はぶつかり合いを切望し、できるやり方で時間を過ごす——寝たり、カード遊びをしたり、おしゃべりをしたりして。

チームに参加した翌年、イーグルズとの試合を見に週末、フィラデルフィアに行った。試合当日の朝、ホテルで一緒に朝食をとった後、ジョン・ゴーディが部屋に連れて行ってくれた。アレックス・カラスがルームメートだった。

「アレックスが語る話や、ばかばかしい振る舞いが俺たちには魅力なんだ。もうみんな、部屋に集まっているだろう」とゴーディは言った。

「試合の日は静かにしていないのかい？」

「とんでもない。彼は試合の前になると病気になるんだ――猛烈に」

「それじゃ」と僕はおずおずと聞いた。「どうして金曜日にホテルに入らないのかい？　あるいは他のどこかとか。金曜日なら時間を気にしないで、おしゃべりに専念できるだろうに……」

「アレックスは平気なんだ」とゴーディ。

部屋には何人かの選手がすでに座っていた――テリー・バー、ジム・ギボンズ、そしてゲーリー・ロー。カラスはベッドに横になり、べっ甲製の大きな眼鏡をかけて天井をにらんでいた。彼の上半身は桁外れだ。彼ならではの謙遜した言い方によると、他の部分が上半身に比例していたら、身長は８フィートになっただろう。フィールドを走る姿を見て、チームメートは「狂ったアヒル」みたいだと言う。しかし、彼の能力を考えて、悪口も控えめだ。

彼には前の年、トレーニングキャンプで見かけたことがある。やっと歩けるようになった息子の手を取って、部屋の前の廊下に立っていた。バーミューダパンツを履いていたが、驚いたのは父と息子の体型がまったく同じだったことだ――大きな上半身に短く太い脚は赤ん坊なら当たり前だが、父親まで魔法の鏡で映したようにそっくりなのだ。実際、カラスは少年がそのまま成長したようなイメージがあるにしても。相似形でなかったのは、カラスが口の真ん中近くにくわえた葉巻タバコだけで、唇をすぼませていたので喜劇の小道具のようだった。しかし、葉巻を粋にくわえていても、憂鬱な心は隠せなかった。その年、彼は部外者だった。選手たちは彼に会釈したり場違いの快活さで呼びかけたりしたが、明らかに彼には苦痛だった。二度とキャンプにやって来なかった。

デトロイトの経営陣やコミッショナー事務局ともぎくしゃくした。非を認めて行動を慎むことがライオンズ復帰の前提条件だった。経営陣もリーグ事務局もリンデルズACという酒場の所有権をカラスに認めなかった。共同出資者が地下組織と関係があると疑われたためで、店は疑われてもやむを得ない雰囲気と客であふれていた。カラスは酒場の所有権と共同出資者の双方を諦めるよう迫られた――もし、そうしなければ復帰は不可能だと暗示された。カラスは怒った。用心深い発言は彼の持ち味ではないし、まして狡猾とは無縁だ。こうした点に欠けることが当初、彼を困難な立場に置いた。「自分自身に少し賭けるくらい普通だろ」とラジオのインタビューで語ったことが賭けを禁じたリーグの規則に触れたとして、コミッショナーのロゼールをカラスの出場停止処分に踏み切らせた。追放されてもカラスは行動を改めず、精神的にも荒れた。

小さな酒場の所有権を守ろうと声高に主張し、どの友人を選ぶかは本人自身の問題で、リーグが関与すべきではないと語った。発言はしばしば新聞をにぎわした。チームメートは記事を読むたびに頭を振って言った。「彼の発言は正直で、尊重すべきだが――でも一度でいいから、あのどうしようもない口を閉じることはできないものだろうか」

ライオンズの経営陣も追放されたカラスが選んだ職業をまったく歓迎しなかった。短期間だが身を置いたプロレス界は――カラスならやりそうだと思う人もいるだろうが――幹部たちが警戒を怠ることのできない荒々しい世界だった。対戦相手は、現代プロレス界の第一線で勧善懲悪劇の悪役に徹している元グリーンベイ・パッカーズのラインマン、リチャード・アフリスが予定されていた。アフリスはディック・ザ・ブルーザー*3というリングネームで闘い、リング上での売り物はほとんどの場合、血まみれの――といっても実は額に貼り付けた大きな絆創膏の中の袋から流れ出す赤い液体、たぶん牛の血だが――凶暴な表情だった。

試合の前の週、アフリスはカラスがいた酒場にひょっこり現れ、罵詈雑言を浴びせた。試合を盛り上げるための宣伝行為と思われたし、そのつもりだったのだろうが、たちまち手に負えない事態になった。店にはカラスの友だちのメイジャー・リトルという体重19.5キロの小人がいた。彼の毒のある買い言葉がついにはディック・ザ・ブルーザーを爆発させ、殴り合いが始まった。警官が呼ばれ、玉突きのキューを振り回していたブルーザーを８人掛かりで押さえ込んだが、１人が手首骨折のけがを負った。手足を束ねて縛り上げたブルーザーを警官たちは巻き上げた大きなカーペットを運ぶように苦労して歩道に持ち出し、護送車の到着を待った。

１週間後、酒場での殴り合いの一部始終を知った大観衆が試合を見ようとデトロイト・オリンピアに詰めかけた――その日のメインイベントはドクター・ビッグ・ビル・ミラー*4、ザ・シーク*5、キット・フォックス*6、ムース・エバンスその他――だったが、一般入場席の客の多くは悪役、とりわけディック・ザ・ブルーザーに乾燥エンドウ豆をぶつけようと身構えていた。

またもや小人のメイジャー・リトルが一連の出来事で重大な役割を果たした。最前列の席からだと、彼の背丈では木製の支柱に遮られて何が起きているのかよく見えないため、何回か空しい試みの末、３～４分かけてリングによじ登り、リングポストを背にコーナーにしゃがみ込んだ。ここなら遮るものはない完全な特等席だ。その時まで、カラスは見事な試合ぶりだった。ブルーザーを４回、リング下に放り投げた。自分も１回、放り投げられた。かなりの力でブルーザーの絆創膏を殴ったため牛の血が滴り落ちたが、獰猛な顔になるには至らなかった。眼鏡を外した大学教授のようなカラスの大きな顔がちょっと困惑し、うろたえたように見えた時、びっくりするほど近くで突然、鋭い呪いの言葉が聞こえた。見ると友だちの小人がリングに上がってブルーザーに金切り声を浴びせている。カラスの注意力が乱れ、振り向くと小人を追い払うように両手を動かした。「メイジャー、ダメだよ、そこから降りろ！」。背中を向けている間にブルーザーは近寄り、通常は悪役の敗北に終わる台本から明らかに逸脱して、背後からカラスに突進すると首をつかみ、この業界で“のど仏絞め”と呼ばれる技をかけた。ブルーザーは攻撃を緩めず、カラスを倒すとフォールした。一本勝負だったので彼の勝ちとなり、乾燥エンドウ豆の雨の中で片腕が上がった。

そんなこんなでカラスの復帰の可能性はほとんどないように見えた。

だが、彼が変わった。発言を控え、行いを改めたのは、彼のフットボールへの愛だとチームメートは言った。プロレスから足を洗った。新聞から彼の記事が消えた。酒場の共同経営も結局おとなしく諦めた。出場停止処分から１年後、コミッショナーに呼ばれ、復帰を認められた。
「彼は変わったのかい？」。部屋に行きながらゴーディに尋ねた。
「まったく同じだよ。だが、戻るためにいろいろ経験した――どうしても戻りたかったんだ」
ゴーディが僕を紹介してくれた。カラスはベッドに真っすぐ寝たまま手を突き出した。
僕はその日のイーグルズ戦での幸運を祈ると言った。隅に椅子があったので座った。彼はゆっくり起き上がると、ベッドの先の壁際に置かれたテレビを両足で挟むように眺めた。テレビはついていた。人が部屋に入ってくると、窓の日よけを引き上げるように、ほぼ自動的にパチンとつく。見たい番組が特にあるわけではなくても、本当の窓だったら向かい側の空気ダクトの壁しか見えないだろう風通しの悪い部屋に第２の窓を開けたかのように。「見ろよ」とカラスが言った。むっつりと画面を見ていた。コマーシャルだった――サメ革のズボンにヨット用のジャンパーを着た若者が女の子をすぐ脇に置いてタバコを深々と喫っている。「あの男を見ろ」とカラス。「タバコを吹かしているのはいつもいい男だ。ミルト・プラムにたばこをくわえさせてカラー写真を撮り人気雑誌に載せるが、ミルトはたばこを喫わない――タバコの持ち方さえ知らない。教えてやらないと。俺はどうかって？　俺はずっと喫ってるよ。８歳の時からタバコの持ち方を知っていた。深々と全部吸い込み、煙が胃に下がっていくと本気になって、ちょっと練習し、煙の輪をつなぎ合わせることができるようになった。思い出すなァ。なのにプラムの代わりに俺じゃいけないのか？　奴らはイケメンとかわい子ちゃんしか出さないんだ。俺が煙の輪を吐き出すのを見たら、そうだな、輪はオーケーだと言って、大型のツーリング車の下でペチャンコになった整備工の顔を選ぶだろう。俺たち醜男の組合があってしかるべきだ。俺はテレビの広告を見るのが好きだ。ベティ・ホームという名のゾッとするような女がわんさか出てくるやつだ。彼女はナイロンストッキングの宣伝をするだろ。それであのものすごく太い腿でストッキングを履くと、痩せたモデルがするように唇を上げて『完全よ』と言うんだ」
「アレックスもいい男だ」と誰かが言った。
「からかうなよ。いい男じゃないのは分かってる。だが、俺が話しかける女の子もまた美人じゃないんだ」。そう言ってカラスはうめき声を上げた。「彼女たちでさえ、モノにできないんだ。首からホープダイヤモンド*[7]でもぶら下げない限り。モノにできないんだ」。彼はベッドに仰向けに倒れると天井を見つめた。「いつもそういうわけじゃない。前世では素晴らしい時もあった」
　カラスは何代にもわたって、異なった人生を――ずっと過去に遡って――歩んできたという幻想を抱く。他にもあるが、ジョージ・ワシントン将軍とアドルフ・ヒトラーの副官をともに務めた。
「ヒトラーはどんな具合だった？」。選手の１人が尋ねた。「どんな印象だった？」
「ヒトラーは並みの男じゃない」。カラスは大げさに言った。「俺と同じように、そばにいたらわかるよ。彼は３分以上、息を止めるという強迫観念に駆られていた」
「まさか！　彼はできたのか？」
「全然ダメさ。すぐ顔が真っ赤になって、息をつくと空気がポンと小さな音を立てるんだ。せいぜい８秒か９秒しか続かなかった――今まで見た中で一番息の短い男だ」
「他の連中はどうだった？　ロンメル*[8]やヘス*[9]、ゲーリング*[10]も知っているだろう？　それから……」
「もちろん、どいつも知ってるよ。ルントシュテット、ゲーリング――デブのバイエルン人と呼んでいた――そしてロンメル。ロンメルは胃が恐ろしく弱かった。いつも病気を抱えていた。俺は毎朝、彼の元に駆けつけ、敬礼をして言う。「はい、はい、おはようございます。万歳、万歳、将軍」。すると彼は病気になるんだ。だからヒトラーは彼を信用しなかった。なぜかって？　彼は司令部のロンメルのそばに大股で歩いて行くと『汚いブタ野郎のモンティ、つまり英国人に攻撃をかけるのに絶好の日和だ』と言う。ロンメルは列車の喫煙所でよく見る、ニッケルメッキされた丈のある灰皿——脇のボタンを押すと底が開いてタバコが落ちる仕組みの——に屈みこんで吐くんだ。俺はロンメルが司令部にいる時は親指をボタンに掛けて、いつでもよいようにこの灰皿を持ち歩いていた。ヒトラーはこの灰皿を疑った。『あれは何だ？』といつも聞いた。爆弾かもしれないと思ったんじゃないか。『あれは灰皿であります。ロンメル将軍の灰皿です』と言うと、ヒトラーは長い間見つめて『将軍はなぜ、もっと小さいのを持たないんだ——あれは３フィートもある。ポケットに入る小さな、底にホテルの名が入っているような灰皿でなぜいけないんだ。おまけにロンメルはたばこを喫わない。喫わないのになぜ、あんなに大きな灰皿がいるのだ。答えろ！』とヒトラーは言う。『つまり』と俺は素早く答えた。『将軍は大麻を喫うのであります』。『あゝ、そうか。それなら無理もない。なぜ最初からそう言わないのだ』とヒトラーは言う」。

「エバ・ブラウンはどうだった？　彼女のことを教えてくれ」

「エバ・ブラウンは俺の妹だ」

「まさか」

「本当だ。俺の顔を見て、まさかと思うかもしれないが、前世では俺は洗練された金髪の洒落者で、長靴は磨かれて真鍮のように輝き、隊内ではいつも『あの格好いい男は誰だ？　真のアーリア人だ』とささやかれたもんだ」

「エバのことを話せよ」

「彼女とヒトラーは全然うまくいかなかった」

「うそだろ」

「俺の妹は甲高い声を笑い上戸だった。ヒトラーが口髭を彼女に押し付けてからかうと、ケラケラ笑い出す。ヒトラーはなぜ彼女が笑うのか理解できなかった。ピエロがおかしな顔をしているのではないかと思うのか、後ろを振り向いて『どうしたんだ』と言う。彼女の笑い方はすさまじかった。『“デブのバイエルン人”の冗談が可笑しいのか？』と聞いたものだ」

ギボンズが言った。「歴史の本には２人は仲良かったと書いてあるぜ」

「うわべだけだ。ヒトラーが女性に対して正常な感情を持っていたと示す必要があった。だから広報担当者は２人が一緒にいるところを――彼女が滝の下にスッポンポンで立ち、制服を濡らしたヒトラーが横に立っているといった――山ほど写真に撮った。ヒトラーが素っ裸だったところを見たことがあるか？　答えはノーだ。司令部の誰もが知っていたが、実はヒトラーは女だった――本当に知りたいなら話してやろう――ヒルダおばさんという、俺のおばだ。家族に隠すのは大変な苦労だった」

「エバは知っていたのかい？」

「実は彼女は知らなかった。なぜ、だませたか分かるか？」

「何だ？」

「口髭だ。ヒルダおばさんやら何やら、すべてうそだと思うだろう。いいか、口髭はまったく本当だ。ヒルダおばさんは１日５回も髭を剃った。エバの高笑いが収まってしばらくしたころ、ようやく彼女はヒルダおばさんを信じるようになった。誰も彼女の目を覚まそうとしなかった。だから２人はベルリンの地下壕で結婚式を挙げた。ロシア軍が出現したので２人は自殺した。エバにとっては良かった。正体を見破られ……」

「ヒトラーがヒルダおばさんだったことをか？」

「彼女が母親だったことだ！　ヒルダおばさんはエバの母親だったんだ。もちろんエバは知らない。彼女は自分を孤児だと思っていた。エバの父親は誰か当ててみろ」

「誰かな。“デブのバイエルン人”か？」と誰かが思いついたように言った。

「よく見てるな」。カラスはベッドに寝たまま満足そうに言った。

「おいおい、いい加減にしろ」とゲーリー・ローが言った。「エバ・ブラウンは妹だろ」

「妹でもあり、娘でもある」。カラスは威張って言った。「アドルフ・ヒトラーは俺の妻だ」

「ゾッとするな」とゴーディ。

テレビが遠くで小さな声でブツブツ言っていたが、僕たちはナチ支配層のもつれた家系図に思いをはせた。
「ところでワシントン将軍の時代はそんなに恐ろしくないんだろうな」とようやくゴーディが言った。
カラスはちょっと体を動かした。「ワシントン将軍は立派だった。ご存じのように俺はバリーフォージ*11にいた。厳寒の地だ。フクロウの頭などが常食だった。将軍は野営地の焚火に現れ、気取ったポーズをとると言った。『諸君、我慢してくれ』とか何とか。彼は本当に立派だったが、人は多くの誤解をしている。桜の木の話を覚えているか？」
皆、うなずいた。
「彼は桜を切り倒さなければいけなかった。見ればすぐ分かるが、桜の木がかかりやすいニレ立ち枯れ病にかかっていたのだ。もしワシントンが斧を取らなかったら、周りの木がすべて感染しただろう」
「ワシントンはなぜ父親にそう言わなかったんだ？」とゴーディが聞いた。「鞭で打たれなくて済んだのに」
「ご存じのように、幼いジョージは入れ歯だった。幼いにもかかわらず総入れ歯だった。桜の木のことで父親が呼んだ時、彼はニレの立ち枯れ病の説明をしようとしたが、入れ歯がカタカタ鳴るばかりだった。ワシントンの歯はぴったり合っていなかった。だから話すと歯が鳴るか、そうでなければ口笛——高い口笛になってしまった」と言って、カラスは吹いてみせた。「だから父親が『あの桜の木を切り倒したのは誰だ？』と尋ねた時、カタカタ音と口笛を通して理解できたのは、息子のジョージが切ったということだけで、その理由は分からなかった。そこで彼は鞭を取り、気がふれたように叩いた」
「バリーフォージでワシントンが『我慢してくれ』と言ったことなんかは、どうして分かったんだ？」と誰かが尋ねた。
「理解はできなかった。だが、彼はすべてを態度で示すんだ。分かるかい？　野営地の焚火の間にじっと立っているんだ。デラウェア川を渡ったあの時は、片足を船首に掛けるカッコいいポーズを決めた。だから彼が何を考えているのかすぐ分かった。『告別の辞』*12を実際に述べたのは誰だか知っているか？」
「誰だい？」
「調べてみたか？　何が起こったのかと言うと、壇上の将軍のすぐ後ろに立って、彼に代わって話していたのが俺だ。彼はまるで木偶の坊みたいにあごをカタカタ鳴らすが、すぐ近くにいない限り、俺が話していたとは分からないはずだ」
「副官はどうしていたんだ。どうやって命令を理解したんだ？」
「それは読唇術だ——彼らはみなろうあ者だった」。カラスは楽しそうに続けた。「一般的には知られていないが、ワシントンと親しい人たち——ラファイエット*[13]（デブのフランス人と呼んでいた）、ゲーツ将軍*[14]、その他——は耳が聞こえなかった。だが、彼らは口の動きが読めた。だからワシントンの肖像画は、すべての将軍や副官が周りに立って彼を見つめている。忠誠心を表していると言われているが、くだらない。彼らはワシントンが思っていることを口の動きに出すかもしれないから口元を見ているんだ。読唇術を使えたから、やるべきことが生じると、さっと着手できたんだ」
カラスはその他にも魂を授かったことをほのめかした。南北戦争のころだったが——彼にもはっきりしない。軍隊にくっついて歩いた、あまり大したことのない民間人だったと考えているようだ。
魂を授かっていない期間は、分厚い雲の中か、時にはその上の太陽が輝く中を飛行機に乗って飛んでいると語った。窓に額を押し付けて雲の間からはるか彼方の地上を見ようとするが、いつも見えない。時々雲は深い谷に何マイルも落ちるが、見えたことはない。飛行は長時間だがいつも順調で、可愛いスチュワーデスが近づいてきて牛のブイヨンを給仕しようと屈んだり、夕方になるとアルコール飲料をトレイに載せてやってきたりする。飛行機に乗るのはいつもまったく退屈だが、のんびりもする。薄目を開けて通路のスチュワーデスを眺め、彼女たちが近くに来るとカップを差し出してブイヨンをせがんだり、夜だとアルコールを注文したりする。３日目か４日目、元気がなくなったと感じると、突然霧が客室に立ち込め、だんだん濃くなり、機外の雲と同じくらいの濃度になり、客室の壁も、ついには前の座席の背もたれも見えなくなる。その中で彼は雲の中にいるような気分になり、顔に風が当たり落下しながら回転するのを感じ始めると、何者かに変身する時が来たことを知り、指を折り重ねて、罪深い運動選手にならないよう神に祈る。
「じゃあ、何になりたかったんだ？」とゲーリー・ローが聞いた。
「知るものか」とカラス。突然、機嫌が悪くなったようだ。「これ以上悪くなることはない――狭いホテルの部屋でごみ屑みたいに寝そべって。それからどこかのフィールドに出て行って、わずかばかりの金のために相手をぶちのめす。何という人生だ？　カスだ」。ベッドから起き上がった彼は不機嫌に見えた。
「ここを出よう。吐きたくなった」
　廊下に出ると、彼は僕たちの前を急ぎ足で歩き、エレベーターのボタンを押した。
「ご機嫌斜めだな」と僕はローにそっと言った。
「アレックスは準備完了だ」。ローはうれしそうに言った。「すっかり回復した。やる気まんまんだ」
「病気になると言ったのは、そういう意味だったのか？」
「そうだ。ジョージ・ウィルソンが『さぁ、行って、相手を揺さぶってやれ』と言うように、アレックスがトイレで吐いたら準備完了なんだ。間違いなく５分以内にフィールドに出て、フィラデルフィアの哀れな野郎どもを見せしめにしてやるだろう」
　僕たちはどっとエレベーターに乗った。降りる時、誰も何も言わなかった。カラスはバスの中で１人で座ることだろう。

＊１　自由を与えよ……　米独立革命時の政治家、パトリック・ヘンリー（1736～99年）のことば。

＊２　1962年11月22日、タイガースタジアム（デトロイト）で行われたパッカーズ戦で、ライオンズはディフェンスが活躍し、26 − 14で快勝して10月７日の逆転負け（85ページ）の雪辱を果たした。

＊3　ディック・ザ・ブルーザー　1929～91年。プロレスラー。51～54年グリーンベイ・パッカーズでタックルとして48試合に出場した。

＊4　ドクター・ビル・ミラー　1927～97年。プロレスラー。獣医の資格を持つ。

＊5　ザ・シーク　1924～2003年。プロレスラー。両親はレバノンからのアラビア人移民。

＊6　チーフ・キット・フォックス　1936～94年。プロレスラー。アメリカ原住民の血をひく。

＊7　ホープダイヤモンド　1830年にロンドンの銀行家で富豪のトマス・ホープが買い取り、長年同家が所有していた45.5カラット、濃いサファイアブルーのダイヤモンド。持ち主に不幸をもたらすという評判があった。現在はワシントンのスミソニアン博物館に展示されている。

＊8　エルビン・ロンメル　1891～1944年。ドイツ陸軍元帥。第二次世界大戦中、北アフリカ戦線で巧みな戦略・戦術でイギリス軍を悩ませた。通称“砂漠のキツネ”。

＊9　ルドルフ・ヘス　1894～1987年。ナチ党副総統。親衛隊大将。

＊10　ヘルマン・ゲーリング　1893～1946年。ナチ政権の航空相、ドイツ空軍総司令官。ヒトラーの後継者に指名された。

＊11　バリーフォージ　ペンシルベニア州スクールキル川に臨む地。独立革命中の冬（1777～78年）、ワシントン将軍が野営した。

＊12　告別の辞　1796年、ワシントン初代大統領が3期目の立候補辞退を新聞紙上で表明した所見。

＊13　ラファイエット　1757～1834年。フランスの軍人、政治家。米独立戦争を支援。1789年の仏革命で「人権宣言」起草に関与。“両大陸の英雄”と呼ばれた。

＊14　ホレーショ・ゲーツ　1727？～1806年。米独立戦争時代の将軍。ジョージ・ワシントンの下で米軍の組織化に貢献。

29

　タイガースタジアムの下にあるロッカー室は四角い広い部屋で、壁に沿って個人の更衣スペースが並んでいる――それぞれの奥に木製の棚があり、その上にライオンのロゴが付いたヘルメット、その下にフットボールシューズがあり、その他の用具はハンガーで吊り下げられている。僕はテリー・バーと共用だった。デトロイト・タイガーズの投手、ドン・モッシ*[1]の名札が貼られていた。前に三脚の腰掛けが置いてある。２人が入れるほど広くないので、バーが着替える間、僕は座っていた。０番が付いた僕のジャージーはポンティアックのスクリメージの後、洗濯されていた。フライデーと彼の助手たちが午前中、ユニフォームを用意してくれた。ふたが開いたままの大きな船員トランクが部屋の中央に立てかけられていた。フライデーは看守が持つような、鍵を通した大きな古くさい輪と、予備の靴紐とあご止めが絡んだ束を腰に下げて、ロッカー室を忙しく歩き回りながらあれこれ指示した。試合に必要な用具で、彼が担当するものは多様で数えきれない。ある寒い日、１ダース以上もの携帯用ハンドウォーマーが用意されたのを見たことがある。トランクのそばの床に一列に並んだランプの火は祈りのロウソクのように揺れていた。

　フライデーは選手の貴重品を集めた。船員トランクの仕切りの中には時計、財布、指輪、鍵束、さらにティッシュペーパーにくるんだブリッジの入れ歯が入れられた。試合当日は相当の数の入れ歯がフライデーに預けられる。選手たちはゆっくりと着替える。試合前のウォームアップのためにフィールドに出るまでたっぷり時間がある。いつものようにハーリー・スーエルが一番早く準備を整える。セメントの床に鋲の音を響かせ、新しいチクレットガム*2を噛みながら近づいてきた。適当な粘り気になるまで噛み続けると、キュッキュッと鋭い音が出る。ロッカー室は静かで、ほとんど人声がしない。聞こえるのはショルダーパッドをきちんと装着するために紐で調節する音くらいだ。やがてスパイクシューズを履くにつれて、セメント床と鋲がぶつかる音が少しずつし、体をほぐしながら選手が歩き始めたり、気を鎮めるために体を動かしたりする。フットボール選手の途方もない大きさが明らかになるのはそんな時だ——ロッカー室の中をぶらつく彼らの肩幅はパッドの大きさに広がり、鋲のついた靴のために1インチかそこら背が高くなっている。ヘルメットの幅が加わるから、ロッカー室の外の通路で待ち構えるファンさえほとんど注目しない6フィート3～4インチ（190～193センチ）の選手でも、体を用具でがっちり固めると6フィート5インチにも6インチ（196～198センチ）にも見えるから、ファンはポカンと見とれて「おやまァ、すごいデカさだ」とつぶやく。

試合の1時間前、ウォームアップのため外に出た。ロッカー室から通路を歩いてダッグアウト裏に行き、木の階段を駆け上がって日の差すフィールドに出た。早々に詰めかけてスタンドに散在するファンの間からふぞろいな声援が小さく飛んだ。ブラウンズはフィールドの反対側でちょうど柔軟体操を終えたところだった。彼らのユニフォームは茶とオレンジだ。僕は学生時代に覚えた詮索癖をやめられない——相手の体がどのくらい大きいか、心配そうにじっと眺めてしまうのだ。スクールバスからどやどやと降りると、フィールドの反対側の相手チームを調べるのがいつもの儀式だった。「見ろよ、でっかいな。あそこにいる奴」と誰かが言う。暗い気持ちでその巨体を見つめるのだが、後になると重いばかりで少しも役に立たない奴だと分かる。歩きながらライオンズの選手たちは興味津々だった——みんなブラウンズの方に首を伸ばしていた——が、観察眼は体の大きさより技術の上手下手に向けられていた。「あいつはいい体だな」。ギボンズだったと思うが、誰かが僕の肘を突っついてパスを捕りに出た選手を指した。僕はゆっくり滑るように走るジミー・ブラウンの動きに目が留まった。彼は決して足を高く上げない。カットする時もパスを捕りに行く時も、まるで芝の上をスケートするように走る。彼の動きは見る者の心をとらえて離さない。フィールドゴールの練習のため、僕たちに一番近いフィールド中央に戻ってきたのは“ザ・トゥー（つま先)”と呼ばれるルー・グローザ*[3]だ。見ていると、肩幅が広く重そうな体で慎重に２歩踏み出し、右足をボールに振り出すと、ボンという音がスタジアムの庇に鳴り響いた。「蹴るだけであんな音を出すのは、他に誰もいない」とギボンズ。「目隠しして聞いても、グローザが蹴った音は分かるよ」

後ろでテリー・バーが丸く広がれと言っている。相手チームから離れて、掛け声を上げながら両手を頭上で合わせて跳躍する。味方の太いどら声が心強い。

ロッカー室に戻ったのは試合前30分だった。選手たちは更衣スペースの奥に座ったり、前のストールに腰を下ろしたりしている。床に寝そべって試合の作戦計画表に目を通している者もいれば、天井の端から端まで通っている長い蛍光灯を眺めている者もいる。ウェイン・ウォーカーとジョン・ゴーディがバシッバシッと大きな音を立てて、お互いの肩パッドがちゃんと装着されているかどうか叩き合っている。それが彼らのしきたりなのだ。他のチーム、例えばグリーンベイでも同じ儀式がダン・カリー*[4]とレイ・ニチュキー*[5]の間で行われるが、彼らの場合違うのは肩パッドを叩き合った後、思わず頭が回るほど強くお互いの顔を平手で叩くことだ。互いににらみ合って憎悪をかき立てると、スイッチが入ったように勢いよくフィールドに飛び出す。

何人かの選手が更衣スペースを巡回して、黙って握手し幸運を祈る。「しっかりやれよ」と彼らは僕に言った。隣はロードランナー（ミチバシリ）だった。僕はのぞき込んで「幸運を、ロードランナー」と声をかけた。「心配はしていないが、死ぬほど怖いだけだ」と彼は言った。ベテランでさえ対戦する相手にまったくビビることもある。ストールに腰かけたジョン・ゴーディは片足を小刻みに震わせ、両脚の間のヘルメットは気分が悪くて吐く時のバケツのようだ。僕が通り過ぎると頭を上げ、歯のない気味の悪い笑いを隠すように手で覆った。入れ歯はティッシューに包んでフライデーの貴重品箱に預けてあるので、選手たちの顔つきがほんのわずか変わっている。頬はちょっぴりくぼみ、口はすぼまり、歯ぐきの消えた笑顔に不意に出合うと驚かされる。

ミルト・プラムが立ち上がり、ボールを投げ始めた——ロッカー室の半分の長さの短く速いパスが縫い目から発する小さなうなり声を上げ、レシーバーの手にパシッと大きな音を立てて収まる。

僕は更衣スペースの前に戻り、床に腰を下ろした。あと10分という時、ジョージ・ウィルソンが話し始めた。演説というようなものではまったくなかった。練習フィールドでしばしば見せる姿と同じように、物思いにふけりながら僕たちの間を歩き、陳腐な格言を自分自身に言い聞かせるかのように時々、優しく観念的にしゃべった。「出撃して仕事をやり遂げることだけ考えろ」と言った。船員トランクの後ろ側を歩いた。僕は仰向けに寝ていたので、彼の姿は見えなかったが声は聞こえた。「チーム全体のために道を開けろ」。これはディフェンスのスペシャルチーム——キックオフ、パントそしてフィールドゴールのチーム——に対しての言葉だ。再び姿が見えた。「つまらない反則をしないように気をつけろ」「殴り合いはするな」。プラムは投げるのをやめた。エアコンのうなりとシャワー室で水が漏れる音がするだけで、まったく静かだった。ちょうど1分前。部屋の奥でウィルソンが話していた。「最初はうまくいかなくても気にするな。勢いを止めるな」。再び僕たちの方にやって来た。「気を抜くな。60分やり通せ」。彼はクリップボードを持っていた。「よし。攻守両チームの先発選手だ。ディフェンスは……」と早口で名前を読み上げた。不明瞭だが励ましの声が上がった。「次にオフェンス……」。読み終えると再び励ましの声。審判の1人がドアから顔をのぞかせて時間を告げた。「よし」とウィルソン。選手たちは全員立ち上がった。重装備の全員がロッカー室のドアに向かって小刻みに歩くのを見て、僕はパラシュートの降下訓練をする感覚に襲われた。後ろからウィルソンが叫んだ。「いい加減にやるな。大事な試合だ。60分、全力を尽くせ」

ダッグアウト裏の通路で止まった。選手全員が観客に紹介されている

——時間がかかる——拡声器で名前と出身大学を呼ばれると、ダッグアウトの階段を駆け上ってフィールド中央に出て行く。僕の名前は呼ばれなかった。全員が出て行った後、フライデーと彼の助手たちと一緒にベンチへと歩いた。フライデーは僕の当惑を感じ取っていた。観客席はほぼ満員だった。５万人以上の収容人員に好天の午後、それにライオンズを見るのは今シーズン初めての客が多いだろうから、僕を見て肘を突いたり指をさしたりしているような気がしてうつむいて歩いた。「ちょっと足を引きずって歩け」とフライデーが言った。

「ウィルソンは僕を出場させると思うかい？　まったく真剣勝負じゃないか」

「彼は誰の指図も受けない」とフライデー。

試合が始まると、僕たちはみなサイドラインに並んでキックオフを見つめた。デトロイトはあっという間に得点した。“ロードランナー”ことディック・コンプトンがパスを捕り、プロ入り初のタッチダウンを挙げた。興奮して顔を紅潮させてフィールドから戻って来た。「やったぜ」と言って目を丸くした。皆が周りに群がった。試合開始５プレー目、まだ皆が落ち着かないうちにパスを捕った。

ベンチから試合を追うのも楽ではない。反対側の観客席のさまざまな色彩を背景に選手たちはプレーのたびに集団で走り回るから、誰と特定するのは難しいし、複雑な動きのパターンははっきりしない。サイドラインで立っているコーチでさえ、見る角度が悪いと混乱してしまい「あのプレーは一体何だ？」と叫ぶこともしばしばだ。

チームへの指示の多くはスポッター部屋と呼ばれるスタジアムの最上階からもたらされる。アルド・フォルテとスクーター・マクレーン、ディフェンスのドン・ドールが普段はそこにいて、ベンチ前の小さな軽量折り畳み机に置かれた電話と結ばれ、ウィルソンやクォーターバックたちと直ちに話ができる。

気がつくと、僕はジョージ・ウィルソンを見ていた。彼の試合への集中力は完璧だ。サイドラインを行ったり来たりしながら顔はフィールドを向いているので、電話線やテレビのケーブルにつまずいてののしったり、選手と衝突したりする。彼はプレーを一番近い所から見るためにボールの位置とともに動くので、時々ずっと遠くのゴールライン付近まで行く。前屈みになって怒鳴ったり、選手や時には審判に向かって腕を振ったりする。時折、彼は他のコーチとともにプレーの一覧表をのぞき込む。たまにスタジアムの最上階からプレーを指示してくる電話を部下に代わって取ったりする。しかしほとんどの場合、フィールド上での動きは彼が左右できるものではなく、選手たちの勝利も苦しい試練も彼の存在に関わりなく進行しているように思われた。両手をメガホンのように口に当てて叫ぶのは秘密の指令ではなく、スタジアムの観客が叫んでいる激励——「まとまって抑えろ！」とか「キックをブロックしろ！」とか「ロングパスに気をつけろ！」——とまったく同じで、聞き飽きたばかりでなく、客席からの喧騒で選手に聞こえないのは疑いなかった。

デトロイトがタッチダウンを挙げると、彼は満足そうに拳を突き上げ、その勢いで体が完全に一回転した。「やったぞ、よくやった！」とビンガマンに叫んだ。前屈みになって拳で手の平を叩きながら、ベンチに引き揚げてくるオフェンスチームに満足そうに声をかけた。苦境に陥ると、彼は自分自身をほとんどコントロールできなくなる。フィールドに飛び出して、自分の手で解決したい誘惑に負けそうになる。できることと言ったら、見えない塀があるかのようにサイドラインから身を乗り出して怒鳴ることしかない。ポール・ブラウンがなぜプレーをいちいち選択し、クォーターバックに指示するのか、僕は理解し始めた。試合の進行を把握し続けるためばかりでなく、それによってプレーの結果にただ驚くのではなく、予測する感覚を持てるからではないか。グリーンベイのアシスタントコーチだったレッド・コクランは試合に完全に熱中するあまり逆上してしまうので、ヘッドコーチのロンバルディは彼をスポッター部屋へと追いやった。作戦が失敗しても、サイドラインで感情を行動に表わすより、そこでクリップボードやプレーの一覧表を引き裂く方がましだからだ。

程度の違いはあっても、すべての選手は試合に没頭する。僕はベンチでジム・マーチンの隣に座った。彼はずっと叫び続けた。僕の後ろからチアリーダーたちのスカートがヒュッヒュッと風を切る音やポンポンがカサカサなる音が聞こえた。チームのベンチから10ヤードか15ヤードしか離れていない。彼女たちを見ようと振り返った。彼女たちは長く一列になってフィールドを見ていた。休まないようにという指示に従って、娘たちは同じところでゆっくりと踊ったり跳ねたりする。ポンポンは絶え間なく揺れた。すぐ後ろの1人が真面目な顔で僕を見た。僕はちらっと彼女の目を見た。淡い口紅をつけた輝く口元、慣れて落ち着いた表情、細長い脚がキビキビと動く。ずっと同じところでチアリーダーは踊り続ける。するとマーチンが肩パッドを強く叩いた。

「試合に集中しろ」と彼は言った。僕はニヤッと笑った。本気だと思わなかったからだが、彼は怒っていた。「後ろなんか見て、何のつもりだ？　気にしなければならないのは目の前のことだ」。声が震えていた。それほど怒っていた。「集中だ。常に試合に集中しろ」

タイムアウトが宣告されてフィールドが静かになった時、マーチンがこんな話をした。コーチが相手ベンチのすぐ後ろにチアリーダーたちを移動させ——相手の集中力を削ぐために——電話番号をささやかせる。選手たちはどこかに使い残した鉛筆がないかと探すことを考えるかもしれない。ベアーズのジョージ・ハラスはブラズバンドを相手ベンチのすぐ後ろに配置させたことがある。苦情が出て移動するまで、ベンチに座った選手たちは大音量の騒音に対抗してヘルメットをかぶり、隣の選手との間から突き出されるトロンボーンのU字管から耳を保護しなければならなかった。

タイムアウトが解けた。マーチンは前屈みになって再び叫び出した。ルシアン・リーバーグがフィールドから引き揚げ、近づいてきた。ひどく脚を引きずっている。「クソッ！」と言った。

「ヘラヘラするな！」。マーチンが叫んだ。

「クソッ。ひどい目に遭った——なぜだか分からないが」

「思い出せ」

「分からない。横から当たられて……」

「よく考えろ。大きな肩の上にある頭で」とマーチン。

リーバーグは頭を振った。

「坊や、思い出せ」。マーチンは同情するように言った。「奴らが２人掛かりで来たら、低く行け。どうした？」

リーバーグは悲しそうに彼を見た。「殺されそうだ、クソッ」。慎重に巨体を運びながらトレーナーを探しに行った。

マーチンはフンと鼻を鳴らした。彼は両手を開いたり閉じたりしていた。ベンチに座っているのがとても辛そうだ。フィールドから引き揚げてくる選手には立ち上がって声をかけ、出て行く選手には「頑張れ！　頑張れ！　頑張れ！」と励ました。

ジョン・ゴンザーガが引き揚げてきて横に座った。近づいた時よろめいた。マーチンが気づいてトンプソン医師を呼んだ。目の上が大きく腫れ、打ち傷があった。先生がじっと見た。「診察室は大忙しだ」。ゴンザーガが静かに言った。彼の声はとても柔らかい。トンプソン医師が治療を終えるとゴンザーガが言った。「全然、覚えていないんだ。当たられた時、ギボンズに助けを求めて、盲導犬に従うようにハドルまでついて行った。青いジャージーを追ってよろよろと。ところがハドルに着いたら頭がはっきりした。たとえどうあろうと、これ以上続けるのは無茶だ」

「コーチに申告したのか？」。マーチンが横から身を乗り出した。

「誰かが伝えているだろうよ」。ゴンザーガが得体のしれない笑顔で言った。

マイアミ大学出身の大きな新人ディフェンシブエンドのジョン・サイモンが引き揚げてきた。彼はジミー・ブラウンにタックルしたのだが、トラックと正面からレスリングをしているようだったと言って、肩をすぼめた。

「あの大物を倒したのか？」。マーチンが叫んだ。

「もちろん、もちろん」とサイモン。そうは言ったが、どう反応してよいか分からなかったようだ。

その時、デトロイトがファンブルしてボールを失った。ウィルソンが怒鳴った。「ディフェンス！　ディフェンス！　出ろ！」

「お前ほどすごい奴はいないよ、サイモン」。後ろからマーチンが声をかけた。モグモグと言った。「半人前だがな」
　マーチンの横に座るのは疲れる。反対側のベンチに空席があった。そこにジム・ギボンズが引き揚げてきて、とても申し訳なさそうに「ベンチの端は僕にとって、少なくとも今日までは幸運な特別席なんだ」と言った。その手の験担ぎはよく聞いた。フィラデルフィア・イーグルズのエディ・カヤットはバケツの柄杓は交差していてはいけないというこだわりを持っていた。しょっちゅう給水係の少年からバケツをひったくると、のぞいて柄杓を真っすぐにした。そうしたことは大事だ。だから僕はベンチから下りてギボンズの脇の芝にしゃがんだ。
「君にとっていい展開じゃないな」とギボンズは言った。
　クリーブランドのグローザがフィールドゴールを蹴り７－３になった。僕がプレーできるまでまだ３タッチダウンもある。
「悲しいのか幸せなのかよく分からない」と僕は言った。
　ところが前半終了の直前、デトロイトが再び得点し、チャンスが近づいた。ピストルが鳴って選手たちがベンチから立ち上がり、フィールドの隅のダッグアウト入り口に小走りで向かう時、僕は神経が高ぶるのを覚えた。
　ゼネラルマネジャーのアンダーソンがロッカー室のドアのすぐ内側で待っていて、僕に目配せした。
「ちょっと。どんな打ち合わせになってるんだ？」
「デトロイトが20点以上リードして、相手が追いつけそうもなければ僕がプレーしてもいいとか。この調子じゃ無理でしょうが」
「それは取りやめだ」とアンダーソンが言った。
「どういうこと？」
「言った通り、取りやめだ」とアンダーソンは繰り返した。「私はコミッショナーのロゼールに電話した。彼は賛成しなかった。ユニフォームを着るのは構わないが、出場はできない。ウィルソンには私が告げた」
「彼は何と言いました？」
「誰？　ウィルソンか？　何も言わなかった」

「そりゃ、ひどい話だ。プレーしないのならどうしてユニフォームを着ているのか？」

アンダーソンは肩をすぼめた。「私はコミッショナーに電話をした。そうしなければならなかった。つまらない罰金を払わなければならないかもしれないからな」

僕は更衣スペースに戻った。バーが前に座っていた。「何ごとだ？」と尋ねた。

「アンダーソンがプレーしちゃいけないって。コミッショナーに電話したんだ」

「ウィルソンはどうしてる？」

「彼も知っている」

「話がその通りなら、ウィルソンは思った通りにやるだろう」とバーは言った。

「たぶん」と希望を込めて言った。

アンダーソンの言葉を聞いて、まったく突然、僕は自分が部外者だと感じた。すべてはいつものままなのに、もはや僕はその一員ではないのだ。向こうでドン・ドールが黒板の前にいて、ディフェンシブバックスが集まっている。茶色い柄の眼鏡に昔ながらのギャバジンのスーツという彼は、部屋の中でも赤い帯の付いた茶色のフェルト帽をかぶっていることさえ除くと、方程式に取り組む大学教師に見える。僕のすぐ横ではビンガマンが大きなラインマンに囲まれている。「追いかける角度に注意しろ」と彼の声が聞こえる。「ジョー、プレーコールは上出来だ」とシュミットに声をかける。ルシアン・リーバーグは隅に立っていた。パンツを下げている。太腿に多くの打ち傷がまだらにある。彼は心配そうに見ていた。「神さま」と言った。サム・ウィリアムズが「タオルで拭き取れ。新人」と言った。リーバーグは情けなさそうに彼を見た。倒れて泣き出しそうに見えた。

しかし、これらすべて——劇的な展開や議論、ロッカー室のざわめき、黒板の前に集まる選手たちの熱心な態度からも発散される興奮——は遠くに消え去り、小学生がすねるようにユニフォームを脱いでキャンプに帰りたい誘惑に駆られた。
だが、まだチャンスはあると言い聞かせた。ウィルソンは信念を貫く男だ。アンダーソンの指令を聞いた何人かの選手が近づいてきて言った。「得点するぞ。まだ望みはある。見ててくれ」
僕はあまり期待しないでベンチに戻った。後半は早い展開で、デトロイトはいつものように素晴らしく強力なディフェンスがクリーブランドを抑えた。オフェンスは不安定ながら優勢だった。すると、残り１分でクリーブランドが自陣10ヤードラインでもたつき、デトロイトがブラウンズのクォーターバックをファンブルさせてボールを奪った。ライオンズはその時点で２タッチダウン差をつけ十分リードしていたから、僕が出場するのにうってつけの状況だった。僕はベンチに座ってウィルソンを見つめていた。すると突然、彼が振り返って僕を真っすぐ見た。彼の心がちょっとその気になったことがすぐに分かった。口元を少しほころばせてすぐスコアボードの時計を見た。
僕は口をポカンと開けていた。彼を見つめながら手は無意識のうちにベンチの下のヘルメットを握っていた。だが、不意に彼は顔をそむけた。なぜだかはその後も尋ねていない。たぶん彼は、驚きのあまり呆然とした男が突然、奈落の底に落ちたような顔を見て――顔をそむけて再び試合に集中したのはたぶん同情といったたぐいからだったろう。彼はプラムを呼び戻さなかった。クォーターバックはフィールドに出て行ってランニングプレーを２回指示し、試合は終わった。
ピストルが鳴った時、僕はギボンズに「もうちょっとだったのに」と言った。「ウィルソンはその気になったんだ。クソッ、ポンティアックであんなひどいヘマをしなければ、たぶん出してもらえたのに」
「来週もあるさ」とギボンズは慰めてくれた。「まだクビになっていないし」
失望から徐々に立ち直っていった。試合の最後の出来事で心臓はまだドキドキしていた。ロッカー室に戻ると、勝利の喜びとシーズンをうまくスタートできた興奮が広がり、僕も仲間入りした――少し浮かれて肩を叩き合った。

「どうして出なかったんだ？」とサム・ウィリアムズが尋ねた。「また足が重くなったのかい？」
「違うよ。ブラウンズは大したことなかった。ずっと君たちが試合を支配していた。僕みたいな特別な控えが出る幕はなかった」
ルシアン・リーバーグはほとんど興奮状態だった。僕の肩を大きく叩いて「すごかったぜ！」と叫んだ。
「僕は出ていないよ」
彼は聞いていなかった。別の新人にも「すごかったぜ！」と叫んだ。
「体は大丈夫かい、ルシアン？」と尋ねた。
「大丈夫！」。大声で怒鳴った。「全然、痛くない。２回か３回で僕でもここでプレーできると分かった――合格だ。クォーターバックを１回、捕まえたのを見たかい？　ファンブルさせたんだぜ」。指を１回、パチンと鳴らした。「わけないよ。その前にやられたから違うことをやったんだ。だが今、俺は316ポンドだ。あと10ポンド以上減らして296ポンドにすればもっと素早く、厄介な選手になるぜ。そうさ、本当に手に負えなくなるぜ」。彼は怖い顔をしようとしたが、うれしそうな丸顔が邪魔をした。「まったくうれしいよ」と早口で続けた。「いろいろ知りたかったんだ。ジョー・シュミットは試合中、俺に教えてくれた。誰を見るのか、何に注意するのか。『目くらましに注意しろ！』と叫ぶ。『目くらましに注意しろ！　そいつを追うな』。彼の言うとおりにしたら、すごく利いた――ほんとにすごい」。ロッカー室でシュミットを見つけると叫んだ。「すごいよ、ジョー。あんたはさすがだ」
屈みこんで黒光りする牛革製の靴の紐を結んでいたシュミットは彼を軽蔑するように、じっと見つめた。
「試合中、驚くことはなかったかい、ルシアン？」と尋ねた。
恐らくシュミットの冷静さに驚いたのだろうが、ルシアンは声を低めて言った。「そうだな、分かるかい？　言葉だよ。選手が審判に何か叫ぶんだ。反則を取られるんじゃないかと思ったよ――つまりあそこで使われる言葉はひどく下品なんだ」
僕は出場しなかったことについて冗談を言う選手はいなかった。残念だったと言ってくれた。勝利を祝って、何人かと一緒にアレックス・カラスの酒場に出かけた。カラスはいつもの場所にいた。ワイシャツ姿で長いカウンターの中にいた。ライオンズの選手たちはリンデルAC——立ち入り禁止になっている——に行かないことになっているが、規則は堂々と破られていた。カラスがカウンターの中から出てきた。テーブルが片付けられると、彼は座って僕たちと話した。店内は込んでいたが快適だった。カラスは試合のことはしゃべらなかった。ジュークボックスのスイッチを入れると、型にはまったツイストを陽気に踊り始めた。テーブルにいた誰かがカラスは今日、スタンドにいたと話した。第1クォーターは自制していた——つまらなそうに後ろにもたれてタバコを吹かしていた。タバコを喫い終ると体を乗り出して、前の席にのしかかるほどだった。後半、試合を左右するプレーでは叫び声を漏らし、席から身を乗り出し腕を回してライオンズに激しく声をかけ始めた——彼に気づいて隣の人に知らせる観客で周囲が大騒ぎになるほどだった。「カラスがいるぞ——彼のお陰で今シーズンの優勝は無理だろう」

最終クォーター、彼は完全に取り乱して泣き出した。大きなべっ甲製の眼鏡を外しハンカチで拭いているうち足元に落とした。だが彼は眼鏡を拾おうとしなかった。眼鏡をかけるより、近視でぼやけてはっきりしない世界の方が好ましいかのように。観客が代わりに拾って、周りに集まった人たちが通路からスロープへと彼を導いた。眼鏡はその中の1人が持っていた。

彼の酒場でスタジアムでのカラスの話を聞きながら、僕は自分の落胆について口に出せなかった。悔しさを和らげ、自己満足のために不満を言いたかったが、気を取り直した。カラスは回復しているように見えた——穏やかで、元のチームメートに会えてうれしそうだった。一緒に声を上げ、はしゃぎ、腕を振って甲高い笑い声を立てた。しばしば席を外し、ジュークボックスをかけて激しく踊った。しかし、人々の好奇の目にさらされながら先導され、眼鏡を持った誰かを従えてスタジアムを出て行く彼の気持ちを思わずに、彼を見ることはできなかった。

＊1　ドン・モッシ　1929年生まれ。投手。54年クリーブランド・インディアンズに入団。56～63年デトロイト・タイガーズ。12シーズンで通算101勝80敗。

＊2　チクレットガム　小さな長方形で、糖衣がけしたハッカ味のチューインガム。

＊3　ルー・グローザ　1924～2000年。タックル、キッカー。46～67年クリーブランド・ブラウンズ。プロボウル9回。74年名誉の殿堂入り。“ザ・トゥー”と呼ばれた。

＊4　ダン・カリー　1935年生まれ。ラインバッカー。58～66年グリーンベイ・パッカーズなどでプレー。プロボウル1回。

＊5　レイ・ニチュキー　1936～98年。ラインバッカー。58～72年グリーンベイ・パッカーズ。プロボウル1回。78年名誉の殿堂入り。

30

僕は急いでクランブルックに戻った。翌日、キャンプをたとうと決めていた。２週間のうちにライオンズはダブルヘッダーの一つとしてクリーブランドでニューヨーク・ジャイアンツとエキシビションをすることになっていたが、コッミショナーの命令が存続するのは確かだった。その晩のうちに荷造りし、翌日午後にデトロイトをたつべく予約した。フットボールと、開くことのなかったチームプレーの基本原理についての高校コーチの入門書をスーツケースに戻した。ジョージ・ウィルソンがくれた、胸にDETROIT LIONSと書かれたスエットシャツが何枚かあった。ニューヨークに帰って冬のセントラルパークで寄せ集めのタッチフットボールをする時にお披露目しようと持ち帰ることにした。

スーツケースの荷造りを終えると、別れを告げるために選手がいないかと寮の階段を下りた。その晩は静かだった。何人かはすでに寝ていた。しかし、一つ二つの部屋は人けがあって、選手たちがまだその日の興奮の余韻にふけっていた。僕は彼らに仲間入りした。翌日たつことを告げると、何人かは残るべきだとモゴモゴ言った。彼らは僕がどれほど試合に出たがっていたか知っていて、クリーブランドでのジャイアンツ戦でこっそり僕を出場させる企みを相談し始めた。「親愛なるミルト・プラムをちょっとの間、抑えつけて、サイドラインで身動きできなくする」と誰かが言った。「そして別のグループがアール・モラルに同じことをして、２人が解放されウィルソンが気づく前に、素早くそのシリーズのプレーを実行しっちゃったらどうだ」

もしそんなことをしたら、何人かが面倒なことになるのは分かり切っている。誘惑は強く、寮の狭い部屋で陰謀を巡らしている間も、そのような口実について書くことに思いを馳せるのは、まったくたまらなく魅惑的だった。だが、それはうまくいかないだろう。ポンティアックでスクリメージが始まる直前、ハドルが解けた時にジョン・ゴーディが叫んだ言葉を忘れなかった。「みんな倒れ込め。彼を走らせてタッチダウンを挙げさせよう」。僕は叫んだ。「ダメだ。真っすぐのプレー――フェイクなし、ストレートだ」。ゴーディは他の仲間とともにストレートなプレーをしただけでなく、ガードの位置から猛烈な勢いで飛び出し、僕を転がした。後で彼が語ったところでは、僕がそこにいることで動転したという。今が盛りのプロとして気が張っていたため、僕のような素人が混ざることに慣れていなかった。それは彼にとってふざけた行為だった。両者は両立させられない――どちらか一つだ。

話はその日の試合に移った。彼らはリーバーグのプレーについて語った。「あの敵を相手にまずまずだった」と誰かが言った。「だけど、いい選手――ジャイアンツのキャトキャベージ*[1]のような――だったらどうだろう。キャットならひどい目に遭ったかも」

言ったか言い終らないか、まさにその瞬間、突然ドアに人が立ちふさがり、見上げるとコーチたち――ウィルソンを先頭に、ドールとクリップボードを持ったホークが両脇に控えて――が立っていた。

「就寝点検だ」とウィルソン。

こけんに関わると感じている何かを一般的な規律の名の下に行わなければならない時に見せるむっつりした暗い表情を浮かべていた。

「いない者はいないか？」とホークが尋ねた。クリップボードを見ている。「ウィットローはどこだ？　彼のねぐらはここだろ？」

「下でシャワーを浴びています」と誰かが自信なそうに言った。

ホークはクリップボードに何か印をつけた。「聞いたところでは、今夜のシャワー室はかなり満員だな。私の記録だと 10 人か 20 人が入っている」。彼はクリップボードに目を落とした。「デトロイトからの帰りのバスはそんなにほこりっぽかったのかな。石鹸が足りなくなりそうだ」

面白がる者はいなかった。

「モラルはどこだ？」とホークが聞いた。「シャワー室で歌っているのが彼かな？」と言って、あざけるように手を耳に当てた。僕たちは特に言うこともなく、押し黙って見つめていた。

「11時をとっくに回っている」とウィルソンが言った。「君たちは規律を守れないのか？　コーチたちがホーリーローラーをさせたがっていると思っているのか？　それで我々が喜ぶと思っているのか？」

彼は不意に背を向けた。彼らの足音が廊下を進み、点検のために立ち止まった隣の部屋からブツブツ言う声が聞こえた。

しばらくしてジョン・ゴンザーガが口を開いた。「荷物をたたんで元の生活に戻る時だな。少なくともクリップボードで調べられたり、いるかどうか寝室をのぞかれたりすることはもうないよ」

「ホーリーローラーって何だい？」と僕は尋ねた。

「芝の上を全力疾走することさ。明日、ぶらぶら居残っていれば見ることができるよ。一種の罰で、罰金よりマシだが大差ない。今夜、就寝点検に遅れた３人か４人が翌日、科せられるのさ。大したことなさそうに聞こえるけど、20ヤード全力疾走したら、四つんばいになって10ヤード、次に寝そべって10ヤードはい、再び立ち上がって20ヤード――これをフィールドの長さだけ続けて200ヤードぐらいになるまで繰り返すんだ。最初は愉快そうでカエル跳びをしてニヤついているし、見物人たちはみな指さして大笑いだ。だけど全速力で走ったり、特に転がったりすると目まいがして気分が悪くなる。吐かないで100ヤードやれる奴は多くない。こうなったら愉快どころじゃないよ」

「想像できるな」と僕。

誰かが言った。「ジョージ・ウィルソンはトレーニングキャンプ中、１回か２回しか命じないが、彼の前のバディ・パーカーは慈善興行みたいに毎週、ホーリーローラーをやったな。ある時などチーム全員に命じた。理由は忘れたけど――よくない事だったには違いないが――当時チームリーダーだったボビー・レーンはダニよりも嫌っていた。彼は腹が突き出ていた。まったくの太鼓腹だったから転がるのが苦手だった――だけど頑固だったから、転がっている間も駆け出している時も他の選手に『遅れるな』と怒鳴ったり叱ったりして、終わった時はもう息もできないほど疲れた奴を見守っていた。彼は日曜日の試合と同様、皆がやり終えるまで引っ張った。そしてレーンはホーリーローラーを終えた選手を歩兵小隊のように一列に並ばせて、何か妙な歌を歌いながら体育館へと行進したんだ。まるで心まで潰すことはできないとバディ・パーカーに見せつけるかのように」

「出来の悪い映画みたいだ」と僕は口を挟んだ。

「そうだな。パーカーは心優しいオッサンじゃなかった」とそのベテランは続けた。「その歌や行進を見て、自分への軽蔑と受け取った。笛を吹くとレーンと選手たちはもう一度、全力疾走を命じた。騒ぎになるところだったが、選手たちは従った。レーンももちろんやり抜いた。他の全員も。レーンは選手たちに歌を歌いながら行進してほしかったが、選手たちにはその信念がなかった。そしてレーンは眺めていた」

「何をだい？」

「うん、見回すと真新しい洒落たシャツを着てゴルフ帽をかぶり、白い紐のついた笛を首から下げた冷静沈着なパーカーが立っていた。レーンはさらさらお馬鹿さんじゃないから、つまりケンカなんかしない。パーカーができることは笛を２〜３インチ口元まで上げて吹きさえすればいい。そうすれば100ヤード転がったり走ったりするのも、笛の一吹きにはかなわない。つまりボビー・レーンはそれに敗れた。彼は黙って小走りに体育館へと向かい、他の選手もそれぞれ彼を追った」

　ベテランの１人がシカゴでの出来事を思い出した。規律に極めて厳格なハンク・アンダーソン*2というコーチがいて、反抗的な選手は“デブ競走”というランニングをやらされた。アンダーソンは小さな木製のヘラを持っていて、気持ちを奮い立たせる必要があると感じるとラインマンの尻をなでるのだった。

「だからね、明日キャンプをたつからといって、がっかりすることはないよ」とベテランの１人が言った。

　翌朝、僕は遅く朝食をとった。何人かの選手がいて、僕が立ち去る話が広まっていると告げた。「例の駆けっこに怖気づいたと評判だぜ」

　ウィルソンがやって来て、チームとコーチ一同がちょっとした送別会を開いて、「デトロイト・ライオンズ史上最高の新人」と記された木の台座に取り付けられた金色のフットボールを贈呈すると言った。トロフィーはまだできていないので郵送するとのこと。近くにいたジョン・ゴーディが僕の立ち去ろうとしている本当の理由は、クランブルックで披露した恥ずかしいフットボールのために、そのような賞は厚かましくてもらえないからだと言った。「俺はそんなトロフィーなど一つも持っていない」と彼は大きな笑顔を見せた。「君はこれまで俺がプレーした中で最低のフットボールをしたお陰で、もらえるんだ」

ウィルソンはもし午前中に時間があったら、練習に寄ってほしいと言った。車に鞄を積むと、校庭を通って練習フィールドに向かった。30分ほど時間があった。暑いが静かで、スプリンクラーが前後に首を振っていた。僕はホーリーローラーのことを考えていた。テニスコートと松林を過ぎ、土埃で靴が汚れないよう用心深く歩いた。

サイドラインから足を踏み入れると、選手たちが全員、周りを取り囲んで別れを告げた。

ジョージ・ウィルソンが「最後のプレーをしたいんじゃないか？　もう一つ」と言った。

「はい、もちろん」と答えた。

ディフェンスがうれしそうに叫んだ。ジョー・シュミットが「彼に最後の一発をお見舞いしよう。最後の一発だ。それでいいだろう。力いっぱいドカンとすごいやつを」

スクーター・マクレーンが笛を吹いて「よし」と叫んだ。「位置につけ。オフェンス急げ。ジョージ、中に入ってプレーを告げろ」

ヘルメットを手に攻守が離れた。僕は外出着なのを心細く感じながらオフェンスのハドルに加わった。「守ってくれよ」と笑いながら言った。ヘルメットがこっちを向いたが、顔はいつものように隠れていて表情は見えなかった。

「パスで驚かせてやろう。グリーン右、３番右、93、カウント３！」

僕ははっきりと正しいリズムで告げた。皆は鋭く手を叩き、スクリメージラインに向かう。僕はウィットローの後ろを張り切ってついて行った。ディフェンスを見渡し、センターのすぐ後ろに立つ。ポンティアックではこれが苦手だった——離れすぎてボールに手が届かなかった。きっちりカウント３でボールが手の平に勢いよく当たった。急いで確実に７ヤード下がり、振り向いてダウンフィールドを見た。すぐ目の前ではラインマンたちがポケットをつくり、スパイクの鋲で土を激しくかく足が見えた。だが、彼らの上体は、腕を振り回すディフェンシブタックルやエンドの圧力を受けて反り返っている。その向こうにピエトロサンテが15ヤード先のダウンフィールドを横切るのが見えた。彼がこっちを見た。僕がボールを投げると、ラインバッカーが叩き落とそうとしても届かないちょうどよい高さのパスになった。両脚を激しく動かしてピエトロサンテはさらに数ヤードボールを進めて倒された。

オフェンス側ばかりでなくディフェンス側からも大歓声が上がった。サイドラインにいた見物人たちももの珍しそうにざわつき、首を伸ばした。

ホークが叫ぶのが聞こえた。「非の打ちどころなしだ。言いたいことはあるか？」

「朝飯前だよ」。僕は叫んだ。「ちょろいもんだ。簡単さ」と指を鳴らした。

「記念にボールをあげよう」とウィルソン。

皆がヘルメットを脱いで笑いながら取り囲んだ。

「ボルティモアとのトレード——僕とジョニー・ユナイタスとの——は失敗だったな。ビル・フォード*3とアンダーソンは自分たちがやったことを分かっているのかな」

握手をしながら、クランブルックで素晴らしい時間を過ごせたと告げた。彼らと別れて松林の間を歩いていると、暑い日差しでコロンの匂いが強くなった。テニスコートでは２人の女の子がだらだらと——おしゃべりをしながら——下手な試合をしていた。だが、２人ともびっくりするほど真っ白なテニス着に日焼けした肌をしていて、見ていて楽しかった。まだ何分か時間があった。試合はほとんどダブルフォールトの繰り返しだった。１人が言う。「ティミーの車の座席ったら革が剥がれてるのよ——熱い革にしばらく座っていると、足に剥がれ落ちるのよ」。彼女はロブのような高く弓なりのサーブを打った。もう１人の子は身構えて落下点を測り、ラケットを振ったがボールは親指に当たった。ボールはあらぬ方向に転がり、彼女はラケットを落とすと、けたたましく笑った。「ひどい人ね！」。手を調べたがスコアは言わなかった。１人がサーブすると、次にもう１人がサーブする。どちらがボールを持っていてもよい、でたらめなやり方だ。指を痛めた子が言った。「ねぇ、いずれにしてもティミーはバンジョーを弾くのよ。例のあれ」
「何？」
「彼のコートのポケットはバンジョーの爪だらけ——小さな指の爪みたいな」。彼女は屈んでラケットでボールをすくい上げようとした。
「何？」。もう１人は腰に両手を置き、首をかわいらしく傾けた。釣り鐘形の髪が肩に掛かっていた。
「爪よ。バンジョーを弾く時の爪。ポロン！　ポロン！　ポロン！」。彼女はコート上で小刻みにステップしながらラケットをかき鳴らし始めた。「何百も持ってるの」
　僕は立ち止まって彼女たちを見ていた。松林は静かだった。その時、遠く離れた練習フィールドから奇妙な音が流れてきた。何が行われているか、見なくとも僕は分かった——コーチたちの笛で広大なフィールドのあちこちから選手たちが集まってくる。すると小走りで来た１人がやけになって不満をぶちまける。遠くまで走らされたとか、タックル用ダミーに強く当たりすぎたとか、ユニフォームが湿っぽく汗でムズムズするとか。時間がたって肉体的な疲れがたまると、苦しさを我慢できなくなって上げた悲鳴が他の選手にも伝播して繰り返され、松林を通ってコーラスのように聞こえる——絶望、退屈、欲求不満、疲労が寄せ集まった——クランブルックに来る前は聞いたこともない声だ。それはほこりまみれの長い行軍の途中、道端の草の上で気分よく小休止した後、再び号令をかけられた兵士たちが上げる大きな憤懣と同じだ。コーチたちの笛は怒りをかき消すように大きく甲高くなる。何が起こったのか。もしかすると、選手たちはあの“芝刈り”を命じられることを感じ取ったのかもしれない。

僕はよく、あの声を不思議だと思う。残酷で物悲しい音だ。突然それが止む。選手たちはポジションごとにコーチを囲む。虫たちの鳴き声が松林から聞こえる。女の子がコートでボールを弾ませている。楽しそうで夏らしい音だ。「うへぇー、聞いた？」。ネットの向こうに声をかける。「最高に変な音……」

もう１人は首を傾けたまま後ろを向いていた。もう一度、音が聞こえたら、今度ははっきり突き止められるかのように。待っている間、彼女はポカンと口を半開きにして不思議そうな顔をしている。まったく突然、髪が肩にかかる勢いで体を震わすと、彼女は振り向いて叫んだ。「どっちがサーブする？　私がするわ！」――大きく息を吸って、過ぎ去ったことを忘れると、ボールを高く放り上げた。あまりにも高すぎて、その間、彼女のラケットは微動だにしなかった。

＊１　ジム・キャトキャベージ　1934～95年。ディフェンシブエンド。56～68年ニューヨーク・ジャイアンツでプレー。プロボウル３回。

＊２　ハンク・アンダーソン　1898～1978年。42～45年シカゴ・ベアーズのヘッドコーチ。43年NFL優勝。通算23勝11敗２引き分け。

＊３　ウィリアム（ビル）・フォード　1925～2014年。“自動車王”と言われたヘンリー・フォードの孫。51～83年フォード社取締役会会長。63年デトロイト・ライオンズを買収し、オーナーになった。

エピローグ

僕がいた年*[1]、デトロイトの成績は振るわなかった。西カンファランスで4位——シカゴ、グリーンベイ、ボルティモアに次いで——だった。けが人の多発が勝機を奪った。先発選手のうち11人がけがで登録を抹消され、そのほとんどがディフェンスだった。ラインバッカーのジョー・シュミットとカール・ブレッツシュナイダーが足を痛め、イェール・ラリーとナイトトレイン・レーンも同様だった。ゲーリー・ローはアキレス腱を断裂した。ある試合ではディフェンシブバックが底を突き、ウィルソンはそれまでプレーしたことのないポジションだが、超人的な運動能力で適応してくれることを期待してゲール・コグディルをセーフティに送り出した。コグディルはディフェンスに起用されたことに驚いて、珍しいことではないがヘルメットをかぶらずにフィールドに飛び出した。引き返して再び入る時も軽率にも叫び続けた。「どうすればいいんだ。何をすれば。何をしてもらいたいんだ？」。無知をさらけ出した様子が策略ではないことに賭けた相手のクォーターバックは探りを入れるためコグディルの守備範囲にロングパスを投げ、成功した。

そのシーズン、僕は災難続きだった。イタリア・コモ湖畔のベラジオのカフェで見つけたパリ・ヘラルド紙で週末の勝敗表に出くわし、ライオンズが敗れた記事を読んで深い悲しみに心痛めて椅子から立ち上がった際、膝がテーブルの角にぶつかりペリエの瓶が倒れて見事な滝を作った。翌年——秋の日曜日ごとの苛立ちが時の経過とともに和らぐことを漠然と期待していたのだが——感情が絡んだ関心は少しも衰えないことを知った。チームはこの年も不調で、またもカンファランス4位に終わり、毎週の日曜日はまったく耐え難かった。ライオンズは僕が肩入れしていることを知っていて、時々試してきた。僕は可能な限り足を運んでデトロイトの試合を見ようと心掛けた——少なくとも東海岸で試合がある時は。ある時、イーグルズとのプレシーズン戦を見にニューヨークからフィラデルフィアに出かけ、フランクリンフィールドのロッカー室を訪ねた。試合のことを気に懸けながら両手を上げ「今日は、今日は、今日は」と叫んで入っていき、旧交を温めた。コーチのジョージ・ウィルソンが僕を見つけると「その男にユニフォームを着せろ、急いで」と指示した。己の分をわきまえている大人なら、この試合を見にニューヨークから仲間たちとやって来て、魅力的な女性とセクション24に席を取り、選手たちがこの暑さ（気温は35度か37度もあった）の中で押し合ったりボールを投げたりしている間、紙コップのビールを飲むつもりだと答えただろう。だが、僕はぼんやりとうれしそうに笑って、命じられたことは喜んでやりますと申し出た。彼らは実際に準備を始め——フライデー・マックレムは大きな船員トランクをかき回すと、適当なユニフォームを見つけた。僕が着ていた0番のジャージーではなかったが、ジョージ・ウィルソンがベアーズでプレーしていた当時、着けていた30番の予備だった。小走りにフィールドに向かいながらウィルソンは僕と並び、その番号を汚さないようにと注意した。試合中、僕はそわそわしながらベンチに座っていた。もしチームが大量点を奪ったら——コミッショナーの命令にもかかわらず——1プレーか2プレー、僕にクォーターバックをやらせる誘惑に駆られるかもしれない（ウィルソンはプレーを覚えているかと何度も尋ねた）。そして僕の忠誠心はすでに言った通りだから、ブツブツ言いながら絶対に急ぎ足で出て行き、小刻みに近づくと皆のヘルメットが一斉に振り返り、僕はできるプレーを指示するだろう。しかし実際は、僕はスタジアムの端っこにいるコーチと結んだ電話が置いてあるクォーターバック用の机の脇に座った。誰と話がしたいのかを聞いてその選手に合図すると、彼が机までやって来るのだ。試合は接戦で、再びチームと一緒にいるのは心が弾んだ。しかし、連れの女性や仲間たちが僕の身に何かあったのかと心配していると思い、ハーフタームでシャワーを浴びて観客席に戻った。

「どこに行ってたんだ？」と友人たちが聞いた。
「あそこのベンチにいたんだ――ユニフォームを着て」と正直にはっきりと言った。「見なかったの？」
「ガーン」。皆があきれた。
「何だよ。30番のユニフォームを着てたろ」と僕は声を上げた。
「えっ？　ガーン」
「何の意味だよ。僕はあそこにいたんだ」。僕はいら立った。「あそこの電話の所にいた僕を見なかったの？」
近くの席の人たちが僕の方に首を伸ばし、変な顔をして聞き耳を立てていた。きっと暑さでおかしくなったんだと思っているのだろう。僕は声を低めて言った。「まァ、気にしないでくれ」。フィールドではプレーが進行し、僕は元気を取り戻してライオンズを応援するため声を張り上げた。
「奴はバーにいたんだ」。友人の１人が僕の彼女に言うのが聞こえた。「ベロンベロンだ」
自分の振る舞いが気になりだした。あまりにも熱中して、肩入れの度合いがキャンプで知った熱狂ファンのガーシュやサム・スマート――トレーニングキャンプや練習フィールドをうろついていた――と同じようになったのではないか。写真を貼りつけた車でチームを旅するジャングル・ジェイミーのことも１～２度考えた。
日曜日の夜、タイムズスクエアに行くと、朝刊早刷りで勝敗表を探した。ライオンズが勝てば空に新聞を放り投げ、ワーッと大声を上げた。売店の周りをぶらついていた人たちは笑みを浮かべてどうして僕がそんなにうれしがるのか、宝くじでも当たったのかと、話を聞きたそうに足を止める。しかし「えぇ、ライオンズが勝ったんです」と言っても、彼らの期待を満足させられないのは分かっているから、僕はそそくさと立ち去るのだった。
ニューヨークでプロフットボールのとりこになった悩みを語り合える同好の士を見つけた。マイク・マニューチというレストラン経営者で、ニューヨーク・ジャイアンツのファンだ。何年か前、彼は「お守り」の地位を得た。ある木曜日の午後、彼はジャイアンツの練習を見に行った。次の木曜日も、また次の木曜日も。すると誰かがその間、ジャイアンツは全試合に勝ったことに気がついた。連勝は彼が練習に現れるのと軌を一にし、スポーツ選手の多くがそうであるように、縁起かつぎの集団であるジャイアンツは日曜日の勝利を確実にするため、木曜日にマニューチが練習に来るのを期待するようになった。

マニューチは己の役割を律儀に果たした。毎週木曜日には姿を見せ、時々チームのミーティングに出て、遠征にも同行した。時間がたち、連勝が優勝へとつながると、それを守るために彼は自分がこだわった習慣と手続きを慎重に点検する仕組みを発展させた。決まったシャツを着て(ある時、着古した、しかし幸運のパンツを義理の母親が捨てたことがあり、ゴミ収集車が住まいのスカースデール通りに来る寸前にゴミバケツから回収した)、決まった食事をとる。試合の日は複雑でよろめきそうだ。家を出るのは何時何分と決まっていて、スタジアムまで同じ道順をたどり、同じ駐車場に車をとめ、同じ入口から入場し、同じ通路を上がって席——もちろんいつもの席——で同じ場内案内人に入場券の半券を見せ、まったく同じやり方で腰掛けに背をもたれる。試合開始15分前の1時50分にトイレに行き、同じストールでチームの勝利を祈りながら用を足すと、同じ歩数で席に戻る。正確を期すために、時々軽く跳び上がったり時間を測ったりしながら。ホットドッグも決まった時間に買う。これらすべてかそれ以上を記憶してようやく、試合そのものに集中できるというのだから驚く。

儀式が重要であることはマニューチに限らず、ジャイアンツの選手の多くにとっても同じだ。たぶんジャイアンツで最も験を担ぐＹ・Ａ・ティトルと仲間の２～３人は試合前、ミートボール・サンドイッチをそれぞれ１～２個食べるために、決まった食べ物屋に行く。大好物だからではなく幸運をもたらすからだが、好調なシーズンが続く限り彼らは毎週、繰り返しその食べ物屋に通い、まるで儀礼的で荘厳な繰り返し巡礼の趣を呈した。

60年代半ば、ジャイアンツの運が衰えるとともにマニューチの心は落ち着かなくなった。シーズンが終わったある日、僕は彼に電話して尋ねた。敗戦が続きジャイアンツが地区最下位に低迷したため、どうやら彼は新しい行動パターンを編み出そうとしていた。「何でもやってみた——新しいスタジアムへの道順やら車を替えるやら……」。彼は悲しそうに語った。「セントルイス戦に勝った時は、何かつかんだと思ったんだが——やはりダメだった。ひどかった。持っている服を全部取り替えた。妻の服も全部点検した——何かの組み合わせでジャイアンツが勝てなかったのかもしれないからね。1年くらい前だったか、恐ろしくて木曜日の練習に行けなくなった。そこで昨年、問題が始まった時、それまで毎年続けていた木曜日の練習見物を水曜日にしてみた。もしかしてと思ってね。ダメだった。何をやっても効かなかった」

「ミートボール・サンドイッチはどうだった？」

「あゝ、負け始めたころ、ミートボールがちゃんと調理されてないからだと彼らは考えた。給仕人にもう少し長く揚げるよう頼んだ。次は短く。だが、まったく効果なし。ついにその店に行かなくなった。まったく正気の沙汰じゃない。俺たちがやってることはどこかおかしいと思うだろう」とマニューチは言った。

僕は自分の行為を振り返って、まったく当然だよと答えた。

「君も悩んでいるのか？　中毒になって、負けだすと——チームに何か良かれと思って、あのまずいミートボール・サンドイッチを50も60も食べたりするんだ」

この症状に効くことは何かあるかい？　とマニューチに聞いた。

彼は悲しそうに「ない」と言った——中毒という言葉を彼は繰り返した。

ライオンズは僕をうまく使った。キャンプに参加した翌年、僕は説き伏せられて、ニューヨークのサミットホテルで開かれたナショナル・フットボール・リーグのドラフト会議に出席した——電話の前に座り、他のチームが指名した選手の名をデトロイトの事務所に知らせ、順番が来たら（デトロイトから電話がかかってきて）ライオンズの選択を通知するのだ。時間を取るかもしれないから週末は予定を入れないように

（ドラフトは土曜日の朝始まることになっていた）と言われた。引き受けていただけますか？　もちろん！　僕は電話口で叫んだ。週末はびっしり予定があったがキャンセルしよう。大変な名誉だ。公式の権限を持つことによって、デトロイト・ライオンズという組織を損なうことのない保証だけは求めた。イプシランティ高校の132ポンドのフルバックを指名するなんてことを僕がしてもいいのかい？

それはダメです、彼らは冷静に言った。

サミットホテルでドラフト会議が始まる30分前の午前7時半に市中心部のホテルでバド・エリクソンと会った。

「やってほしいと頼まれ、とっても喜んでいます」と僕は言った。「長い作業になりますよ。ラウンドごとに14回の指名があり、20ラウンドまで。かなり長い間、ここにいなくてはなりません」

「僕が何者か、分かるでしょうか。信任状みたいなものは？」

エリクソンはコートのポケットを探ると、立ち上がったライオンの姿が片側に彫られた青い円盤を鎖で取り付けた記念のキーホルダーを渡してくれた。

「これは身分証明章に使えますよ」

「キーホルダーじゃないですか」と僕。

「鍵は付けません。ただ振って見せるだけで大丈夫です」

僕は任務の重要性がちょっとしぼんだ感じがした。

エリクソンはデトロイトの情報を話してくれた。小柄で細いバックフィールド・コーチのスクーター・マクレーンががんで突然に、また、大柄な新人、ルシアン・リーバーグがシーズン終了後、1カ月かそこらで尿毒症のため死んだという――受け入れるには辛すぎる2人の死だ。リーバーグは慢性的に肝臓病を患っていたが、チームでの将来に悪影響するのを心配した医師たちは黙っていたという。1年目で登録枠に残り、オフェンスとディフェンスの両方で控えのガード。不器用さを気力で補ってプレーした彼は、コーチたちにとって一時は悩みの種だったが喜びでもあった。ライオンズがその年、1度だけ東海岸に来た時、彼が初めて正式メンバーになったボルティモアでの試合を見たのを覚えている。

その前日、僕はマサチューセッツ州ケンブリッジで試合を見た。プリンストン大学との試合で、大雨だった、その日、ハーバード大学のOBが３人、観客席で死んだ——翌日のニューヨークの新聞の１面トップ記事だった。１人は僕が座っていた席から２〜３列離れたところで倒れた。みんなが慎重に通路に寝かせたが、フィールドではまったく気がつかないチアリーダーがメガホンで「みんな立って！　キックオフだ、さあ立って！」と元気に叫び続けていたのを覚えている。僕は試合後、空港に行き、ボルティモア行きの便に乗った。ホテルのロビーに着いた時、最初に会ったライオンズ選手がリーバーグだった。とても小ざっぱりした服装で、ロジャー・ブラウンと同じように脇にアルプス風の羽飾りのついた、つばの短い黒い帽子をかぶっていた。彼はとても人当たりがいい。

僕はそばに寄って「ルシアン、チームに残ったのはすごいことだよ」と言った。

彼は当然のことだと言わんばかりに落ち着いて、ほとんど反応しなかった。

「すごいね、ルシアン」と僕は言った。

彼があくびをしようとしたのかと思った。だが、うまくごまかせなかった。帽子の羽飾りが振え出すと、彼は泣きだした。「どう思った？」と息を切らせながら尋ねた。「君は信じるかい？　そう、ほんとのことを言うと、ダメかと思っていたんだ」。自分を抑えることができない様子だった。「このブレザーはいいだろ？」と胸ポケットのライオンを指した。「これを見てよ」。僕にコーヒーをおごるよ、その前の週の試合ぶりを話したいんだと言ったが、他の選手たちが近づいてきたのでそれっきり話す機会はなかった。

「彼はまったく熱心だった」と僕はエリクソンに言った。「努力が無駄になっちゃった」

彼は肩をすぼめて朝食代を払った。

リーグはサミットホテルの隣り合った広い会議室を２部屋、用意していた。片方にはバーや軽い食事ができるテーブルと２台のテレビが置いてあった。テレビはそれぞれ違うチャンネルに合わせてあったので、時々メロドラマの叫び声やすすり泣きとともにペチャクチャと早口でしゃべる声が聞こえ、その場ではとても生々しかった。

もっと広い部屋には真紅のカーペットが床いっぱいに敷き詰められ、すぐにも仕事に取り掛かれるようになっていたが、部屋の半分はテレビ中継とインタビュー用に充てられ、もう一方にはそれぞれにチーム名を記した名札を張った14の小さなテーブルが７脚ずつ２列に長く並んでいた。ドラフト指名を知らせる発表者用の演壇が部屋の奥にあった。各テーブルには、腕の下に茶色のフットボールを抱え、ジャージーにチーム名が描かれたプラスチック製の太った小さな選手の人形が置かれていた。大きすぎるヘルメットをかぶり、バネで固定されているのでちょっと触っただけでもうんざりするほど長い間、跳び上がったり跳ねかえったりする。車の後部座席の窓際にこんな人形が首を振っているのをよく見る。選択した選手が発表され、各チームの代表が本部に電話しようとすると、幼稚園の肖像画のように細い半月形に固定されている人形たちの顔は振動で一斉に震え、跳ねたり揺れたりしてちょっとした熱狂的称賛ショーを演じる。誰も――特に順番が後ろの人は特に――人形を動かなくしようとしないのが不思議だった。だが、その気配は伝わるものらしく、しばらくすると誰かがやって来て注意深く袋に詰めていった。

部屋に入るとほぼ満員だった。ブリーフケースを持った各チームの担当者が決められたテーブルに着き、色のついた表を広げ、削られてとがった鉛筆を何本も取り出した。NFLの役員たちが姿を現した。コミッショナーのロゼールもいて、皆と親しそうに大げさな挨拶と握手を交わす。続いて肩幅の広い大柄な男たち――ほとんどが元選手――が部屋の後ろのテーブルに座る。真っ先にコートを脱いで半袖シャツ姿になると、太い腕がむき出しになる。こうした人たちに交じって――僕もその１人だが――ちょっと戸惑っている人たちがいる。週末を潰して――僕もそうだが――ひいきチームを応援しようとやって来たスーパーファンだ。そんな何人かに自己紹介した。「……デトロイトから来ました。ライオンズです」といって、そわそわとキーホルダーの鎖に触れる。自信たっぷりには言えなかった。

デトロイトの名札のあるテーブルに着き座った。椅子は明るく新しい札入れ色の革製で、エアクッションになっているため腰を下ろすとちょっと音がした。僕は電話を取ると、デトロイトの球団事務所にかけた。フットボール人形が前で跳ねている。ジョージ・ウィルソンの甲高く親しげな声が伝わってきた。

「準備できました。ジャイアンツが最初に指名しますが、すぐ決まるはずです」

「よし。こっちの電話口にはビル・フォードがいる。連絡したいときは彼を呼んでくれ」

僕がデトロイトに行く1年前、ウィリアム・フォードが600万ドルでライオンズの支配権を握った。スクリメージを見るためサイドラインに現れ、金髪の小さな娘を横に立たせて、狩猟用の携帯椅子に座っていた。フィールドのボールが動くと椅子を持ち、その後を追ってサイドラインを右に左に移動し、また座って選手を見つめた。デトロイトのバックス陣の中でも常軌を逸した僕のドジぶりに特に興味を示し――彼は僕の特別な立場を承知していなかった――後で聞いたところでは、夕食の席で頭を振りながら奥さんに僕のことをよく話したという。「1人、チームに残れそうもないのがいるんだが、コーチたちはクビにしないんだ。訳が分からん」

サミットホテルから電話をしたら最初にフォードが言うことは分かっていた。「やぁ、ビル。ご機嫌いかが」と彼は言うだろう。「こんにちは。ビル・フォードかね？」。僕はちょっとうつろな声で笑って応える。「はい、もちろんそうです」

彼が僕を「ビル・フォード」と呼ぶのは以前、チームに従って遠征した時、ビバリーヒルズにあるラ・スカラという小さいが人気のあるレストランを予約する際、彼の名前を使うという過ちをして、その場を押さえられたためだ。チームがロサンゼルスに着いたのはその日の朝で、夕方、何人かで食事ができるよい店を探して電話をかけまくった。ラ・スカラには、当店は予約を承っておりませんと断られた。

「こちらはビル・フォードです」。とっさに僕は言った。「ウィリアム・フォードさんがラムズとの試合のため、デトロイト・ライオンズとともにこちらに来ています」

背後で銀の食器がガチャガチャする音や、人々のざわめきが聞こえた。フォードという名前が功を奏した。誰だか分からないが電話口に出た人が「席が空きました」と言った。いつおいでになっても結構です。皆さまのために取っておきます。「はい、さようです。フォードさま」

「それでは間もなく伺います」と僕は言った。

ニック・ピエトロサンテ、ジョン・ゴーディ、そして、僕が去った翌年にチームに加わったベテランのディフェンシブエンド、ビル・クィンランと僕の一行がラ・スカラに着いたのはそのすぐ後で、皆腹をすかせて大股で入口の庇をくぐりレストランに入った。その途端、僕は何かまずいことが起きたと悟った。オーナーが待ち構えていて、鋭い目で僕たちを見た。

「フォードさんの席は？」と僕は尋ねた。

「どちらのフォード様でしょうか？」

僕は振り返ってジョン・ゴーディを見た。彼は僕を見つめた。肉付きのよいなで肩を覆うコートは裾がずり上がって育ち盛りの子供のようだ。その後ろのピエトロサンテは沈んだ表情で玄関を曲がろうとしていたし、頑丈そうなあばた顔のビル・クィンランはタバコだろうか、盛んに何かを噛んでいて、その振る舞いからは彼があえてヘンリー・フォードの孫になりすまそうなどとは思いもよらないのは明らかだった。彼は「マサチューセッツの黒いアイルランド人」と呼ばれていた。

「僕がビル・フォードです」と小声で言った。

「おもしろいじゃありませんか」とオーナーは言った。「皆様に会いたいという方がいらっしゃいます」。そう言って彼はうれしいというより、もっと力を込めて僕の肩に手を置き店の奥へと促した——かなり早足だったので、脇を通られた客が見上げたほどだった。すると果たして、隅の奥まったテーブルにウィリアム・フォードがライオンズの他の役員

――エドウィン・アンダーソン、人事部長のラス・トマスら――とともに座っていた。みな極めて真剣な顔をし、同じ反応をしようとフォードの顔色をうかがっていた。

ラ・スカラのオーナーが告げた。「フォード様、フォードさんをご紹介します」

フォードはニッコリ笑い、他の人々もすぐ彼の態度に合わせたので一安心した。だが、彼らはそのことを決して忘れさせてくれなかった。その後、僕と会うたびに「やぁ、ビル」と声をかけるのだ。彼らは予約なしに偶然、店に来たのだった。当然「フォード様」の席に案内されたが、レストランの先見性を不思議に思い尋ねると、何者かが電話で予約したという。眉を吊り上げた大尽一行は名をかたる不届き者を待ち構えていたのだった。

案の定、僕が最初の選択選手を連絡しようと電話すると、フォードさんは「もしもし、ビル。君かい？」と言った。

「もちろんです。ビル・フォードに間違いありません。ジャイアンツはタッカー・フレデリクソン*2を指名しました」

「よ～し、ビル」。母音を柔らかく伸ばす彼の話し方から、僕はライオンズもこのオーバン大学の大型フルバックを候補者リストの上位に据えていたのだなと思った。デトロイトは体重のある激走型のバックスを欲しがっていた。

ジャイアンツがドラフト指名したのは午前8時で、球団事務所から電話を受けた代表が名前を書いた紙を持って演壇へと進むと、コミッショナーのロゼールが読み上げた。デトロイトの第1ラウンドは11番目で、各チームは検討時間を30分ずつ与えられるから、我々の番になりデトロイトの選択を知らせる電話が僕の机の上で鳴ったのは、午後もだいぶ回り、10人の選手が指名された後だった。

「トマス・ノワツキー*3。ノワツキーを指名することにした」とビル・フォードは言った。接続状態が悪く、シューシューと雑音が混じった。

「もう一度」と僕は声を張り上げた。「つづりは？」

あちこちのテーブルで忍び笑いが起きたが、僕は正確に名前を書くために一つ一つの子音を聞き取ろうと、耳を押さえなくてはならなかった。名札を演壇に持っていくと名前が読み上げられた。

間もなくノワツキー本人がバド・エリクソンとともに姿を現した。インタビュアーが彼をテレビの照明へと導き、長く黒いレンズとその下に二つの赤い光が付いたカメラが２人を映した。ノワツキーは細長いマイクに向かってNFLとデトロイトでプレーするのはうれしいと語った。僕は注意深く彼を観察し——落胆した。もし彼が他のチームから指名されたのなら十分、感動しただろう——人柄はよさそうだし、肩の幅広さと盛り上がりに力を秘められている——が、我がデトロイトの１位指名選手は巨大な体躯で部屋に入る際、ついうっかりという格好で蝶番いを引きちぎり、片手でドアを持ち上げるとわびるように頭を振り、謝るだけでなくついでに天井も掃除してしまうほどで、照明の下に来るとインタビュアーはびくびくしながら彼を見上げる。マイクを手に取って「あゝ驚いた。こんにちは、皆さん」と言ったとたん、小枝のようにマイクが折れる——というくらいであってほしかった。

しかし、ノワツキーが去った後は、デトロイトに関する僕の情熱は冷めてきた。時間は果てしなく過ぎていく。各ラウンドの進捗は遅く、各チームとも割り当て時間を限度いっぱい使い、代理人の情報網を通じて選択した選手が契約書に署名するかどうか確かめようとする。特権だと思ったこの役目だが、実は退屈だ——電話と太ったフットボール人形を乗せた小さな机に縛られて。リーグは最善を尽くし、食事を運んでくれたが、夕方になるとこの任務のためにキャンセルしたレストランでの料理を、その後は見逃した映画を、さらに夜中にはライオンズのお陰で奪われた、街をさっそうと歩く姿を想像し、忠誠心が至らないのではないかと疑った。半袖シャツで部屋を歩き回るスカウト組織の元選手たちが体現しているように、フットボール自体が味気なく思えた。長い時間は彼らには影響ないようだ。他の人々はみな、だらしない格好で机にうつ伏せになっていた。夜明けが近づくころ無精ひげが目立つようになり、通りからは車が走る音が聞こえ始める。１人の代表が小さくうなり、胸に電話機を置いたまま机の横の床の上で手足を伸ばして寝ていた。スカウトたちは笑って指さす。彼らは時々、例えば僕の前だったボルティモアなどのチームから机に呼ばれて、球団事務所への助言を求められる。スカウトたちはページの横に色刷りのタブを付けた頑丈なルーズリーフのノートを持ち、鼻歌を歌いながらぶらぶらと歩み寄り、座るとエアクッションの音がシューと鳴る。電話の向こうのコーチと次のような会話をする。「やぁ。ベイリー・ギンベルかい？」。彼はノートを開く。「本当にすごい奴だ、この子は。大物だ。ホーッ、260ポンドでネコのように素早い――ホーッ、50ヤードを6秒以下で走る。もちろんギアを着けて。そして態度は、心配するような傾向はない。まったく申し分のない性格でしっかり者だ」

これは要約で――実際はもっと長く隠語だらけで、常に強調されるのがスピード（「ギアを着けて」とは変速装置とは関係なく、フットボールの防具を着けて競走することを言う）、そして常に身長と体重だ。日曜日の早朝ですることがなく、隣の部屋のテレビさえ黙ったまま静かなので気が滅入ってきた。僕は礼もわきまえずどうしても球団事務所に電話したくなり、ひそひそと、しかししっかりとささやいた。「ビル、こちら……あー、ビルかい？　こっちのスカウトたちがすごい選手のことを話しているよ――まだ指名されていない……」

「何だって？　誰だって？」

「ハイランド・クリーム・ティーチャーズのタックルだ」

「もう一度、何だって？　接続が……」

「カートニー・カロラインという名前だ――ここにいるみんながうずうずしているよ」

「みんなが何だって？」

「うずうずしてるんだ、みんな。ビル、その青年は大きくて――本当に太っていて、そうだな500か600ポンドもあって、まるで山のようにデカいが足も速い。ビル、その快足でタックルする。大きなネコ並みのすごい俊足だ。態度も本当に非の打ちどころなし。タバコも吸わない」

もちろん、そんな電話はしなかった。そんな図太さは僕にはない。しかし、20ラウンドが近づいた午前6時ごろ、サンフランシスコの順番で１人の選手の名前が読み上げられた。それが僕の想像力を刺激し、新たな不遜な態度を示すちょっとしたきっかけになった。連絡のため受話器を上げて言った。「ビル、サンフランシスコはフレズノ州立大学のハーフバック、デーブ・プランプを指名しました」
「よし、プランプだな」とフォード。彼がその名前を他の人に復唱するのが聞こえた。球団事務所では一覧表を開げて、僕が他のチームの選択を連絡するたびに名前を消していく。
「賭ける機会を逸しましたね。大きな賭けを。デトロイトのバックス陣でミルト・プラムと組ませられたのに」と僕は言った。
「何だって？」とフォード。「はっきり言え。回線の接続が悪い」
「プランプですよ！」と電話口で叫んだ。「プラムのハンドオフをプランプが受けられたのに――プラムからプランプへ！」
回線のはるか向こうでビルがブツブツ言ったが、近くの席がざわめきスカウトたちが調べものやら何やらする気配を感じたので「ビル、気にしないでください――思いついただけです」と言って電話を切った。
しかし、20巡目のラウンドで、デトロイトのフィールドに僕を引き戻そうという、取り返しのつかない出来事が起きた。デトロイトの指名制限時間まで10分くらいになった時、ラインコーチのアルド・フォルテが電話をしてきた。とうとう音を上げて帰宅したビル・フォードと交代したのだ。日曜日の午後１時ごろだった。29時間になろうとしていた。「最後の指名の準備はいいか？」とアルドが言った。
「もちろん」と僕。
「驚くような決定だ」とアルド。「まったくびっくりするぞ」
「何だい？」
「いいか」とアルド。「君をドラフトする」
「よせやい」
「本当だ」
「冗談はよしてくれ、アルド」。僕は電話口に向かって少し早口でささやいた。「そりゃ、できないよ。僕の名前を見たら、コミッショナーはカンカンになるよ。関係者を処罰し罰金を科しまくるぞ。彼は30時間も起きっ放しだから機嫌悪そうだ」

「大丈夫さ」とアルド。「君はトレーニングキャンプで５プレー学んだ。だから君を優先するんだ」

「冗談はよしてよ、アルド……」

「大事なのは、君をカンザスシティー・チーフスやオイラーズに取られたくないんだ。他のリーグにね」。アルドはそう言って電話を切った。

僕は10分間、座ったまま待った。ドラフトされちゃった。でもどういうことだろう？　何という外交辞令だろう。

もちろん時間が来ると、デトロイトは他の選手を指名した。最後の選択はジョージ・ウィルソン・ジュニア*4。ジョージの息子で、ゼービア大学の長身クォーターバックだ——天性の才能があるとみなが語った。僕は自分の名前を書いた紙を持って、コミッショナーのロゼールの元に行かずに済んでホッとした。とはいえ、本心は別だった。ちょっと腹が立ってきた。息子を指名するなんてけしからん。地位を利用した身内びいきだ！　日曜日の午後、明るい日差しの下を家に向かいながら、僕は不機嫌に舗道を蹴った。

すると突然、思ってもみなかったことに気がついた。ライオンズとともに過ごした明らかに楽しかった側面だけを考えていたのではないことに気づいたのだ。これまでになく鍛えられて満足のいった肉体的感覚ではなく、あるいは喉の渇きや食欲、バケツに入れた氷入りレモネードに浮かんだ錫の柄杓を思いながら体育館裏の松林を通り抜けたこと、さらに長い筒になった紙コップのことでもない。常に見られることへの情熱や不安、爽快さでも、試合に向けて練習する時の目標でもない。まして仲間意識や夜の長話、街でダンスに興じた夜でも、巧みなユーモアや愉快な一幕でもない。はっきりしているのは、こうしたことのあれこれではない。そうではなくて、チームと一緒だった最後の日、練習フィールドを後にして歩いていた時——コーチたちの笛の音とともに選手たちが漏らした長い不満、ほとんど悲しみと言える声——そんな奇妙な音を聞いたように思ったことだ。そしてまた、テニスコートで手にラケットを持ったままその音を聞くために立ち止まり、プレーをやめて振り返って耳を澄ませた時、釣り鐘形の髪が肩にかかり、愛らしいポーズをとって遠くの練習フィールドから松林を通して漂う音に首をかしげた女の子たちが再び目に浮かぶのだった。

＊1　僕がいた年　1963年シーズン、ライオンズは5勝8敗1分けだった。

＊2　タッカー・フレデリクソン　1943年生まれ。ランニングバック。65～71年ニューヨーク・ジャイアンツ。プロボウル1回。188センチ、100キロ。

＊3　トマス・ノワツキー　1942年生まれ。フルバック、ラインバッカー。65～72年ライオンズなどでプレーした。191センチ、104キロ。

＊4　ジョージ・ウィルソン・ジュニア　1943～2011年。66年マイアミ・ドルフィンズで14試合に出場した。

40年後

◆

「ペーパー・ライオン」
チームのその後

ビル・ダウ

2003年5月現在、1963年にクランブルックでの、デトロイト・ライオンズのトレーニングキャンプに参加した選手とコーチの現況。（＊は訳者注）

選　手

テリー・バー（1935～2009年）　◆フランカー　＃41

膝のけがのため1965年、ライオンズでの9年間の選手生活を終えた。ジョー・シュミット、ニック・ピエトロサンテとともに保険代理業を数年間営む傍ら、自動車業界で製造業者の使節として働いた。デトロイト地区を基盤とする二つの会社のオーナーや会長でもある。テリー・バー販売会社は世界中の自動車産業の製造業者を代表し、リブらルター・プラスチックは自動車製造業に材料を供給している。バーは母校ミシガン大学の資金調達担当であり支援者でもある。

＊ライオンズ在籍1957～65年。プロボウル出場2回

カール・ブレッツシュナイダー（1931～2014年）
◆ラインバッカー　＃57

あだ名；「こそ泥」「アナグマ」「クラーク・ケント」

1963年シーズン中、選手生命を絶たれる膝のけがをした後、ブレッ

ツシュナイダーはライオンズのスカウトとアシスタントコーチを経て人事部長に昇格した。責任者として、将来のスターであるメル・ファー(RB)、チャーリー・サンダース（TE)、グレグ・ランドリー（QB）をドラフトした。フットボール界を離れた後、指輪会社であるジョステン社の販売促進事業を世界的に指揮した。現在は引退し、ラスベガスに住む。

＊ライオンズ在籍 1960 〜 63 年

ロジャー・ブラウン（1937 年生まれ）　◆ディフェンシブタックル　＃76

あだ名；「サイの足」「干し草の山」

デトロイトの“恐怖の４人組”の元祖メンバーで、プロボウルに６回選出されたタックルは 1967 年——ペーパー・ライオンの映画撮影中——ロサンゼルス・ラムズにトレードされ、マーリン・オルセン、ラマー・ランドリー、ディーコン・ジョーンズと組んで、ラムズでも“恐怖の４人組”として活躍した。10 年間、NFL でプレーした後、シカゴでレストランを開き、後にマクドナルドの人材管理責任者になった。その後、マクドナルド３店の営業権を所有したが売却し、現在は出身地のバージニア州ポーツマスでロジャー・ブラウンズ・レストラン兼スポーツバーを経営している。

＊ライオンズ在籍 1960 〜 66 年。オールプロ２回、プロボウル６回

ゲール・コグディル（1937 〜 2016 年）　◆ワイドレシーバー　＃89

あだ名；「おかしなコグ」「アメリカライオン」

1960 年の NFL 新人王は 1996 年にハーマン・ムーアが破るまで、ライオンズの通算レシーブ距離記録を保持していた。アトランタ・ファルコンズで最後の２シーズンを過ごして引退すると、スポーツコンサルタント会社を所有し、モンタナ州で金鉱山を経営し、オレゴン州で私立の探偵養成学校を保有していた。現在は高校からワシントン州立大学に進学し、オールアメリカンになった故郷のスポケーンで会社を経営している。

＊ライオンズ在籍 1960 〜 68 年。プロボウル３回

アーニー・クラーク（1937 年生まれ）　ラインバッカー　＃ 59

ライオンズで５年プレーした後、68 年、セントルイス・カーディナルズで NFL を引退した。東ミシガン大学でアシスタントコーチを務めた後、デトロイトの公立学校で教育とコーチングに携わった。デトロイト市全域で生涯健康事業の主催者として年配者や若者に運動や適切なダイエット方法を教えている。

＊ライオンズ在籍 1963 ～ 67 年

ディック・コンプトン（1940 年生まれ）　◆ハーフバック　＃ 20

あだ名；「お調子者」

ライオンズで３年プレーした後、ヒューストン・オイラーズで１年、ピッツバーグ・スティーラーズで２年過ごし、引退した。故郷のテキサスに戻り、自動車販売や油圧制御関係の販売をした。現在は引退し、テキサス州アービングに住んでいる。

＊ライオンズ在籍 1962 ～ 64 年

デニス・ゴーバッツ（1940 年生まれ）　◆ラインバッカー　＃ 53

ライオンズでの２年の後、ボルティモア・コルツで５年間、ディフェンスのフォーメーションを指示する役を務め NFL を引退した。ボルティモアにはさらに５年留まり、建築資材の販売をした後、故郷のテキサスに戻り、ダウ化学会社の契約管理者を務めた。現在は引退し、テキサス州ウエストコロンビアに住んでいる。

＊ライオンズ在籍 1963 ～ 64 年

ジム・ギボンズ（1936 ～ 2016 年）　◆タイトエンド　＃ 80

あだ名；「ギビー」「スマイリー」

ライオンズの主将の１人だったギボンズは 11 年のプロ生活のすべてをデトロイトで送った。68 年シーズンで引退すると、長年オフシーズンの勤務先だったパーマー引っ越し・倉庫会社の販売代理人として１年間、デトロイトに留まった。その後。コロラドに移り、不動産業を営む傍らアスペンのブルームース・レストランを買収し、数年間経営した。現在はニューメキシコ州サンタフェに住み、不動産業を営んでいる。

＊ライオンズ在籍1958～68年。プロボウル3回

ジョー・ゴンザーガ（1933～2007年）　◆ガード　＃79

デンバー・ブロンコスで1シーズン送った後、1966年に引退すると、デトロイトに戻ってフォード自動車会社での仕事を続け、ガラス販売部門の販売総責任者になった。フォード社を退職後はB&Gガラス会社を創設し、その後売却。現在はデトロイト郊外に住んでいる。

＊ライオンズ在籍1961～65年

ジョン・ゴーディ（1935～2009年）　◆ガード　＃75

あだ名；「熊」

ライオンズで選手生活10年を迎えるまで、あと数週間という1967年、ゴーディはNFL選手会長に選出された。その後、フォーチュン誌の優良500社にも入っている医療機器製造会社ベクトン－ディクソン社の実験器具部長になった。カリフォルニアに移って4年後、健康管理業の創業・転業を専門とするコンサルティング会社を設立した。最近、会社をたたみ、南カリフォルニアでクリスチャン運動家団体の活動に挺身している。

＊ライオンズ在籍1957～67年。プロボウル3回。すい臓がんのため73歳で死去。

トム・ホール（1940～2017年）　◆ディフェンシブバック兼エンド　＃86

1963シーズン後、ミネソタ・バイキングスにトレードされ、3年間プレーした後67年、創設されたニューオーリンズ・セインツに入団。再びバイキングスに戻り、2年過ごしてNFLでのキャリアを終えた。ミネソタとニューイングランドのポテトチップ会社の販売部門、さらに梱包会社で働いた。現在、コネティカット州に住み、個人で販売代理店を営んでいる。

＊ライオンズ在籍1962～63年

アレックス・カラス（1935～2012年）　◆ディフェンシブタックル　＃71
あだ名；「狂ったアヒル」「イノブタ」「豚」

1963年、NFLから１年間の出場停止処分を受けた後、さらに７年間、ライオンズでプレーした。その後、アラン・アルダが主演した映画「ペーパー・ライオン」に出演したのをきっかけにテレビ・映画界に飛び込んだ。ジョニー・カーソンの「トゥナイト・ショー」にしばしば出演し、ABC放送の「マンデーナイト・フットボール」の解説者を３年務めた。カラスと妻で女優のスーザン・クラークはジョージアンベイ・プロダクションという芸能制作会社を設立し、映画やテレビの連続ドラマ、ドキュメンタリー番組を制作した。長寿番組だった「ウェブスター」には２人で150回も出演した。２冊の自伝「大男だって泣く」「カラス自伝」と最近、夫婦で映画化を企画中の小説「火曜夜のフットボール」の著書がある。

＊ライオンズ在籍1957～70年。オールプロ３回、プロボウル４回。腎臓病と心臓病に加え、胃がんのため77歳で死去。

ディック“ナイトトレイン”レーン（1929～2002年）
◆ディフェンシブバック　＃81

引退から４年たった1969年、レーンは創設50年のNFL史上、最高のコーナーバックに選出され、５年後にはプロフットボール名誉の殿堂に招聘された。また75周年でも通算ベストチームの一員に選ばれた。長年、デトロイト警察リーグ（PAL）の会長を務めた。引退後に住んだテキサス州オースチンで心臓発作のため72歳で死去した。

＊ライオンズ在籍1960～65年。オールプロ３回、プロボウル７回

ダン・ラローズ（1939年生まれ）　◆オフェンシブタックル　＃77
あだ名；「フレッド」（アニメ「恐竜天国」の父親）

1963年シーズン後、ピッツバーグ・スティーラーズにトレードされ、１シーズン送った。サンフランシスコ・フォーティナイナーズで１年、さらにデンバー・ブロンコスで最後の年を送ってNFLでの生活を終えた。デトロイト地区で会社への医療用品販売会社で経理責任者として働

いた。ミシガン州のシニア五輪砲丸投げチャンピオンでもある。同州ノースビルに住んでいる。

＊ライオンズ在籍 1961 ～ 63 年。

イェール・ラリー（1930 ～ 2017 年）

◆ディフェンシブバック兼パンター　＃ 28

1964 年に引退して 15 年後の 79 年、偉大なディフェンシブバックでありパンターであることが評価され、プロフットボール名誉の殿堂に招聘された。引退後はダラス郊外でフォード社の販売代理店を 14 年間所有していたが売却後、テキサス州ハーストで銀行を設立し、その後売却した。現在は引退してフォートワースに住み、NFL と名誉の殿堂のチャリティーゴルフ大会を楽しんでいる。

＊ライオンズ在籍 1952 ～ 53、56 ～ 64 年。オールプロ３回、プロボウル９回

ディック・ルボー（1937 年生まれ）　◆ディフェンシブバック　＃ 44

あだ名；「リッキー」

出場試合数でライオンズ歴代２位のルボーは 1972 年シーズン後、選手としてライオンズを引退した後もコーチとして NFL に残った。フィラデルフィア・イーグルズ、グリーンベイ・パッカーズ、ピッツバーグ・スティーラーズ、そしてシンシナティ・ベンガルズのアシスタントコーチを務めた。1980 年代にゾーンブリッツ・ディフェンスを考案した実績が認められ、現在バファロー・ビルズのアシスタント・ヘッドコーチを務めている。

＊ライオンズ在籍 1959 ～ 72 年。プロボウル３回。2010 年プロフットボール名誉の殿堂入り。2004 年から 2014 年まで、スティーラーズのディフェンシブ・コーディネーター。2015 年からテネシー・タイタンズのヘッドコーチ補佐。

ダン・ルイス（1936 ～ 2015 年）　◆ランニングバック　＃ 45

ライオンズで７シーズン過ごした後、ルイスはワシントン・レッドスキンズとニューヨーク・ジャイアンツで残りの選手生活を送った。その

後1970年代初めまで故郷のニュージャージー州の都市計画立案者として働いた。さらにデトロイトに戻ると、南東ミシガン交通局を経てデトロイト市都市計画局の局長代理になった。現在は引退し、デトロイトに住んでいる。

＊ライオンズ在籍1958～64年

ゲーリー・ロー（1934～2017年）　◆ディフェンシブバック　＃43

あだ名；「カトー」

1964年シーズン後、ミネソタ・バイキングスへのトレードを打診されたが引退を決意。デトロイトのフラサー装具会社のセールスマンを32年務め、現在はデトロイト地区のベル装具会社でパートタイムの自動車代理店のセールスマンをしている。ミシガン州ビバリーヒルズに居住。

＊ライオンズ在籍1957～64年

ブルース・メイア（1937年生まれ）　◆ディフェンシブバック　＃21

あだ名；「ビーバー」

メイアはライオンズで８年間プレーし1968年、ニューヨーク・ジャイアンツにトレードされ、２年間在籍した後、引退した。故郷のデトロイトに戻り、電気通信会社を設立。ミルウォーキーの会社と合併するとウィスコンシン州に移り、最高経営執行者（COO）に就任した。現在もミルウォーキーに住み、新しい電気通信会社LITSを興した。

＊ライオンズ在籍1960～67年

ジム・マーチン（1924～2002年）

◆オフェンシブラインマン兼キッカー　＃47

あだ名；「ジャングルジム」「ラバ」「うすのろ」

1963年のトレーニングキャンプの終了寸前、第二次世界大戦の元英雄（青銅星章受章）はボルティモア・コルツにトレードされ、フィールドゴールでリーグ１位の記録を残した。翌年、ワシントン・レッドスキンズに移り、40歳で14年の選手生活を終えた。高校やアイダホ州立大学でコーチをした後、1967年から72年までジョー・シュミットの下でライオンズのアシスタントコーチを務めた。ワールド・フットボール・リーグ（WFL）のポートランド・ストームに短期間いたが、その後、警備保障会社に勤務、さらにノートルダム大学とライオンズでチームメートだったミシガン州裁判所のガス・シフェリ判事の専従法執行吏として働いた。2002年、咽喉がんのためカリフォルニアで死去。78歳だった。

＊ライオンズ在籍1951～61年。プロボウル1回

ダリス・マッコード（1933～2013年）　◆ディフェンシブエンド　＃78

あだ名；「コーディ」

“恐怖の4人組”の1人であるマッコードはライオンズで13シーズンを過ごし、引退した。プロになりたてのころ共同で設立した会社経営を続け、一時は土木工事用の材料及び備品の供給事業で北米最大を誇った。他にも数社を設立し、現在はウィズネットという、フロリダ州を基盤にして新聞とデジタル図書を調査・検索可能なオンライン収蔵庫に変換することを専門とするインターネット会社を所有。フロリダとミシガンの両州を往復している。

＊ライオンズ在籍1955～67年。プロボウル1回

マックス・メスナー（1938～1996年）　◆ラインバッカー　＃54

あだ名；「働きバチ」

1963年シーズンの後、メスナーはジャイアンツとピッツバーグ・スティーラーズでさらに2年間プレーした。その後、デトロイトに落ち着き、保険代理業を営んだ。90年代初め、交通事故で重傷を負った後、故郷のオハイオ州アシュランドに戻ったが、事故による合併症のため1996年、57歳で死去した。

アール・モラル（1934～2014年）　◆クォーターバック　＃14

あだ名；「気難し屋」

1964年シーズンの後、ライオンズを離れたモラルは有名になった。

ボルティモア・コルツとマイアミ・ドルフィンズで3回、スーパーボウルに出場し、1968年と72年にMVPに輝いた（訳者注：68年リーグMVP、72年カムバック賞）ことで、21年に及んだNFLの選手生活は頂点に達した。76年シーズン後、ドルフィンズを最後に引退すると、不動産会社に勤めた後、フロリダでスポーツクラブを所有し、後に売却。その後、フロリダ州デービー市の市議会議員と市長を1期務めた。自ら足を運んで企業の協力を求め、NFL同窓ゴルフ大会に参加する一方、フロリダ州少年少女クラブでも活動している。

＊ライオンズ在籍1958～64年。プロボウル2回

フロイド・ピーターズ（1936～2008年）

◆ディフェンシブタックル　＃72

出場停止処分を受けたアレックス・カラスに代わって1963年シーズン、左タックルを務めた後、ピーターズはフィラデルフィア・イーグルズとワシントン・レッドスキンズで12年の選手生活を終えた。その後、スカウトとしてマイアミ・ドルフィンズに入り、さらにニューヨーク・ジャイアンツ、サンフランシスコ・フォーティナイナーズ、ライオンズ、ミネソタ・バイキングス、セントルイス・カーディナルズ、タンパベイ・バッカニアーズ、そしてオークランド・レイダーズでアシスタントコーチを務め、1997年にNFLから退いた。ネバダ州リノ在住。

＊ライオンズ在籍1963年。プロボウル3回

ニック・ピエトロサンテ（1937～1988年）　◆フルバック　＃33

あだ名；「突貫小僧」

ライオンズで7シーズンを送り、さらにブラウンズで2年間過ごして1967年引退した。デトロイト地域で製造業者の事務代理会社、NP社のオーナーだったが1988年、がんのため50歳で死去した。

＊ライオンズ在籍1959～65年。プロボウル2回

ミルト・プラム（1935年生まれ）　◆クォーターバック　＃16

デトロイトでの6シーズンの後、ロサンゼルス・ラムズとジャイアンツで最後の2年を送り、13年間のNFL生活を終えた。最初、ノースカロライナ州ローリーの製材会社販売部に勤務した。ローリー地区でいくつかの会社の販売担当を務め、現在は退職している。

＊ライオンズ在籍1962～67年。プロボウル2回

ルシアン・リーバーグ（1942～1964年）　◆オフェンシブタックル　＃61

1963年に19巡目でドラフト指名されたリーバーグは新人ながら右オフェンシブタックルの正選手になった。あと21日で22歳の誕生日というシーズン終了から6週間後、尿毒症による心不全のためデトロイトで死去した。

ニック・ライダー（1941年生まれ）　◆フルバック　＃34

ライダーのNFLでの経歴はデトロイトでの2年間に限られる。その後、コートランド州立大学とコロンビア大学でフットボールコーチになった。1986年以来、ニューヨーク州ワシントンビルの高校で校長補佐を務めている。

＊ライオンズ在籍1963～64年

ダリル・サンダース（1941年生まれ）　◆オフェンシブタックル　＃70

あだ名；「スカンク」

1963年に新人として入団したサンダースは4年連続して左オフェンシブタックルの正選手を務めたが、報酬に不満を持ち1966年シーズンで引退した。デトロイトでセールスマンをした後、オハイオ州デイトンに移り、キャデラックの販売事業を始めた。営業権を売却し、牧師を14年、それを辞して現在は自動車販売業者がインターネット販売システムを設定するのを援助する支援会社を所有している。オハイオ州コロンブス近くに住んでいる。

＊ライオンズ在籍1963～66年

ジョー・シュミット（1932 年生まれ）　◆ミドルラインバッカー　＃ 56

あだ名；「長老」

オールプロに８回輝き、ライオンズの主将を９年間務めて 1965 年に引退した。翌年、ライオンズのアシスタントコーチの１年を経てヘッドコーチに任命され、1972 年シーズン後、プロフットボール名誉の殿堂に選出される前日に辞任するまで続けた。デトロイト郊外に住み、現役中に始めた自動車供給販売会社を所有・経営している。数年前、デトロイトのスポーツメディアはシュミットを“ミスター・デトロイト・ライオンズ”に指名した。

＊ライオンズ在籍 1953 ～ 65 年。オールプロ８回、プロボウル 10 回

ボブ・ショルツ　（1937 年生まれ）　◆タックル兼センター　＃ 50

ジャイアンツで最後の２年間を過ごし、フットボールを離れたショルツは故郷のオクラホマ州タルサに戻り、ノートルダム大学で得た電気工学の学位を生かして IBM の専門システムエンジニアとして働いた。現在は退職しタルサに住んでいる。

＊ライオンズ在籍 1960 ～ 64 年

ハーリー・スーエル（1931 ～ 2011 年）　◆ガード　＃ 66

ライオンズで 10 年過ごしたスーエルはロサンゼルス・ラムズで２試合に出場して 1963 年引退した。翌年、ラムズのスカウトになり、36 年間勤務した。テキサス州アーリントンに住んでいる。

＊ライオンズ在籍 1953 ～ 62 年。プロボウル４回。長い闘病の末、死去した。

パット・スタッドスティル（1938 年生まれ）　◆フランカー　＃ 25

あだ名；「坊さん」

ライオンズで６年過ごしたスタッドスティルはロサンゼルス・ラムズとニューイングランド・ペイトリオッツで選手生活を終えた。不動産業、保険業、選手年金増額活動に従事した後、映画「ペーパー・ライオン」で重要な役を演じたことをきっかけに映画、テレビ、広告の分野に転身

した。「デューク・オブ・ハザード」「インクレディブル・ハルク」「マグナム」などの映画やテレビ番組に出演した。現在はロサンゼルスに住み、悠々自適の生活。過去20年間で250以上のテレビやラジオ広告に出演した。

＊ライオンズ在籍1961〜67年。プロボウル２回

ラリー・バーゴ（1939年生まれ）　◆エンド　＃85

1963年シーズン終了後、ミネソタ・バイキングスにトレードされ、２年間プレーした後、ジャイアンツで１シーズンを送ったが、膝のけがのため引退した。デトロイトに戻り、トラック運送会社を設立、その後、大手運送会社の副社長になった。現在は引退し、デトロイト地区に住んでいる。

＊ライオンズ在籍1962〜63年

ウェイン・ウォーカー（1936〜2017年）
◆ラインバッカー兼キッカー　＃55

あだ名；「王様」

ライオンズで15シーズン過ごし、現在もなおチームの記録である200試合出場を達成して1972年に引退した。スポーツ放送の世界に進み、CBSテレビのNFL地域放送を11年担当する傍ら、フォーティナイナーズのフットボールとオークランド・アスレチクスのラジオ放送も務めた。20年にわたりサンフランシスコのCBS系列会社であるKPIXのスポーツ部長とアンカーだった。現在は引退し、故郷のアイダホ州ボイシに住んでいる。

＊ライオンズ在籍1953〜65年。オールプロ８回、プロボウル10回。オールプロ１回、プロボウル３回

トム・ワトキンズ（1937〜2011年）　◆ハーフバック　＃23

ワトキンズはライオンズで５シーズン送り、ピッツバーグ・スティーラーズで１試合出場した1968年に引退した。デトロイトに落ち着き、

IBMに勤務した後、マクドナルドの営業権を買収して11年間経営した。1984年からTWグラフィクス社を所有して経営している。長年、デトロイトの高校フットボールのアシスタントコーチをしている。

＊ライオンズ在籍1962～67年

ボブ・ウィットロー（1936年生まれ）　◆センター　＃51

あだ名；「ヘマ」

ウィットローは1966年の拡大ドラフトでアトランタ・ファルコンズに指名され、68年、ブラウンズで選手生活を終えた。USAC（United States Auto Club）とNASCAR（National Association for Stock Car Auto Racing＝全国ストックカーレース協会）でストックカーレースに4年間出場した後、デトロイト地区でカーペット店を開業したほか製鉄会社の営業もした。一時はマドンナ大学とオークランド地域大学でバスケットボールのコーチをした。1992年、インディアナ州ブルーミントンに移り、カーペット店を営んでいる。悠々自適の生活でブルーミントン南高校の陸上競技コーチをしている。

＊ライオンズ在籍1961～65年

サム・ウィリアムズ（1931～2013年）　◆ディフェンシブエンド　＃88

“恐怖の4人組”の一員であるウィリアムズは1966年の拡大ドラフトでファルコンズに指名され、67年に引退した。選手組合の活動的会員として年金問題を争点としたストライキに指導的役割を果たし、ストが短期間で終結するとファルコンズを解雇された。セールスマンの仕事を経て、運送会社の営業マンに落ち着いた。現在は引退し、デトロイト地区に住んでいる。

＊ライオンズ在籍1960～65年

コーチ

ジョージ・ウィルソン（1914～78年）　◆ヘッドコーチ

1964年シーズン後、アシスタントコーチたちが解任されたため、ライオンズを辞任した。66年、マイアミ・ドルフィンズの初代ヘッドコーチに就任し、69年、彼の下でライオンズのアシスタントコーチだったドン・シュラと交代した。デトロイト地区に戻り、製造加工業の営業マンを務めた。78年の「感謝の日」に動脈瘤のためデトロイトで死去した。64歳だった。

＊現役；1937～46年シカゴ・ベアーズ。エンド。オールプロ1回、プロボウル3回。

＊ヘッドコーチ；57～64年ライオンズ（57年NFL優勝）、66～69年マイアミ・ドルフィンズ

ボブ・ナスバウマー（1924～97年）

◆1957～64年アシスタントコーチ（レシーバー）

あだ名；「ホーク」

ナスバウマーは1965年、アシスタントコーチとしてクリーブランド・ブラウンズに加わり、最後は人事部長になった。70年代後半にブラウンズを去ると、ファイナンシャルプランナーになった。97年、オハイオ州モアランドヒルズで心臓発作のため死去した。

＊現役；1946～51年グリーンベイ・パッカーズなど。ハーフバック。

レス・ビンガマン（1926～70年）

◆1960～64年アシスタントコーチ（ディフェンシブライン）

1966年、ジョージ・ウィルソンの部下としてマイアミ・ドルフィンズに加わり、ウィルソンが解任された後の70年も新ヘッドコーチのドン・シュラの求めで残留した。しかし、シーズン終了前にマイアミで心

臓発作のため44歳で死去した。

＊現役；1948～54年ライオンズ。ミドルガード。オールプロ3回、プロボウル2回

レイ・マクレーン（1915～64年）

◆ 59～63年アシスタントコーチ（オフェンシブバック）

あだ名；「スクーター」

マクレーンは1964年3月、がんのためミシガン州アナーバーで死去した。48歳だった。

＊現役；1940～47年シカゴ・ベアーズ。ハーフバック。プロボウル2回
＊ヘッドコーチ；53、58年グリーンベイ・パッカーズ

アルド・フォルテ（1918～2007年）

◆ 50～65年アシスタントコーチ（オフェンシブライン）

フォルテは1965年、ヘッドコーチのハリー・ギルマーの部下としてライオンズに加わった。その後、フットボール界を去り、製鉄鋳物業のための製造会社に勤め、経営に携わった。83年に退職し、現在はフロリダ州ポートセントルーシーに住んでいる。

＊現役；1939～41年、46～47年シカゴ・ベアーズなど。ガード。プロボウル2回

ドン・ドール（1926～2010年）

◆ 63～64年、78～88年アシスタントコーチ（ディフェンシブバック）

あだ名；「クーペ」

1964年シーズン後、ライオンズを去ったが、ラムズ、レッドスキンズ、コルツ、ドルフィンズ、フォーティナイナーズ、そしてライオンズで11年間と、多くのNFLチームでアシスタントコーチを務めた。その後、ミシガン州ブルームフィールドヒルズで裁判所事務官を何年間か務め、退職後はカリフォルニア州サンファンキャピストラーノに住んでいる。

＊現役；1949～54年ライオンズなど。ディフェンシブバック。プロボウル4回

訳者あとがき

「ペーパー・ライオン」と出合ったのは1975年ごろだったと記憶している。今はなくなった神田神保町の東京泰文社だった。この古本屋には文芸関係の洋書に交じってフットボールはじめスポーツ関連のペーパーバックや雑誌がそっとひそんでいて、それを見つけるのが楽しみだった。「ペーパー・ライオン」もそうした一冊で、New American Library, 1974の初版だった。デトロイト・ライオンズのナンバー0のユニフォームを着たジョージ・プリンプトンが表紙を飾っていて、「フットボールについて書かれた、これまでで最高の書」というキャッチフレーズにひかれ、通勤の車内で読み始めた。しかし、辞書を引くこともせず、意味の分かるところを拾っていくという、いいかげんな読み方だったので、本書の精髄をどこまで味わえたか心もとない。

それから三十数年がたち、リプリント版のPaper Lion（The Lyons Press, 2003）が出版されたことを知り、改めて読み直したくなった。どうせならと辞書を横に置き、日本語に置き換えてみた。プリンプトンの洒脱な文章に導かれて、プロフットボールの世界に触れた気になった。趣味から始まった作業が徐々に進むにつれ、何とか本にできないかという欲が頭をもたげてきた。かつての同僚である牧童舎の浜名純氏に相談したところ、いりすの松坂尚美社長を紹介していただき、そのご厚意で出版にこぎつくことができた。浜名氏と松坂社長並びに株式会社書香の佐藤千恵子代表取締役に深甚なる謝意を表したい。

ジョージ・プリンプトンは1927年、ニューヨーク市生まれ。48年、ハーバード大学を卒業し、53年から文芸誌「パリス・レビュー」の創刊に携わり、長く編集長を務めた。その傍ら、運動選手として素質に恵まれているとは決して言えないにもかかわらず、ボクシング、バスケットボール、野球、ゴルフなどのスポーツでプロ選手に挑戦し、厚い壁にはね返されながらも“素人が体験したプロの世界”を読者に紹介してきた。その集大成が本書だろう。

現在でこそプロフットボールは米国一の人気スポーツになり、多くのメディアがこぞって取り上げるため、フットボールの戦術から選手のプライバシーまでファンの知るところとなったが、60年代の初めはまだ「未知」の世界だった。作家として初めてその内側に足を踏み入れ、体験したことを生き生きと、しかも親しみを込めて描いたのが本書であり、これによって多くの人々がプロフットボール選手について抱いていた「荒くれた大男集団」というイメージを「知性もユーモアもある愛すべき連中」へと一新させた。

折しもプロフットボールはビジネスとしてもエンターテインメントとしても成長期を迎えていた。12チームからなるナショナル・フットボール・リーグ（NFL）だけだったのが1960年、アメリカン・フットボール・リーグ（AFL）の誕生で、21チーム（NFL 13、AFL 8）に膨れ上がった。1967年に両リーグの優勝チーム同士が対戦するスーパーボウル（当時はチャンピオンシップゲームと言った）が開催され、70年に両リーグが合併すると、1試合の平均観客数は5万人を突破するようになった。2013年シーズンの公式戦256試合の観客動員数は1683万7676人、1試合平均は6万5772人。大リーグの1試合平均観客数3万346人の2倍になり、テレビ放映権料などにより、リーグ全体の収入は112億ドル（約1兆3888億円）と大リーグの1.24倍に達する巨大産業に成長した。

しかし近年、NFLは大きな試練に立たされている。一つはドラッグ問題。筋肉増強剤（アナボリック・ステロイド）の使用は減少したが、けがによる肉体的苦痛やそれによってポジションを奪われるのではないかという不安から逃れるために、コカインなどの麻薬・薬物に依存する事例が後を絶たない。二つ目が頭部への衝撃に起因する若年性アルツハイマーなど脳障害の頻発。タックルされ脳しんとうを繰り返すことが原因の一つと考えられている。NFLは2013年、痴呆、うつ病、アルツハイマー病など脳障害に悩む元選手に対し、7億6500万ドル（約918億円）の医療費や検査費用を肩代わりすることで合意に達した。対象となる元選手は1万8000人に及ぶとみられる。さらに、家庭内暴力や児童虐待といった事件も起こっている。いずれもその根底に潜むのが「バイオレンス＝力」への信仰とも云うべき傾向だ。中世の騎士と見まがうばかりに全身を防具で覆った選手同士が全力でぶつかり合うプレーは、フットボール特有の迫力があり、見る者を魅了する。リーグ自体がその激しさを「美化」し「売り物」にしてきたのも事実だ。しかし、それは選手の生命・健康に勝るものではない。今、NFLはフットボールというスポーツの根底に潜む「暴力性」と選手の「健康・安全」をどう調和させるか、という問題に直面し、苦悩している状態だ。

それはともかく、本書に描かれたプロフットボールはこれらの問題が顕在化する以前の、いわば「牧歌的時代」のフットボールだ。もちろん、現在も選手1人1人が人間であることに違いはないが、ここに登場する選手たちは実に個性的であり人間味にあふれている。Paper Lionという表題は1947年、中国共産党の毛沢東がアメリカの女性ジャーナリスト、アンナ・ルイーズ・ストロングのインタビューで語った「すべての反動派は張り子の虎である」という言葉にヒントを得ている。毛沢東の言う意味は「見たところは恐ろしそうだが、実際には大した力は持っていない」「見かけ倒し」ということだが、プリンプトンはこれをもじって「恐そうなプロフットボール選手も我々と同じ人間だ」と言う意味を込めたのだろう。あえて翻訳すれば「素顔のライオンズ」か。

プリンプトンとライオンズとの関係はその後も続き、本書のエピローグにあるように新人ドラフトに球団代表として出席するほど親密だった。1973年には本書の続編とも言うべきMad Ducks and Bears, Random Houseが出版されている。さらにPaper Lion刊行40周年を記念して2003年9月21日、ライオンズの本拠スタジアム、フォードフィールドでプリンプトンとOB選手40人が再会し、旧交を温めあった。プリンプトンが心臓発作のため76歳で死去したのはその4日後だった。

さて、プリンプトンが愛してやまないライオンズだが、成績がぱっとしない。前身のポーツマス・スパルタンズ（オハイオ州）がNFLに参入したのが1930年。34年に本拠地をデトロイトに移し、ニックネームをライオンズに変更した。NFL 32チーム中、5番目の“老舗”にもかかわらず、リーグ優勝は1957年を最後に縁がない。それどころか2017年シーズンで52回目を迎えたスーパーボウルには、一度も進出したことのないわずか4チームの一つに名を連ねるふがいなさだ。17年シーズンは9勝7敗と勝ち越したが、プレーオフには駒を進められず、悲願は来シーズン以降にお預けとなった。天空のプリンプトンは「やはり僕が復帰しなければいけないのか」とうそぶいているかもしれない。

ペーパー・ライオン

2022年2月10日　初版1刷発行 ©

著　者　ジョージ・プリンプトン
訳　者　松崎仁紀
発　行　いりす
〒101-0065 東京都千代田区西神田1－3－6
TEL 03-5244-5433　FAX 03-5244-5434

発　売　株式会社同時代社
〒101-0065 東京都千代田区西神田2－7－6
TEL 03-3261-3149　FAX 03-3261-3237

印刷・製本　株式会社平河工業社

定価はカバーに表示してあります。落丁・乱丁はおとりかえいたします。
ISBN978-4-88683-916-9